"十三五"普通高等教育本科规划教材
高等院校物流专业"互联网+"创新规划教材

交通运输工程学(第2版)

于英 主编

周卫琪 陆颖 刘国栋 副主编

内 容 简 介

本书概括介绍了交通运输系统的基本概念及发展趋势，全面系统地介绍了公路、铁路、水路、航空、管道5种现代化基本运输方式的基本知识、基本概念和基本原理，以及各种运输方式的组织管理和方法等。全书共分10章，包括绪论、运输需求分析与交通工程基础、公路运输、铁路运输、水路运输、航空运输、管道运输、货物运输过程组织、城市交通运输系统、交通运输系统的发展趋势等内容。

本书提供了与交通运输工程学有关的大量案例、阅读材料和形式多样的思考题与习题，同时引入了网络媒体增加了信息量，以利于学生巩固所学知识并培养实际应用能力。本书在实用性和操作性方面都具有很强的指导作用。

本书可作为全国高等院校交通运输、物流管理、物流工程、电子商务等专业的教材，也可作为相关企业技术人员的参考书。

图书在版编目(CIP)数据

交通运输工程学/于英主编. —2版. —北京：北京大学出版社，2017.8
（高等院校物流专业"互联网+"创新规划教材）
ISBN 978-7-301-28602-9

Ⅰ.①交… Ⅱ.①于… Ⅲ.①交通工程学—高等学校—教材 Ⅳ.①U491

中国版本图书馆CIP数据核字（2017）第188469号

书　　　名	交通运输工程学（第2版） JIAOTONG YUNSHU GONGCHENG XUE（DI-ER BAN）
著作责任者	于　英　主编
责任编辑	刘　丽
数字编辑	陈颖颖
标准书号	ISBN 978-7-301-28602-9
出版发行	北京大学出版社
地　　　址	北京市海淀区成府路205号　100871
网　　　址	http://www.pup.cn　新浪微博：@北京大学出版社
电子信箱	pup_6@163.com
电　　　话	邮购部 010-62752015　发行部 010-62750672　编辑部 010-62750667
印刷者	三河市北燕印装有限公司
经销者	新华书店
	787毫米×1092毫米　16开本　21.5印张　500千字 2011年8月第1版 2017年8月第2版　2021年12月第4次印刷
定　　　价	48.00元

未经许可，不得以任何方式复制或抄袭本书之部分或全部内容。
版权所有，侵权必究
举报电话：010-62752024　电子信箱：fd@pup.pku.edu.cn
图书如有印装质量问题，请与出版部联系，电话：010-62756370

第 2 版前言

交通运输是人类社会生产、经济、生活中不可或缺的重要环节，是国民经济体系中的重要组成部分。交通运输业本身并不直接产出新的产品，而是把货物和旅客从一个地点转移到另一个地点；把社会生产、分配、交换与消费各个环节有机地联系起来，是保证社会经济活动得以正常进行和发展的前提条件，在整个社会机制中起着纽带作用。现代化交通运输业包括公路、铁路、水路、航空和管道 5 种基本运输方式。每种运输方式各具自身的特点，各自组成独立的系统。它们在综合交通运输系统内发挥各自的作用，而又相互补充和依存，共同发挥支持社会生产、推动经济发展、提高人民群众物质和文化生活水平的作用。

本书以公路运输为主，兼顾综合运输体系的完整性，本着理论联系实际和少而精的原则，力求简明、系统、综合、新颖。本书概括介绍了交通运输系统的基本概念及发展趋势，全面系统地介绍了公路、铁路、水路、航空、管道 5 种现代化基本运输方式的基本知识、基本概念和基本原理，各种运输方式的组织管理和方法，以及交通运输系统的发展趋势等。

本书于 2017 年年初在第 1 版的基础上进行了修订，主要根据当前科技和相关领域的发展，将通篇进行调整，重点针对相应知识点进行了相关的更新和补充。

通过对本书的全面学习，有助于科学合理地运用各种运输方式，达到提高运输效率、降低运输成本的目的。

本书的编写具有以下特点。

(1) 紧跟交通运输发展的主流，贯穿交通运输发展的新理念。

(2) 在章节内容中适当融入了《交通运输发展"十三五"规划》的精神。

(3) 吸收了教育部高等学校交通运输专业教学指导委员会关于"高等学校本科交通运输专业知识体系框架"的思路，进行了教材内容的编排和整合，使教材更突出知识性、应用性、实用性和创新性等特点。

(4) 为体现实践性和应用性，书中提供了大量阅读材料和案例并且引入了网络媒体供学习者阅读、分析、研讨，尽可能地让学生了解交通运输的发展动态，了解与每一章节内容相关的知识背景，加深和拓展学习者的视野；同时，对案例所提出的问题进行深入的分析和研讨，从而提高学生分析问题和解决问题的能力以及创造性思维能力。

(5) 提供形式多样的习题，以便学习者巩固、运用所学的交通运输知识。

本书由于英(江苏大学)负责结构的设计、草拟写作提纲、组织编写和最后统稿定稿工作。各章具体分工如下：第 1 章由于英和刘国栋(临沂大学)编写，第 2~6 章由陆颖(江苏大学)编写，第 7~11 章由周卫琪(江苏大学)编写。

本书在编写过程中，参考了大量有关书籍和资料，在此向其作者表示衷心的感谢！

由于编者水平所限，书中难免存在疏漏之处，敬请广大读者提出宝贵意见，以便进一步修改完善。

编 者
2017 年 3 月

目 录

第1章 绪论 ... 1
1.1 交通运输工程学的基本概念 ... 2
- 1.1.1 交通运输系统的性质以及交通运输业的生产特点 ... 2
- 1.1.2 交通运输业在国民经济中的地位和作用 ... 4
- 1.1.3 交通运输工程学的研究对象 ... 5

1.2 交通运输系统的构成 ... 7
- 1.2.1 交通运输系统的要素构成 ... 7
- 1.2.2 交通运输系统的方式构成 ... 7

1.3 交通运输业的综合评价 ... 9
1.4 交通运输的发展史 ... 10
- 1.4.1 世界交通运输的发展史 ... 10
- 1.4.2 中国交通运输的发展史及现状 ... 12
- 1.4.3 交通运输的发展趋势 ... 13

本章小结 ... 16
习题 ... 17

第2章 运输需求分析与交通工程基础 ... 18
2.1 运输需求概述 ... 19
- 2.1.1 运输需求的概念 ... 19
- 2.1.2 运输需求的类型 ... 19
- 2.1.3 运输需求的特性 ... 21
- 2.1.4 运输需求的产生 ... 22
- 2.1.5 影响运输需求的因素 ... 23

2.2 运输需求与运量预测 ... 24
- 2.2.1 运输需求预测与运量预测的关系 ... 24
- 2.2.2 运量预测的类型 ... 25
- 2.2.3 常用的运量预测方法 ... 25

2.3 交通工程基础 ... 34
- 2.3.1 人—车—路交通特性 ... 34
- 2.3.2 交通量特性 ... 38
- 2.3.3 道路通行能力和服务水平 ... 39

本章小结 ... 42
习题 ... 43

第3章 公路运输 ... 44
3.1 公路运输概述 ... 45
- 3.1.1 公路运输定义及其发展过程 ... 45
- 3.1.2 公路运输的特点、功能及作用 ... 46
- 3.1.3 公路运输的发展趋势 ... 49
- 3.1.4 公路运输主要技术经济指标 ... 50

3.2 公路运输系统的组成 ... 51
- 3.2.1 公路 ... 51
- 3.2.2 公路交通控制设备 ... 52
- 3.2.3 公路运输车辆 ... 53
- 3.2.4 汽车客运站级别划分和建设要求 ... 55

3.3 公路运输组织与管理 ... 57
- 3.3.1 公路旅客运输组织与管理 ... 57
- 3.3.2 公路货运组织与管理 ... 65

3.4 公路运输安全 ... 73
- 3.4.1 交通事故调查与处理 ... 73
- 3.4.2 车辆维修制度 ... 75
- 3.4.3 公路运输企业安全管理的评价 ... 78

本章小结 ... 79
习题 ... 80

第4章 铁路运输 ... 82
4.1 铁路运输概述 ... 83
- 4.1.1 铁路运输的产生和发展过程 ... 83
- 4.1.2 铁路运输的含义 ... 85
- 4.1.3 铁路运输的特点及其使用范围 ... 85
- 4.1.4 铁路运输的发展趋势 ... 86

4.2 铁路运输系统的组成 ... 89
- 4.2.1 铁路车站 ... 89

4.2.2 铁路线路与信号 …………… 91
　　4.2.3 铁路机车与车辆 …………… 93
　　4.2.4 铁路列车自动控制系统 …… 94
4.3 铁路运输的组织 …………………… 95
　　4.3.1 旅客运输组织 ……………… 95
　　4.3.2 铁路货运组织 ……………… 99
4.4 铁路列车运行图 …………………… 107
　　4.4.1 铁路列车运行图概述 ……… 107
　　4.4.2 列车运行图的格式 ………… 108
　　4.4.3 站名线的画法 ……………… 109
　　4.4.4 列车运行图分类 …………… 109
　　4.4.5 列车运行图组成因素 ……… 111
　　4.4.6 列车运行图的编制 ………… 118
本章小结 ………………………………… 120
习题 ……………………………………… 121

第5章 水路运输 ……………………… 122

5.1 水路运输概述 ……………………… 123
　　5.1.1 水路运输的产生和
　　　　　发展过程 ……………………… 123
　　5.1.2 水路运输的定义及其分类 … 124
　　5.1.3 水路运输特性 ……………… 125
　　5.1.4 水路运输的发展趋势 ……… 126
5.2 水路运输系统的组成 ……………… 128
　　5.2.1 船舶 ………………………… 128
　　5.2.2 港口水域设施 ……………… 129
　　5.2.3 港口陆上设施 ……………… 130
　　5.2.4 助航设施——航标 ………… 131
　　5.2.5 港口服务机构 ……………… 131
5.3 航线设置与配船 …………………… 133
　　5.3.1 客运航线设置与配船 ……… 133
　　5.3.2 货运航线设置与配船 ……… 135
5.4 船舶运输组织 ……………………… 141
　　5.4.1 船舶运输组织的基本要求和
　　　　　约束条件 …………………… 141
　　5.4.2 班轮运输组织 ……………… 141
　　5.4.3 不定期船运输组织 ………… 143
　　5.4.4 驳船运输组织 ……………… 145
5.5 港口通过能力 ……………………… 147

　　5.5.1 港口通过能力的概念 ……… 147
　　5.5.2 影响港口通过能力的
　　　　　主要因素 …………………… 147
本章小结 ………………………………… 148
习题 ……………………………………… 149

第6章 航空运输 ……………………… 150

6.1 航空运输概述 ……………………… 151
　　6.1.1 航空运输定义及其
　　　　　发展过程 …………………… 151
　　6.1.2 航空运输的特点及其
　　　　　适用范围 …………………… 152
6.2 民用飞机和航空运输基础设施 …… 153
　　6.2.1 民用飞机 …………………… 153
　　6.2.2 航空港 ……………………… 155
6.3 空中交通运行与管理 ……………… 159
　　6.3.1 航路和空中交通间隔规则 … 159
　　6.3.2 空域的划设 ………………… 160
　　6.3.3 空中交通管制机构及
　　　　　助航设备 …………………… 161
6.4 民用航空运输组织 ………………… 163
　　6.4.1 航空运输生产管理 ………… 163
　　6.4.2 民航旅客运输组织 ………… 166
　　6.4.3 民航货物运输组织 ………… 168
6.5 国际航空运输管理 ………………… 172
　　6.5.1 国家主权和领空主权的
　　　　　概念 ………………………… 172
　　6.5.2 国际民航管理 ……………… 173
　　6.5.3 国际民用航空主要法规 …… 174
　　6.5.4 国际航空运输多边协定 …… 175
　　6.5.5 国际航空运输市场管理 …… 175
本章小结 ………………………………… 177
习题 ……………………………………… 178

第7章 管道运输 ……………………… 179

7.1 管道运输概述 ……………………… 181
　　7.1.1 管道运输系统的发展过程 … 181
　　7.1.2 管道运输的特性 …………… 182
7.2 管道运输基础设施及其分类 ……… 184
　　7.2.1 管道运输系统的基础设施 … 184
　　7.2.2 运输管道的分类 …………… 184

7.3 管道输油(气)工艺 …………… 186
 7.3.1 管道输油工艺 …………… 186
 7.3.2 管道输气工艺 …………… 188
7.4 管道生产管理 ………………… 190
 7.4.1 管道生产管理概述 ……… 190
 7.4.2 管道运行管理 …………… 190
 7.4.3 管道生产管理的技术手段 … 191
7.5 管道运输系统规划 …………… 193
本章小结 …………………………… 194
习题 ………………………………… 196

第8章 货物运输过程组织 ………… 197

8.1 货物运输过程 ………………… 199
 8.1.1 货物流通过程和
   货物运输过程 …………… 199
 8.1.2 货物运输业务组织机制 … 200
 8.1.3 运输承包公司 …………… 202
 8.1.4 运输代理人 ……………… 206
8.2 集装箱运输 …………………… 211
 8.2.1 集装箱运输概述 ………… 211
 8.2.2 集装箱运输的经营 ……… 218
8.3 多式联运 ……………………… 226
 8.3.1 多式联运概述 …………… 226
 8.3.2 多式联运组织 …………… 231
 8.3.3 我国多式联运的现状 …… 233
 8.3.4 国际多式联运 …………… 235
本章小结 …………………………… 244
习题 ………………………………… 246

第9章 城市交通运输系统 …………… 247

9.1 城市和城市交通的发展 ……… 249
9.2 城市轨道交通系统 …………… 252
 9.2.1 城市轨道交通及其分类 … 252
 9.2.2 轨道交通路网结构分析 … 254
 9.2.3 轨道交通线路走向选择 … 257
9.3 城市道路交通设施 …………… 259
 9.3.1 城市道路、交叉口及其
   分类 ……………………… 259
 9.3.2 城市交通信号及其设备 … 260

 9.3.3 城市道路交通载运工具 … 261
9.4 城市道路交通系统规划 ……… 263
 9.4.1 城市道路交通规划的
   总体设计 ………………… 263
 9.4.2 城市交通基础信息调查 … 264
 9.4.3 城市交通需求发展预测 … 265
 9.4.4 城市道路网络布局规划 … 267
 9.4.5 城市道路交通规划方案
   综合评价 ………………… 270
9.5 城市道路交通系统管理 ……… 272
 9.5.1 城市道路交通管理模式 … 272
 9.5.2 城市道路交通管理方法 … 273
本章小结 …………………………… 277
习题 ………………………………… 279

第10章 交通运输系统的发展趋势 …… 280

10.1 智能运输系统 ………………… 282
 10.1.1 智能运输系统概述 ……… 282
 10.1.2 道路智能运输系统 ……… 284
 10.1.3 铁路智能运输系统 ……… 287
 10.1.4 水路智能运输系统 ……… 290
 10.1.5 航空智能运输系统 ……… 292
10.2 交通运输中的信息技术 ……… 297
 10.2.1 交通运输管理中的
    地理信息技术 …………… 297
 10.2.2 交通运输中的电子数据交换
    技术 ……………………… 301
 10.2.3 交通运输中的GPS技术 … 305
 10.2.4 交通运输综合信息平台 … 311
10.3 交通运输的可持续发展 ……… 317
 10.3.1 交通运输对环境的影响及
    治理 ……………………… 317
 10.3.2 交通运输对资源的
    合理利用 ………………… 321
 10.3.3 交通运输可持续发展的
    战略和政策 ……………… 323
本章小结 …………………………… 327
习题 ………………………………… 328

参考文献 …………………………………… 330

第1章 绪 论

【教学目标】
➢ 掌握交通运输工程的基本概念
➢ 了解交通运输的历史及发展趋势

工业革命带来了交通革命

早在 1776 年，堪称近代研究交通运输经济理论的第一人、英国古典经济学家亚当·斯密就在他的代表作《国富论》中说，"分工起因于交换能力，因此分工的程度也要受交换能力大小的限制，换言之，要受市场大小的限制"。在社会分工条件下，市场是商品生产者出卖商品、购买生产资料和生活资料的集结地，在市场交换行为实现之前，首先需要开拓和完成生产者、消费者与市场之间以及用于买卖的商品在不同地区市场之间的空间距离上的位置移动，因而专门从事交通运输的服务便应运而生，成为市场开拓的先驱，与市场同兴衰。

相对于人的双腿而产生的第一次运输革命，是人类第一次以由人类自己饲养驯服的动物作为交通工具，使人类的运输能力、物物交换的能力都获得了空前的提高。在前资本主义社会，人类基本处于自给自足的自然经济状态，游牧业、传统农业和手工业生产力水平极其低下，需要交换的商品的量非常小，人类处于简单商品经济发展阶段。与此相适应，运输也十分落后，主要依靠人力、畜力、风力和水流等自然力，运输工具是粗糙的木筏、木舟、竹排等。即使在当时交通条件极不发达的情况下，仍然涌现了许多关于"交通改良"拓展政治、经济和文化交流的佳话：汉朝张骞、班超出使西域及"丝绸之路"开通；唐代开始造船发展到宋代开创了用罗盘针指导航海；航海技术的进步造就了明代杰出航海家郑和七下西洋的故事，郑和的航海比西方发现好望角早 83 年，比哥伦布发现新大陆早 87 年，比达·伽马发现印度新航路早 93 年。1769 年瓦特发明蒸汽机，蒸汽动力的划时代革命成倍地提高了社会生产力。蒸汽动力首先成为工业革命的导火索，工业革命需要大批量原材料和大宗商品在各国市场间的远程运输。因此，以蒸汽机车和蒸汽机船为代表的现代化交通时代必然到来，工业革命、世界市场和交通革命相伴互动，简单商品经济时代必然被资本主义发达商品经济和市场经济时代所代替。

思考题：在人类发展的历史上，交通运输业的发展历程是怎样的？

资料来源：卢莉芳. 论交通运输业的优势"最大化"与劣势"最小化" [J]. 北京化工大学学报(社会科学版)，2007 (1)：1-7.

交通运输工程学科是服务于交通运输业，研究交通运输基础设施的布局及修建、载运工具的运用、交通信息工程及控制、运输规划及管理、交通运输的现代化及安全技术等的学科。

交通运输业是国民经济中从事货物和旅客运送的社会生产部门，是国民经济中的一个重要的物质生产部门。交通运输业本身并不直接产出新的产品，而是把货物和旅客从一个地点转移到另一个地点；把社会生产、分配、交换与消费各个环节有机地联系起来，是在保证社会经济活动得以正常进行和发展的前提条件下，在整个社会机制中起着纽带作用。

1.1 交通运输工程学的基本概念

1.1.1 交通运输系统的性质以及交通运输业的生产特点

1. 交通运输系统的性质

交通运输业是一个不创造新的可见物质的产业部门，其生产活动不提供具有实物形态的产品，只是实现旅客和货物的空间位移。交通运输系统具有以下性质。

(1) 交通运输系统对于国民经济系统具有基础性。交通运输系统的基础性表现在：工农业生产、人民生活及其他社会经济活动诸方面对交通运输系统有普遍的需求性，交通运输系统是社会经济最基础的子系统，是其他子系统得以有效运转的主要载体，也是社会再生产得以延续的不可缺少的基本环节。

(2) 交通运输系统对于空间、地域与时间具有较强的依附性，即具有不可挪动性。对交通运输系统的这一特性，要从两个方面来理解：一个方面，交通基础设施(路网、港口、车站等)在空间和地域上不能挪用，必须就地兴建；另一个方面，运输能力在时间上不能挪用。由于运输与生产、消费是同时发生的，运输能力不能像其他行业的产品那样可以储存备用，也不能靠临时突击来解决，而是要长期有计划地、持久地建设和累积。

(3) 交通运输系统对社会和经济系统的贡献具有间接性和隐蔽性。这是从交通运输系统的基础性派生出来的特征。其主要表现在：第一，它的经济效益除少部分体现在上交国家的利税外，更重要的是蕴含在运输对象拥有者身上；第二，运输需求是从其他社会经济活动中派生出来的，交通运输只是实现目标的手段，而并非最终目标；第三，交通运输对国民经济的影响是全局性的，而交通建设项目本身的效益则主要是通过对国民经济的社会效益来体现的。

(4) 交通运输系统内部各种运输方式在一定程度上具有可替代性。在完成具体的运输任务时，对运输方式、运输工具的选择在一定程度上可以优化选择。交通运输业与邮电通信业之间也存在某些替代关系。正是由于这种可替代性才使得发展综合运输体系成为可能。

2. 交通运输业的生产特点

运输活动是使用各种载运工具(如火车、汽车、船舶、飞机和管道等)，使运输对象(货物或旅客)实现地理位置(空间)上的转移。因此，运输实际上是一种服务，其产品为无形产品，表现为旅客或货物的位移，具有运动(空间位移)、运输工具(设备)和运输服务费用这3个要素。

交通运输业是一个物质生产部门，但它又是一个特殊的物质生产部门。作为生产单位外部的运输，按其在社会再生产中的属性，运输生产过程和产品的性质具有以下显著的特点。

(1) 运输生产是在流通过程中完成的。运输作为社会生产力的有机组成部分，表现方式为生产过程在流通过程内的继续。工农业的生产，当其产品投入流通领域之时起，就企业来讲，已经完成了其生产过程，而运输生产是在流通领域继续从事生产，它表现为一切经济部门的生产过程的延续。

(2) 运输生产过程不改变劳动对象的物理、化学性质和形态，而只改变运输对象(客、货)的空间位置，并不创造新的产品。对旅客来说，其产品直接被人们所消费；对货物运输来说，运输产品附加在其成本上，在交换中列入流通所需资金。

(3) 在运输生产过程中，劳动工具(运输工具)和劳动对象(客、货)是同时运动的，它创造的产品(客、货在空间上的位移)不具有物质实体，并在运输生产过程中同时被消耗掉。因此，运输产品既不能储备，又不能调拨，只有在运输能力上保有后备，才能满足运输量的波动和特殊的运输需要。

(4) 运输产品计量的特殊性。运输生产的劳动产品是以运输量和运输距离进行计量的。运输产量的大小直接决定运输能力和运输费用的消耗。运输产品可以采用运输的旅客人数(客运量)或货物吨数(货运量)和人公里数(旅客周转量)或吨公里数(货物周转量)作为计量单位。

(5) 交通运输的劳动对象十分庞杂。从交通运输的货物来说,"加工"品种种类之多、性质之杂是其他生产部门所无法比拟的。由于大多数运输的劳动对象的所有权属于其他单位,运输业对于劳动对象无权进行支配和选择。换言之,也就是构成生产力的三要素当中,有一个要素不是运输部门所能够掌握的,而且这不能掌握的劳动对象同时又是服务对象,这种事物的两重性增加了运输业计划与管理的复杂性。

1.1.2 交通运输业在国民经济中的地位和作用

【拓展文本】

1. 交通运输业在国民经济中的地位

国民经济可分为:工业、农业、服务业 3 部分,交通运输业属于服务业的一部分。近年来,随着我国改革开放的不断深入、生产发展的需要,交通运输业得到了迅速的发展。

交通运输业是国民经济的重要基础结构之一。"基础结构"强调运输业是国民经济发展的基本需要和先决条件,强调交通运输建设必须与经济发展的水平相适应。任何地区的经济发展,地区间分工、交流都是以安全、高效的运输联系为前提的,即首先是建设运输道路和相关的基础设施。只有具备了高效的运输体系,才能进行地区开发和把国民经济各个基地连接起来,才能使一个国家的国民经济加入洲际和全球范围的商品交换与信息交流之中;反之,运输基本设施短缺会导致经济发展的干扰、徘徊和不必要的消耗,阻碍经济的增长。世界各工业发达国家的经济发展表明,在工业化过程中都有一个交通运输业的超前发展的时期,这是一个普遍性的规律。

运输业和各个国民经济部门有紧密联系,两者是相互促进、相互制约的。生产的规模、配置以及交换的性质,在很大程度上取决于运输条件,甚至有的企业是"以运定产"。发达的运输业是保证工农业之间,国家各地区之间的可靠、稳固的经济联系的必要条件。通过交通运输,国家才能把中央和地方、沿海和内地、工业和农业、城市和乡村、生产和消费,联结成为一个严密的有机整体,生产、分配、交换和消费也必须通过运输的纽带才能得到有机的结合。生产的社会化程度越高,商品经济越发达,生产对流通的依赖性越大,运输在社会再生产中的作用越重要。

2. 交通运输业在国民经济中的作用

交通运输业是国民经济的重要组成部分。它既满足工农业生产和人民生活的需求,又对联系城市和农村、巩固工农联盟和加强国防、促进地区和民族之间的文化和信息交流起着重要的作用。交通运输对于国民经济具有以下重要作用。

(1) 交通运输是实现流通的物质手段。交通运输业担负着社会产品的流通任务,对国家来说,交通运输不但可以保证工农业生产和内外贸易渠道的畅通,而且可以保证市场供需的平衡;从企业来说,缩短流通时间可以加速流动资金的周转、节省流动资金。中国工业企业流动资金周转时间过长,与交通运输业的滞后发展有很大关系。因此,发展交通运输业，促进物流系统化，不仅是"货畅其流、民便其行"的问题，而且是关系整个社会劳动生产率的提高、资金的周转和经济效益的问题。运输费用在生产费用中占有相当大的比重，因此，在生产布局中，如何缩短运输距离以降低运输成本，不仅关系企业的经营成果，而且也是节约社会生产费用的重要手段。

(2) 交通运输是开发资源、优化资源配置、实现生产力合理布局和调整国民经济产业结构的纽带。交通运输是国土资源开发的先锋。大力发展交通运输，不但可以促进欠发达或边远地区的资源开发，而且可以优化资源配置、调整农牧业结构、推动农业现代化；可以改善投资环境，加速工业化进程；可以加快人流、物流、信息流，促进第三产业的发展和社会文明的进步。

(3) 交通是国民经济的重要生产部门，又是工业生产的巨大市场，是带动一系列相关产业的龙头产业。各种运输方式能提供大量的就业机会，同时还有更多的人员工作在与其相关的部门，为国民经济产生直接的经济效益。另外，交通运输的发展也为其他工业部门，例如建筑、采矿、冶金等部门提供了巨大的市场。交通运输业的发展还直接促进了新世纪两大新兴支柱产业，即旅游业和物流业的形成和发展，这两大产业依托于旅客运输业和货物运输业。

(4) 交通运输业在国防建设与防务方面具有不可低估的作用。它平时为经济建设服务，战时为军事服务，具有鲜明的军民两用性质，是国家战斗实力的重要组成部分。在战争时期，高速公路可供军用飞机起降，铁路、水运大通道可保证部队的快速集结和居民、工厂的疏散等；交通运输能够联系前方和后方，保证部队的武器弹药和粮食等物资的供给。

(5) 交通运输业上缴的税收占国家税收的比例较大，而且这些上缴的税收一部分被用于非运输事业上，如教育、卫生、福利、消防等部门。由此可见，交通运输是直接为整个社会服务的。

(6) 交通运输是国际交流的重要桥梁和纽带，可以促进各国之间的物资交换、经济发展和人民之间的友好往来，是经济全球化的重要保证。

综上所述，交通运输业是国民经济的重要组成部分，是世界上最重要的行业之一。它不但是一个独立的生产部门，而且也是国民经济和社会发展的重要基础结构部门，是连接国民经济各部门、各地区以及社会再生产各环节的纽带，是确保社会生产和人民生活得以正常进行的重要条件，是国民经济的"先行官"，是国民经济的"动脉系统"，对国家经济、政治、国防建设以及国际的合作与发展具有重要作用。

1.1.3 交通运输工程学的研究对象

交通运输工程学科涉及交通基础设施的布局及修建、载运工具的运用、交通信息工程及控制、运输规划及管理和交通运输的现代化及安全技术等，它们有共同的理论和专业基础。另外，它与电气、电子、土木、机械、材料、信息工程、管理等科技领域各学科有密切的联系和相互交叉。

交通运输工程学主要涉及以下学科领域和研究对象。

1. 交通运输系统的总体规划、运行技术及运输管理

主要包括经济区及省市交通系统规划，铁路、公路、城市道路、机场等运输线路规划

和客运站、货运站、机场、港口等运输站场规划,以及对它们的运营和管理进行研究。在规划过程中,既要考虑人、载运工具、交通环境及各种交通附属设施的相互作用和各种运输方式相衔接而产生的技术与经济问题,又要考虑交通的发展对社会经济需要的适应以及交通与环保、城市规划、土地利用诸方面的协调问题;要利用最优化的理论和方法、计算机技术等进一步研究如何科学地组织运输生产,实现运营管理现代化;要着重研究利用现代化技术手段来提高载运工具的运行效益,研究物流过程中技术经济规律,研究现代客运系统和城市交通的规划与管理。

2. 铁路、公路、城市道路、机场、港口等交通基础设施的设计、施工、养护

重点要以高速重载铁路、高速公路、快速城市干道和现代化机场工程等为主要研究方向。在设计及施工、养护方面,应注重研究铁路上部建筑及公路路面和机场地面设施的功能的进一步完善,并需着重研究各种新技术、新材料、新工艺及其在交通运输领域的应用,以适应重载及高速列车、新型汽车和大型现代化飞机的运行、起降的发展需要,还需进一步进行在设计中引入优化及自动化设计方法的研究,使线路和机场等的设计更为经济合理。

3. 交通运输中的运载工具

对于运载工具的研究发展方向必须适应重载、高速、高效、安全运输发展的需要。具体的研究课题包括载运工具的结构及运用的安全、节能和环保以及载运工具的维修、诊断研究。

4. 交通运输安全

交通运输安全技术和保障问题仍是当前交通运输业的薄弱环节,交通事故所造成的人员伤亡和物资损失日趋严重。因此,要通过进一步深入研究交通运输过程中的安全运行规律,为交通运输提供安全技术保障,从而减少交通事故的发生率和伤亡率、促进公众出行和货物运输的安全,提高运输的社会和经济效益。具体研究方向包括道路交通控制设施,车辆碰撞时的缓冲装置,全方位覆盖、全天候运行、具备快速反应能力的现代化水上交通安全保障系统,高速公路紧急救援等方面。

5. 交通信息控制系统的智能化、综合化

智能化、信息化是未来交通运输系统的发展方向,它们对交通信息的采集、处理和传输,信息的集成与控制等技术提出了更高更新的要求。因此,必须加强运输控制现代化、运输过程自动化与运输信息集成化的研究和应用。

6. 交通运输的可持续发展

根据世界银行 1996 年《可持续运输:政策改革的关键》,可持续交通运输应该包含 3 个方面的内容:第一方面是经济与财务可持续性,是指交通运输必须保证能够支撑不断改善的物质生活水平,即提供较经济的运输并使之满足不断变化的需求;第二方面是环境与生态的可持续性,是指交通运输不仅要满足人流与物流增加的需要,而且要最大限度地改善整个运输质量和生活质量;第三方面是社会可持续性,交通运输产生的利益应该在社会的所有成员间公平分享。

因此,在交通运输发展中,不仅要考虑交通运输本身的经济效果,更重要的是充分考

虑运输的外部正效用与负效用,不仅要考虑交通运输对当代(或近期)整个社会经济系统资源配置的影响,而且要考虑到对动态资源合理配置的影响,这就为本学科提出了许多的相关研究课题。

1.2 交通运输系统的构成

交通运输系统是指一定空间范围内(国家或地区)由几种运输方式、技术设备,按照一定历史条件下的政治、经济和国防等社会运输要求组成的运输线路和运输枢纽的综合体。

1.2.1 交通运输系统的要素构成

按照其构成要素不同,交通运输系统主要包括以下基本组成部分。

(1) 载运工具。载运工具包括汽车、火车、船舶、飞机、管道等,作为旅客和货物的运送载体。

(2) 站场。交通运输站场包括客运站(图1.1)、货运站、机场(图1.2)、港口(图1.3)等,作为运输的起点、中转点或终点,以供旅客和货物从载运工具上下和装卸。

图 1.1 客运站

图 1.2 机场

图 1.3 港口

(3) 线路。交通线路包括有形的铁路、公路、管道、河道和无形的航路等,作为运输的通道,供载运工具实现不同站场点之间的行驶转移。

(4) 交通控制和管理系统。交通控制和管理系统包括各种交通信号、交通标志、交通规则等,是为了保证载运工具在线路上和站场内安全、有效率地运行而制定的规则及设置的各种监控、管理装置和设施。

(5) 设施管理系统。设施管理系统指保证各项交通运输设施处于完好或良好的使用或服务状况而设置的设施状况监测和维护(维修)管理系统。

(6) 信息管理系统。信息管理系统是应用通信、电子信息等高新技术建立的为现代交通运输服务的系统。它通过建立一套完善的数据采集、处理与共享机制,构筑交通信息平台,为交通运输的发展提供强有力的信息保障。信息系统在整个交通运输系统中起着桥梁和纽带的关键作用,通过它能够使交通运输系统的其他构成要素实现有机联系、互通情报,从而实现整个运输系统的合理规划、统筹安排,提高系统的运营效率和服务质量。

1.2.2 交通运输系统的方式构成

按照载运工具和运输方式的不同,交通运输系统由铁路、公路、水运、航空和管道这5种基本运输方式构成。

(1) 铁路运输。铁路运输是使用铁路列车运送货物和旅客的一种运输方式，它最适合于长距离运输大宗货物，如煤炭、矿石、钢材以及建筑材料等物资，也适宜承担中长途的旅客运输，如图1.4～图1.6所示。

图1.4　客运列车

图1.5　货运列车

图1.6　地铁

(2) 公路运输。公路运输是主要使用汽车在公路上运送货物和旅客的一种运输方式，它在中短途运输中的效果比较突出，如图1.7～图1.9所示。

图1.7　普通乘用车

图1.8　客车

图1.9　货车

(3) 水路运输。水路运输简称"水运"，是一种使用船舶(或其他水运工具)通过各种水道运送货物和旅客的运输方式，它特别适合于担负时间要求不太强的大宗、廉价货物的中长距离的运输，包括煤、石油、矿石、建材、钢铁、化肥、粮食、木材、水泥、食盐等大宗货物的运输，如图1.10和图1.11所示。

图1.10　客船

图1.11　油轮

(4) 航空运输。航空运输简称"空运"，是一种使用飞机(或其他飞行器)运送人员、物资和邮件的运输方式，它适合于担负各大城市之间和国际的快速客运，以及报刊、邮件等对时效性要求高和昂贵、精密、急需货物的运输，如图1.12和图1.13所示。

图1.12 空客A380

图1.13 "黑鹰"S-70运输直升机

除一般意义上的民用航空运输外，还有通用航空。通用航空包括：航空摄影、航空遥感、航空探矿、海上服务、空中照相、农业播种、除草施肥、防止虫害、人工降雨、林业播种、防火护林、飞播牧草、侦察鱼群、抗灾救护等。

(5) 管道运输。管道运输是一种由大型钢管、泵站和加压设备等组成的运输系统完成运输工作的运输方式。管道是流体能源非常适宜的运输手段。流体能源主要包括原油、天然气、成品油(包括汽油、煤油、燃料油以及液化石油气)。

1.3 交通运输业的综合评价

交通运输业的产品——位移，虽然不具有实物形态，但它和工农业产品一样，也有它自己的自然属性或质量特性，同样可以满足社会生产和个人消费的需要。从运输消费者(旅客和托运人、收货人)的角度看，交通运输业既要充分满足位移需要，又要具备安全、迅速、经济、便利和舒适的运输质量。当然，这只是一般的运输质量要求，对每一批货物的运输，上述质量的具体要求的侧重点并不完全相同。例如贵重货物、鲜活货物、季节性强的货物的托运者十分重视运送速度，而常年消费的大宗货物，例如煤、矿石等的托运者则更重视运输的大量性、连续性和运价的低廉。长途旅客比较关心车内的舒适程度和旅行时间，而短途旅客则更侧重于车辆到发时间的准时、方便和车次是否频繁。因此，运输消费者会根据运输货物的特性和具体的运输要求，选择能够最好地满足需求又最经济的运输方式。

交通运输业常常采用的评价体系含两方面，即技术性能和经济性能，见表1-1。运输规模，指运量和周转量；连续性，指运送的频度；安全性，指发生事故的频率。5种运输方式的产品虽然是同一的，但其技术性能、经济性能存在很大差异。铁路运距长、运量大、运费低，属于"线"的运输；公路运输与国民经济和人民生活最密切，其余几种运输方式均需通过公路运输才能到达目的地，属于"面"的运输；水运能耗小、运量大、成本低，但速度慢，也属于"线"的运输；航空运输速度快、运量小、成本高，属于"点"的运输；管道运输则主要适合于液体、气体的输送。

表1-1 交通运输评价体系

评价体系	评价指标				
技术性能	运输速度	运输规模	连续性	安全性	舒适程度
经济性能	能源、材料消耗	投资额	运输费用	劳动生产率	

综上所述，由于铁路、水路、公路、航空和管道5种现代化的运输方式在载运工具、线路设施、营运方式以及技术经济特征等方面各不相同，因而各有优势，各有其不同的使用范围，这就说明5种不同的运输方式之间的关系应该是相互补充、相互协作的。

随着科学技术的进步、社会运输需要的变化、各种运输方式的技术设备不断更新，其技术经济性能和使用范围也在不断变化。充分发挥各种运输方式的优势，就可以最大限度地节约运输建设投资和运输费用。同时，旅客的始发地和终到地，货物的生产地与消费地遍布全国，客、货运输的全过程往往要由几种运输方式共同完成。这就要求从货物的生产地到消费地，旅客的始发地到终到地，按照运输生产过程内在规律的要求建设运输线路，在一个地区和全国范围内需要形成各种运输方式相互衔接、协调配合的综合交通运输网。

1.4 交通运输的发展史

【拓展文本】

1.4.1 世界交通运输的发展史

人类社会在解决人和货物位移的问题上，主要集中于陆路运输和水上运输的发展。随着生产的发展，集市贸易的扩大，逐渐采用畜力驮运，进而发展为牛车、马车等运输工具。在难以准确追溯的年代，人类已经利用各种筏进行运输了，后来又发明了船。从总体上看，在铁路出现之前，人类对水运的利用较陆路普遍，水运对人类进步的贡献较陆路要大。

纵观世界范围内交通运输的发展历史，按照不同运输方式在不同时期所起的主导作用，交通运输可以划分为5个发展阶段：水运阶段；铁路运输阶段；汽车、航空和管道运输阶段；集装箱运输阶段；综合运输阶段。

1. 水运阶段

水上运输是一种历史最悠久的古老的运输方式，同时又是一种现代化的运输方式。

交通运输的革命性进展出现在1785年，詹姆斯·瓦特发明了蒸汽机之后。1807年美国人罗伯特·富尔顿提出用蒸汽机作船舶动力的方案，起名叫轮船。另外，运河的开凿，沟通了陆地上原来分离的各个水系，延长了通航水道，并且组成了联系广泛的内陆水运网。轮船和运河的出现，使水路交通运输得到了迅猛的发展。在铁路和汽车出现以前，以船舶和运河为基础的水上运输是运人、运货的大动脉，它使社会经济中人和货物的位移达到了当时允许的最高水平。因此，在运输业早期发展阶段，水运起着主导作用，成为这个阶段的标志。

2. 铁路运输阶段

铁路运输至今为止已有170余年的历史。17世纪前后，英国的煤矿开始使用木轨和有轮缘车轮的车辆运送煤和矿石。1804年，英国的特里维西克制成了牵引着货车在铁轨上行驶的机车。1825年，英国的乔治·斯蒂芬森在斯托克顿和达林顿之间铺设了世界上第一条客货两用的公共铁路，从而标志着铁路运输时代的开始。

到了19世纪，英国、美国和西欧各国都进入了铁路建设的高潮时期。这种形势也影响着其他一些国家，到19世纪后半期，已扩展到非洲、南美洲和亚洲各国。从此，铁路成了陆地交通的主要工具。由于铁路能够快速、大量地运送旅客和货物，几乎取代了内河运输,极大地加速了工农业的发展。到了 20 世纪 20 年代,许多发达国家的铁路运输在陆地运输中已经占据垄断地位,使铁路运输在这个发展阶段处于主导地位,成为这个阶段的主要标志。

3. 汽车、航空和管道运输阶段

1892 年汽车的出现,标志着道路交通工具进入了新的历史阶段。20 世纪初,工业国家的公路系统初步形成,客运和货运汽车被大众所接受,并得以迅速发展。时至今日,世界上各先进国家均建有庞大的、经过改良的公路系统,特别是高速公路的兴建,使得公路运输成为陆路运输的中坚力量。

航空技术的发展是从 1903 年美国莱特兄弟第一次实现天空飞行开始的。此后,随着飞机设计技术的进步和机构的完善,1914 年在美国首次开辟了从坦帕到圣彼得斯堡的定期航班;1919 年,又开设了从伦敦到巴黎的定期航班。1959 年,随着喷气式客机的出现,从而有了从欧洲经过北极飞往远东的航线以及欧洲飞过西伯利亚到达远东这条最短距离的航线等。这些航线的开通使得飞行时间大幅度缩短,同时也逐渐形成了世界范围的航空网。

管道是随着石油工业发展而兴起的,并随着石油、天然气等流体燃料需求的增加而迅速发展,逐渐形成沟通能源产地、加工场所及消费者之间的输送工具。现代管道运输起源于 1865 年美国宾夕法尼亚的第一条原油管道,直径 50mm,长近 10km,距今已有 130 余年的历史。20 世纪初,管道运输获得了进一步发展,但真正具有现代规模的长距离输油管道则始于第二次世界大战。美国因战争需要,建设了两条当时管径最大、距离最长的输油管道。第二次世界大战后,随着石油工业的发展,管道建设进入了一段新的时期,各产油国都开始建设长距离的输油管道。从 20 世纪 60 年代开始,输油管道向着大管径、长距离方向发展。2004 年,我国建成的"西气东输"工程,输气管道西起新疆、东至江苏、浙江、上海、途经 10 个省、市、自治区,全程跨越 4 200km,初期年输气量 120 亿 m^3。这些管道的成功建设,标志着管道已可以通过极为复杂的地质、地理条件与气候恶劣的地区,可以成为一种非常普遍的运输方式。而且,管道不仅能够修建在一国之内,还能够连接国际甚至洲际,成为国际、洲际之间能源调剂的大动脉。因此,管道运输日益受到各国重视,每年都投入巨额资金大量新建和改造具有各种用途的管线。

20 世纪 30 年代以来,汽车、航空、管道运输相继发展,与铁路运输进行了激烈的竞争。汽车公路运输具有机动灵活、快速直达的优势,航空运输具有快速和舒适的优势,管道运输虽然运送的货物品种有限,但运输成本低、输送方便,发展也很快。因此,在许多发达国家,汽车、航空、管道运输在交通运输业中所起的作用日益显著,它们已经逐步取代铁路运输在很多方面的运输业务,使得铁路运输开始衰退,成为这一阶段运输业发展的标志。

4. 集装箱运输阶段

集装箱运输是指采用集装箱运输设备装载集装箱货物的运输方式。20 世纪 50 年代中叶,集装箱运输开始在海、陆出现并得到发展,特别是 80 年代后发展得尤为迅速。这种现代运输方式由公路、铁路、水路推及航空领域,逐步形成了世界性的集装箱综合运输体系。据有关部门统计,到 20 世纪末,国际集装箱运输量已经占到货物运输总量的 65%。

5. 综合运输阶段

20 世纪 50 年代以来，世界各国在运输业发展的实践中逐渐认识到在交通运输的发展过程中，铁路、水运、公路、航空和管道这 5 种运输方式是相互协调、竞争和制约的。因此，不能片面地发展某一种运输方式，而应该有计划地对 5 种运输方式进行统筹规划、合理分工，协调各种运输方式之间的关系，充分发挥各种运输方式的优势，建立一个现代化的综合运输体系，以取得最大的社会效益和经济效益，适应国民经济可持续发展的需要。综合运输已经成为现代交通运输发展阶段的主要标志，而调整交通运输的布局和提高交通运输的质量则成为综合发展阶段的主要趋势。

1.4.2 中国交通运输的发展史及现状

运输是人类社会不能缺少的一种需求，中国自古以来就把衣食住行列为人们生存的四大要素。虽然我国在历史早期的交通运输设施比较发达，例如驿道、运河，以及文明世界的"丝绸之路"，还有郑和七下西洋的辉煌。但是由于长期的封建统治，特别是近 100 年来遭受帝国主义列强的侵略和瓜分，旧中国的交通十分落后，运输线路少、技术标准低、设备不配套、门类不齐全、布局不合理。1949 年之前，我国交通运输业处于停滞和落后状态。在旧中国，铁路、公路、水运、民航，绝大部分受帝国主义国家的操纵，为数不多的现代运输方式被官僚资本所掌握，民营资本家经营的只有少数轮船公司和汽车运输公司。

1867 年，在上海修建的吴淞铁路，是中国境内的第一条铁路。在中国，1949 年之前的旧铁路具有浓厚的半殖民地半封建色彩，而且铁路修建的总里程也很少。1867—1949 年，我国总共只有铁路 2.1 多万 km(不包括台湾地区)，并且分布极不均衡、极不合理，技术设备陈旧、落后。

20 世纪以前，我国没有现代公路，陆上运输都在土路上进行。1901 年，我国在广西友谊关和龙州之间修建了第一条公路，并引进了第一批汽车。1912 年开始有汽车运输企业。

我国的民航事业从 1929 年起步，直到近 30 年才有了长足的进步。航空港的建设、大型喷气式客机的投入使用和飞行技术的发展等，都使得中国的民航事业出现了崭新的面貌。

我国的管道运输开始于 1958 年，当时在新疆建成了全长 147km，管径为 150mm 的克拉玛依—独子山的输油管道。1963 年建成了第一条输气管道，2004 年建成了"西气东输"管道，全程跨越 4 200km。

中华人民共和国成立之前我国运输线路布局极不合理。铁路、公路大多集中在东南沿海和东北地区。西南与西北地区国土面积占全国的 56%，而铁路里程只有全国的 5.5%，公路里程只占 24.3%。汽车又集中在少数大城市，仅上海就拥有当时全国一半以上的汽车。广大农村交通十分闭塞，交通方式以人力和畜力为主。

新中国成立以后，中国的交通运输业发生了翻天覆地的变化。新中国成立初期，中国政府集中力量抢修被破坏了的铁路和公路，恢复水陆空交通。国家从 1953 年开始有计划的交通运输建设，根据国家经济建设布局的展开、对外经济文化交流的扩大以及巩固国防的需要，经过 6 个五年计划的建设，交通运输有了很大发展，取得了显著的成就，基本上形成了公路、铁路、水运、民运航空和管道 5 种运输方式共同发展的运输网络。运输站场的发展初具规模：车站、机场、港口等设施的建设成倍增加。运输网的布局大为改观：在西北、西南地区，先后修建了成渝、宝成、川黔、贵昆、成昆、湘黔、襄渝、天兰、兰青、兰新、包兰等10多条铁路，这两个地区的铁路路程占全国铁路的比重已上升到25%，公路里程占全国公路总里程的比重已上升到32%。运输技术装备也不断改善：经过改造，铁路的技术装备水平有了较大的提高，1984年，铁路复线率已达到18.7%，电力和内燃机车的比重不断增加，铁路运营控制的自动化水平不断提高；沿海建成了一批技术先进、作业效率高的专业化码头。使得运输效率显著提高，同时运输管理水平也得到提高。

截至2016年年底，全国铁路营业里程达到12.4万公里，比2015年增长2.5%，其中，高速铁路运营里程超过2.2万公里，居世界第一位，快速铁路网已覆盖50万人以上城市；全国公路通车总里程达469.63万公里，实现了由"初步连通"向"覆盖成网"的重大跨越，其中高速公路通车里程达13.10万公里；汽车保有量达1.72亿辆，较2015年度增加1 781万辆；全国内河航道通航里程12.71万公里，比2015年末增加100公里，且航道等级明显提升；全国港口拥有生产用码头泊位30 388个，比2015年末减少871个；民航共有颁证民用航空机场218个，比2015年末增加8个，其中定期航班通航机场216个，定期航班通航城市214个，年旅客吞吐量达到100万人次以上的通航机场有77个，比2015年增加7个。

从以上统计数据可以看出，目前我国已经建立了一个较为庞大的交通运输网络，且交通运输紧张状况得到了一定程度的缓解，但在运输效率、服务和管理水平，仍然落后于社会经济发展和人民生活质量不断提高的要求。因此，我国还需持续大力发展综合交通运输网络，提高运输效率、服务和管理水平，同时注意与环境保护协调发展。

1.4.3 交通运输的发展趋势

自20世纪60年代以来，各国运输业的发展纷纷步入"渐变期"。近60年，运输业在质的方面变化不及前150年猛烈，但一直在努力探寻用更短的时间、更低的费用、更少的环境破坏去获取人类发展对空间位移的需要，从来没有停止过前进的步伐。未来交通运输的发展着重体现在以下一些趋势性的特征上。

1. 专门化

专门化是效率的前提，是至今为止人类发展生产力的一大旋律。这一旋律在交通运输业主要体现在两个方面：一是运输工具专门化；二是运输方式专门化。

(1) 运输工具专门化是以运输工具为主体的运输对象专门化，早期表现为客货混载到客货分运，即旅客运输工具与货物运输工具的专门化，出现专门运输货物的货轮、货机、货车和专门运输旅客的客轮、客机、客车。近期表现为专用载货工具的发展，出现专门运输某一类货物的运输工具，如集装箱船、集装箱拖车、集装箱平车、液化气船、罐车、散货船等。

(2) 由混运到分运是以运输方式为主体的运输对象专门化，目前还没有引起人们的关注，但已经出现了十分明显的迹象。比较典型的是海运(河运的进程稍慢一点)，它几乎在全世界放弃了客运，而专门从事货运。铁路的发展也已到了客货越来越不兼容的年代。从世界范围看，经济发展到较高水平之后，铁路货运与铁路客运的兼容性越来越差，一般的趋势是国土辽阔的大陆性国家铁路以货运为己任，正在放弃客运，如美国、加拿大、澳大利亚、俄罗斯等国；国土较小或多岛屿国家的铁路则以客运为己任，逐渐放弃货运，如英国、日本等。

2. 大型化

大型化是规模经济在交通运输业的具体体现。在铁路货运中，大型化表现为重载化，这一倾向在美国、俄罗斯、加拿大、澳大利亚、南非表现得最为突出。1989年，南非在860km长的塞申—萨尔达尼亚线上，一列装载了71 600t矿石的列车摘取了列车载重世界冠军。该列车有7.3km长，前部有5个、中间有4个电力机车，尾部有7个内燃机车充当动力组(尾部使用内燃机车是为了避免电力网负荷过重)。不过，从整个运输业看，这样的载重量算不了什么，真正的冠军在海运。世界上最大的运输工具应该是油轮，油轮的载重量最大达56.3万t。矿石船的载重量最大的在30万t左右，液化气船的载重量最大在13万m^3，集装箱船的载重量目前已达到6 790标准箱(TEU)，似乎还没有逼近"极限"，不时有更大的集装箱船出现。管道运输的大型化体现在大口径管道的建设，输油管道的最大口径为1 220mm，年输油量高达1.4亿t。

大型化在公路和航空运输中也有诸多表现，客机已越来越大，载客400人的客机已十分普及，1 000人以上的客机正在酝酿之中。从绝对量上讲，它们将永远无法与轮船相比。大型化是手段，不是目的。一般运输对象价值较低，对运输服务的质量要求较少，大型化的程度可以很高；反之，大型化将受到较大限制。因此，不可能出现像海轮那样规模的汽车和飞机。

3. 高速化

运输速度的提高一直是各种运输方式的努力方向，这里所讲的高速化不仅仅是速度的一般性提高，更多的是常速"极限"的突破。在铁路运输中，高速的概念是时速200km以上，这种概念的高速列车出现在20世纪60年代。目前，正在发展的高速铁路有3种类型。一是传统型高速铁路，以日本和法国的技术最具商业价值。日本于1964年投入使用，时速超过200km。目前，运营中的高速列车最高时速为325～372km，最大商业时速为270～275km。法国于1981年开始使用高速铁路，商业时速为270～300km。二是传统型普通铁路，习惯上称摇摆式高速铁路，以瑞典的技术最为成熟，商业速度在每小时200～250km。三是磁浮铁路，日本、德国、美国对此都有浓厚的兴趣，目前只有中国上海市浦东国际机场有一条商业运营的磁浮线，其他国家仍处于试验和试运行阶段。1979年12月日本曾创下了516.5km的时速，法国也于1990年创造了515.3km的时速。1998年，纪录被日本打破，实验速度达到539km/h。2007年4月，法国又创下了新的最高行驶纪录，574.8km/h。

【拓展文本】

在其他运输方式中，高速也有特定的含义。在公路运输中，高速一般是指高速公路。目前，世界各国都在努力建设高速公路网，作为公路运输的骨架。在航空运输中，高速是指超音速。目前，正在设想研制双音速的民用飞机。在水运中，速度提高较快的是小型客轮，水翼船时速可达70km/h，气垫船的时速更高，飞翔船的时速最高，每小时达160km以上。在管道运输中，高速体现在高压力，美国阿拉斯加原油管道的最大工作压力达到8.2MPa。

4. 环保化

从 20 世纪 50 年代开始,世界上许多国家开始了以电力机车和内燃机车取代蒸汽机车的牵引动力现代化步伐。西欧诸国、独联体等国以牵引动力电气化为主,美国、加拿大以内燃化为主;德国、法国、日本则电气化和内燃化并举。到 20 世纪 70 年代这些国家基本上完成了牵引动力的现代化改造,而这一进程,我国在 20 世纪末才基本完成。牵引动力现代化的本意是提高牵引动力,更有效地利用能源,具有环保意义,只是因为铁路运输对环境的破坏本身就比较少,加上多建在人烟稀少的乡间,没有引起人们的特别关注。直到汽车在经济发展和比较发达国家普及家庭的时候,交通运输(主要是汽车)给环境的破坏越来越大,逼近了人类忍受的极限,促使人们重新认识交通技术,并逐渐形成了两个趋势性的认识:一是环境污染较轻的运输方式再次引起人们的重视,如本是"夕阳产业"的铁路重露曙光;环境污染严重的运输方式放慢了发展的速度,本来如日中天的汽车在不少国家和地区不同程度地受到了限制。二是环保型交通工具赢得了人们的青睐,除铁路牵引动力现代化外,电动汽车、双燃料汽车已经成为汽车工业发展的一大旋律。

注重环保,已不是某种运输方式的事,每一种运输方式都非常重视,只是有的显现,被人们认识较多;有的隐蔽,人们看到的较少而已。拿管道运输来说,对环保、野生动植物保护和维持生态平衡等问题都给予了足够的重视,如为防止对空气、水体、土壤的污染,解决沿线土壤流失及植物复种等问题,在开始设计、施工时就进行充分的考虑,并对管道建设可能影响地区生态、生物迁移、动物群习性等进行研究,以期管道建设对环境的破坏减少到最小。

5. 智能化

随着经济的发展,世界各国的城市交通状况都面临着交通拥挤问题的困扰。解决交通拥挤的问题除了修建新的道路和控制行驶车辆以外,另一个主要途径就是发展智能运输系统(Intelligent Transportation System,ITS)。目前,世界各国的智能运输系统主要集中在城市交通和高速公路的研究,国外 ITS 的发展轨迹是公路交通—城市交通—综合交通。当单一运输模式的智能化发展到一定程度时,进行综合运输系统的智能化设计和研究就成了必然的发展趋势。

凭借人类的直接判断和身体力量已无法适应运输工具日益大型化和高速化的发展需要。运输工具的驾驶更多地转向依靠仪表、信号和辅助驾驶系统,智能化程度越来越高。以往,对运输工具运行环境的判断,主要依靠目视信息,而现在更多地依靠仪表;以往,运输工具的操纵需要比较强的力量,现在则变得越来越轻便,甚至只是驾驭各种按钮;以往,运输工具的操纵必须亲临现场,现在则可以在远距离之外通过自动控制台来实现。管道运输中,比较早地采用了计算机监控与数据采集(Supervisory Control And Data Acquisition,SCADA)系统,已经达到站场无人值守、全线集中控制的水平。此外,线路的信号控制智能化程度也在不断提高。

本 章 小 结

交通运输是人类社会生产、经济、生活中不可或缺的重要环节,是国民经济的重要部门之一,在整个社会机制中起着纽带的作用。现代化交通运输业包括公路、铁路、水路、航空和管道 5 种基本运输方式。5 种运输方式在运载工具、路线设计和运营方式上各不相同,随着科学技术的进步,社会运输需要的变化,各种运输方式的技术设备不断更新,其技术经济性能和使用范围也在不断变化。现代交通运输业正向着专门化、大型化、高速化、环保化、智能化的方向发展,交通运输业的稳定发展为经济的快速增长提供了基本保证。

《交通运输节能环保"十三五"发展规划》发布 绿色发展理念融入各方面

日前,交通运输部发布《交通运输节能环保"十三五"发展规划》(以下简称《规划》),提出要把绿色发展理念融入交通运输发展的各方面和全过程,着力提升交通运输生态环境保护品质,突出理念创新、科技创新、管理创新和体制机制创新,有效发挥政府引导作用,充分发挥企业主体作用,加强公众绿色交通文化培育,加快建成绿色交通运输体系。

《规划》明确了 6 方面 17 项主要任务,要求各级交通运输部门完善制度建设,拓展资金来源,加强科技创新,培育绿色文化,强化合作机制,全力保障绿色交通运输体系建设。到 2020 年,适应全面建成小康社会要求的绿色交通运输体系建设取得显著进展。行业能源利用效率不断提高,能源消费结构得到明显改善;生态环保取得明显成效,国家各项污染防治行动要求得到全面落实,污染事故应急处置能力进一步加强;资源节约集约与循环利用水平全面提升;行业节能环保管理体制机制更加完善,监管与服务能力显著增强。

根据《规划》要求,"十三五"期间,继续推进交通运输结构调整,提升交通运输装备能效水平,优化交通运输能源消费结构,深化节能降碳制度创新与技术应用。加强新建交通基础设施生态保护,继续推进已建基础设施生态修复工程。加强行业大气污染防治工作,组织开展行业水污染防治,进一步提升污染事故应急能力。推进资源节约集约利用,加强资源综合循环利用。健全绿色交通制度和标准体系,强化行业节能环保管理,加强节能环保统计监测。

在服务国家发展重大战略方面,《规划》提出支撑京津冀一体化绿色交通发展,推进长江经济带绿色综合立体交通走廊建设,构建"一带一路"交通运输绿色发展管理体系。

根据案例 1-1 所提供的材料结合现实,试分析:我国交通运输业的绿色发展理念具体体现在哪些地方?

资料来源:《交通运输节能环保"十三五"发展规划》发布 绿色发展理念融入各方面[EB/OL].
(2016-06-13).http://www.mot.gov.cn/jiaotongyaowen/201606/t20160613_2042715.html.

 关键术语

公路运输(highway transportation)　　　　水路运输(water transportation)

铁路运输(railway transportation)　　　　　管道运输(pipeline transportation)

航空运输(air transportation)　　　　　　　集装箱运输(container transportation)

交通运输工程学(traffic and transportation engineering)

城市交通运输系统(urban transportation system)

习 题

1. 填空题

(1) 交通运输具有_____、_____和_____这 3 个要素。

(2) 按照载运工具和运输方式的不同,交通运输系统由_____、_____、_____、_____、_____5 种基本运输方式组成。

2. 简答题

(1) 简述交通运输的生产特点。
(2) 交通运输工程学的研究对象是什么?
(3) 简述交通运输系统的构成要素及构成方式。
(4) 简述现代交通运输的发展趋势。

第 2 章 运输需求分析与交通工程基础

【教学目标】
- 掌握运输需求的概念及其类型
- 了解运输需求特性
- 熟悉运输需求产生的来源及其影响因素
- 了解运输需求预测与运输量预测的关系以及运量预测的类型
- 掌握常用的定量和定性预测运量的方法
- 掌握人车路的交通特性
- 掌握交通量特性
- 熟悉道路通行能力和服务水平

导入案例

福建"十三五"综合交通运输发展专项规划出炉

2016年7月,《福建省"十三五"综合交通运输发展专项规划》出炉,提出未来5年福建省将完善以客为主、便捷舒适的公众出行服务体系和以货为主、经济高效的现代交通物流服务体系。

《规划》指出,到"十三五"期末,"三纵十横"高速公路网将全面建成,福建全省高速公路通车里程超过6 000公里,普通国省道二级及以上公路达到8 800公里,占比超过75%。"三纵六横"铁路网基本建成,全省铁路运营里程突破5 000公里,其中快速铁路突破3 000公里,实现80%县市有快铁;重点抓好南三龙、衢宁、福平铁路续建,加快建设浦梅建宁至冠豸山段、福厦高铁、兴国至泉州、龙梅、沿海货运铁路罗源湾至福州段等干线铁路。

"十三五"期间,福建将续建福州、厦门城市轨道交通一期项目,新建福州、厦门城市轨道交通二期项目,争取获批和开工建设泉州城市轨道交通一期项目。5年后,福建全省建成通车和在建城市(际)轨道交通将达到800公里,福、厦、泉三大中心城市实现城市轨道交通,福莆宁、厦漳泉两大都市区和武夷新区实现城际轨道交通,城市将迎来轨道交通时代。

同时,机场、港口等基础设施也将全面升级。届时,厦门翔安机场、福州长乐机场二期、武夷山新机场基本建成,全省民航旅客吞吐量将突破6 000万人次;厦门东南国际航运中心基本建成,全省港口吞吐量达到7亿吨,其中集装箱吞吐量1 600万标箱。

另外,"十三五"期间还要实现500人以上岛屿班轮全覆盖,基本实现城区公交站点500米全覆盖。

思考题:进行公路网和轨道交通网规划的依据是什么?如何进行交通运输系统规划?

资料来源:新华网. 福建将斥资7 500亿打造现代综合交通运输体系升级版[EB/OL]. (2016-07-13).[2016-07-20]. http://news.fznews.com.cn/fuzhou/20160713/578585ae1fc5c.shtml.

2.1 运输需求概述

2.1.1 运输需求的概念

随着国民经济和社会的发展,各类经济主体对运输服务的需求日趋多样化和个性化,运输需求的表征和特性越来越复杂。但从本质上看,运输需求都是源于需求主体对自身利益或效用的最大化的追逐,是内在经济使然。只有深入了解运输需求者对需求经济性的要求,才能准确地把握运输需求产生、变动和实现的基本规律。

运输需求是指在一定时期内、一定价格水平下,社会经济活动在货物与旅客位移方面具有支付能力的需要。运输需求必须满足两个条件,即具有实现位移的愿望和具备支付能力。运输需要是运输需求形成的前提条件,支付能力和支付意愿是运输需求形成的必要条件,没有支付能力的运输需要不能形成运输需求。

2.1.2 运输需求的类型

1. 按运输需求的表现形式不同划分

按运输需求的表现形式不同,运输需求可以分为显性运输需求和隐性运输需求。

(1) 显性运输需求(也称为现实运输需求)：是指由社会经济发展和人民生活水平提高等因素而产生并得以实现的人或物的位移需求，其实现形式是实际运输量。

(2) 隐性运输需求(也称为潜在运输需求)：是指在一定社会经济条件下已经客观产生但由于供给不足、无支付能力等因素而无法实现的人或物的位移。

2. 按运输需求实现的方式不同划分

按照运输需求实现的方式不同，运输需求可以分为公路、铁路、水运、航空、管道等运输需求。

公路(铁路、水运、航空、管道等)运输需求是指在一定社会经济条件下，人或物通过公路(铁路、水运、航空、管道等)运输方式实现的空间位移的需求。

3. 按运输需求实体的类型不同划分

按运输需求实体的类型不同，运输需求可以分为客运需求和货运需求。

客运需求是指在一定社会经济条件下，由人类生产生活产生的空间位移的需求。

货运需求是指在一定社会经济条件下，由人类生产生活产生的物质资料空间移动需求。

对于这两类需求，按照不同的分类标准可以进一步地划分为不同的类型。

1) 货运需求的种类

(1) 根据货物的类别不同，可以分为普通货运需求和特种货运需求。

① 普通货运需求：是指所要运输的货物都是生产和生活中常见的生产与消费资料，运输需求量大且比较平稳，在运输过程中没有特殊的要求。

② 特种货运需求：是指所运输的货物大都是大件货物、危险品、鲜活易腐货物等，在运输过程中有特殊条件的要求，如果没有特殊的保护措施和技术手段，则难以满足这种运输需求。

(2) 根据运输距离不同，可以分为长途货运需求和短途货运需求。

① 长途货运需求：是指货物运输的出发地和目的地之间的距离较长，一般为城市之间和较远的城乡之间。

② 短途货运需求：是指货物运输的出发地和目的地之间的距离较短，一般为城市内部和距离较近的城乡之间，与长途货运需求相比，短途货运需求的产生频率较高。

(3) 根据运输货物批量不同，可以分为零担货运需求、整车货运需求和集装箱运输需求。

① 零担货运需求：是指一次承运的货物批量小，且货物种类、去向、距离均不相同，因而要求运输企业建立一定的运输网络，配备相应的运输服务设施以满足其需要。

② 整车货运需求：是指用一辆或一辆以上的车运送一批货物的运输需求。这种需求的满足较为容易。

③ 集装箱运输需求：是指运输精密、贵重、易损等适宜装箱货物的需求。集装箱运输安全性好，有发展前景。

(4) 根据货物的时效性不同，可以分为时间敏感性货运需求和非时间敏感性货运需求。

① 时间敏感性货运需求：是指部分货物因其本身的性质决定，有较强的时间价值要求，对尽快运送到目的地有特殊的需求，因而表现了不同于普通货物运输需求的特点。如鲜活易腐类产品(鲜花、活动物、海产品等)、快件(包括邮件、包裹、小件急货等)

和急货。作为运输企业,在满足时间敏感性货运需求时,必须首先承诺货物运到期限的要求。

② 非时间敏感性货运需求:是指一些对货物到达的时间要求不高的普通货运需求。

2) 客运需求的种类

(1) 根据旅客出行目的及支付来源不同,可以分为公务客运需求和私人客运需求。

① 公务客运需求:旅客的需求目的大都是出差、经商、探亲等,旅途票价由单位或公司支付,支付能力有保证,运输需求者广泛,运输需求量稳定。

② 私人客运需求:需求目的是旅游、休闲、购物、上学、打工等,旅途票价由个人支付,需求者往往会考虑票价高低,民工、学生对旅途票价方面更加注重;其运输范围一般为城市之间、城市和风景名胜区之间,经济发达地区与落后地区,城市与农村之间流向明显。

(2) 根据旅客旅途时间要求不同,可以分为直达快运和普通客运。

不论旅客出行的目的如何,都希望在途时间少,但在考虑其他因素(如票价、服务)的情况下不同旅客对时间的要求不同。

① 直达快运:它可以满足部分旅客的快速要求。因此,运输企业不仅要减少中途停靠站点,而且要采用先进的运输手段,如修建高速铁路、高速公路,购置性能良好的车辆,开行快速列车或班次等来满足这类客运需求。

② 普通客运:它是正常的技术与组织水平下的旅客运输需求,一般为定时、定点、定班,在途时间占用正常。

(3) 根据运输距离不同,可以分为长途客运需求和短途客运需求。

① 长途客运需求:表现在旅客出行大都是为了旅游、探亲、出差、上学、打工等,起、迄站点一般为城市之间和较远的城乡之间。

② 短途客运需求:表现在出行者的出行目的大都是购物、休闲或在附近地区探亲等日常出行需要,与长途客运需求相比,短途客运需求者的出行频率较高。

2.1.3 运输需求的特性

任何产品或服务与其他产品或服务相比,都存在一定的共性和特性,共性使得它在某种程度上可以被其他产品或服务所替代,而特性则是它区别其他产品或服务的本质属性。运输需求特性是指能够完整反映运输需求整体特征的属性。运输需求的特性主要表现在以下几个方面。

(1) 运输需求的普遍性和广泛性。运输需求产生于人类生活和社会生产的各个角落,运输业作为一个独立的产业部门,任何社会活动都不可能脱离它而独立存在,因此与其他商品服务的需求相比,运输需求具有广泛性,是一种带有普遍性的需求。

(2) 运输需求的复杂性和多样性。对于货物运输来说,由于承运的货物在种类、重量、体积、形状、性质、包装上各有不同,因而对运输条件的要求也不同。在运输过程中,需要采取不同的技术措施。随着现代物流的发展,货物运输呈现出全球化、信息化以及多种运输方式联合运输的状态,其复杂性也不断提高。对于旅客运输来说,由于旅客的出行目的、收入水平和所愿支付运输费用不同,因而对于运输服务的质量要求也呈多样性。

(3) 运输需求的派生性。所谓派生性是指一种商品或劳务的需求是由另一种或几种商品或劳务需求派生而来的。运输需求是由社会经济活动派生出来的，因为货主或旅客提出位移要求的目的并不是位移本身，而是为实现生产或生活的目的，完成空间位移只是其为实现真正目的的一个必不可少的环节。

(4) 运输需求时空分布的不平衡性。这种不平衡性体现在时间、空间和方向上。时间上的不平衡主要起因于农业生产的季节性，贸易活动的淡季、旺季、节假日及旅游季节等。空间和方向上的不平衡主要起因于资源分布、生产力布局、地区经济发展水平、运输网络布局等。

(5) 运输需求的空间特定性。运输需求是对位移的要求，这种位移是在运输消费者制定的起点和终点之间的有方向性的位移，因此说运输需求具有空间特定性。例如，钢材生产地在城市 A，而市场需求是在城市 B，这就决定了运输需求必定是从城市 A 到城市 B，带有确定的空间要求。

(6) 运输需求的时间特定性。运输需求在发生的时间上有一定的规律性。例如，春节期间的客运需求明显高于其他时间；瓜果蔬菜在收获季节的运输需求大增。运输需求在时间上的不平衡引起运输生产在时间上的不均衡，这就反映在对运输能力的要求上具有时间特定性。此外，时间特定性还体现在对运输速度的要求上。运输需求带有很强的时间限制，即运输消费者对运输服务的起运和到达时间有各自特定的要求。

(7) 运输需求的部分可替代性。一般来讲，不同的运输需求之间是不能相互替代的。例如，运煤炭不能代替运海鲜，由北京到南京的位移不能代替从北京到上海的位移，运旅客不能代替运货物。但是，在一些情况下，人们却可以对某些不同的运输做出替代性的安排。例如，随着现代通信技术的发展，信件的运输部分地被即时通信工具和电子邮件的数据传递所替代；在工业生产方面，当原料产地和产品市场分离时，人们可以通过生产位置的确定在运送原料还是运送半成品或产品之间做出选择等。

2.1.4　运输需求的产生

虽然运输需求按照不同的分类标准，可以分为不同的类型，这里将只从旅客运输需求和货物运输需求的角度讨论运输需求的产生，这两种需求的产生来源存在明显的差异。

旅客运输需求来源于生产和消费两个不同的领域。与人类生产、交换、分配等活动有关的运输需求称为生产性旅行需求。以消费性需求为旅行目的的运输需求称为消费性旅行需求。前者是生产活动在运输领域的继续，运输费用进入产品或劳务成本；后者是一种消费活动，其费用来源于个人消费基金。

货物运输需求产生的来源有以下几个方面。一是自然资源地区分布不均衡，生产力布局与资源产地分离。自然资源分布不平衡是世界范围的地理现象，而生产力布局也不能完全和自然资源相配合，这就必然产生运输需求。二是生产与消费的分离。一般而言，由于自然地理条件、社会经济基础以及各地区间经济发展水平和产业结构的差异，使得消费群体以及消费需求的分布具有广泛性。随着生产社会化、专业化的发展，生产与消费在空间上日益分离，也就必然产生运输需求。三是地区间商品品种、质量、性能、价格上的差异。地区之间、国家之间自然资源、技术水平、产业优势不同，产品的质量、品种、价格等方面就会存在很大差异，这就会引起货物在空间上的流动，产生运输需求。

2.1.5 影响运输需求的因素

1. 影响旅客运输需求的主要因素

(1) 经济发展水平。旅客需求有很大一部分是生产性旅行需求,生产水平的高低、速度的快慢直接影响旅行需求。

(2) 居民收入消费水平。随着人们生活水平的提高,探亲、休养、旅游、访友等需求迅速增长,与此相联系的消费性需求也将随着生活水平的提高在数量和质量上发生变化。

(3) 运输网的数量和质量。近些年,我国投入大量资金进行运输网的建设与完善,大大增加了居民出行的方便性,促进了客运需求的增长。

(4) 出行费用即出行价格。出行价格主要影响旅行之类的弹性需求,它与居民的收入消费水平密切相关。

(5) 运输服务水平。运输服务的质量、安全、迅速、便利的运输服务将刺激旅客旅行需求;反之,则抑制旅行需求。

(6) 人口数量及城市化程度。旅客运输的对象是人,人口数量的变化必然引起旅行需求的变化。随着城市化进程的加快,小轿车进入家庭的速度也越来越快,必然也会带来旅客运输需求的变化。

(7) 经济体制。在计划经济体制下,国家实行严格的户籍管理和就业制度,人员流动量小;而市场经济体制下的人们就业方面有较大的自由,人口流动相对客运需求量也更大。我国市场经济的发展和收入水平的提高使得人口的流动性大大增加,客运量出现了强劲增长的势头。

2. 影响货物运输需求的主要因素

(1) 经济发展水平。货物运输需求是派生的需求,这种需求的大小决定于经济发展水平,各国在不同经济发展阶段的运输的需求在数量上和质量上有很大差异,一个国家的货物运输需求取决于国家的经济发展水平,取决于物质产品产出的多少。

(2) 国民经济产业结构和产品结构。首先,生产不同产品所引起的厂外运量(包括所有原材料、附料、能源、半成品和产成品等的运量)差别很大。其次,不同产品利用某种运输方式的产运系数(或称运输系数,即产品的运输量与其总产量的比值)是不同的。例如煤炭和基础原材料工业对铁路的依赖性比较大,其他产品则可能更多地利用别的运输方式。最后,不同的产业构成在运输需求的量与质上要求不同。如果用单位 GDP 所产生的货物周转量来表示货运强度,则重工业的货运强度大于轻工业,轻工业的货物运输强度又大于服务业,一些新兴产业运输需求数量较小,但质量要求高。随着产业结构层次的提高,货运强度会逐步下降。

(3) 运输网的数量和质量。交通运输网布局和质量,直接影响线路货物的吸引范围和各线路的通过能力和需求的适应程度。滞后的交通运输业会影响生产发展,抑制货物运输需求。

(4) 运价水平的变动。运输需求对运价水平的变动是有弹性的。尽管不同货物的需求价格弹性值有差别,总体来说,运价水平下降时运输需求上升,而运价水平上涨时运输需求会受到一定抑制。

(5) 国家经济政策和经济体制的改变。在市场经济条件下，由于竞争和追求效益的作用，产品在市场上相对自由地流动，商品交换的范围迅速扩大，交换频率大大增加，因此，运输需求也必然相对膨胀。同时，商品市场半径迅速扩大，货运平均运距增长很快。

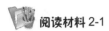
阅读材料 2-1

ZD 新区交通需求预测(节选)

ZD 新区交通需求预测是进行 ZD 新区交通组织方案设计、交通工程设施规划及交通管理方案评价的基础和依据。预测内容包括居民出行预测、对外货运交通需求预测等。

1. 城市居民出行预测

居民出行生成预测预测方法较多，有家庭类别生成模型法、回归分析法、增长率法、生成率法、吸引率法、平均出行次数法、时间序列法等。在本报告中采用的方法为：通过回归分析找出出行产生、吸引与人口、就业岗位、就学岗位的一般关系，然后再考虑小区所在区位，以及小区本身的特征进行特殊关系的修正，得出最终结果。

2. 对外货运交通需求预测

由于 ZD 新区内部货运交通量较小，所以不对内部货运进行单独预测，但 ZD 新区内分布有国家干线公路物流港，且有较多的过境货车通过，因此进行对外货运预测是十分有必要的。

对外货运交通需求预测包括对外货运交通需求预测和过境货运交通需求预测。对于对外货运而言，在对 ZD 市及国内相关城市单位工业用地、仓储用地货运生成率分析的基础上，推算出未来 ZD 新区各交通小区货运量。然后利用乌尔希斯重力模型进行分布预测。最后根据区内货运量的规划方式结构、额定载重、实载率、车种换算系数等参数，将货运量折算成交通量，单位为当量小汽车(PCU)；对于过境货运而言，主要根据过境通道现状交通调查结果并考虑至规划年合理的增长率得出规划年过境交通量，与内外货运存在的主要差别是无须进行货运量的规划方式结构、额定载重、实载率、车种换算系数等参数将货运量折算成交通量。

资料来源：土地规划局. 郑东新区土地规划局关于解放思想大讨论整改措施的回复报告[EB/OL]. (2008-09-11).[2011-05-25]. http://www.zhengdong.gov.cn/zd/zwgk/jgsz/tdghj/gzzz/tztg/webinfo/2008/09/1221043521823227.htm.

【拓展视频】

2.2 运输需求与运量预测

2.2.1 运输需求预测与运量预测的关系

运输需求预测是以预测科学的理论和方法为基础、以运输系统为对象的一门预测科学，它既属于预测学的范畴，又属于运输技术经济学的范畴。其目的就是要通过一定的手段和方法推算出研究区域内未来运输量的发展趋势，及其未来运输需求情况，为运输基础设施的规划和建设提供最基本的依据，同时还为政府道路运输主管部门进行市场的调控和管理提供有价值的决策信息。在与运输相关的各项经济分析、研究和决策中，运输需求预测是一项基础性的重要工作。

目前，国内外一般是从运输量(包括运量和周转量)的角度去预测运输需求的大小，以过去的历史运输量(或者称为统计运输量)作为预测的基础。需要指出的是以运输量预测简单代替运输需求预测，会影响到预测的准确程度。这是因为运输量是运输需求、运输供给和服务水平相互作用的结果，是铁路、公路、水路、航空等运输方式衡量运输工作量的统计指标，也是在现有运输能力下所实现的运输需求。虽然运输量与运输需求关系密切，但是运输量并不能完全代表经济社会对运输的需求。当运输能力充分的时候，运输量预测可以用来代替运输需求预测；但是当运输能力受限时，不考虑运输能力的制约，就难以反映经济发展对运输的真正需求。这就要求在进行实际预测过程中，注意预测所依据的资料、条件和方法，充分考虑运输需求预测和运输量预测之间的差别，从而根据实际情况，进行更为准确的预测。

2.2.2 运量预测的类型

运量预测的头绪很多、范围很广，根据预测的目的、角度和其他特性，可以把运输预测分为不同的种类。

按照预测的对象不同，可以分为货运预测和客运预测。按照预测的层次不同，可以分为全国运量预测、国民经济各部门运量预测、各地区运量预测和各种运输方式的运量预测。按照预测的内容不同，可以分为总运输量预测和客货流预测两大部分。总运量预测是从总量上把握全国或部分地区的客货运输量，包括发到量预测、周转量预测和平均运程预测，其特点是只考虑总量，基本不涉及具体发送地和具体线路上的客货流；客货流预测则负责把已预测出的客货运总量，在分析地区间交流的基础上，具体分配到运输方式和运输线路上，客货流预测更接近实际的客货位移。

运量预测数据的使用者可以是经济管理的综合部门(全国的或者地方的)，可以是中央或地方的运输主管机构，可以是各级运输企业，也可以是一些科研机构和大专院校。其目的可以是用于宏观经济计划、区域发展计划、基建设计与投资安排或者是运输生产组织管理。不同的预测目的决定了预测的角度不同。

按照预测期的长短，还可以分为短期预测、中期预测和长期预测。假如以年作为预测的时间单位，一般1~5年可以称为短期预测，5~10年为中期预测，10年以上则属于长期预测。

2.2.3 常用的运量预测方法

对运量进行预测的方法，大体上可以分为定量预测和定性预测两大类。

1. 常用的定量预测方法

1) 从时间序列的角度对运量进行预测

该种方法基于惯性原理，即在经济发展过程中，经济变量遵循的发展规律常常表现出延续性，很多运输需求变化呈较强的趋势性，因此可以采用时间数列趋势外推的方法对运量进行预测，也就是说可以根据运量从过去到现在的运动变化规律，推测未来运量。这种方法的主要优点是需要数据少、简便，只要所研究的运量时间数列趋势没有大的波动，预测效果较好；这种方法的缺点是无法反映出运量变化的原因，对于由于影响运量变化的外部因素变化，如调整经济政策和发展速度而引起的运输需求的变动无法反映。

时间序列趋势外推的方法很多，其关键是趋势的识别与拟合是否准确。常用的方法有移动平均法、指数平滑法和自回归分析法等。

(1) 移动平均法。移动平均法是使用一系列移动平均数来修匀资料数据的变动，以描述其趋势的方法。用该种方法修匀原始时间数列比较客观，也比较容易从中看出变动趋势。但数列两端的值无法进行修匀计算，因此每一次移动平均都会使数列变短，影响更进一步的观察，预测中常用一次移动平均法，也称简单平均法。计算公式为

$$\bar{Q}_t = \frac{Q_t + Q_{t-1} + Q_{t-2} \cdots Q_{t-n+1}}{n} (t \geq n) \tag{2-1}$$

式中：$\bar{Q}_t$——第 t 期的一次移动平均值；

Q_t——t 期实际值；

n——实际资料时期的项数。

应用一次移动平均法进行预测，本期的移动平均值就是下一期的预测值，即

$$\hat{Q}_{t+1} = \bar{Q}_t \tag{2-2}$$

(2) 指数平滑法。指数平滑法也称做时间数列的指数平滑法，它也是通过修匀历史数据中的随机成分去预测未来。但它所用的修匀方法与移动平均法不同，它引入了人为确定的系数，可以体现不同时期因素在预测中所占的权重。指数平滑法是通过使用一组指数变化规律的权重系数对各期历史数据进行加权平均，根据加权平均值进行预测的方法。预测中常用的为一次指数平滑法。计算公式为

$$\hat{Q}_{t+1} = \alpha Q_t + (1-\alpha)\hat{Q}_t \tag{2-3}$$

式中：$\hat{Q}_{t+1}$——下一时期预测值；

Q_t——本期实际值；

$\hat{Q}_t$——本期预测值，可按一次移动平均法计算；

α——平滑系数。

平滑系数 α 的值越小，说明近期数据对预测值影响越小，预测得到的结果比较平稳；反之，则近期数据对预测值的影响较大，远期数据对预测值的影响较小。

α 取值的确定有两种方法：一是由经验确定，若统计资料实际值的长期趋势为接近稳定的常数，α 取值为 0.4～0.6；若统计资料实际值呈明显的季节性波动，α 取值为 0.6～0.9；若统计资料实际值长期趋势变动较缓慢，则 α 一般取值为 0.1～0.4。二是实验法，选择几个不同的 α 值进行计算，取其平均误差小者进行预测。

(3) 灰色系统 GM(1，1)模型。在实际操作中，有时要得到大量的数据是很困难的。灰色系统把随机变量看做是在一定范围内变换的灰色量，通过对原始数列"就数找数"的处理，从而得到规律性较强的生成函数。与其他方法相比，由于灰色模型是在离散数据本身基础上建立的连续微分方程，能捕捉到事物的内在规律，因而较适合中、长期的规划预测。对于预测型的 GM(1，N)(灰色模型微分方程为 1 阶，且给定 N 个已知数列)，其预测精度一般低于 GM(1，1)(当 N=1 时)，在此讲述 GM(1，1)模型。

设 $x^{(0)}(k)$，k=1，2，…，n 为 GM(1，1)建模序列，则

$$X^{(0)} = (x^{(0)}(1), x^{(0)}(2), \cdots, x^{(0)}(n)) \tag{2-4}$$

作一次累加得到生成数列

$$X^{(1)} = (x^{(1)}(1), x^{(1)}(2), \cdots, x^{(1)}(n)), \tag{2-5}$$

其中

$$x^{(1)}(k) = \sum_{i=1}^{k} x^{(0)}(i), \quad k=1, 2, \cdots, n \tag{2-6}$$

用累加数列建立微分方程为

$$\frac{dx^{(1)}}{dt} + ax^{(1)} = b \tag{2-7}$$

式中：a，b——待估参数。

将式(2-7)中的导数以离散形式展开，得到

$$x^{(1)}(k) = \sum_{i=1}^{k} x^{(0)}(i) \tag{2-8}$$

$$x^{(0)}(k+1) = -\frac{1}{2}[x^{(1)}(k) + x^{(1)}(k+1)]a + b \tag{2-9}$$

分别令 $k=1, 2, \cdots, n-1$，得到

$$x^{(0)}(2) = -\frac{1}{2}[x^{(1)}(1) + x^{(1)}(2)]a + b$$

$$x^{(0)}(3) = -\frac{1}{2}[x^{(1)}(2) + x^{(1)}(3)]a + b$$

$$\vdots$$

$$x^{(0)}(n) = -\frac{1}{2}[x^{(1)}(n-1) + x^{(1)}(n)]a + b$$

对上述展开的离散方程组，由最小二乘法求解得到

$$\hat{\boldsymbol{a}} = (\boldsymbol{B}^\mathrm{T}\boldsymbol{B})^{-1}\boldsymbol{B}^\mathrm{T}\boldsymbol{Y}_N \tag{2-10}$$

其中

$$\boldsymbol{Y}_N = \begin{bmatrix} x^{(0)}(2) \\ \vdots \\ x^{(0)}(n) \end{bmatrix} \tag{2-11}$$

$$\boldsymbol{B} = \begin{bmatrix} -\frac{1}{2}[x^{(1)}(1) + x^{(1)}(2)] & 1 \\ \vdots & \vdots \\ -\frac{1}{2}[x^{(1)}(n-1) + x^{(1)}(n)] & 1 \end{bmatrix} \tag{2-12}$$

$$\hat{\boldsymbol{a}} = \begin{bmatrix} a \\ b \end{bmatrix} \tag{2-13}$$

预测公式为

$$\hat{x}^{(1)}(k+1) = \left[x^{(0)}(1) - \frac{b}{a}\right]e^{-ak} + \frac{b}{a}, \quad k=1, 2, \cdots, n \tag{2-14}$$

式(2-14)中 e^{-ak} 为负指数函数。将预测累加数列还原，即得到变量的预测序列

$$\hat{x}^{(0)}(k+1) = \hat{x}^{(1)}(k+1) - \hat{x}^{(1)}(k) \tag{2-15}$$

在使用 GM(1，1)模型进行预测时，还要进行模型检验。灰色预测模型检验包括残差检验、关联度检验和后验差检验。这里只介绍残差检验和后验差检验。

① 残差检验：计算原始序列和原始序列的灰色预测序列之间的绝对误差和相对误差。

绝对误差

$$\varepsilon^{(0)}(k) = x^{(0)}(k) - \hat{x}^{(0)}(k); \quad (k=1, 2, \cdots, n) \tag{2-16}$$

相对误差

$$\omega^{(0)}(k) = \left| \frac{x^{(0)}(k) - \hat{x}^{(0)}(k)}{x^{(0)}(k)} \right|; \quad (k=1, 2, \cdots, n) \tag{2-17}$$

其中 $\hat{x}^{(0)}(k) = \hat{x}^{(1)}(k) - \hat{x}^{(1)}(k-1)\cdots(k=1, 2, \cdots, n)$。相对误差越小，模型精度越高。

② 后验差检验：首先计算原始序列 $x^{(0)}(k)$ 的均方差

$$\bar{S}_0 = \sqrt{\frac{S_0^2}{n-1}}, \quad \text{而} \quad S_0 = \sum_{k=1}^{n} \left[x^{(0)}(k) - \bar{x}^{(0)} \right]^2, \quad \bar{x}^{(0)} = \frac{1}{n}\sum_{k=1}^{n} x^{(0)}(k)$$

然后计算残差序列 $\varepsilon^{(0)}(k)$ 的均方差

$$\bar{S}_1 = \sqrt{\frac{S_1^2}{n-1}}, \quad \text{而} \quad S_1 = \sum_{k=1}^{n} \left[\varepsilon^{(0)}(k) - \bar{\varepsilon}^{(0)} \right]^2, \quad \bar{\varepsilon}^{(0)} = \frac{1}{n}\sum_{k=1}^{n} \varepsilon^{(0)}(k)$$

再计算方差比

$$c = \frac{\bar{S}_1}{\bar{S}_0}$$

最后计算小误差概率

$$p = \left\{ \left| \varepsilon^{(0)} - \bar{\varepsilon}^{(0)} \right| < 0.674\,5 \cdot \bar{S}_0 \right\}$$

根据表 2-1 所给出的预测精度等级划分表确定模型的精度。

表 2-1 预测精度等级划分表

小误差概率 p 值	方差比 c 值	预测精度等级
>0.95	<0.35	好
>0.80	<0.5	合格
>0.70	<0.65	勉强合格
≤0.70	≥0.65	不合格

(4) 自回归分析法。自回归分析法是通过分析时间数列的不同自相关系数来选择适当的预测模型。当时间数列内的数值在某一固定间隔期具有较高的相关性时，就可以应用自回归模型进行预测。一级自回归方程的形式为

$$Y_t = b_0 + b_1 Y_{t-r} \tag{2-18}$$

式中：b_0、b_1——待定系数，一般由最小二乘法确定；

Y_{t-r}——第 $t-r$ 期的实际发生值，其中 r 为时间序列发生周期性变化的最小期间数；

Y_t——第 t 期实际发生值的估计值。

(5) 趋势外推法。趋势外推法认为，事物发展有跳跃过程，但主要还是渐进发展的。如果掌握了事物过去的发展规律，就可以根据这种规律预测未来。这种方法基于以下两条基本假设：决定事物过去发展的因素也将决定未来的发展，影响发展趋势的条件在预测期内是不变的或变化不大；事物发展过程是渐进变化的，不是跳跃式变化。

趋势外推预测时一般包括 6 个阶段：选择预测趋势线的函数类型；收集数据；拟合曲线；趋势外推；预测结果分析和说明；研究预测结果在决策和规划中的应用。

趋势外推的实质是利用某种函数分析描述预测对象某参数的发展趋势。常用的函数形式包括直线、指数曲线和生长曲线等。

2) 从影响因素入手对运量进行预测

在经济发展过程中,经济变量之间不是孤立的,而是存在相互依存的关系。影响总运输需求的主要因素在 2.1 节已经讲述过,但具体的预测目标类型、范围是不同的,必须细致地分析其最主要的影响因素,设法将其用量化指标反映出来。通过对过去和现在的指标数据进行分析研究,可以找出运输需求与相关经济量的关系,用于对运量进行预测。

该种预测方法在数据量足够多的情况下,常可获得较好的精度,并提供运量变化原因方面的信息。其缺点是自变量、外生变量指标未来值的选择,本身就带有预测性,影响预测的准确程度。

常用的这类预测方法包括以下几种。

(1) 回归预测法。回归预测的方法是回归分析。经济变量之间的关系经常表现为非确定性的相关关系。研究两个变量之间的关系称为一元回归,研究两个以上变量之间的关系则称为多元回归。在分析时,选择一个因素作为因变量,其余视为自变量。回归分析就是确定自变量与因变量之间关系形式的分析方法。它是要确定一个合适的数学模式,来近似地表达变量之间的平均变化关系。如果因变量在表达式中表现为自变量的一次函数,则称为线性回归方程,否则称为非线性回归方程。回归预测法能具体分析预测对象的主要影响因素,并能对模型的合理性进行检验,是比较科学的预测方法。但是,回归预测法需要的历史和现实资料比较多,资料的获取比较困难;同时,回归预测法反映预测对象与相关因素的关系仍是静态的。

① 一元线性回归。一元线性回归自变量可以是时间,也可以是其他变量,用 x_i 表示影响因素,用 $\hat{y}_i$ 表示待预测的因变量。一元线性回归方程为

$$\hat{y}_i = a + bx_i \tag{2-19}$$

式中:$\hat{y}_i$——第 i 期的预测值;

x_i——影响因素在第 i 期的值;

a,b——回归系数。

根据最小二乘法,a 和 b 的计算公式为

$$a = \bar{y} - b\bar{x} \tag{2-20}$$

$$b = \frac{L_{XY}}{L_{XX}} \tag{2-21}$$

式中

$$\bar{x} = \frac{1}{n}\sum_{i=1}^{n} x_i \tag{2-22}$$

$$\bar{y} = \frac{1}{n}\sum_{i=1}^{n} y_i \tag{2-23}$$

$$L_{XX} = \sum_{i=1}^{n}(x_i - \bar{x})^2 = \sum_{i=1}^{n} x_i^2 - \frac{1}{n}\left(\sum_{i=1}^{n} x_i\right)^2 \tag{2-24}$$

$$L_{XY} = \sum_{i=1}^{n}(x_i - \bar{x})(y_i - \bar{y}) = \sum_{i=1}^{n} x_i y_i - \frac{1}{n}\left(\sum_{i=1}^{n} x_i\right)\left(\sum_{i=1}^{n} y_i\right) \tag{2-25}$$

式(2-25)中,y_i 为第 i 期的实际值。

另外,引入

$$L_{YY} = \sum_{i=1}^{n}(y_i - \bar{y})^2 = \sum_{i=1}^{n}y_i^2 - \frac{1}{n}\left(\sum_{i=1}^{n}y_i\right)^2 \tag{2-26}$$

根据历史数据建立一元线性回归模型后,还需要对所建立的模型进行检验。模型的合理性和影响因素,对预测对象 y 的影响的显著性,可用相关系数 γ 及可决系数 γ^2 来进行检验,γ 表示 x 与 y 之间的线性相关的密切程度。当 $|\gamma| \to 1$ 时,说明影响因素 x 与预测对象 y 之间具有较明显的线性关系,可用一元线性回归法进行预测。当 $|\gamma^2| \to 1$ 时,说明 x 对 y 的影响显著,可选用 x 作为自变量。γ 的计算公式为

$$\gamma = \frac{L_{XY}}{\sqrt{L_{XX} \times L_{YY}}} \tag{2-27}$$

② 多元线性回归。多元线性回归是研究多个自变量与一个因变量间是否存在线性关系(相互依存关系),并用多元线性回归方程来表达这种关系(或用回归方程定量地刻画一个因变量与多个自变量间的线性依存关系)的过程。

当预测对象 Y 受多个因素 $X_1, X_2, \cdots, X_m$ 影响时,如果 $X_i(i=1, 2, \cdots, m)$ 与 Y 之间具有线性相关关系,则可以建立多元线性回归模型进行分析和预测。当自变量数量大于 3 个时,手工计算已很困难,一般采用计算机及专用的软件计算。

如果在对变量 Y 与 X_i 的 n 次观测中,获得了以下数据。

$$\boldsymbol{X} = \begin{bmatrix} x_{11} & x_{12} & \cdots & x_{1m} \\ x_{21} & x_{22} & \cdots & x_{2m} \\ \vdots & \vdots & & \vdots \\ x_{n1} & x_{n2} & \cdots & x_{nm} \end{bmatrix}, \quad \boldsymbol{Y} = \begin{bmatrix} y_1 \\ y_2 \\ \vdots \\ y_n \end{bmatrix}$$

则多元线性回归模型的一般形式为

$$\hat{Y} = a + b_1 X_1 + b_2 X_2 + \cdots b_m X_m \tag{2-28}$$

式中:$\hat{Y}$——多元线性回归因变量,也就是 Y 的估计值;

a——常数项;

b_i——Y 对 X_i 的总体偏回归系数。

假设估计值 $\hat{Y}$ 和实际观察值 Y 之间的误差为 ε,则有

$$\boldsymbol{Y} = \begin{bmatrix} y_1 \\ y_2 \\ \vdots \\ y_n \end{bmatrix}_{(n \times 1)} = \begin{bmatrix} 1 & x_{11} & x_{12} & \cdots & x_{1m} \\ 1 & x_{21} & x_{22} & \cdots & x_{2m} \\ \vdots & \vdots & \vdots & & \vdots \\ 1 & x_{n1} & x_{n2} & \cdots & x_{nm} \end{bmatrix}_{(n \times (m+1))} \cdot \begin{bmatrix} a \\ b_1 \\ \vdots \\ b_m \end{bmatrix}_{((m+1) \times 1)} + \begin{bmatrix} \varepsilon_1 \\ \varepsilon_2 \\ \vdots \\ \varepsilon_n \end{bmatrix} \tag{2-29}$$

式中:ε_i——残差。

多元线性回归方程中,变量参数 a、$b_i(i=1, 2, \cdots, m)$ 的确定,与一元线性回归方程参数的确定方法相同,仍采用最小二乘法。根据最小二乘法,应最小化残差的平方和,即

$$\text{Min} Q = \sum_{i=1}^{n} \varepsilon_i^2 = \sum_{i=1}^{n}(y_i - \hat{y}_i)^2 = \sum_{i=1}^{n}(y_i - a - b_1 x_{i1} - b_2 x_{i2} - \cdots - b_m x_{im})^2$$

对上式中的 a、$b_i(i=1, 2, \cdots, m)$ 分别求偏导，并令其等于零，得到

$$\begin{cases} \sum_{i=1}^{n}(y_i - a - b_1 x_{i1} - \cdots - b_m x_{im}) = 0 \\ \sum_{i=1}^{n} x_{i1}(y_i - a - b_1 x_{i1} - \cdots - b_m x_{im}) = 0 \\ \sum_{i=1}^{n} x_{i2}(y_i - a - b_1 x_{i1} - \cdots - b_m x_{im}) = 0 \\ \vdots \\ \sum_{i=1}^{n} x_{im}(y_i - a - b_1 x_{i1} - \cdots - b_m x_{im}) = 0 \end{cases} \qquad (2\text{-}30)$$

方程(2-30)被称为普通最小二乘法的一阶条件，利用方程(2-30)可确定 a、$b_i(i=1, 2, \cdots, m)$，从而得到多元线性回归方程。

同一元线性回归分析一样，对已经确定的多元线性回归分析模型能否较好地反映事物之间的内在规律，要进行线性相关的检验。

y_i 的实际值及其拟合值 $\hat{y}_i$ 之间的相关系数的平方是反映因变量受许多自变量共同影响而变化的相关程度的指标，计算公式为

$$R^2 = \frac{\left[\sum_{i=1}^{n}(y_i - \bar{y})(\hat{y}_i - \bar{y})\right]^2}{\left[\sum_{i=1}^{n}(y_i - \bar{y})^2\right]\left[\sum_{i=1}^{n}(\hat{y}_i - \bar{y})^2\right]} \qquad (2\text{-}31)$$

(2) 递增率法。递增率法是根据客货运量的预计增长速度进行预测的方法。一般的做法是，先分析客货运量增长率的变化规律，然后根据对今后经济增长的估计确定预测其客货运量的递增率再预测未来的客货递增量。递增率法的关键是确定增长速度，一般用于运量增长率的变化不大，或预计过去的增长趋势在预测期内仍将继续的情况，也常用于综合性运量的预测。但预测结果比较粗略。用递增量法计算运量的公式为

$$Q_1 = Q_0(1+a)^t \qquad (2\text{-}32)$$

式中：Q_1——预测期运量；

Q_0——基期运量；

a——确定的运量递增率；

t——预测期的年限。

(3) 弹性系数法。弹性系数法认为社会运输量与国民经济之间存在弹性变化，通过国民经济的年增长率来预测运输量的年增长率，进而预测未来运输量的情况。弹性系数 e 是运输量的年增长率 i_y 与国民经济年增长率 i_x 之比，即

$$e = \frac{i_y}{i_x} \qquad (2\text{-}33)$$

由此得到

$$i_y = e i_x \qquad (2\text{-}34)$$

于是得到货运量的预测公式为

$$y = y_0(1+i_y)^t \qquad (2\text{-}35)$$

式中：y——变量的预测值；

y_0——基年变量值；

t——预测期的年限。

(4) 乘车系数法。乘车系数法是以总人口和平均每人乘车次数预测旅客发送量的方法。乘车系数是指一定范围内旅客发送量与人口数的比值，可根据历年资料和今后可能发生的变化进行确定。乘车系数法的局限性在于该系数本身的变动趋势难以预料，不同运输工具运价比例的变动、休假制度的改变、经济紧缩对农民进城工作的影响等，都会使乘车系数出现较大摆动。乘车系数法的计算公式为

$$Q_t = M_t \beta \tag{2-36}$$

式中：Q_t——预测期运量；

M_t——预测期的总人口；

β——乘车系数。

(5) 产值系数法。产值系数法是根据预测期国民经济的总量指标(如工农业总产值、社会总产值、国民生产总值或国民收入等)和确定的每单位产值所引起的货运量或客运量去预测总运量的方法。产值系数法可以用来预测全国的总运量，也可以预测地区的总运量。需注意，不同总量指标之间以及不同运输方式之间、不同时间之间的产值系数可能存在很大的差别。因此，该种方法的关键是要在长期的变化中把握住具体产值系数及其变动趋势。产值系数法所采用的公式为

$$Q_t = M_t \beta_c \tag{2-37}$$

式中：Q_t——预测期总运量；

M_t——预测期产值指标，万元；

β_c——产值系数，t/万元或人/万元。

(6) 产运系数法。产运系数法是根据某种货物的运量随其生产总量发生变化的规律性，预测货运量的方法。从实际中发现，一些主要货物的发送量与其生产总量的比值(即产运系数)总是相对比较稳定的，这就可以根据它们的未来产量预计未来运量。运用产运系数法的关键在于分析掌握各大类货物产运系数的变化原因。一般来说，生产布局的改变，大中小型企业产量构成的变化，基建投资结构的变化，进出口量的多少，产、供、运、销关系变化和各种运输方式分工结构的变化，都可能引起货物产运系数的变化。产运系数的计算公式为

$$\gamma = \frac{Q}{M} \tag{2-38}$$

式中：γ——某年产运系数；

Q——某种货物的年发运量；

M——其该年的总产量。

在 γ 值比较稳定的前提下，按产运系数计算该货物预测发送量的公式为

$$Q_t = M_t \gamma \tag{2-39}$$

式中：t——代表预测年份。

(7) 产销平衡法。产销平衡法是指在一定范围内，把用途相同的某种物资的生产量、消费量和运输量进行平衡的方法。通过产销平衡计算，可推算出该种货物在一个车站、一个枢纽、一条线路或一个地区的发送量和到达量(输出量和输入量)。产销平衡法是一种细

致的运量预测方法,从理论上讲它可以达到相当的精确度,而且还可以为下一步继续研究地区间物流打下基础。但该方法所要求的条件比较严格,需要非常详细的资料,而且只能对用途一致的少数几种物资进行详尽的分析预测。

对于产量大于当地消费量的地区,物资是输出的;对于消费量大于当地生产量的地区,其关系式为

$$Q_f = Q_s - Q_c \quad (2\text{-}40)$$

$$Q_d = Q_c - Q_s \quad (2\text{-}41)$$

式中:Q_f——该种货物的当地发送量;

Q_d——当地到达量;

Q_s——某种货物的当地生产量;

Q_c——该种物资的当地消费量。

(8) 比重法。比重法是在总运量已用某种方法预测出,进而估算其中部分运量的方法。例如,各种运输方式在总运量所占的比重,总有一定的规律变化。当总运量已知,各种运输方式的运量就可以在分析历年变化趋势的前提下加以分配。

乘车系数法、产值系数法、产运系数法、产销平衡法和比重法一般称为传统预测方法,使用起来比较简单,在某些情况下也能够达到预测要求。

2. 常用的定性预测方法

经济现象的发展变化是错综复杂的,不可能准确地对全部复杂关系做出定量描述。在应用数理方法预测的同时,运用预测者的经验、综合考虑多种影响因素、分析经济活动的特点和构成、对运量进行预测,这类方法在历史资料很少、预测期较长的情况下,可以与其他预测方式结合使用。

该类预测方法主要包括以下几种。

1) 运输市场调查法

运输市场调查法是通过一定的方法征求购买运输产品的顾客的意见,了解顾客购买的意向和心理动机,从而对运输需求情况进行收集、记录整理和分析,在此基础上进行运量预测的方法。运输市场调查法一般采用抽样调查,既可以利用口头询问方式,又可以利用书面询问方式。利用运输市场调查法进行预测,运输企业不仅可以估计未来市场的需求量,而且有利于促进企业与顾客的关系。不过,市场调查法的费用通常比较高。而且,在许多情况下,不少顾客不愿暴露自己的购买意向,如果不给予充分合作,或者调查对象没有足够的能力清楚准确地表达自己的意愿,预测结果的可靠性就会受到较大影响。

2) 专家咨询法

专家咨询法是以预先选定的专家作为征询对象,并与适当数量的专家建立直接的函讯联系,预测小组以匿名方式发函征求专家意见,将收集到的专家意见汇总整理,作为参考资料再发给每个专家,供他们分析判断,提出新的论证。如此反复多次,专家的意见逐步趋于一致。这种方法的优点是:可独立发表意见;能发扬民主且有许多不同意见供参考。其缺点是:意见易分散、不集中,有一定的主观性。综合其优缺点,此法适用于专家人数较多,而面对面交流思想效率较低的情况。

3) 类比法

类比法是应用经济现象间相似性的发展规律，通过找出先导事件进行预测。先导事件可以是历史上发生过的同类事件，也可以是国外或其他地区发生过的同类事件，还可以是其他领域发生过的同类事件。该种方法在运量预测中也可以使用。社会经济运动是有规律的，但人对这一规律的认识能力在当前是有限的，因此预测误差是不可避免的。

道路客、货运输需求预测的作用是把握需求发展趋势，为编制规划提供数量参考依据。

(1) 预测所需资料由道路客、货运输需求调查获得，包括道路客运、货运历史资料、需求现状与发展趋势等。

(2) 需求预测内容包括客运量、货运量(物流)及其分布，客运周转量、货运周转量及其构成，代办机构的数量及通过代办完成的货物运输量，货运配载机构的数量及通过配载完成的货物运输量，货运代办和货运配载的经营主体结构等。

(3) 预测方法。

根据规划区域道路客、货运输发展历史规律，选择预测方法和预测模型。预测方法应采用定量计算与定性分析相结合，预测模型不应少于3种，以弥补各种预测模型的局限性。

阅读材料2-2

攀枝花市全面提升国省干线公路通行能力和服务水平

在持续深入推进"国省干线改扩建三年攻坚"活动的有力支撑下，攀枝花市进一步提升了国省干线公路路况、对外通行能力、抗灾害能力和服务经济社会发展的水平，为打造区域性交通枢纽奠定了坚实基础。

从2012年起，该市突出"打造区域性交通枢纽"的战略定位，全面启动了"国省干线公路改扩建三年攻坚"活动，计划投资约7亿元，改扩建国省干线公路202.5公里，桥梁997延米。2012—2015年，攀枝花市完成"国省干线公路改扩建三年攻坚"项目投资7.4亿元，先后完成了G108线拉鲊至川滇界段、S310线格里坪至福田镇段、保渡北线、红格至雅江桥段、S214线总发至平地段、丙谷至桐子林段路面的改造、改建和大修工程；完成了荷花池大桥、巴关河大桥、倮果金沙江大桥维修加固和应急抢险工程；新建纳拉河桥和灰老沟桥等。作为"国省干线公路改扩建三年攻坚"活动的延伸，攀枝花市正推进国省干线公路大中修工程建设。其中，S216线同德至西区河石坝段大修工程现已完工，S310线客运中心至新庄桥段大修工程将于7月10日前完工通车，S310线红格至雅江桥段二期大修工程于6月开工建设，其余的9个项目也将在下半年内全部开工。

资料来源：攀枝花市人民政府.攀枝花全面提升国省干线公路通行能力和服务水平[EB/OL]. (2015-07-06).[2016-07-17].http://www.sc.gov.cn/10462/10464/10465/10595/2015/7/6/10341927.shtml.

【拓展视频】

2.3 交通工程基础

2.3.1 人—车—路交通特性

道路交通是一个复杂的动态系统，它主要由人(如驾驶员、行人、乘客、交通管理部门等)、车(如汽车、电动车、自行车等)、道路和环境等交通要素组成。这些要素相辅相成，只有在各要素相互协调时，系统才能维持平衡，交通的顺畅和安全才能得到保证。各要素的特性如何，是交通运输工程学研究的主要内容之一。

1. 驾驶人的交通特性

在道路交通要素中，驾驶员具有特别重要的作用。交通事故统计表明，绝大多数交通事故直接、间接地与驾驶员有关。驾驶员在驾驶车辆过程中，首先通过眼、耳、鼻等感觉器官产生视觉、听觉、嗅觉等，感知车内外的各种行车信息。随后，这些信息经过选择，进入大脑、并结合驾驶员的经验进行加工，形成所谓"深度知觉"，如目测距离、估计车速和时间等。最后，驾驶员凭借这种"深度知觉"形成判断，从而指挥操作。在这个过程中，起控制作用的是驾驶员的生理、心理素质和反应特性。

(1) 视觉特性。眼睛是驾驶员在行车过程中最重要的生理器官，视觉给驾驶员提供80%的交通信息。因此，驾驶员的视觉机能直接影响到信息获取和行车安全。对于驾驶员的视觉机能，主要包括视力、视野和色感3个方面。

① 视力是指人眼分辨影像的能力。根据眼睛所处的状态和时间不同，视力可分为静视力和动视力。静视力即人体静止时的视力，可通过视力表进行测定；动视力是汽车运动过程中驾驶员的视力。动视力随速度的增大而迅速降低，同时，动视力还与驾驶员的年龄有关，年龄越大，动视力越差。视力还与亮度和色彩等因素有关，视力从暗到亮或从亮到暗都要有一个适应的过程。

② 视野是指当两眼注视某一目标时，注视点两侧可以看到的范围。车辆静止不动情况下，驾驶员能够观察到的范围称为静视野；车辆行驶状况下，驾驶员能够观察到的范围，称为动视野。静视野最大，随着车速增大，驾驶员的动视野明显变窄，注视点随之前移，两侧景物变模糊。

③ 色感是指驾驶员对不同颜色的辨认和感觉。红色刺激性强，易见性高，使人兴奋、警觉；黄色光亮度最高，反射光强度最大，易唤起人们的注意；绿色光比较柔和，给人以平静、安全感。因此，交通工程中将红色光作为禁行信号，黄色光作为警告信号，绿色光作为通行信号。交通标志的色彩配置也是根据不同颜色对驾驶员产生不同的生理、心理反应而确定的。

(2) 反应特性。反应是指由外界因素的刺激而产生的知觉——行为过程。驾驶员的反应包括驾驶员从视觉产生认识后，将信息传到大脑知觉中枢，经判断，再由运动中枢给手脚发出命令，开始动作的整个过程。在驾驶员的所有反应中，制动反应是控制汽车行驶性能的最重要的因素之一，通常用知觉——制动的反应时间(从刺激到反应之间的时距)来衡量，如图2.1所示。

驾驶员开始制动前最少需要0.4s的反应时间，产生制动效果需0.3s时间，共计0.7s。根据美国各州公路工作者协会规定，判断时间为1.5s，作用时间为1s，故从感知、判断、开始制动到制动发生效力全部时间通常按2.5～3.0s计算。道路设计中以此作为计算制动距离的基本参数。反应时间的长短取决于驾驶员的素质、个性、年龄、情绪、环境、行车途中思想集中情况以及工作经验。

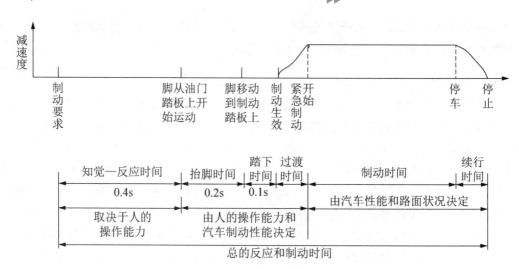

图 2.1 反应时间和制动动作

(3) 驾驶疲劳。驾驶疲劳是指由于驾驶作业引起的身体上的变化、心理上的疲劳以及客观测定驾驶员机能低落的总称。驾驶员驾车超过一定的时间,此时感觉、知觉、判断、意志、决定力、运动等都受到影响。在一般情况下,驾驶员一天行车超过 10h,前一天睡眠时间不足 4.5h 者,事故率明显增高。目前对疲劳的检查方法一般有生化测定、生理机能测定、神经机能测定、自觉症状申述等。

2. 车辆交通特性

车辆的特征和性能在确定交通工程的某项任务中起着重要的作用。车辆尺寸、质量决定道路桥梁的几何设计、结构设计以及停车场地等交通设施的设计;车辆的各种运行性能(如动力性能、制动性能等)与使用这些性能的驾驶员相结合,决定交通流的特性和安全。车辆可分为机动车和非机动车两种。机动车是指各种汽车、电车、电瓶车、摩托车、拖拉机、轮式专用机械等;非机动车是指自行车、三轮车、人力车、畜力车等。这里仅扼要介绍汽车的交通特性。

1) 车辆的设计尺寸

车辆尺寸与道路设计、交通工程有密切关系,例如,制定公共交通规划时要使用到公共汽车额定载客量的参数,研究道路通行能力时要使用车辆长度等数据,在进行车行道宽度设计时要考虑车辆的宽度。我国《公路工程技术标准》(JTGB 01—2014)规定了机动车辆外廓尺寸界限,如表 2-2 所示。

表 2-2 《公路工程技术标准》(JTGB 01—2014)规定的设计车辆外廓尺寸　　单位:m

车辆类型	总长	总宽	总高	前悬	轴距	后悬
小客车	6	1.8	2	0.8	3.8	1.4
大型客车	13.7	2.55	4	2.6	6.5+1.5	3.1
铰接客车	18	2.5	4	1.7	5.8+6.7	3.8
载重汽车	12	2.5	4	1.5	6.5	4
铰接列车	18.1	2.55	4	1.5	3.3+11	2.3

注:铰接列车的轴距(3.3+11)m:3.3m 为第一轴至铰接点的距离,11m 为铰接点至最后轴的距离。

2) 动力性能

汽车动力性能通常用3个指标来评定,即最高车速、加速度或加速时间、最大爬坡能力。

(1) 最高车速 v_{max}。汽车的最高车速是指在良好的水平路段上,汽车所能达到的最高行驶速度,单位为 km/h。

(2) 加速时间 t。分为原地起步加速时间和超车加速时间。原地起步加速时间是指汽车由第Ⅰ挡起步,以最大的加速度逐步换至高挡后达到某一预定的距离或车速所需要的时间。超车加速时间大多是用高挡或次高挡由 30km/h 或 40km/h 全力加速至某一高速度所需的时间来表示。

(3) 最大爬坡能力 i_{max}。用汽车满载时,Ⅰ挡在良好的路面上可能行车的最大爬坡度 i_{max}(%)表示。小汽车主要是在平坦路面上行驶,所以一般不强调其爬坡能力;货车经常要在各种路面上行驶,所以要求其具有足够强的爬坡能力。

3) 制动性能

汽车的制动性能是汽车的主要性能之一,直接关系到交通安全,是汽车安全行驶的重要保障。汽车制动性能主要体现在制动距离、制动减速度、制动效能的力度稳定性、制动时汽车的方向稳定性上。制动过程实际上是汽车行驶的动能通过制动器转化为热能。所以在制动片温度升高后,能否保持在冷状态时的制动效能,对于高速时制动或长下坡连续制动都是至关重要的。方向稳定性是指制动时不产生跑偏、侧滑及失去转向能力的性能。制动跑偏与侧滑,特别是后轴侧滑是造成事故的主要原因。

3. 道路基本特性

道路是汽车交通的基础、支撑物。道路必须符合其服务对象的交通特性,满足它们的交通需求。道路服务性能的好坏体现在量、质、形三个方面,即道路建设数量是否充足,道路结构和质量能否保证安全快速行车,路网布局、道路线形是否合理。另外,还有附属设施、管理水平是否配套等。

(1) 道路率。道路率又称道路面积率,是指一个国家、地区或城市的道路面积与各自行政区域的面积之比。道路率是衡量一个城市的道路状况好坏的指标之一。

(2) 路网密度。路网密度是衡量道路设施数量的一个基本指标。一个区域的路网密度等于该区域内道路总长与该区域的总面积之比。一般来说,路网密度越高,路网总的容量、服务能力越大。但路网的密度过大,交叉路口就会增多,则会影响行车速度和通行能力,也会造成城市道路建设投资的增加,因此道路网密度的大小应与所在区域的经济发展水平相当、与所在区域内的交通需求相适应。

(3) 铺装率。铺装率是铺装路面(包括混凝土道路和沥青混凝土道路)的长度与道路总长度之比,它是衡量一个国家道路好坏的重要标志。

(4) 道路网布局。道路网布局的好坏对整个运输系统的效率有很大影响,良好的路网布局可以大大提高运输系统的效率,增加路网的可达性,节约大量的投资,节省运输时间和运输费用,取得良好的经济效益、社会效益与环境效益。对于不同的区域、不同的城市,不存在统一的路网布局模式。路网布局必须根据所在区域的自然、社会、经济情况等选取。典型的公路网布局有三角形、并列形、放射形、树叉形等。典型的城市道路网布局有棋盘形(方格形)、带形、放射形、放射环形等。

2.3.2 交通量特性

【拓展视频】

交通量是指在单位时间段内，通过道路某一地点、某一断面或某一条车道的交通实体数。按交通类型不同划分，有机动车交通量、非机动车交通量和行人交通量，一般不加说明则指机动车交通量，且指来往两个方向的车辆数。

交通量时刻在变化，在表达方式上通常取某一时间段内的平均值作为该时间段的代表交通量，当时间段不足 1h 时，所计算的平均交通量通常称为流率。如果单位时间为天(d)，即以辆/d 为单位，平均交通量(Average Daily Traffic，ADT)表达式为

$$ADT = \frac{1}{n}\sum_{i=1}^{n} Q_i \tag{2-42}$$

式中：Q_i——各规定时间段内的日交通量(辆/d)；

n——各规定时间段的时间(d)。

按平均值所取的时间段的长度计，常用以下平均交通量。

1. 月平均日交通量(Month Average Daily Traffic，MADT)

$$MADT = \frac{1}{n_月}\sum_{i=1}^{n} Q_i \tag{2-43}$$

式中：$n_月$——各自然月的天数，有 30d，29d，31d 和 28d。

2. 周平均日交通量(Week Average Daily Traffic，WADT)

$$WADT = \frac{1}{7}\sum_{i=1}^{7} Q_i \tag{2-44}$$

3. 年平均日交通量(Annual Average Daily Traffic，AADT)

$$AADT = \frac{1}{n_年}\sum_{i=1}^{n} Q_i \tag{2-45}$$

式中：$n_年$——年的天数，有平年(365d)和闰年(366d)。为简便起见，年平均日交通量亦可用下式计算：

$$AADT = \frac{1}{12}\sum_{i=1}^{12}(MADT)_i \tag{2-46}$$

年平均日交通量是一项极其重要的控制性指标，用作道路交通设施规划、设计、管理等的依据，其他平均交通量主要用于交通量统计分析、求各时段交通量变化系数以及将各时段平均交通量进行相互换算之用。

4. 高峰小时交通量

一天 24h 中，每个小时的交通量都在不断变化。在城市道路上，交通量在上下午各有一个高峰，在交通量呈现高峰的那个小时，称为高峰小时，高峰小时内的交通量称为高峰小时交通量。

高峰小时交通量占该天全天交通量之比称为高峰小时流量比(以%表示)，它反映高峰小时交通量的集中程度，并可供高峰小时交通量与日交通量之间作相互换算之用。我国公路

部门的统计资料表明,城市道路高峰小时流量比为9%~10%,平均为9.6%。

高峰小时系数(Peak Hour Factor,PHF)是指高峰小时交通量与高峰小时内某一时段的交通量扩大为高峰小时的交通量之比。一般将高峰小时划分为5min,6min,10min或15min的连续时段内的统计交通量,此连续5min,6min,10min或15min所计交通量中最大的那个时段,就是高峰小时内的高峰时段,把高峰时段的交通量扩大为1h的高峰小时交通量,因此,高峰小时系数是指高峰小时交通量与扩大的高峰小时交通量之比。高峰小时系数的一般表达式为

$$PHF_t = \frac{高峰小时交通量}{t时段内统计所得最高交通量 \times \frac{60}{t}} \tag{2-47}$$

根据t值的不同,高峰小时系数有PHF_{15},PHF_5,PHF_6,PHF_{10}等。城市道路中短时间交通量过分集中往往会造成交通阻塞,如最大15min交通量可达小时交通量的40%,最大5min交通量可达小时交通量的20%。

2.3.3 道路通行能力和服务水平

1. 道路通行能力的定义及其种类

道路通行能力指的是在一定的道路和交通条件下,道路上某一路段或某交叉口单位时间内通过某一断面的最大车辆数。进行通行能力分析,可以求得在不同运行质量情况下1h所能通行的最大交通量,亦可求得在指定的交通运行质量条件下所能承担交通的能力。

道路通行能力可分为基本通行能力、可能通行能力和设计通行能力3种。由于时间单位越大,交通不均匀性亦越大,就越不能很好地反应交通量与运行质量之间的关系。我国现阶段是以小时为单位来计算通行能力和设计交通量。

(1) 基本通行能力。是指公路组成部分在理想的道路、交通、控制和环境条件下,该组成部分一条车道或一车行道的均匀段上或一横断面上,不论服务水平如何,1h所能通过标准车辆的最大辆数。

(2) 可能通行能力。是指一已知公路的一组成部分在实际或预测的道路、交通、控制及环境条件下,该组成部分一条车道或一车行道对上述诸条件有代表性的均匀段上或一横断面上,不论服务水平如何,1h所能通过的车辆(在混合交通公路上为标准汽车)的最大辆数。

(3) 设计通行能力。是指一设计中的公路的一组成部分在预测的道路、交通、控制及环境条件下,该组成部分一条车道或一车行道对上述诸条件有代表性的均匀段上或一横断面上,在所选用的设计服务水平下,1h所能通过的车辆(在混合交通公路上为标准汽车)的最大辆数。

2. 车辆折算系数和换算交通量

(1) 车辆折算系数。分析计算通行能力和服务水平时,需要将标准汽车交通量与实际或预测的交通组成中各类车辆交通量进行折算,需要用到车辆折算系数。此系数的定义是:在通行能力方面某类车辆一辆等于标准车辆的辆数。表2-3为我国《公路工程技术标准》(JTGB 01—2014)上给出公路中的各汽车代表车型折算成标准车辆的系数。需要指出的是城市道路中的折算系数与公路中的折算系数有些许差异,交叉口与路段也有差异。

表 2-3 公路中各汽车代表车型及车辆折算系数

汽车代表车型	车辆折算系数	说明
小客车	1.0	座位≤19 座的客车和载质量≤2t 的货车
中型车	1.5	座位>19 座的客车和 2t<载质量≤7t 的货车
大型车	2.5	7t<载质量≤20t 的货车
汽车列车	4.0	载质量>20t 的货车
拖拉机	4.0	能够在公路上行驶的拖拉机

(2) 换算交通量。也称为当量交通量，是将实际的各种机动车和非机动车交通量按一定的折算系数换算成某种标准车型的当量交通量，我国大多以小客车为标准车型，因此总交通量中各类车辆交通量换算成标准车型交通量之和，单位可用PCU(Passenger Car Unit)表示。其计算公式为

$$V_e = V \sum P_i E_i \tag{2-48}$$

式中：V_e——当量交通量，单位：PCU；

V——未经换算的总交通量，单位：辆；

P_i——第 i 类车交通量占总交通量的百分比；

E_i——第 i 类车的车辆折算系数，见表2-3。

3. 公路服务水平定义

公路服务水平是指交通流中车辆运行的以及驾驶员和乘客所感受的质量量度，亦即公路在某种交通条件下所提供运行服务的质量水平。公路通行能力的分析计算离不开交通运行质量。因此通行能力的分析计算必须与服务水平的分析计算一起进行。根据《公路工程技术标准》(JTGB 01—2014)，通常采用V/C值来衡量拥挤程度，作为评价服务水平的主要指标，同时采用小客车实际行驶速度与自由流速度之差作为次要评价指标。V/C是指在基准条件下，最大服务交通量与基准通行能力之比。所谓基准通行能力是指五级服务水平下对应的最大小时交通量。

根据《公路工程技术标准》(JTGB 01—2014)，服务水平分为六级，分别代表一定运行条件下驾驶员的感受。根据交通流状态，各级服务水平对应以下定性描述。

(1) 一级服务水平，交通流处于完全自由流状态。交通量小，速度高，行车密度小，驾驶员能自由地按照自己的意愿选择所需速度，行驶车辆不受或基本不受交通流中其他车辆的影响。在交通流内驾驶的自由度很大，为驾驶员、乘客或行人提供的舒适度和方便性非常优越。较小的交通事故或行车故障的影响容易消除，在事故路段不会产生停滞排队现象，很快就能恢复到一级服务水平。

(2) 二级服务水平，交通流状态处于相对自由流的状态，驾驶员基本上可按照自己的意愿选择行驶速度，但是开始要注意到交通流内有其他使用者，驾驶员身心舒适水平很高，较小交通事故或行车障碍的影响容易消除，在事故路段的运行服务情况比一级差些。

(3) 三级服务水平，交通流状态处于稳定流的上半段，车辆间的相互影响变大，选择速度受到其他车辆的影响，变换车道时驾驶员要格外小心，较小交通事故仍能消除，但事故发生路段的服务质量大大降低，严重的阻塞后面形成排队车流，驾驶员心情紧张。

(4) 四级服务水平，交通流处于稳定流范围下限，但是车辆运行明显地受到交通流其他车辆的相互影响，速度和驾驶的自由度受到明显限制。交通量稍有增加就会导致服务水平的显著降低，驾驶人员身心舒适水平降低，即使较小的交通事故也难以消除，会形成很长的排队车流。

(5) 五级服务水平，为交通流拥堵流的上半段，其下是达到最大通行能力时的运行状态。对于交通流的任何干扰，例如车流从匝道驶入或车辆变换车道，都会在交通流中产生一个干扰波，交通流不能消除它，任何交通事故都会形成长长的排队车流，车流行驶灵活性极端受限，驾驶人员身心舒适水平很差。

(6) 六级服务水平，是拥堵流的下半段，是通常意义上的强制流和阻塞流。这一服务水平下，交通设施的交通需求超过其允许的通过量，车流排队行驶，队列中的车辆出现停停走走的现象，运行状态极不稳定，可能在不同交通流状态间发生突变。

4. 需分别进行通行能力和服务水平分析的公路组成部分

(1) 高速公路(控制进入)的基本路段。
(2) 不控制进入的汽车多车道公路路段。
(3) 不控制进入的汽车双车道公路路段。
(4) 混合交通双车道公路路段。
(5) 匝道，包括匝道—主线连接部分。
(6) 交织区。
(7) 信号控制的平面交叉。
(8) 无信号控制的平面交叉。
(9) 市区及近郊干线道路。

5. 道路通行能力和服务水平的作用

(1) 用于道路设计。根据设计通行能力与设计小时交通量的对比，可分析得出所设计公路的技术等级及多车道公路的车道数，以及是否需要设置爬坡车道，亦可在道路设计阶段，进行公路各组成部分的通行能力和服务水平分析，发现潜在的瓶颈路段，设计改进后，可在设计阶段就消除将来可能形成的瓶颈段。

(2) 用于道路规划。在分析当前交通流的质量水平、评估现有公路网承受交通的适应程度的基础上，通过交通量预测及投资效益和环境影响等的评估，提出改善和提高公路网的规模和建设项目及其实施步骤。

(3) 用于道路交通管理。根据预测交通量增长情况对运行条件的分析，计算各阶段交通管理措施。

6. 影响通行能力

影响道路通行能力的主要因素有道路状况、车辆性能、交通条件、交通管理、环境、驾驶技术和气候等条件。

道路状况是指道路的几何线形组成，如车道宽度、侧向净空、路面性质和状况、平纵线形组成、实际能保证的视距长度、纵坡的大小和坡长等；车辆性能是指车辆行驶的动力性能，如减速、加速、制动、爬坡能力等；交通条件是指交通流中车辆组成、车道分布、交通量的变化、超车及转移车道等运行情况的改变；环境是指街道与道路所处的环境、景观、路面使用质量、自然状况、沿途的街道状况、公共汽车停站布置和数量、单位长度的交叉数量及行人过街道等情况；气候因素是指气温的高低、风力大小、雨雪状况。

需要指出的是，虽然路面使用质量(尤其是路面平整度)、气候条件对通行能力有较大的影响，但是这两个方面所造成的影响程度变化范围很大，且不易用数字具体表示，因此通行能力和服务水平的各种关系及参数值均是在路面使用质量良好及气候正常情况下得出的。

本 章 小 结

运输需求是指在一定时期内、一定价格水平下，社会经济活动在货物与旅客位移方面具有支付能力的需要。运输需求包括客运需求和货运需求。客运需求产生的主要来源人类生产、交换、分配以及消费等活动；而货运需求主要来源于自然资源地区分布不均、生产与消费的分离以及地区间商品品种、质量、性能、价格上的差异。

在与运输相关的各项经济分析、研究和决策中，运输需求预测是一项基础性的重要工作。虽然运输需求预测、运输量预测有所不同，但是在实际运用中，通常是从运输量(包括运量和周转量)的角度去预测运输需求的大小。运输量预测有多种类型，用到的方法有定量预测的方法，也有定性预测的方法。前者主要包括从时间序列的角度进行预测以及从影响因素入手进行预测两种不同的类型；后者包括运输市场调查法、专家咨询法、类比法等。

驾驶人的交通特性主要包括视觉特性、反应特性和驾驶疲劳等。车辆交通特性主要包括车辆的设计尺寸、动力性能和制动性能等。道路基本特性主要包括道路率、路网密度、铺装率、道路网布局等。交通量通常取某一时间段内的平均值作为该时间段的代表交通量，常用的平均交通量包括月平均日交通量、周平均日交通量、年平均日交通量、高峰小时交通量。道路通行能力可分为基本通行能力、可能通行能力和设计通行能力3种。公路服务水平分为六级。

本章主要介绍了运输需求的概念、类型及其特点，运输需求的产生和影响因素，运输需求与运量预测的关系，运量预测的方法，人—车—路交通特性、交通量特性、道路通行能力和服务水平。

案例分析

2016年6月中国公路物流运价指数降幅收窄

2016年6月我国公路物流运价指数为101.3点，比上月回落1.5%，但比年初回升2.8%。进入6月，公路物流需求较前期小幅回升。一方面，工业物流需求保持平稳增长，其中采矿业、高耗能行业等传统行业增速虽有所回落，但原油、橡胶等进口量较前期明显回升；另一方面，消费品物流需求继续保持平稳较快增长，特别是农副产品、食品、纺织品等物流需求加快增长。

从6月各周情况看，呈现"小幅波动，连续回升，低位趋稳"的态势，月指数总体虽有回落，但月内各周则环比均有回升；从回升幅度看，除两周超过0.15%外，其他各周在0.1%以内，总体仍呈现趋稳的走势。

从分车型指数看，6月整车指数为94.1点，比上月回落1.8%，但比2015年同期增长5.7%；零担轻货指数为112.7点，比上月回落1.1%，比2015年同期下降1.5%；零担重货指数为111.3点，比上月回落1.3%，比上年同期下降3.4%。从后期走势看，物流业景气指数中的新订单指数回升1.8个百分点，至56.8%；业务活动预期指数为60.9%，仍位于较高水平，预示着后期社会物流运行仍将保持较为活跃的发展态势。分品种来看，钢材、有色金属等大宗商品物流需求趋弱；农副产品、食品、纺织品等物流需求上升较快。

根据案例所提供的材料，试分析以下问题：

1. 公路物流需求主要包括哪些内容？
2. 影响我国公路物流需要的主要因素有哪些？

资料来源：中国新闻网(北京).6月中国公路物流运价指数降幅收窄[EB/OL].(2016-07-04).[2016-07-19]. http://money.163.com/16/0704/20/BR5HR6CL00254TI5.html.

关键术语

运输需求(transportation demand)　　　　运输需求预测(transport demand forecasting)
运输量预测(transport volume forecast)　　交通特性(traffic characteristics)
道路通行能力(road capacity)　　　　　　公路服务水平(highway service level)

习　题

1. 填空题

(1) 运输需求必须满足两个条件，即_____和_____。
(2) 按照运输需求实现的方式不同，运输需求可以分为_____、_____、_____、_____、_____等运输需求。
(3) 按运输需求实体的类型不同，运输需求可以分为_____和_____。
(4) 运输量是_____、_____和_____相互作用的结果。
(5) 时间序列趋势外推的方法很多，常用的有_____、_____和_____等。
(6) 常用的定性预测运量的方法有：_____、_____和_____。
(7) 汽车动力性能通常用_____、_____、_____这3个指标来评定。
(8) 道路通行能力可分为_____、_____和_____3种。

2. 简答题

(1) 简述运输需求的定义及其特性。
(2) 影响运输需求的因素有哪些？
(3) 运输需求和运输量有何区别和联系？
(4) 按时间长短，运量预测可以分为几种类型？其预测期有何不同？
(5) 简述常用的几种定量预测方法的优缺点。
(6) 常用的平均交通量有哪些？它们在交通工程中有什么作用？
(7) 什么是公路的服务水平？它有哪几种类型？服务水平的作用有哪些？

第3章 公路运输

【教学目标】
- 掌握公路运输的定义及其特点
- 了解公路以及公路交通控制设备
- 了解公路的组成及分类
- 熟悉公路客运站及站务作业的内容
- 掌握公路客运班次组织的过程
- 掌握普通货物运输组织的方法
- 掌握零担货物运输组织的形式
- 了解特种货物运输组织的方法
- 熟悉货运车辆行驶路线的种类
- 了解交通事故的分类及调查方法
- 了解车辆维修制度
- 了解公路运输安全管理的评价指标

2016年全国物流运行情况通报

国家发改委发布的《2016年全国物流运行情况通报》显示，2016年社会物流总费用11.1万亿元，比2015年增长2.9%。其中，运输费用6.0万亿元，保管费用3.7万亿元，管理费用1.4万亿元。2016年社会物流总费用与GDP的比率为14.9%，比2015年下降1.1个百分点。我国物流成本占生产成本的比例高达30%~40%，而该数据在西方发达国家的占比只有10%~15%，现在企业很大一部分利润是被物流消耗掉了，它直接影响到中国制造的竞争力。

2015年年底召开的中央经济工作会议明确提出，要降低物流成本，推进流通体制改革。2016年以来，多地出台为企业降低成本的措施，"降低物流成本"成为重要内容。贵州提出，采取综合措施，大幅降低全省社会物流总费用占生产总值的比重，到2017年企业物流成本占总成本的比重下降到全国平均水平、低于周边省份。四川提出，降低物流运输成本。对大件特种运输企业收取的道路损失补偿费、对道路运输企业收取的事故车辆拖车费、对进出港(场)企业收取的机场货站操作费和安检费、码头闸口费，以及港口、机场、铁路经营性收费等进行清理规范。广东也明确，降低企业物流成本，推动取消车辆通行费年票制，取消到期或其他不符合规定的公路收费项目。在各地出台的降低物流成本举措中，降低高速公路通行费成为不少地方选择的突破口。

思考题：除降低高速公路通行费外，还有哪些技术手段可以降低公路运输成本？

资料来源：有改编. http://www.sdpc.gov.cn/jjxsfx/201703/t20170309_840688.html.

3.1 公路运输概述

3.1.1 公路运输定义及其发展过程

公路运输又称城乡道路运输，是使用汽车和其他运输工具在城乡道路上从事旅客和货物的运输。它是有别于航空、铁路、水路、管道等运输的一种运输方式。

中国的公路交通从严格意义上来说，开始于1949年，因为在那之前的相当长一段时期，中国公路对国民经济没有什么实际的意义，表现为数量少、等级差、不完整，国内机动车保有量太少。从中华人民共和国成立以来，直至实现公路运输现代化，分为3个阶段。

1. 新中国成立初期至改革开放的1978年——公路运输现代化建设期

20世纪五六十年代，根据当时形势需要和条件，公路建设基本是在原大车道、便道上修补改造进行，也有相当部分是人民解放军在进军途中一边行军一边施工的应急公路。之后，根据战备国防需要，依靠国家边防公路建设投资和"民工建勤"等方式，全国公路通车里程增长较快，达到89万km，其中干线公路23.7万km，县乡公路58.6万km，企事业单位专用公路6.6万km。虽然公路等级普遍很低，但与当时国内汽车工业水平相比，特别是与缓慢的经济发展要求相比，总体上尚能适应。

2. 改革开放1978—2020年——公路运输现代化转型期

1978—2007年，中国公路客运周转量从1978年的521.3亿人公里，增加到2007年的

11 506.8 亿人公里，增长了 21.1 倍，远高于整个客运业的平均发展速度。公路客运现已稳居运输产业客运周转量的老大地位，在整个客运产业中占据半壁江山。

在客运增长的同时，公路的货运周转量也在快速增加，从 1978 年的 274.1 亿吨公里，增加到 2007 年的 11 354.7 亿吨公里，增长了 40.4 倍。这一增速虽然远远高于货运业的平均增长速度，但到 2007 年，公路货运周转量也就仅占整个行业货运总周转量的 11%。

公路的客运平均运距也从 1978 年的 35km，增加到 2007 年的 56km。货运平均运距从 1978 年的 32km，增加到 2007 年的 69km。分别增长了 60%和 115%。

从上述数据可以看出，在这一转型期，中国的公路运输得到了迅速的发展。这段时期又可分为以下 4 个阶段。

1) 转型初长期(1978—1985 年)

该阶段国民经济恢复较快，对公路运输的需求迅速增长，各种交通紧张问题凸显，交通运输系统内结构不合理的问题逐渐暴露出来，突出的问题是除了公路里程仍然不足以满足国民经济的增长需求之外，公路等级低、效率低下的问题也日益显露出来。所有这些造成了中国公路运输业转型的初长期发展缓慢。

2) 转型成长期(1986—1998 年)

由于国民经济水平的提高和人民生活水平的提高，整个运输产业的结构调整和竞争加剧，加速了公路运输业的发展。国家明确交通运输是国民经济发展的瓶颈产业，实现了我国大陆高速公路零的突破。

3) 转型成熟期(1999—2010 年)

从"九五"中期开始，中国公路运输产业进入了转型成熟期。随着中国经济结构的转型，增加了对运输的方便和快捷性的要求，而公路运输可实现门到门服务，这就加大了人们选择它的可能性；另外，公路作为铁路运输的互补品，随着铁路运输业的发展，必然也要求公路运输业更快的发展。

4) 转型完善期(2011—2020 年)

在 2011 年左右，中国公路运输产业将进入转型完善期，这时的公路旅客周转量预计将达到 14 490 亿人公里，公路货运周转量将达到 10 687 亿吨公里；到 2021 年，公路客运的年周转量将达到 28 313 亿人公里，公路货运周转量将达到 15 946 亿吨公里；这时的客运市场将进一步饱和，增长速度变慢，远景的市场容量已经基本上等于逻辑上界。

3. 2021 年到 21 世纪中叶将实现公路运输高度现代化

从 2021 年到 21 世纪中叶，预计我国公路运输现代化水平的增长速度将会有所减缓，到 2050 年将实现公路运输的高度现代化，与其他发达国家并驾齐驱。

3.1.2 公路运输的特点、功能及作用

1. 概念的比较与分析

在理论和实践之中，我们常常用到一些既有联系，又有区别的概念，明确这些概念对准确把握本专业领域的知识是非常必要的。

1) 公路运输与汽车运输

公路运输是按运输依托的通行途径来定义的，而汽车运输则是按运输所使用的工具来

定义的。仅从概念上看，前者不仅包含后者，而且还包含拖拉机、人力车、畜力车、人工运输。但从实际运用上看，公路运输主要指汽车在公路上的运输(不包括汽车厂内运输)，因此两个概念通常互换使用。

2) 道路运输与公路运输

广义地说，道路是指能够通行的途径。不同的行为主体，对道路的界定标准不同。本领域引用的道路概念，一般是指机动车辆和行人均能通行的途径。而公路，则是公共道路的简称，习惯上指各级政府所建的连接城市之间、城乡之间、乡村之间的、具有一定技术标准和设施配置的道路。以往由于管理体制的原因，通常将城市道路与公路加以区分，前者是在城建部门职责范围内管理的城市交通道路，而后者则是由交通部门管理的道路。从发展趋势看，两者逐步融为一体。公路与城市道路的概念逐步被道路概念所取代。

2. 公路运输的特点

公路运输在所有运输方式中是影响面最为广泛的一种运输方式，具有以下特点。

1) 运用灵活

由于我国公路网密度约比水路网、铁路网大 10～20 倍，其分布面也广，因而汽车可去之处多、运输方便。公路运输时间上的机动性也明显大于其他运输方式，车辆可随时调度、装载、起运，各运输作业环节衔接时间也较短。公路运输还对客、货运输批量大小具有很强的适应性，特别是对较小批量的货物或人员的紧急运输工作非常适应，这种特点使得公路运输可以用在救灾工作和军事运输。

2) 载运量小

汽车载运量，小汽车只不过三四个人，大型巴士平常也仅能载运数十人，货运汽车普通可载运 3～5t，即使使用挂车也不过数十吨，不能与铁路列车或轮船的庞大载运量相比。

3) "门到门"的直达运输

公路运输可以把旅客从居住地门口直接送到目的地门口，也可以把货物从发货人仓库门口直接送到收货人仓库门口。这是由于汽车体积较小、质量较轻，既可以沿密度大、分布面广的路网运行，又可以离开路网深入到工厂区内或车间内、农村田间、城市街道及机关单位和居民住宅的院内。这一点是其他运输工具，如火车、轮船和飞机一般办不到的。

4) 全运程速度快

由于公路运输可以实现"门到门"的直达运输，所以对于旅客可以减少转换运输工具所需要的等待时间和步行时间；对于限时运送货物或为适应市场临时急需货物，公路运输服务优于其他运输工具，尤其是中短途运输，其整个运输过程的速度，较任何其他运输工具都更加迅速、方便。运送速度快不仅可以加快资金周转，而且有利于保持货物质量不变和提高客、货运输的时效性。这一点对于运输贵重物品、高档电子产品、鲜活易腐货物及需要紧急运输的人员等特别重要。

5) 原始投资少

公路运输不像铁路运输那样需要完全负担昂贵的运输线路、信号设备和终点站费用，而且公路运输车辆的购置费用比较低，原始投资回收期短。根据国外统计资料，在正常经营情况下，公路运输的投资每年可以周转 2～3 次，而铁路运输的投资 3～4 年才能周转一次。我国公路运输投资在良好经营情况下，每年也可以周转两次左右。汽车驾驶技术容易掌握，培养汽车驾驶员一般只需半年左右，而培养火车、轮船和飞机驾驶员则需几年时间。由于公路运输资金周转快，产业经营容易扩大再生产。

6) 安全性较差

公路运输由于车型复杂、道路不良、驾驶人员疏忽等各种因素，交通事故发生频繁，故安全性较差。

7) 环境污染严重

汽车在运行中对环境的污染主要是指废气污染和噪声污染。废气污染指汽车发动机排出的废气中的有害成分，包括 CO、HC、SO_2、NO_x 等，它们排入空气中达到一定浓度后，将污染大气，对人、动物和建筑物造成危害；噪声污染主要指汽车运行中的发动机噪声、喇叭噪声、车体振动噪声、排气噪声、高速行驶时的轮胎噪声、传动机构噪声等，若其噪声强度超过 70dB 以上，将严重损害人体健康和正常活动。

3. 公路运输的功能

公路运输系统由基础设施和运输工具两部分组成。基础设施主要包括公路及其附属设施，站、场及其附属设施，公路交通控制与管理设施等；公路运输工具主要是汽车。在各种运输方式的系统构成中，装卸设施是重要组成部分，公路运输亦不例外。

在理论上，通常将运输基本功能划分为通过与送达功能。通过功能是指在干线上完成大批量的运输；送达功能是指为通过性运输承担集散客货任务的运输。公路运输基于它的特点，其具备以下基本功能。

1) 与其他运输方式衔接

衔接是指承担其他运输方式之间或其起终点处的中短途接力运输。货物从生产地点到消费地点或旅客由出发地到目的地的全部运输过程，往往需要由几种运输工具分工协作才能完成，并达到经济、合理的运输效果。因为公路运输具有机动灵活和"门到门"直达运输的特性，使之不仅可以完成各种运输方式之间的纽带作用，将其联结成为综合运输网络，而且可以最终将客货运输对象送到目的地。

2) 承担中短途运输

中短途运输主要包括城间公路客货运输、城市市区与郊区客货运输及厂矿企业内部生产过程运输等。其中短途运输是指运距在 50km 以内的运输；中途运输是指运距 50～200km 的运输。

3) 独立承担长途运输

由公路运输承担长途运输时，一般要求经济运距超过 200km 以上。根据国外有关资料，美国公路货运的平均运距为 600km 左右，而且近几年来，运距达 1 600km 左右的水果和蔬菜、油料及蛋品的大部分由公路运输承担。发展中国家公路运输的经济运距虽然低于 200km，但是基于国家政治与经济建设等方面的需要，也常常由公路承担长途运输。

4. 公路运输的作用

公路运输在整个交通运输业处于基础地位并发挥以下作用。

(1) 公路运输灵活机动、快速直达，可以实现"门到门"的直达运输，是最便捷也是唯一具有送达功能的运输方式。

(2) 铁路、水路和航空运输方式组织运输生产时需要公路运输提供集疏运的条件，各种运输方式之间的衔接，也需要公路运输来完成倒载、换装。

(3) 随着高等级公路的建成通车及公路技术等级的逐步提高，公路客货运量在综合运输体系中所占的比重不断提高。

(4) 公路运输覆盖面广、通达深度高，对城乡经济的发展起着举足轻重的作用，特别在我国中西部和一些经济不发达地区，公路运输是最主要的运输方式。

(5) 公路运输发展迅速，已经成为许多国家最主要的运输方式，公路交通的现代化程度直接决定了一个国家的交通发展水平。

3.1.3 公路运输的发展趋势

1. 公路运输存在的主要问题

【拓展文本】

改革开放以来，我国公路运输业快速发展，公路运输方式在国民经济及社会发展过程中发挥着越来越重要的作用。随着市场经济的发展，公路运输行业的竞争日益激烈，为了最大限度地占有市场，运输经营者不断扩展其服务方式。服务方式多样化，大大地促进了公路运输业的发展。但是在取得巨大成绩的同时，我国的公路运输也存在一些问题，主要表现在以下几个方面。

(1) 公路交通的基础设施还较差，路网密度低，公路品质与发达国家相比差距仍很大，还不能满足国民经济及社会发展的需求。

(2) 运输车辆的车型结构不合理，技术性能还较差。

(3) 运输生产的效率、效益较低。

(4) 运输经营组织与管理的手段还比较落后，经营主体结构不合理，缺乏能在市场上发挥骨干作用的龙头企业，建立高效、有序的运输市场缺乏基础。

2. 公路运输发展趋势

(1) 世界各国公路运输发展总趋势是它在各种运输方式中所占比重持续增大，并与铁路运输一起发展成为现代化综合运输体系中的主要力量，公铁联运趋势增强。

(2) 随着公路技术等级逐步提高，特别是高速公路的建成并投入使用，积极开展公路快速直达客、货运输已成为运输组织形式方面的主要趋势。

(3) 在许多国家公路运输经营方式均有从分散走向联合并尽可能实行统一管理的趋势，由于运输服务社会化的特殊性，联合经营可以带来稳定的效益，因此国内外公路运输不同形式的经营联合比较普遍。

(4) 随着公路网络的完善，特别是高速公路网的形成，按规模化要求建立集约化经营的运输企业。

(5) 公路货运业将纳入物流服务业发展的系统中，更强调在专业化原则上的合作，包括不同运输方式之间的合作，与服务对象的合作。

(6) 国内外公路运输企业在运输管理技术方面的发展趋势是系统采用现代技术实现信息化管理，这些技术主要包括全球卫星定位技术(GPS)、地理信息系统(GIS)、移动通信技术(GSM)、电子数据交换技术(EDI)、计算机信息管理技术(CMS)等项。

(7) 逐步加强运输规划，使公路建设及运输站场设施的配置与客货流规律更好地协调起来，同时还根据效率与效益原则，把运输服务向纵深推进。

3.1.4 公路运输主要技术经济指标

1. 反映运输能力时间利用状况的指标

反映运输能力时间利用状况的指标是车辆完好率。影响该指标的因素有两个：一是车辆技术状况；二是运输任务。能够正常承担运输任务的车辆称为完好车，实际承担了运输任务的车辆称为工作车。指标计算公式为

$$车辆完好率 = \frac{完好车日}{总车日} \times 100\% = \frac{完好车日}{完好车日 + 修理车日} \times 100\% \tag{3-1}$$

2. 反映车辆使用强度的指标

车辆使用强度的衡量指标是平均车日行程。指标计算公式为

$$平均车日行程 = \frac{一定时期内车辆总行程}{同一时期车辆工作车日} \tag{3-2}$$

3. 反映车辆生产能力的指标

(1) 标记载货吨位(含拖挂能力)或载客座位。

(2)
$$技术速度 = \frac{计算期行驶公里数}{同期纯运行时间} (km/h) \tag{3-3}$$

4. 反映车辆运输生产效率的指标

(1)
$$里程利用率 = \frac{载货(客)行程}{行程全程} \times 100\% \tag{3-4}$$

(2)
$$吨(座)位利用率 = \frac{实际载货(客)吨(座)位}{标记载货(客)吨(座)位} \times 100\% \tag{3-5}$$

(3) 实载率是综合反映车辆上述两个方面利用率的指标。对于单一的车辆而言，该指标计算公式为

$$实载率 = 里程利用率 \times 吨位利用率 \tag{3-6}$$

(4)
$$拖运率 = \frac{挂车完成周转量}{主挂车合计完成周转量} \times 100\% \tag{3-7}$$

(5) 综合反映车辆运输生产效率的指标

$$车吨(座)期产量 = \frac{同期内完成的运输周转量}{一定时期车辆平均标记吨(座)位} \tag{3-8}$$

5. 反映公路运输消耗水平的指标

(1) 反映燃料消耗水平的指标

$$百公里油耗 = \frac{同期油耗量}{计算期行驶里程} \times 100 \tag{3-9}$$

(2) 反映维护与修理消耗指标

$$千公里维修费用 = \frac{同期发生的保养、维修费}{计算期行驶里程} \times 1\,000 \tag{3-10}$$

(3) 反映轮胎消耗指标。

在公路运输业，轮胎消耗是单独反映的，其指标为报废轮胎行驶里程。

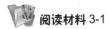

阅读材料 3-1

贵阳至黔西高速公路全线建成通车

贵(阳)黔(西)高速公路于 2016 年 7 月 16 日 12 时起全路段通车试运营，贵阳至黔西行车时间从之前的两小时缩短为 50 分钟，是贵阳通往毕节市的首选快速通道。

贵黔高速公路起于贵阳市白云区曹关，止于毕节市黔西县石板。该高速公路全长 78 公里，总投资约 90 亿元(人民币)，采用双向四车道高速公路标准建设，设计时速 80～100 公里，是贵州高速公路骨架网的重要组成部分。该项目起点连接着已建成的贵阳绕城高速公路西北段，经白云区、观山湖区、清镇市和黔西县，终点接黔大高速公路。全线共有 47 座桥梁、11 座隧道、8 处互通立交、2 处服务区和 1 个停车区，主线跨越乌江干流鸭池河及其支流猫跳河、跳蹬河、皮甲河等深切峡谷，穿过拟建的贵阳环城快铁、成贵快铁等铁路和公路。

贵黔高速通车前，从贵阳到毕节，最早是 2000 年左右开通的贵毕高等级公路，车程在 5 小时左右。2015 年厦蓉高速织金、纳雍境内开通后，贵阳到毕节车程 3 小时左右。现在开通的贵黔高速，是贵阳前往毕节里程最短、耗时最少、路费最省的路程。

资料来源：蒲文思.贵阳至黔西高速公路全线建成通车[EB/OL].(2016-07-19).[2016-07-19].
http://js.china.com.cn/information/zgjsw55/msg20696276871.html.

3.2 公路运输系统的组成

公路运输系统由公路运输基础设施和各种公路运输车辆组成。公路运输基础设施则包括公路及其相关建筑物、公路交通控制设备等。

3.2.1 公路

公路是指连接城市、乡村，主要供汽车行驶的具备一定技术条件和设施的道路。

1. 公路的种类

1) 按行政等级不同划分

公路按行政等级不同可分为国家公路、省公路、县公路和乡公路(简称为国道、省道、县道、乡道)，以及专用公路五个等级。

(1) 国道是指具有全国性政治、经济意义的主要干线公路，包括重要的国际公路、国防公路、连接首都与各省、自治区、直辖市首府的公路，连接各大经济中心、港站枢纽、商品生产基地和战略要地的公路。国道中跨省的高速公路由交通运输部批准的专门机构负责修建、养护和管理。

(2) 省道是指具有全省(自治区、直辖市)政治、经济意义，并由省(自治区、直辖市)公路主管部门负责修建、养护和管理的公路干线。

(3) 县道是指具有全县(县级市)政治、经济意义，连接县城和县内主要乡(镇)、主要商品生产和集散地的公路，以及不属于国道、省道的县际间公路。县道由县、市公路主管部门负责修建、养护和管理。

(4) 乡道是指主要为乡(镇)村经济、文化、行政服务的公路,以及不属于县道以上公路的乡与乡之间及乡与外部联络的公路。乡道由乡人民政府负责修建、养护和管理。

(5) 专用公路是指专供或主要供厂矿、林区、农场、油田、旅游区、军事要地等与外部联系的公路。专用公路由专用单位负责修建、养护和管理,也可委托当地公路部门修建、养护和管理。

2) 按技术等级不同划分

公路按技术等级不同可分为高速公路、一级公路、二级公路、三级公路,以及四级公路五个技术等级。

[拓展视频]

(1) 高速公路为专供汽车分方向、分车道行驶,全部控制出入的多车道公路。高速公路设计的年平均日交通量(Annual Average Daily Traffic,AADT)宜在 15 000 辆当量小客车以上。

(2) 一级公路为供汽车分方向、分车道行驶,可根据需要控制出入的多车道公路。一级公路设计的年平均日交通量(AADT)宜在 15 000 辆当量小客车以上。

(3) 二级公路为供汽车行驶的双车道公路。二级公路设计的年平均日交通量(AADT)宜为 5 000~15 000 辆当量小客车。

(4) 三级公路为供汽车、非汽车交通混合行驶的双车道公路。三级公路设计的年平均日交通量(AADT)宜为 2 000~6 000 辆当量小客车。

(5) 四级公路为供汽车、非汽车交通混合行驶的双车道或单车道公路。双车道四级公路设计的年平均日交通量(AADT)宜在 2 000 辆当量小客车以下;单车道四级公路设计的年平均日交通量(AADT)宜在 400 辆小客车以下。

2. 公路技术等级选用的原则

一般把国道和省道称为干线,县道和乡道称为支线。对于主要干线公路应选选用高速公路;次要干线公路应选用二级及二级以上公路;主要集散公路宜选用一、二级公路;次级集散公路宜选用二、三级公路;支线公路宜选用三、四级公路。

此外,公路技术等级还应根据公路网的规划以及远期预测的交通量,从全局出发结合公路的使用任务、性质等综合决定。高速公路和一级公路设计交通量预测年限为 20 年;二、三级公路设计交通量预测年限为 15 年;四级公路可根据实际情况确定。设计交通量预测年限的起算年为该项目可行性研究报告中的计划通车年。

3.2.2　公路交通控制设备

随着交通量的增长,路上的交通日益拥挤,交通混乱、阻塞的现象屡见不鲜,这不仅影响车辆的行驶速度和公路的通行能力,而且还容易产生交通事故,因而特别需要加强对交通的控制与管理。交通控制设备主要有路面标线、交通标志和交通信号 3 类,其功能主要是对车辆、驾驶员和行人起限制、警告和诱导作用。

1. 路面标线

路面标线是将交通的警告、禁令、指示和指路用画线、符号、文字等标示或嵌、划在路面、缘石和路边的建筑物上。例如,道路中心线、车道边缘线、停车线、禁止通行区等。路面标线的颜色有黄色和白色两种:白色一般用于允许车辆越过的标线,例如车道线、转弯符号等；黄色一般用于车辆不允许超越的标线，例如禁止通行区、不准超车的双中心线等。

路标为沿道路中线或车道边线或防撞墙埋设的反光标志物。车辆夜间行驶时，在车灯照射下，路标的反光作用勾画出行车道或车道的轮廓，从而向驾驶员提供行驶导向。

2. 交通标志

交通标志与路面标线具有相同的作用，是把交通指示、交通警告、交通禁令和指路等交通管理与控制法规用文字、图形或符号形象化的表示出来，设置于路侧或公路上方的交通控制设施。它是交通的先导，交通标志分为以下 4 种。

(1) 警告标志：唤起驾驶员对前方公路或交通条件的注意，如陡坡、急转弯、窄桥、铁路平交口，以及影响行车安全地点的标志。

(2) 禁令标志：禁止或限制车辆、行人通行的标志，如限速、不准停车、不准超车、不准左转等。

(3) 指示标志：指示车辆、行人行进或停止的标志，如绕道标志、目的地和距离标志等。

(4) 指路标志：指出前方的地名或其他名胜古迹的位置和距离，预告和指示高速公路或一级公路的中途出入口、沿途的服务设施和必要的导向等。

齐全的交通标志，能有效地保护路桥设施，保障交通秩序，提高运输效率和减少交通事故。它是公路沿线设施必不可少的组成成分。交通标志必须简单、明了、醒目，使驾驶员在极短的时间内能看清并识别，并具有统一性，使不同地区或国家的驾驶员都能看懂。

3. 交通信号

交通信号是最主要的交通控制设备，是用于在时间上给互相冲突的交通流分配通行权，使各个方向和车道上的车辆安全而有序地通过交叉口的一种交通管理措施。交通信号基本上可分为定时式和感应式两种。

1) 定时式

定时信号是利用定时控制器，按预先设定的时间顺序，重复变换红、黄和绿三色灯。信号周期时间可按照交叉口处不同方向车流的情况预先规定一种或几种。这种方式既经济又准确可靠。

2) 感应式

感应信号是通过车辆检测器测定到达交叉口的车辆数，及时变换信号显示时间的一种控制方式。它能充分利用绿灯时间，提高通行能力，使车辆在停车线前尽可能不停车，从而可得到安全通畅的通车效果，但感应式信号装置的造价很高。

3.2.3 公路运输车辆

汽车是由自带动力装置驱动，具有 4 个或 4 个以上车轮，不依靠轨道和架线在陆地上行驶的运载工具。由于我国最早出现的这种车辆多采用汽油发动机，所以称之为汽车。公路运输是伴随着汽车的出现和发展而发展起来的。

1. 汽车组成

汽车是公路运输的基本工具。它由车身、动力装置、底盘和电器仪表等部分组成。

【拓展视频】

(1) 客车车身是整体车身，货车车身一般包括驾驶室和各种形式的车厢。

(2) 动力装置是驱动汽车行驶的动力源，包括发动机及其燃料供给系统和冷却系统。

(3) 底盘是车身和动力装置的支座，同时是传递动力、驱动汽车、保证汽车正常行驶的综合体，它包括传动系(离合器、变速器、万向传动装置、驱动桥)、行驶系(车架、轮胎及车轮、悬架、从动桥)、转向系(带转向盘的转向器及转向传动机构)和制动系(制动器和制动传动机构)。

(4) 电器仪表包括电源、发动机的起动系和点火系，以及汽车照明、信号、仪表等电气设备。

2. 汽车分类

根据 GB/T 15089—2001 将机动车辆和挂车分类为 L 类、M 类、N 类、O 类和 G 类。L 类是指两轮或三轮机动车辆；M 类是指至少有 4 个车轮并且用于载客的机动车辆；N 类是指至少有 4 个车轮并且用于载货的机动车辆；O 类是指挂车(包括半挂车)；G 类是指越野车。其中 M 类和 N 类的分类见表 3-1。

表 3-1 汽车分类(GB/T 15089—2001)

M 类(客车)		N 类(货车)	
M1	座位数(包括驾驶员座位在内)≤9	N1	最大设计总质量≤3.5t
M2	座位数(包括驾驶员座位在内)>9 厂定最大总质量≤5t	N2	3.5t<最大设计总质量≤12t
M3	座位数(包括驾驶员座位在内)>9 厂定最大总质量>5t	N3	最大设计总质量>12t

厢式汽车、罐式汽车、仓栅式汽车等专用汽车以及由多节车辆组成的汽车列队都属于载货车辆的范畴；载客车辆中包括轿车、微型客车、轻型客车、中型客车、大型客车以及特大型客车(如铰接客车、双层客车等)。

【拓展视频】

3. 汽车型号表示

我国汽车产品型号表示如图 3.1 所示。

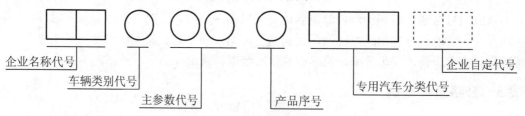

图 3.1 汽车产品型号表示方法

注：□或▭用汉语拼音字母表示；○用阿拉伯数字表示。

企业名称代号一般由企业名称头两个汉字的第一个拼音字母表示。

车辆类别代号：1——货车；2——越野汽车；3——自卸汽车；4——牵引汽车；5——专用汽车；6——客车；7——轿车；8——(暂空)；9——半挂车及专用半挂车。

主参数代号：货车、越野汽车、自卸汽车、牵引汽车及半挂车均用车辆总质量(t)表示；客车为车辆长度(m)，小于 10m 时，应精确到小数点后一位，并以其值的 10 倍数表示；轿车为发动机排量(L)，精确到小数点后一位，并以其值的 10 倍数表示。

专用汽车分类代号：X——箱式汽车；G——罐式汽车；T——特种结构汽车等。第二、三格为表示其用途的两个汉字的第一个拼音字母。

如 CA1091 表示中国第一汽车集团公司所产 9.31t 货车(第二代)；JS6820 表示江苏亚星集团公司所产长度 8.2m 中型客车；TJ7100 表示天津微型汽车厂生产的排量 0.993L 的轿车。

3.2.4 汽车客运站级别划分和建设要求

汽车客运站是公益性交通基础设施，是道路旅客运输网络的节点，是道路运输经营者与旅客进行运输交易活动的场所，是为旅客和运输经营者提供站务服务的场所，是培育和发展道路运输市场的载体。汽车客运站的主要功能包括：运输服务；运输组织；中转、换乘；多式联运；通信、信息；辅助服务等。

【拓展文本】

【拓展视频】

1. 车站类别

1) 按车站规模不同划分

(1) 等级站：具有一定规模，可按规定分级的车站。

(2) 简易车站：以停车场为依托，并且具有集散旅客、售票和停发客运班车功能的车站。

(3) 招呼站：道路沿线(客运班线)设立的旅客上落点。

2) 按车站位置和特点不同划分

(1) 枢纽站：可为两种及两种以上交通方式提供旅客运输服务，且旅客在站内能实现自由换乘的车站。

(2) 口岸站：位于边境口岸城镇的车站。

(3) 停靠站：为方便城市旅客乘车，在市(城)区设立的具有候车设施和停车位，用于长途客运班车停靠、上下旅客的车站。

(4) 港湾站：道路旁具有候车标志、辅道和停车位的旅客上落点。

3) 按车站服务方式不同划分

(1) 公用型车站：具有独立法人地位，自主经营，独立核算，全方位为客运经营者和旅客提供站务服务的车站。

(2) 自用型车站：隶属于运输企业、主要为自有客车和与本企业有运输协议的经营者提供站务服务的车站。

2. 站址选择

车站站址应纳入城镇总体规划，合理布局。车站站址选择还应遵循以下原则。

(1) 便于旅客集散和换乘，尽可能地节省旅客出行时间和费用，减少在市内换乘次数。

(2) 与公路、城市道路、城市公交系统和其他运输方式的站场衔接良好，确保车辆流向合理，出入方便。

(3) 具备必要的工程、地质条件，方便与城市的公用工程网系(道路网、电力网、给排水网、排污网、通信网等)的连接。

(4) 具备足够的场地、能满足车站建设需要，并有发展余地。

3. 级别划分

根据车站设施和设备配置情况、地理位置和设计年度平均日旅客发送量(以下简称日发量)等因素，车站等级划分为五个级别以及简易车站和招呼站。

1) 一级车站

除必备的设施和设备外，一级站需具备下列条件之一。

(1) 日发量在 10 000 人次以上的车站。

(2) 省、自治区、直辖市及其所辖市、自治州(盟)人民政府和地区行政公署所在地，如无 10 000 人次以上的车站，可选取日发量在 5 000 人次以上具有代表性的一个车站。

(3) 位于国家级旅游区或一类边境口岸，日发量在 3 000 人次以上的车站。

2) 二级车站

除必备的设施和设备外，二级站需具备下列条件之一。

(1) 日发量在 5 000 人次以上，不足 10 000 人次的车站。

(2) 县以上或相当于县人民政府所在地，如无 5 000 人次以上的车站，可选取日发量在 3 000 人次以上具有代表性的一个车站。

(3) 位于省级旅游区或二类边境口岸，日发量在 2 000 人次以上的车站。

3) 三级车站

除必备的设施和设备外，三级站是指日发量在 2 000 人次以上，不足 5 000 人次的车站。

4) 四级车站

除必备的设施和设备外，四级站是指日发量在 300 人次以上，不足 2 000 人次的车站。

5) 五级车站

除必备的设施和设备外，五级站是指日发送量在 300 人次以下的车站。

6) 简易车站

达不到五级车站要求或以停车场为信托，具有集散旅客、停发客运班车功能的车站。

4. 设施规模

车站占地面积按每 100 人次日发量指标进行核定，且不低于表 3-2 所列指标的计算值，规模较小的四级车站和五级车站占地面积不应小于 2 000 m²。

表 3-2 车站占地面积指标　　　　　　　　　　　　　　单位：m²/百人次

设备名称	一级车站	二级车站	三、四、五级车站
占地面积	360	400	500

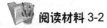

阅读材料 3-2

智能物流方案解决货主司机互找难

"货车司机找货难，货主找司机难"是我国物流行业常见的现象，信息不对称导致的空驶率高也是影响我国公路货运效率的一大因素。"滴滴"和"快的"两大软件的价格战在炒火了出租车电召市场的同时，也给货运行业带来启发，公路货运 APP 如雨后春笋般出现。目前，国内已经有超 200 个货运 APP，货运行业的平台大战正在上演。

2015年8月28日，数字地图内容、导航和位置服务提供商高德在杭州举办了"货运O2O"为主题的开发者沙龙，并在会上发布"物流行业LBS(Location Based Service,基于位置的服务)解决方案"，将向该领域应用开发者提供更为精准和高效的技术服务。

与滴滴、快的不同，同城物流行业订单的调度，是一个复杂的决策过程，不仅要考虑司机既有送货路线的合理规划，还要考虑货主的上下货时间，除此之外还要考虑区域规避，路线避让，甚至在回程的时候能够顺路接单，从而最大限度地降低司机的空载率。而高德LBS开放平台通过构建一整套高性能云端计算框架，改进在传统物流和GIS(Geographic Information System,地理信息系统)行业的专业算法，形成一整套基于互联网的路线规划方案和订单调配系统。该方案相较现在外卖、物流行业的计算能力和效率有数十倍的提升，可以做到毫秒级的响应和分单。另外，为了帮助系统更合理地分配资源、提升效率，高德还计划开放位置大数据分析功能，能够对用户的数量、位置和业务热度区域进行分析。

(资料来源：中国物流与采购网.滴滴快的启发货运行业，智能物流方案解决货主司机互找难[EB/OL].(2015-09-02).[2016-07-20]. http://www.chinawuliu.com.cn/information/201509/02/304855.shtml.)

3.3 公路运输组织与管理

3.3.1 公路旅客运输组织与管理

旅客运输是交通运输中最活跃的领域。公路旅客运输由于其独特的优势在综合运输体系中占据了重要地位。它不仅承担了铁路、水路和航空客运的集散任务，而且还直接担负相当数量的旅客直达运输任务。

1. 公路客运的营运方式

公路客运的营运方式，大体上可以分为开行班车、出租客车、旅游客运和旅客联运4种方式。

1) 开行班车

开行班车以售票作为组织客流的手段，是目前汽车运输企业经营客运业务的主要方式。按照国家及有关部委的规定，班车具体包括以下分类。

(1) 按班次性质不同分类。

① 普通班车是指站距较短、停靠站点(含招呼站)较多，通常配备随车乘务员的班车。其特点是沿线按站停靠，沿线客运各站均可发售车票、上下旅客、装卸行包，无特殊情况一般不准超载。

② 直达班车指由始发站直达终点站，中途只作技术性停留，但不上下旅客的班车。直达班车可以按距离长短，分为长途直达班车和普通直达班车。长途直达班车是指跨区、跨省，运距长的直达客运班车，其运行速度通常比普通班车快，发售车票限制在一定里程以远的站点，不发售短途客票，除指定停靠的站点外，其他站点不予停靠，要求车厢宽敞，座位舒适，对于特别长的路线车厢内还应设有卧铺，尽可能地在车厢内设置空气调节设备等。普通直达班车是指中短途的直达班车，其只停靠县、市及大镇等主要站点。

③ 城乡公共汽车指由城区开往附近农村乡镇，站距短，旅客上下频繁，并配备随车乘务员的短途班车。其特点是按点停靠，随车乘务员负责售票和提供服务，车厢较为宽敞，

座位较少，容载量较大，票价一般较普通班车票价低，公共汽车又可根据城镇、农村的不同情况，分别开行城镇公共汽车和农村公共汽车。城镇公共汽车，行驶于城镇之间，多为城市居民探亲访友，机关、厂矿职工上下班采用，随带的行李较少，要求迅速方便；农村公共汽车，行驶于城乡或者农村之间，多为城乡居民特别是农民串亲、集市贸易采用。

(2) 按班次的时间不同分类。

① 白班车指白天运行的各种客运班车。

② 夜班车指在夜间运行，发车时间或到达时间在夜间的客运班车。

(3) 按运行区域不同分类。

① 县境内班车指运行在本县境内的各种客运班车。

② 跨县班车指运行在本地(市、州)境内，县与县之间的各种客运班车。

③ 跨区班车指运行在本省(直辖市、自治区)境内，地(市)与地(市)之间的各种客运班车。

④ 跨省班车指运行在国内省与省之间的各种客运班车。

⑤ 跨国班车指国与国之间运行的客运班车。

(4) 按运行距离不同分类。

① 一类班车指运行距离在 800km 以上(含 800km)的客运班车，一般称超长客运。

② 二类班车指运行距离在 400(含 400)~800km 的客运班车。

③ 三类班车指运行距离在 150(含 150)~400km 的客运班车。

④ 四类班车指运行距离在 25~150km 的客运班车。

⑤ 短途班车指运行距离在 25km 以下的客运班车。

2) 出租客车

出租(包车)客运是指为了适应集体用车需求，如大型会议交通用车，集体参观访问用车，厂矿企业职工上、下班的交通车等，可用计时、计程的方式予以包车。为了满足包车用户乘车人数和舒适程度不同要求，运输企业要有不同车型、不同座位、不同豪华程度的大、中、小型客车，制定不同运价，供租车人选用。它与班车客运的区别在于包车没有固定线路和固定客流。

3) 旅游客运

旅游客运是指在旅客较多的旅游线路上开办的旅客运输方式。这种客车通常对舒适性要求较高，而且车型不能单一，应具备较高级的大、中、小型客车，以满足不同旅客的需要，同时还应配有导游人员。汽车运输企业应按照不同情况，开展不同方式的旅游客运业务，如旅游班车、旅游包车以及交通食宿一条龙的旅游客运业务等。

4) 旅客联运

旅客联运是方便旅客和组织客流的一种有效措施。开展旅客联运的企业要与各运输部门签订联售火车、轮船、汽车、飞机等客票协议；在港、站设立联合售票所，开展火车、汽车、轮船、飞机客票的代订、联售业务，并代办行包托运、保管、接送、旅行咨询等服务项目；在旅客中转量大的城市，可设立代办中转客票的专门机构等。旅客联运可以免去旅客中途换乘时购票、候车、候船、候机的很多困难，减少了中转时间，受到旅客的欢迎。

2. 公路客运组织工作的基本原则

旅客运输的基本任务是最大限度地满足人们对于旅行的需要，尽可能地为旅客提供物质和文化生活方面的良好服务，保证安全、迅速、经济、舒适、便利地将旅客送往目的地。为此，旅客运输组织工作应遵循以下基本原则。

(1) 注意与其他运输工具间的衔接配合和综合利用，最大限度地满足社会对于旅客运输日益增长的需要。

(2) 加强客运工作的计划性。坚持正点运行，确保服务的可靠性和及时性。

(3) 争取最大限度的直达化，减少中转环节，提高运送速度，尽量缩短旅客在途时间。

(4) 不断改善客运站务工作，配备必要的现代化服务性设施，为旅客提供良好的旅行环境和服务质量。

(5) 确保人身安全和车辆完好，坚持生产必须安全的方针。

3. 公路客运站及站务作业

公路客运站是公路客运企业的主要基层生产单位，它担负着接送旅客和组织客车运行等工作。客运站通过一系列站务作业，保证旅客安全、及时、经济、方便、舒适地到达目的地，同时为企业客运计划、统计、经济核算等工作提供原始资料，为企业改善经营管理，提高经济效益作出贡献。因此，客运站的站务作业是客运工作的重要内容。

客运站站务作业是指旅客发送和到达的业务工作，如图3.2所示。

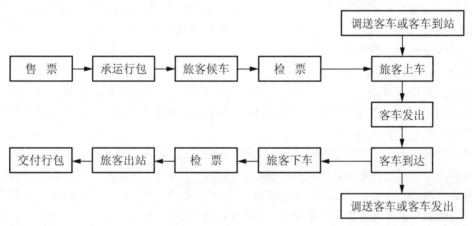

图3.2 站务作业示意图

1) 售票工作

车票是乘车票据的总称(包括全价票、减价票等)，它是旅客乘车的凭证，也是旅客支付票价的依据和凭证。在旅行前，旅客最关心的是按自己的需要购到车票，因此售票工作十分重要。它对旅客而言，能否购到所需的车票，是能否按预订计划到达旅行目的地的主要依据；对车站而言，它是组织客运工作，为旅客提供服务的开始或第一步。

售票工作的基本要求是：准确、迅速、方便，其中最重要的就是准确无误(包括乘车日期、车次及发车时间、票款等)。为使广大旅客能迅速、方便地购到车票，车站应采取多种形式售票，如预约售票(电话订票)、团体送票、多点售票、流动售票、窗口售票、联网售票、车上售票等。通过售票工作，把旅客按照时间、方向和车次有条不紊地组织起来，为实行计划运输及合理组织旅客运输工作提供依据。

客运站计算机售票系统。顾名思义，这是一个以计算机售票为核心的售票管理系统。该系统以车站调度主机的调度命令为依据，设计出客运站各售票窗口全方位或半方位售票的班线和定员，站点和运价率，窗口售票时由打印机打印专用客票，由结算终端记录各窗口售票情况进行结算，全系统以售票信息为依据对旅客流量、流向、分布及客流规律进行统计分析，并可以定期生成报表。客运站中设有班线显示屏，可方便旅客对乘车班期的选择，以增强售票透明度。该系统的应用，可改变传统的手工售票作业，大大改善售票员的工作条件，减轻劳动强度；同时，可以提高客运企业的科学管理水平。

2) 行包托运和交付

行包是指旅客随身携带的行李和物品，如被褥、衣服、日常用品、零星土产和职业上需要的小工具、少量书报杂志等。它应当随车同行，并保证安全运输。行李应由托运人包装完整，捆扎牢固，每件重量不超过 30kg，体积不超过 $0.12m^3$。危险品、政府禁运品、机密文件、贵重物品、易碎品等不得夹入行包内托运。

行包的发送作业包括承运、保管和装车作业。行包的到达作业，包括卸车、保管和交付作业。行包自承运时起到交付时止，运输部门要承担安全运输责任。在运输过程中因运输部门责任发生损坏或丢失，应由运输部门负责修理或赔偿。但若因自然灾害而发生损坏、丢失或包装完整内容损坏、变质、减量等情况，运输部门不负赔偿责任。

行包在运输过程中要经过很多环节，彼此间应办好交接手续，以便分清责任，防止差错，驾驶员在行包装运和交付时，如发现交付单与货物不符或行包破损和其他异状时，经确认后应在交托单上注明现状，由交出方签章，以明确责任。

3) 候车室服务工作

候车室服务工作是客运站站务作业的必要组成部分。做好候车室服务工作，是保证客运工作正常进行的必要条件，而且为旅客创造一个良好的候车环境，提供热情周到的服务，可直接提高旅客运输服务质量。

候车室服务人员不仅要保持候车室内清洁，宣传交通常识和旅行安全知识，正确回答旅客的询问，而且要根据不同旅客的具体情况，提供良好的服务和帮助，特别要对老弱病残旅客进行重点照顾，使他们感受到亲人的温暖。因此，客运站服务人员不仅要树立全心全意为人民服务的思想，而且要掌握一心为旅客服务的本领。除了熟悉本站客运工作各个程序、客运规章制度、本站营运线路、全程站名、始发和经过的各次班车及停靠站点外，还应了解当地及附近地区其他交通情况，如当地机关、学校、厂矿、企业、招待所、主要旅社和服务行业情况，以及旅游地、名胜古迹等，才能及时回答旅客的询问，更好地为旅客服务。

4) 组织乘车及发车

组织旅客有秩序地上车并使班车安全正点地发出，投入正常营运，是客运站站务作业的一项重要内容。为了维护上车秩序，保证旅客不错乘、漏乘，必须对持有客票的旅客办理检票手续，即上车前对旅客车票在确认(验明)车次、日期、到达站无误后剪票，标志着车站的一切运行准备工作已全部就绪。旅客的旅行生活已开始，做好检票工作，借以复查旅客是否有错乘漏乘，正确统计上车人数，为有计划地输送旅客提供可靠的数据和资料。

旅客上车就座后，驾驶员和乘务人员应利用发车前的时间做好宣传工作，使乘客了解本次班车到达的终点站，沿途停靠站，途中膳宿地点，正点发车时间，到达时间以及行车中的注意事项等，开车前的短暂宣传，是保证安全行车的有效措施之一。

班车发出前，车站值班站长或值班人员应作最后检查，确认各项工作就绪，车辆前后左右上下情况正常，才能发出允许放行信号。目前一般采用旗、筒指挥，驾驶员在得到允许放行信号方可启动运行。客运班车能否安全、正点地从车站发出，标志着站务工作的管理水平和全体客运工作人员业务水平。

5) 接车工作

班车到达，值班员应指挥车辆停放在适当地点，查看路单，交往清单等有关资料，了解本站下车人数，点交本站的行包、公文及物品等情况，立即通知有关人员进行各项站务作业，包括照顾旅客下车，向车内旅客报唱本站站名，提醒下车旅客不要将随带物品遗留在车厢内，检验车票，解答旅客提出的有关问题。还包括准确卸下到达车站的行包，并与交接清单核对，点收点交运达本站的公文物件，在路单上填清班车到达时间。根据路单上的有关记录或驾驶员的反映，处理其他临时遇到的事项。

4. 公路客运班次组织

搞好公路旅客运输的关键是客车运行组织工作。客车运行组织工作主要包括客运营运组织方法、确定客运班次、编排行车路牌、编制单车运行作业计划和调度工作，以及保证安全正点运行等。

1) 公路客运组织方法

公路客运除了特殊需要的旅客包车外，通常都是以定量客运班车方式组织旅客运输。当公路客运汽车的周转时间超过驾驶员的正常工作班时间时，公路客运可采用直达行驶法和分段行驶法两种行车组织方法。但是，由于采用分段行驶法时，在路段衔接处旅客需要换车，增加旅客在旅途的时间并使旅客感到不便，从而可能导致部分旅客放弃乘用公路汽车出行，使公路客运汽车的工作效率降低。因此，在大多数情况下，公路客运的行车组织方式都是采用直达行驶法。

2) 客运班次组织

客运班次主要包括行车路线、发车时间、起讫站名、途经站及停靠点等。

客运班次的安排是车站提供给旅客安排旅行的依据，也是车站完成旅客运输任务和企业据以安排运输计划的一项重要的基础工作。客运班次安排得科学合理，可使旅客往返乘车方便，省时省钱，使客车运行不超载、不空载，确保企业生产计划的完成并提高车辆生产效率及经济效益。

安排客运班次，必须深入进行客流调查，在掌握各线、各区段、区间旅客流量、流向、流时及其变化规律的基础上研究确定，具体在安排客运班次时应考虑以下因素。

(1) 根据旅客流向及其变化规律，确定班次的起讫点和中途停靠站点，兼顾始发站及各中途站旅客乘车的需要。凡有条件开行直达班次的就不要中途截断分成几个区间班次，从而减少旅客的中转换乘。

(2) 安排班次的多少，取决于客流量大小，遇到节假日及集会等客流量猛增时，要及时增加班车或组织专车，提供包车等用来疏导客流，解燃眉之急。

(3) 根据旅客流时规律来安排班次时刻。例如农村公共客运要适应农民早进城晚归乡的习惯，很多旅客要经由其他线路、其他班次或火车、轮船中转换乘，因此各线班次安排尽量考虑到相互衔接及与其他交通工具的中转换乘方便。

(4) 安排班次时刻,应考虑车辆运行时间、旅客中途膳宿地点、驾驶员作息时间以及有关站务作业安排。

以上各项要求,当然不能面面俱到,只能从具体情况出发,分清主次,统筹兼顾。可见客运班次的安排,是一项很重要而又细致复杂的工作。客运班次经确定后由车站公布执行,一经公布,应保持班次的稳定性和严肃性。除冬夏两季因适应季节变化需调整行车时刻外,平时应尽量避免临时变动,更不应任意停开班次、减少班次或变动行车时刻,如果需调整最好在冬夏季调整时刻的同时进行。

3) 编排循环代号

客运班次确定后,就要安排车辆如何运行。对属于本企业本单位经营分工范围内的全部班次,通过合理编排,确定需要多少辆客车运行,即编出多少个循环代号。所谓一个循环代号,就是一辆客车在一天内的具体任务,运行指定的一个或几个班次,全部循环代号即包括全部班次。有了循环代号,才能进一步编制单位运行作业计划和进行车辆调度。编排循环代号要合理分配运行任务,各个代号的车日行程大体相等,代号要首尾相连,便于循环,使各单车均衡地完成生产任务。根据不同班次和不同车型,也可以分为小组定线循环,在特定条件下,也可以定线定车行驶。

循环代号的内容一般包括代号名称(一般用数字编号表示)、班次的起讫站点、开到时间、距离里程、车日行程等相关内容。由于班车运行是连续的,编制循环代号要合理分配运行任务,各个代号的车日行程要基本相当,代号与代号要首尾相连,便于循环,使各单车均衡地完成生产任务。

编制客车运行周期循环表,首先要确定客车运行周期循环,客车运行周期循环的方式主要有:大循环、小循环与定车定线3种形式。

(1) 大循环运行是指将全部计划编号统一编成一个周期,全部车辆按确定的顺序循环始终的运行方式。这种循环方式适用于各条线路的道路条件相近、车辆基本相同的情况。其优点是每辆客车的任务安排基本相同,车日行程接近,驾驶员的工作量比较平均;缺点是循环周期长,驾、乘人员频繁更换运行线路,不利于掌握客流及道路变化的情况,并且一旦某个局部计划被打乱,会影响整个计划的进行,见表3-3。

表3-3 客车运行计划表(大循环运行)

车辆动态	车号	日期 任务代号 任务	1	2	3	4	5	6	7	8	9	10	11	12	13	14	15	16	31	工作车日	车月行程
A	001	40	二保	1	2	3	4	5	6	7	8	9	10	11	12						
E	005	40		二保	1	2	3	4	5	6	7	8	9	10	11	12					
A	003	40			二保	1	2	3	4	5	6	7	8	9	10	11	12				
E	004	40				二保	1	2	3	4	5	6	7	8	9	10	11	12			
B	002	40	12				二保	1	2	3	4	5	6	7	8	9	10	11			
A	006	40	11	12				二保	1	2	3	4	5	6	7	8	9	10			
C	007	40	10	11	12				二保	1	2	3	4	5	6	7	8	9			
A	009	40	9	10	11	12				二保	1	2	3	4	5	6	7	8			

续表

车辆动态	车号	任务代号	日期 1	2	3	4	5	6	7	8	9	10	11	12	13	14	15	16	31	工作车日	车月行程
D	008	40	8	9	10	11	12				二保	1	2	3	4	5	6	7			
A	010	40	7	8	9	10	11	12				二保	1	2	3	4	5	6			
E	012	40	6	7	8	9	10	11	12				二保	1	2	3	4	5			
A	011	40	5	6	7	8	9	10	11	12			二保	1	2	3	4				
E	013	40	4	5	6	7	8	9	10	11	12			二保	1	2	3				
A	014	40	3	4	5	6	7	8	9	10	11	12			二保	1	2				
E	015	40	2	3	4	5	6	7	8	9	10	11	12			二保	1				
A	016	40	1	2	3	4	5	6	7	8	9	10	11	12			二保				

(2) 小循环运行是指把全部计划编号分成几个循环周期，将车辆划分为几个小组分别循环，见表 3-4。其优点是有利于驾、乘人员了解与掌握运行范围的线路和客流变化等情况，有利于安全运行和提高服务质量；缺点是有时客车运用效率不如大循环。

(3) 定车定线运行是指将某一车型固定于某条线路运行的方式，一般在营运区域内道路条件复杂或拥有较多车型时采用，或在多班次班线时采用。其优点是有利于驾乘人员较详细地了解与掌握运行线路客流变化等情况，有利于搞好优质服务；缺点是客车不能套班使用，对提高车辆运行使用效率有一定影响。

表 3-4 客车运行计划表(定线运行)

车辆动态(上月底夜宿地点)	车号	任务代号	日期 1	2	3	4	5	6	7	8	9	10	11	12	13	14	31	工作车日	车月行程
A	001	40	二保	1	2	3	4	5	6	1	2	3	4	5	6	1			
E	005	40	6	二保	1	2	3	4	5	6	1	2	3	4	5	6			
A	003	40	5	6	二保	1	2	3	4	5	6	1	2	3	4	5			
E	004	40	4	5	6	二保	1	2	3	4	5	6	1	2	3	4			
A	002	40	3	4	5	6	二保	1	2	3	4	5	6	1	2	3			
E	006	40	2	3	4	5	6	二保	1	2	3	4	5	6	1	2			
A	007	40	7	8	7	8	7	8	二保	7	8	7	8	7	8	7			
D	009	40	8	7	8	7	8	7	二保	8	7	8	7	8	7	8			
A	008	40	9	10	9	10	9	10	9	10	二保	9	10	9	10	9			
C	010	40	10	9	10	9	10	9	10	9	10	二保	9	10	9	10			
A	012	40	11	12	11	12	11	12	11	12	11	12	二保	11	12	11			
B	011	40	12	11	12	11	12	11	12	11	12	11	12	二保	11	12			
A	013	40	1	2	3	4	5	6											
A	014	40							7	8									
A	015	40									9	10							
A	016	40											11	12					

4) 单车运行作业计划和调度工作

客运调度室应依据循环代号、车辆状况及其运行情况(车辆型号、技术性能、额定座位、完好率、工作率、平均车日行程、实载率、车座产量等),预计保留一定数量的机动车辆以备加班、包车及其他临时用车等,加以统筹安排、综合平衡后,编制各单车运行作业计划并组织执行。在执行计划过程中,可能会遇到各种因素干扰,调度人员应采取相应措施排除扰乱计划的因素,保证运行作业计划的实施。

客运调度室是代表企业执行生产指挥的职能机构,各级调度有权在计划范围内指挥客车运行,在特殊情况下实施计划外调度。驾驶员、乘务员对调度命令必须严格执行,即使有不同意见,在调度未作出更改之前,仍应执行调度命令,以确保运行组织工作顺利进行。

5. 安全正点行车技术组织

客运工作的服务对象是人。保证旅客运输的绝对安全是运输企业及全体客运工作人员(驾驶员、乘务员、调度员、站务员等)义不容辞的职责。客运工作人员要以对旅客生命财产极端负责的态度、科学调度、精心驾驶、周到服务、做好本职工作。

为保证客运车辆安全运行,应注意以下事项。

(1) 注重驾驶员的安全行车教育,避免出现违章驾车现象。

(2) 按时对客运车辆进行维修技术作业,定期检测,消除行车故障隐患。

(3) 提高驾驶员在特殊条件下的驾驶技术,保证行车安全。

(4) 在条件允许的情况下,尽量采取固定线路、班期运营方式,使驾驶员对行驶的道路条件比较熟悉。

(5) 针对旅客进行安全旅行知识的宣传,严防旅客携带易燃易爆等危险品上车。

客运班车的正点发车和正点到达,对保证旅客按计划运行,保证车站作业和运行组织工作顺利进行,并最终实现安全正点运输,有重要意义。在旅客运输全过程中,必须以安全正点为中心,合理组织各个方面的工作,明确各自的职责,全面提高旅客运输服务质量。

6. 稽查工作管理

1) 组织机构和工作范围

地、州(市)级运输企业及一、二级车站,均应设置稽查职能机构,配备必要的稽查人员,由单位的一位领导分管稽查工作。根据二级管理原则,在辖区范围内开展运输稽查活动,及时处理和研究运输稽查中存在的问题及改进措施。

稽查人员应选定工作认真负责、坚持原则、作风正派、熟悉运输业务,敢同不良倾向作斗争的人员担任,稽查人员应报经上级主管部门审定,发给证件。凡是企业所属站、车人员必须接受并配合稽查人员执行稽查任务。稽查主要包括以下内容。

(1) 检查运输规章制度及运行执行情况。

(2) 票据的管理、使用和营收报结情况。

(3) 站务组织,行车管理,站、车秩序,安全、卫生、宣传等情况。

(4) 站务人员、驾、乘人员的服务工作质量。

(5) 纠正无票乘车、私运旅客、贪污舞弊等违章、违纪、违法行为。

2) 稽查工作方法及有关纪律

稽查工作方法及有关纪律包括以下内容。

(1) 可采取"定期与不定期""定点与流动"检查等形式,必要时可组织全省范围内的联合大检查或分片、分区的互查。

(2) 一、二级车站应经常组织稽查人员上路、上车、下站开展稽查工作,但必须有两名以上的稽查人员,佩戴稽查工作证,共同执行任务。

(3) 稽查人员应模范执行运输法规,从维护法纪、改进工作出发,态度和蔼、实事求是地处理问题,不得假公济私变相进行私人报复。

(4) 发现问题,应认真填写稽查记录,对违反公路运输规章的单位和个人,视情节轻重有权进行批评教育,建议有关部门给予处理。对无票或持无效客票乘车的旅客,有权责成乘务员办理补票、罚款手续。对拒绝检查、态度蛮横、无理取闹、一再说服无效及严重违纪案件,稽查人员有权暂扣车辆、路签、票据,当面出具收据,并立即用电话报请上级处理。

(5) 每次稽查工作结束后要有报告,内容包括时间、地点、任务、参加成员、发现的问题及处理情况和意见等。报告一般一式 3 份:一份稽查单位存查,一份送被查单位,一份报主管运输企业。

(6) 各级稽查部门应认真处理信访工作,并定期召开稽查工作会议,交流、总结经验,表彰先进,不断改进稽查工作。

3.3.2 公路货运组织与管理

近年来,我国公路货物运输发展较快,特别是改革开放以来,国营、集体、个体一起参与运输市场竞争,使得运输市场蓬勃发展。但是同时也带来一些问题,诸如货运市场自揽自运、分散经营的落后状态使运输经营效益不高、信息不灵、组织化程度低、联运能力差等。随着现代化的公路网、车辆及站场的不断完善,如何运用现代管理理论和方法实现运输组织管理的现代化,就显得尤为重要。

1. 普通货物运输组织

对运输、装卸、保管没有特殊需求的一般货物,如煤炭、建材、粮食、化肥、日用工业品等统称为普通货物。普通货物运输组织方法将直接影响到其运输费用,因此,做好普通货物运输组织工作显得尤为重要。其组织方法包括以下几种。

1) 直达行驶法

直达行驶法是指每辆汽车装运货物由起点经过全线直达终点,卸货后再装货或空车返回,即货物中间不换车[图 3.3(a)]。

(1) 直达行驶法工作特点。采用直达行驶法时,因车辆在路线上运行时间较长,为保证驾驶员休息和行车安全,驾驶员每天的工作时间不应超过 8h。在特殊条件下可适当延长,但最多不可超过 12h。在工作日内最多每经过 4h 要休息一次(0.5h 以上),以便进餐和检查车辆。

车辆采用直达行驶法,因中途无须换装,从而可以减少货物装卸作业劳动量。直达行驶法适用于货流稳定,但运量不大的货运任务,如零担货物的长途运输等。

(2) 驾驶员工作制度。采用直达行驶法时,驾驶员的工作制度可根据具体情况采取以下几种方式。

① 单人驾驶制。单人驾驶制指车辆在整个周转时间内，由一个驾驶员负责和照管全程运输。在整个周转结束后，在路线起点驾驶员换班。

② 双人驾驶制。双人驾驶制是指车辆在整个周转时间内，由两个驾驶员轮流驾驶。这样可以大大缩短车辆的周转时间，提高车辆的有效利用程度和货物运送速度。

③ 换班驾驶制。换班驾驶制是指车辆由一组驾驶员共同负责，每个驾驶员负责担任一个固定路段的驾驶任务，换班后再休息。

2) 分段行驶法

分段行驶法是指将货物全线运输路线适当分成若干段，即称区段。每一区段均有固定的车辆工作，在区段的衔接点，货物由前一个区段的车辆转交给下一个区段的车辆接运，每个区段的车辆不出本区段工作[图 3.3(b)]。为了缩短装卸货交接时间，在条件允许下，也可采取甩挂运输。

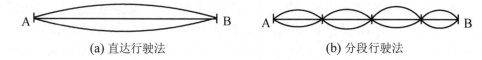

图 3.3　行车组织方法简图

(1) 分段行驶法工作特点。采用分段行驶法时，应用载拖式牵引车或半挂车运输货物是最理想的。这样，货物在路段衔接处只需换牵引车即可。这种行驶方法可避免货物多次倒装，减少货损货差现象。为此组织分段行驶法时，需要在路段衔接处设置相应的站点、场地和装卸设备，以供汽车换装货物或交换牵引车之用。

(2) 分段行驶法工作组织。分段行驶法中，每个货运站各自分管所属路段的车辆和货运组织管理工作。根据货运站在所属路段中的位置不同，可分为短路段和长路段两种工作方法。

① 短路段工作法。当货运站设在两个路段的衔接处时，称为短路段行驶法[图 3.4(a)]。短路段行驶法宜采用单人驾驶制，路段的长度应使车辆能在驾驶员的一个工作班时间内完成一个周转。

② 长路段工作法。当货运站设在路段中间，且将货运站所属路段分成两个区段时，称长路段行驶法[图 3.4(b)]。

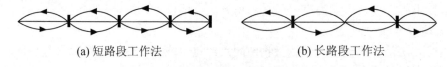

图 3.4　分段行驶法示意图

这种工作方法可使货运站的数目减半。工作制度宜采用换班驾驶制，一个驾驶员负责由货运站到路段起点这一段，另一个驾驶员负责由货运站到路段终点这一段。

3) 甩挂运输组织

甩挂运输也称作甩挂装卸，是指汽车列车在运输过程中，根据不同的装卸和运行条件，由载货汽车或牵引车按照一定的计划，相应地更换拖带挂车继续行驶的一种运行方式。由于甩挂运输既保留了定挂运输的优点，又克服了增加载重量后造成车辆过长的装卸作业停歇时间，使得车辆重量和时间利用均能得到充分的发挥，具有较佳的经济效益。

在不同的运输条件下，可以有多种甩挂方式，其依据的基本原理和采用的基本方法是相同的。以汽车列车行驶在往复式线路上进行两头甩挂作业情况为例(图3.5)：一辆货车配备3辆挂车，当汽车列车在甲地装货行驶至乙地时，先摘下重挂车①，卸车工人集中力量卸空主机，然后挂上业已卸空的挂车②返回甲地；与此同时，乙地卸车工人完成甩下挂车①的卸车作业。汽车列车回到甲地时，先摘下挂车②，装车工人集中力量装载主机，然后挂上业已装毕的挂车③继续向乙地行驶；同时，甲地装车工人完成挂车②的装车作业。

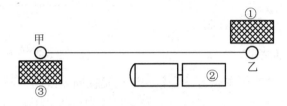

图 3.5　甩挂原理图

2. 零担货物运输组织

1) 零担货物运输的概念

零担货物运输是与整车货物运输相对而言的。凡托运人一次托运计费重量不足3t的货物，称为零担货物；对上述货物的运输称为零担货物运输。零担货运是运输企业为适应社会零星货物运输的需要，采用一车多票、集零为整、分线运送的一种货物运输的营运方式。

汽车零担货物，具有数量小、批次多、包装不一、品种繁杂、到站分散的特点。而且许多商品价格较高，多数品种怕潮湿、怕重压、怕污染；经营零担运输需要库房、货棚、货场等设施以及与之配套的装卸、搬运、堆码的机械工具和苫垫设备；在受理运输过程中，验收、检斤、量方、仓储保管、配装发放、跨区跨省中转接驳、运费结算等方面，都有其独特的作业程序和要求，因而与普通整车货运比较，在经营管理上有更高的要求。

2) 零担运输的组织形式

零担货运由于集零为整，站点、线路较为复杂，业务烦琐，因而开展零担货运业务，必须采用合理的运行组织形式。

(1) 固定式。固定式也叫"五定运输"，系指车辆运行采取定线路、定站点、定班期、定车辆、定时间的一种组织形式。

这种组织形式要求根据营运区内零担货物流量、流向等调查资料，结合历史统计资料和实际需要，在适宜的线路上开行定期零担货运班车。固定式零担运输组织形式为零担货主提供了许多方便，有利于他们合理地安排生产和生活。对汽车运输部门来讲，固定式也有利于实行计划运输。

(2) 非固定式。非固定式是指按照零担货流的具体情况，根据实际需要，随时开行零担货车的一种组织形式。

这种组织形式由于缺少计划性，必将给运输部门和货主带来一定不便。因此只适宜于在季节性或在新辟零担货运线路上作为一种临时性的措施。

(3) 直达式。直达式指在起运站，将各发货人托运到同一到达站，而且性质适合配装的零担货物，同一车装运直接送到达站，途中不发生装卸作业的一种组织形式，如图 3.6 所示。

(4) 中转式。中转式指在起运站将各个托运人，发往同一去向，不同到达站，而且性质适合于配装的零担货物，同车装运，到规定的中转站中另行配装，继续运往各到达站的一种组织形式，如图 3.7 所示。图中，从 A 站到 C 站或 D 站，需在 B 站中转，途中发生一次换装作业。

图 3.6　直达式简图　　　　　　　　图 3.7　中转式简图

(5) 沿途式。沿途式是指在起运站将各托运人发往同一线路，不同到站，而且性质适宜于配装的零担货物，同车装运，按计划在沿途站点卸下或装上零担货，运往各到达站的一种组织形式。沿途式组织工作比较复杂，车辆途中运行时间比较长，但能满足沿途各站点的需要，充分利用车辆的载重及容积。

3. 特种货物运输组织

货物运输中，有一部分货物本身的性质、重量、体积特殊，对装卸、运送和保管等环节有特殊要求，这类货物统称为特种货物。特种货物通常可分为长大笨重货物、危险货物、贵重货物和鲜活易腐货物。

1) 长大笨重货物运输

(1) 长大笨重货物的概念。

① 长大货物：凡整件货物，长度在 6m 及 6m 以上，宽度超过 2.5m，高度超过 2.7m 时，称为长大货物，如大型钢梁、起吊设备等。

② 笨重货物：货物每件重量在 4t 以上(不包括 4t)，称为笨重货物，如锅炉、大型变压器等。

(2) 运输长大笨重货物应注意的事项。

① 托运长大笨重货物时，除按一般普通货物办理托运手续外，还应向发货人索要货物说明书，必要时还应要货物外型尺寸的三面视图(以"十"表示重心位置)，拟定装货、加固等具体意见及措施。在特殊情况下，还须向有关部门办理准运证。

② 指派专人观察现场道路和交通情况。沿途有电缆、电话线、煤气管道或其他地下建筑物时，应研究车辆是否能进入现场，现场是否适合装卸、调车和运送工作等。

③ 了解运行路线上桥、涵、渡口、隧道、道路的负荷能力及道路的净空高度。如需修筑便道或改拆建筑物时，应事先洽请托运方负责解决。

④ 货物装卸应尽可能使用适宜的装卸机械。装车时应使货物的全部支承能均匀而平稳地放置在车辆底板上，以免损坏底板或大梁。

⑤ 对于集重货物，为使其重量能均匀地分布在车辆底板上，必须将货物安置在纵横垫木上或相当于起垫木作用的设备上。

⑥ 货物重心应尽量置于车底板纵、横中心交叉垂线上，如无可能时，则对其横向位移应严格限制，纵向位移在任何情况下，不得超过轴荷分配的技术数据。

⑦ 根据具体运输业务情况，研究加固措施，以保证运输服务质量。重件的加固，应在重件的重心高度相等处捆扎为"八"字形、拉线纵横角度尽量接近于15°，拉线必须牢固绞紧，避免货物在行进中发生移位，而使重心偏离。

⑧ 按指定的路线和时间行驶，并在货物最长、最宽、最高部位悬挂明显的安全标志，日间挂红旗、夜间挂红灯，以引起往来车辆的注意。特殊的货物，要有专门车辆在前方引路，以便排除障碍。

2) 危险货物运输

(1) 危险货物的概念。凡具有爆炸、易燃、毒害、腐蚀、放射性等性质，在运输、装卸和储存保管过程中，容易造成人身伤害和财产损毁而需要特别防护的货物，均称危险货物。

(2) 运输危险货物应注意的事项。

① 托运与承运。托运危险货物，仅限于汽车运输危险货物品名表内列载的货物，托运时须提交技术说明书。承运危险货物，须经有关部门审核批准，危险货物托运单必须是红色或带有红色标志，以引起注意。

② 包装与标志。危险货物在包装时，应根据不同的货种、要求用特定的材料来制造容器，并要以一定的包装方法进行包装。容器的封口、衬垫、捆扎以及每件最大重量等都必须符合规定要求，每件包装上应有规定的包装标志及危险货物包装标志。

③ 配装。危险货物必须严格按照"危险货物混装表"的规定进行配装，不同性质而相互有影响的货物不得拼装一车。装运火药类的爆炸品，以车辆核定吨位的80%为限。装运一级腐蚀性酸类物资，不得超过两层，严禁用铁货箱、平板车装危险品，并一律不带挂车。装运危险货物的车厢，应配备必要的消防防护设备；装运易燃物资车辆排气管应装置火星熄灭器，防止火星飞溅造成火灾。

④ 装车。在危险货物装车之前，先要调查清楚该危险货物的特性、处理方法、防止措施等。作业场所最好选在避免日光照射、隔离热源和火源、通风良好的地点。要详细检查所装危险货物与运输文件上所载内容是否一致，容器、包装、标志是否完好。如发现包装有损坏，容器有泄漏现象，应请发货单位调换包装、容器或修理加固，符合安全运输要求方可装运，严禁冒险装运。装车时，装卸人员要注意防护，穿戴必要的防护用品，严格执行装卸安全操作规程，不得使用发生火花的工具，必须轻装轻卸，防止货物撞击、震动、摩擦、重压、倒置、滚翻、摔倒，确保安全装卸。

⑤ 运送。运送危险货物，应选择技术良好，熟悉道路的驾驶员担任。装载爆炸性、放射性物品，托运方必须派人随车押运。凡装载危险货物的车辆，除押运人员外，不得乘搭其他人员。车前悬挂有危险字样的三角旗，并按当地公安部门指定的路线、时间行驶。行驶中，驾驶员应严格遵守交通规则和操作规程，思想集中、谨慎驾驶，保持一定车距和中速行驶，并做到经过不平路要慢，经过铁路要慢，上下坡、起步、倒车也要慢，避免紧急制动，严禁超速和强行超车，中途停车应选择安全点停放，押运人员不得远离。

⑥ 卸车交付。危险货物卸车时，不得采用抛扔、坠落、拖拽等方法，避免货物之间的撞击和摩擦。要做到交付无误。交付后并对车辆进行清洗、消毒处理。

⑦ 漏散处理。在装运危险货物中，出现泄漏现象，应按规定的防护办法及时采取措施。

⑧ 消防措施。装运危险货物的车辆发生火警，有关人员应根据所装货物的特性，采取不同的灭火方法，立即尽力扑救，防止火势蔓延，减少损失。

3) 贵重货物运输

贵重货物指价格昂贵，运输责任重大的货物。贵重货物可分为：货币及主要证券、贵重金属及稀有金属、珍贵艺术品、贵重药材和药品、贵重毛皮、珍贵食品、高级精密机械及仪表、高级光学玻璃及其制品、高档日用品等。

贵重货物价格昂贵，运输责任重大，因此装车时应严格清查。检查包装是否完整，货物的品名、重量、件数与货单是否相符，装卸时怕震的贵重货物要轻拿轻放，不要挤压。运送贵重物品需派责任心强的驾驶员运送，要有托运方委派专门押运人员跟车。运输途中严防交通事故和盗抢事件发生，为此有时需武装押运。交付贵重货物要做到交接手续齐全，责任明确。

4) 鲜活易腐货物运输

鲜活易腐货物，指在运输过程中，需要采取一定措施，以防止货物腐坏变质或运输的动、植物死亡。汽车运输的鲜活易腐货物主要有：鲜鱼虾、鲜肉、瓜果、蔬菜、牲畜、观赏野生动物、花木秧苗、蜜蜂等。

(1) 鲜活易腐货物运输的特点。

① 季节性强，运量变化大。如水果、蔬菜大量上市的季节、沿海渔场的渔汛期等，都会随季节的变化，运量呈大幅度的变化。

② 运送时间上要求紧迫。大部分鲜活易腐货物，极易变质，要求以最短的时间、最快的速度及时运到。

③ 运输途中需要特殊照顾的一些货物，如牲畜、家禽、蜜蜂、花木秧苗等的运输，需配备专用车辆和设备，并有专人沿途进行饲养、浇水等特殊照顾。

(2) 鲜活易腐货物运输组织工作。

良好的运输组织工作，对保证鲜活易腐货物质量十分重要。如前所述，鲜活易腐货物的运输有其独特性，这就要求运输部门应掌握这些特点，事前做好货源摸底和核实工作，根据其运输规律，适当安排运力，保证及时运输。

发货人托运鲜活易腐货物前，应根据货物不同特性，作好相应的包装。托运时间须向承运方提出货物最长的运到期限，某一种货物运输的具体温度及特殊要求，提交卫生检疫等有关证明，并在托运单上注明。

承运鲜活易腐货物时，应由货运员对托运货物的质量、包装和温度进行认真的检查。要求质量新鲜，包装合乎要求，温度符合规定。对已有腐烂变质象征的货物，应加以适当处理，对不符合规定质量的货物不予承运。

鲜活易腐货物装车前，必须认真检查车辆的状态，车辆及设备完好方能使用，车厢如果不清洁，应进行清洗和消毒，适当风干后，才能装车。装车时应根据不同货物的特点，确定其装载方法。如冷冻货物需保持货物内部蓄积的冷量，可紧密堆码；水果、蔬菜等需要通风散热的货物，必须在货件之间保留一定的空隙；怕压的货物必须在车内加搁板，分层装载。

鲜活易腐货物的运送途中，应由托运方指派押运人沿途照料，承运方对押送人员应交代安全注意事项，并提供工作和生活上的便利条件。炎热天气运送时，应尽量利用早晚行驶。运输牲畜、蜜蜂等货物时，应注意通风、散热，尽力避免在运送中的掉膘与死亡。

4. 货运车辆行驶路线及其选择

货运车辆行驶路线是指在完成运输工作中的运行线路，包括空驶和有载行程。由于货运任务的性质和特点不同，道路条件及所用车辆类型的不同，即使在相同的收发货物之间，货运车辆也可以选择不同的行驶线路来完成给定的货运任务。显然，车辆按不同的路线完成计划的运输任务时，对运输效率和运输成本会有不同的影响。因此，在满足货运任务要求的前提下，选择经济效益较好的行驶路线，是组织车辆运行的一项十分重要的工作。

1) 行驶路线的种类

在一定的货流条件下，货运车辆的行驶路线可分为往复式、环形式、汇集式和辐射式4大类。

(1) 往复式行驶路线。往复式行驶路线是指车辆在两个装卸作业点之间的线路上，作一次或多次重复运行的行驶路线，它又可以有单程有载往复式、回程部分有载往复式和双程有载往复式3种。

① 单程有载往复式行驶线路。单程有载往复式行驶线路在运输方式中属于常见方式，但车辆里程利用率不可能大于50%，生产效率在3种行驶方式中最低。

② 回程部分有载往复式行驶线路。假若车辆在回程载有货物，但是没有达到全程，或全程有载但是实载率低，这就构成了回程部分有载往复式行驶线路，这种形式的车辆里程利用率大于50%，但是小于100%，因而将对于单程有载往复行驶的线路，其利用率有所提高。目前许多企业通过回程"配载"的方式，尽量减少回程空驶路段或空载现象。

③ 双程有载往复式行驶线路。假若车辆在回程中全程有载，就构成了双程有载往复式行驶线路。这种形式的车辆里程利用率最高，其值可以接近于100%。

由此可见，上述3种往复式行驶线路中，双程有载往复式行驶的运输方式的里程利用率最高，其工作效率也是最高的；其次是回程部分有载往复式；运输效率最差的是单程有载往复式。

(2) 环形式行驶线路。环形式行驶线路是指车辆在若干个装卸作业地点所组成的封闭回路上，作连续单向行驶的线路。它又可以有简单式环形行驶线路、交叉或三角形式环形行驶线路和复合式环形行驶线路3种形式。

货物运输方向基本上相向或平行，但两端装卸货场都不在同一点上的循环回路，称为简单式环形线路。由相向的两条单程运输线形成一个三角形或交叉组成两个三角形的循环回路，称为交叉或三角形式环形行驶线路。兼有简单式环形行驶线路和交叉或三角形式环形行驶线路特征的环形行驶线路，称为复合式环形行驶线路。

环形线路的选择，以完成同样货运任务时，里程利用率最高，即空车行程最短为原则。

(3) 汇集式行驶线路。汇集式线路是指按单程进行货运生产组织的车辆行驶的线路。车辆由起点发车，在货运任务规定的各货运点依次装(卸)货，并且每次装(卸)货量都小于一整车，车辆完成各货运点运输任务以后，最终返回原出发点。汇集式运输时，车辆可能沿一条环形线路运行，也可能在一条直线型线路上往返运行。一般汇集式运输可以分为分送式行驶线路、收集式行驶线路和分送—收集式行驶线路3种形式。沿运行线路上各货运点依次进行卸货的线路，称为分送式行驶线路；沿运行线路上各货运点依次进行装货的线路，称为收集式行驶线路；沿运行线路上各货运点分别或同时进行分送及收集货物的线路，称为分送—收集式行驶线路。当车辆按汇集式行驶线路完成运输工作时，通常以单程或周转为基本运输过程进行组织。

(4) 辐射式行驶线路。辐射式行驶线路是指货物由某一地点运往不同方向的收货点，或由不同方向发货点运往同一收货点而形成的车辆行驶线路，实际上它是由若干往复式行驶线路组合而成的线路。在城市货运工作中，车站、码头的货物集散，以及煤炭、粮食仓库的煤、粮分运工作，一般都采用辐射式运行线路。

2) 货运车辆行驶路线的选择

运输路线的选择是运输所要考虑的主要的因素，也是影响运输成本的主要因素。在运输过程中往往会面临许多具体的问题，例如：有时从单一的出发地到单一的目的地，有时却需要从多个起点出发到达多个终点；有时每一个起点既有货物又要运送，同时又有货物要取；有时有多辆运输工具可以使用，每一运输工具都有自己的容量和承载量的限制；因车辆容量的限制或其他因素，要求先送货再取货；考虑到司机的就餐和休息；有时追求的目标还是互相矛盾的。所以，运输问题就不可能有一个普遍适用的解决方案。这部分内容，有兴趣的读者可以参考运筹学中的运输问题、最短路问题、旅游者问题等，求解的方法有图上作业法、表上作业法、Dijkstra 算法、蚁群算法、遗传算法等。在实际运用中，需根据实际情况选择合适的模型和算法。

3) 货运车辆的选择

运输车辆的选择，主要是指车辆选择和载重量的选择。

合理选择车辆，不仅可以保证货物完好，而且可以提高车辆载重量的利用率、装卸工作效率，缩短运达期限并减少运输费用。

(1) 车辆类型的选择。车辆类型的选择，主要是指对通用车辆和专用车辆的选择。专用车辆是考虑到专门或特种物资的运输需求而对汽车本身的设备装置进行改造，使之更适应专门或特种物资运输的车辆。针对不同类型货物的运输需采用相应的专用车辆，可以保证货物的完好，减少劳动消耗量，改善劳动条件，提高行车安全及运输经济性。

货运汽车专用化的最大特点是减少或不进行运输包装而采用散装运输，从而节约大量包装材料，减少运输成本，但是其缺点也很明显，由于是专用车辆，当运输货物种类发生变化时，其适应就比较差，并且专用车辆较普通货运车辆的购置和维护成本也比较高。

随着现代物流的发展，小批量、多批次、多品种、集装化的运输出现的频率越来越高，因此如何在通用车辆和专用车辆进行选择，将直接影响到运输企业的运输生产柔性。

(2) 车辆载重量的选择。确定车辆最佳载重量选择的首要因素是货物批量。对于大批量货物运输，在道路法规允许的范围内采用最高载重量车辆是合理的。而当货物批量有限时，车辆载重量需要与货物批量相适应，否则车辆载重量过大，必将增加材料与动力消耗量，增加运输成本。

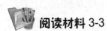
阅读材料 3-3

道路交通安全事故统计直报归口安监部门

为规范生产安全事故统计工作，国家安全监管总局、公安部、农业部、质检总局、民航局近日联合下发通知，要求从 2016 年 7 月 1 日起，生产安全事故统计信息将全面实行安全监管部门归口直报。

通知明确，县级或相当于同级有关部门接到生产安全事故报告后，应在 24 小时内将生产安全事故统计信息按要求通报同级安全监管部门；事故发生之日起 30 日内(火灾、道路交通事故自发生之日起 7 日内)伤亡人员发生变化的，应及时补报相关情况；个别事故信息因特殊原因无法及时掌握的，应在事故调查结束后及时补充完善。

通知要求，县级公安机关交通管理部门要及时向县级安全监管部门通报道路运输事故(即公路客运、公交客运、出租客运、网络约车、旅游客运、租赁、教练、货运、危化品运输、工程救险、校车，包括企业通勤车在内的其他营运性车辆或其他生产经营性车辆等十二类道路运输车辆在从事相应运输活动中发生人员伤亡的事故)信息。事故由设区的市级公安机关交通管理部门管辖的，由设区的市级公安机关交通管理部门向同级安全监管部门通报。

资料来源：法制日报. 五部门发文规范生产安全事故统计 统计直报归口安监部门[EB/OL]. (2016-07-11).[2016-07-20].http://society.people.com.cn/n1/2016/0711/c1008-28542260.html.

3.4 公路运输安全

3.4.1 交通事故调查与处理

1. 交通事故分类

1) 按事故发生造成的损失、责任不同划分

根据事故发生造成的损失、责任不同划分，交通事故可分为轻微事故、一般事故、重大事故以及特大事故。

(1) 轻微事故，是指一次造成轻伤 1~2 人，或者财产损失机动车事故不足 1 000 元，非机动车事故不足 200 元的事故。

(2) 一般事故，是指一次造成重伤 1~2 人，或者轻伤 3 人以上，或者财产损失不足 3 万元的事故。

(3) 重大事故，是指一次造成死亡 1~2 人，或者重伤 3 人以上 10 人以下，或者财产损失 3 万元以上不足 6 万元的事故。

(4) 特大事故，是指一次造成死亡 3 人以上，或者重伤 11 人以上，或者死亡 1 人，同时重伤 8 人以上，或者死亡 2 人，同时重伤 5 人以上，或者财产损失 6 万元以上的事故。

2) 按事故损害后果的表现类型不同划分

根据事故损害后果的表现类型不同划分，交通事故可分为死亡事故、伤人事故、财产损失事故。

(1) 死亡事故，是指仅有人员死亡或者既有人员死亡又有人员受伤和财产损失的交通事故。

(2) 伤人事故，是指仅有人员受伤或者既有人员受伤又有财产损失的交通事故。

(3) 财产损失事故，是指仅有财产损失的交通事故。

2. 交通事故调查

1) 交通事故数据类型

(1) 表征交通事故状况的数据。如交通事故发生次数、受伤人数、死亡人数、经济损

【拓展视频】

失、万车死亡率、10万人死亡率、安全度等。

(2) 表征交通事故发生条件的数据。如交通事故发生的地点、时间、现场的道路几何参数、路面状况、行驶车速、车辆的性能参数等。

(3) 表征交通事故环境条件的数据。如人口数、机动车保有量、驾驶员数量、交通流量、交通违章数量、道路里程、路网密度、交通设施密度等。

(4) 表征交通管理条件的数据。如警力配置、勤务管理、纠正违章、交通管制、安全设施等。

2) 交通事故调查的项目

根据职责分工、调查目的的不同，可分为以下几项。

(1) 交通事故现场勘查。

内容包括：①接到报案的时间、事故发生和发现的时间、地点以及报案人的基本情况；②现场保护人员的基本情况、现场保护措施及发现的情况；③现场勘查的时间、地点及周围的情况；④现场的类型、有无变动及异常情况；⑤现场丈量记录(包括伤、亡、车辆和其他物质损失情况，痕迹的详细情况，提取的痕迹、物证的名称、数量等)；⑥现场照片与现场图；⑦现场技术鉴定材料(包括车辆技术鉴定、道路鉴定、尸体检验等)。

(2) 交通事故成因调查。

内容包括：①交通事故当事人调查；②交通事故车辆调查；③交通事故地点的道路与环境调查；④交通事故成因分析。

(3) 交通安全专项调查。

内容包括：①区域交通安全调查；②交通事故多发地点调查；③肇事逃逸调查等。

3. 交通事故处理

交通事故处理是车辆在道路上因过错或者意外造成的人身伤亡或者财产损失事件的处理。交通事故处理的依据是《中华人民共和国道路交通安全法》和《中华人民共和国道路交通安全法实施条例》。交通事故的处理包括以下几个步骤。

(1) 受理报案。公安交通管理部门接到当事人或其他人的报案之后，按照管辖范围予以立案。

(2) 现场处理。公安交通管理部门受理案件后，立即派员赶赴现场，抢救伤者和财产，勘查现场，收集证据。

(3) 责任认定。在查清交通事故事实的基础上，公安交通管理部门根据事故当事人的违章行为与交通事故的因果关系、作用大小等，对当事人的交通事故责任作出认定。

(4) 裁决处罚。公安交通管理部门应依据有关规定，对肇事责任人予以警告、罚款、吊扣、吊销驾驶证或拘留的处罚。

(5) 损害赔偿调解。对交通事故造成的人员伤、亡及经济损失的赔偿，按照有关规定和赔偿标准，根据事故责任划分相应的赔偿比例，由公安交通管理部门召集双方当事人进行调解。双方同意达成协议，由事故调解人员制作并发给损害赔偿调解书。

(6) 向法院起诉。如双方当事人在法定期限内调解无效，公安交通管理部门终止调解，并发给调解终结书，由当事双方向法院提起民事诉讼。

3.4.2 车辆维修制度

1. 道路运输车辆技术管理概述

道路运输车辆技术管理，是指对道路运输车辆在保证符合规定的技术条件和按要求进行维护、修理、综合性能检测方面所做的技术性管理。根据 2016 年交通运输部颁布的《道路运输车辆技术管理规定》，道路运输车辆技术管理应当坚持分类管理、预防为主、安全高效、节能环保的原则。道路运输经营者是道路运输车辆技术管理的责任主体，负责对道路运输车辆实行择优选配、正确使用、周期维护、视情修理、定期检测和适时更新，保证投入道路运输经营的车辆符合技术要求。

2. 车辆检测诊断

1) 车辆检测诊断的作用和主要内容

车辆的检测诊断是指在不解体情况下，判断汽车或总成的技术状况、查明故障部位及原因的技术。车辆检测诊断技术在汽车制造厂、汽车运输部门、汽车维修行业、车辆安全管理部门得到了广泛应用。汽车新产品的性能鉴定、在用汽车技术等级的评定、维修过程中的检测诊断、维修竣工后的验收及维修质量检测、车辆安全性能年度审验等，都离不开车辆检测诊断技术。运用车辆检测诊断技术，就是应用必要的仪器设备，准确、迅速地确定车辆的技术状况和工作能力，查明故障的部位及原因，用以代替几十年来的人工经验判断方法，达到科学、高效、正确的目的。车辆检测诊断的主要内容包括：汽车的安全性(制动、侧滑、转向、前照灯等)、可靠性(异响、磨损、变形、裂纹等)、动力性(车速、加速性能、底盘输出功率、发动机功率、转矩、燃油供给系统、点火系统状况等)、经济性(燃油消耗)及噪声和废气排放状况等。

对车辆进行上述全部或多种性能检测，统称综合性能检测。能承担车辆综合性能检测的检测站即为综合性能检测站，只测定某种性能的检测站为单一性能检测站。在车辆检测诊断工作中所用的设备称为检测诊断设备。检测诊断设备与一般检测仪器的基本区别为能否在汽车或者总成不解体状况下确定其工作能力和技术状况，并查明故障或隐患的部位和原因。

2) 车辆技术状况监控体系的建立

汽车运输业车辆检测制度的制定和汽车综合性能检测站的建立是车辆技术状况监控体系的重要内容。

(1) 车辆检测制度的制定。《道路运输车辆技术管理规定(2016)》规定交通运输部主管全国道路运输车辆技术管理监督，县级以上地方人民政府交通运输主管部门负责本行政区域内道路运输车辆技术管理监督。县级以上道路运输管理机构具体实施道路运输车辆技术管理监督工作。

按照规定：对营运车按行驶里程或行驶时间实行定期或不定期检测；对非营业性运输车辆实行不定期检测；对维修车辆实行质量抽检。检测项目应满足综合性能检测的要求，并要建立管理制度，严格执行检测标准。客车、危货运输车自首次经国家机动车辆注册登记主管部门登记注册不满 60 个月的，每 12 个月进行 1 次检测和评定；超过 60 个月的，每

6个月进行1次检测和评定。其他运输车辆自首次经国家机动车辆注册登记主管部门登记注册的，每12个月进行1次检测和评定。客车、危货运输车的综合性能检测应当委托车籍所在地汽车综合性能检测机构进行。货车的综合性能检测可以委托运输驻在地汽车综合性能检测机构进行。

(2) 汽车综合性能检测站的建立。建设汽车综合性能检测站是加强车辆技术管理的重要措施。各省、自治区、直辖市交通运输厅(局)是汽车综合性能检测站的主管部门，负责规划、管理和监督，以使汽车综合性能检测站与车辆检测诊断工作协调发展，布局合理，避免盲目性；制定本地区的行业检测标准和检测制度，以及对汽车综合性能检测站的检测条件、检测质量和管理水平等进行管理和监督。各省、自治区、直辖市交通运输厅(局)应对汽车综合性能检测站进行认定。经认定后的检测站可代表交通运输管理部门对车辆行驶质量进行监控。目前，我国已初步形成了全国性的车辆综合性能检测网络，为适应车辆综合检测的要求，交通厅(局)应根据《汽车综合性能检测站能力的通用要求》(GB/T 17993—2005)的有关规定，对已经建成的汽车综合性能检测站进行认定。对认定合格后的检测站，由当地交通厅(局)颁发检测许可证。

3. 车辆的维护

1) 车辆维护的要求

车辆维护是保持车容整洁、及时发现和消除故障及其隐患、防止车辆早起损坏的技术作业。通过车辆的技术维护，应使车辆达到下列要求：①汽车经常处于技术状况良好的状态，可以随时出车；②在合理使用的前提下，不致因中途损坏而停车，或因机械故障而影响行车安全；③在运行过程中，降低燃料、润滑油以及配件和轮胎的消耗；④各总成的技术状况应尽量保持均衡，以延长汽车大修间隔里程；⑤减轻车辆噪声和排放污染物对环境的污染。

2) 汽车维护原则

道路运输经营者应当建立车辆维护制度。车辆维护分为日常维护、一级维护和二级维护。日常维护由驾驶员实施，一级维护和二级维护由道路运输经营者组织实施，并做好记录。

日常维护是驾驶员保持车辆正常工作状况的经常性工作。一级维护由专业维修工负责执行，其作业中心内容除日常维护作业外以清洁、润滑、紧固为主，并检查制动、操纵等安全部件。也就是说，在车辆经过较长里程的运行后，要特别注意对车辆的安全部件进行检视维护。二级维护由专业维修工负责执行，其作业中心内容除一级维护作业外，以检查、调整为主，包括拆检轮胎、进行轮胎换位。这是因为车辆在经过更长里程的运行后，必须对车况进行较全面的检查、调整，维持其使用性能，以保证车辆的安全性、动力性和经济性达到使用要求。

道路运输经营者应当依据国家有关标准和车辆维修手册、使用说明书等，结合车辆类别、车辆运行状况、行驶里程、道路条件、使用年限等因素，自行确定车辆维护周期，确保车辆正常维护。道路运输经营者可以对自有车辆进行二级维护作业，保证投入运营的车辆符合技术管理要求，无须进行二级维护竣工质量检验。道路运输经营者不具备二级维护作业能力的，可以委托二类以上机动车维修经营者进行二级维护作业。机动车维修经营者完成二级维护作业后，应当向委托方出具二级维护出厂合格证。用于运输剧毒化学品、爆炸品的专用车辆及罐式专用车辆(含罐式挂车)，应当到具备道路危险货物运输车辆维修资质的企业进行维修。专用车辆的牵引车和其他运输危险货物的车辆由道路运输经营者消除危险货物的危害后，可以到具备一般车辆维修资质的企业进行维修。

4. 车辆的修理

1) 车辆修理的含义

汽车维修是指在汽车使用过程中，为维持和恢复汽车的技术状况、保持汽车的工作能力所采取的技术措施。汽车维修具体可分为汽车维修和汽车修理。汽车的维修思想和维修工艺组织是否科学、维修装备是否先进、维修技术和规范是否合理都对汽车维修质量有重大影响；而汽车维修质量的高低对于汽车使用技术状况的好坏和使用寿命的长短也具有决定性作用。

2) 车辆修理的分类

车辆修理按作业范围可分为车辆大修、总成大修、车辆小修和零件修理4类。

(1) 车辆大修。车辆大修，是新车或经过大修后的车辆，在行驶一定里程(或时间)后，经过检测诊断和技术鉴定，用修理或更换车辆任何零部件的方法，恢复车辆的完好技术状况，完全或接近完全恢复车辆寿命的恢复性修理。汽车大修是对汽车进行全面的检修，一般要整车解体和总成解体，需要的作业延续时间较长。

(2) 总成大修。总成大修，是车辆的总成经过一定使用里程(或时间)后，用修理或更换总成任何零部件(包括基础件)的方法，恢复其完好技术状况和寿命的恢复性修理。

汽车是由发动机附离合器总成、车架总成、前桥总成、后桥总成、车身总成等构成的。在使用过程中，各个总成的磨损程度不尽相同，技术性能的变化情况也不一致。有些总成在车辆大修间隔里程定额未达到之前，不需修理，个别总成则由于技术状况变差不宜继续使用，应立即进行解体修理或更换部分零部件，以恢复其应有的技术性能。

总成大修有两种作业方式：①就车大修，即某辆汽车的总成修竣后仍装在原车上，汽车同时停厂等待；②总成互换大修，是将预先修竣或新购置的总成，换装到汽车上，然后对换下的总成进行大修，以备下次替换用。

(3) 车辆小修。车辆小修，是用修理或更换个别零件的方法，保证或恢复车辆工作能力的运行性修理，主要是消除车辆在运行过程或维护作业过程中发生或发现的故障或隐患。

小修亦称运行性修理，作业范围一般没有相对固定的作业项目，也没有严格的作业周期。多数小修作业是替换零部件的作业，对有些有一定规律性的小修作业，可以有计划地安排在某次二级维护作业中合并进行，作为二级维护附加作业。当汽车的小修频率很高时，表明汽车的技术状况恶化，应通过技术检测诊断，确定是否需要进行大修或总成大修。

(4) 零件修理。零件修理亦称旧件修复，是对因磨蚀、变形、损伤等原因不宜继续使用但尚有修复价值的零件进行的恢复性修理。零件修理应符合经济合理的原则。一般情况下，修复的零件，价值低于新购零件，装车使用可以降低修理费用。修复后的零件应符合其原有的规格、标准,可以继续使用。零件修理是一种机械加工作业,不纳入车辆维修计划中。

车辆的检测诊断和维修是保证运行车辆技术状况的重要手段,也是实现车辆运输行业管理的关键。对车辆实行定期、不定期检测,认真做好车辆的维护和维修工作,对保持运输行业车辆技术状况良好,降低零部件和总成故障率,延长车辆使用寿命,减少维修费用,保证安全运输生产,提高经济效益、社会效益、环境效益,有着十分重要的作用。因此,加强车辆检测诊断和维护修理的管理,是各级交通运输管理部门和各运输、维修单位不可忽视的重要工作。

3.4.3 公路运输企业安全管理的评价

安全管理是指在运输生产的全过程中,为保证承运对象的安全可靠,所进行的各项活动的总和。公路运输企业安全管理需要建立在一定的评价标准上。

1. 评价标准

根据国外的有关资料,结合我国汽车运输企业的特点和现状,提出下列基本评价标准,供考核企业安全管理质量时参考。

(1) 企业制订全面的安全管理长远规划和详细的年度安全管理计划。
(2) 企业内部的全部人员每月安全培训教育 8h 以上的面达 100%。
(3) 外勤班组成立安全管理小组的面达到 100%,内勤班组达到 60%,并真正开展了安全管理活动。
(4) 企业的高层建立有保证安全管理的领导机构和决策机构,下属各层次设有推行安全管理工作的专门机构。
(5) 企业具有整体的安全方针目标,建立了安全保证体系。
(6) 企业各层次的安全预防措施完善、有效。

2. 评价指标

公路运输的安全质量是由其生产特性决定的。现有的公路运输安全质量考核包括以下指标。

(1) 百万车公里事故率

$$\text{百万车公里事故率} = \frac{\text{事故次数}}{\text{汽车总行程}} \times 10^6 (\text{次/百万车公里}) \tag{3-11}$$

(2) 万车行车事故死亡率

$$\text{万车行车事故死亡率} = \frac{\text{行车事故致死人数}}{\text{年均车辆数}} \times 10^4 (\text{人/万车}) \tag{3-12}$$

(3) 厂、队、站、库安全事故率

$$\text{厂、队、站、库安全事故率} = \frac{\text{厂、队、站、库安全事故次数}}{\text{厂、队、站、库平均车位数}} (\text{次/年车位}) \tag{3-13}$$

(4) 货损率

$$\text{货损率} = \frac{\text{货物损坏件(吨)数}}{\text{周期交运总件(吨)数}} \times 100\% \tag{3-14}$$

(5) 货差率

$$货差率 = \frac{货物差错件(吨)数}{周期交运总件(吨)数} \times 100\% \tag{3-15}$$

(6) 货运损失赔偿金额率

$$货运损失赔偿金额率 = \frac{赔偿金额}{周期货运总收入} \times 100\% \tag{3-16}$$

(7) 行包赔偿率

$$行包赔偿率 = \frac{赔偿金额}{周期行包收入} \times 100\% \tag{3-17}$$

(8) 客车准班率

$$客车准班率 = \frac{正班车数}{总发车数} \times 100\% \tag{3-18}$$

(9) 发车正点率

$$发车正点率 = \frac{正点发车数}{总发车数} \times 100\% \tag{3-19}$$

(10) 旅客正运率

$$旅客正运率 = \frac{正运人数}{总人数} \times 100\% \tag{3-20}$$

(11) 行包正运率

$$行包正运率 = \frac{行包正运件数}{总件数} \times 100\% \tag{3-21}$$

(12) 售票差错率

$$售票差错率 = \frac{售票差错张数}{周期售票张数} \times 100\% \tag{3-22}$$

上述指标随着公路运输事业的不断发展，管理水平不断提高，管理手段逐渐完善，还要结合企业实际情况进一步充实。

本 章 小 结

公路运输又称城乡道路运输，是一种使用汽车和其他运输工具在城乡道路上从事旅客和货物的运输。公路运输是在所有运输方式中是影响面最为广泛的一种运输方式。公路运输的基础设施包括公路及其相关建筑物、公路交通控制设备等，所使用运输工具为汽车，可以说公路运输是伴随着汽车的出现和发展而发展起来的。公路运输的组织和管理可以分为旅客运输组织和管理以及货物运输组织和管理两种。公路运输的安全非常重要，其安全质量的保证取决于公路运输企业强而有力的组织与管理工作。本章主要介绍了公路运输的定义及其发展过程、公路运输的特点、公路运输的主要技术经济指标、公路运输基础设施、公路运输车辆、公路旅客运输组织与管理、公路货运组织和管理，以及公路运输安全等。

 案例分析

汽车制造企业实施循环取货物流

汽车制造企业的生产需要采购上万种零部件，所对接的是上百家供应商，该行业特点使得其供应链最为繁杂，其供应(入场)物流的重要性和复杂性可想而知。目前，国内大中型汽车制造企业正在采用一种 Milk Run 的模式完成将零部件从供应商运送到制造企业的过程。

Milk Run 也称为牛奶取货，起源于英国北部的牧场，是为解决牛奶运输而发明的一种运输方式。对于汽车企业来说具体方式是：每天固定的时刻，卡车从制造企业工厂或者集货、配送中心出发，到第一个供应商处装上准备发运的原材料，按照事先设计好的路线到第二家、第三家，以此类推，直到装完所有安排好的材料再返回。这样的模式省去了所有供应商空车返回的浪费，同时使物料能够及时供应，发运货物少的供应商不必等到货物积满一车再发运，可保持较低的库存，以便最大程度地实现 JIT 供应。

Milk Run 模式在国外汽车上游供应链中已经得到了较为广泛的应用，通常的做法是将此业务外包给第三方物流服务商，由其设计 Milk Run 的路线和方案，然后到不同的供应商处取货，再直接送到总装厂。许多国际知名的汽车制造商，如丰田、福特、通用、戴姆勒-克莱斯勒，均采用了 Milk Run 模式的供应物流，并取得了较好的效果。国内汽车企业中最早的应用例子来源于上海通用汽车公司。该公司与汽车物流服务商安吉天地合作，引入并实施 Milk Run 项目。东风日产与广州风神物流公司合作、北京吉普汽车有限公司与中远物流有限公司合作、奇瑞汽车股份有限公司与中国邮政集团公司合作陆续开展了巡回取货项目。

根据案例所提供的材料，试分析：什么叫取货物流？其对降低汽车企业的物流成本有什么好处？

资料来源：张勤. 基于 Milk Run 思想的汽车供应物流模式分析[J]. 海峡科学，2010，9：51-52.

 关键术语

公路运输(road transportation)　　甩挂运输(transportation with dumping trailers)
班车(regular bus)　　零担运输(sporadic freight transportation)
包车运输(rent automobile transportation)　　整车运输(transportation of truck-load)
汽车维护(vehicle maintenance)　　汽车技术状况(technical condition of vehicle)

习　题

1. 填空题

(1) 反映运输能力时间利用状况的指标是_____，反映车辆使用强度的衡量指标是_____，反映燃料消耗水平的指数是_____。

(2) 根据公路的作用及使用性质，可划分为：_____、_____、_____、_____以及_____。

(3) 公路客运的营运方式，大体上可以分为_____、_____、_____及_____ 4 种方式。

(4) 客车运行周期循环的方式主要有：_____、_____与_____ 3 种形式。

(5) 货运车辆的行驶线路可分为＿＿＿＿、＿＿＿＿、＿＿＿＿和＿＿＿＿4大类。

(6) 按企业的生产特点不同，公路运输企业的生产安全管理，可分为＿＿＿＿管理和＿＿＿＿管理两大类。

(7) 根据事故发生造成的损失、责任不同划分，交通事故可分为＿＿＿＿、＿＿＿＿、＿＿＿＿以及＿＿＿＿。

(8) 车辆维护分为＿＿＿＿、＿＿＿＿和＿＿＿＿。

(9) 车辆修理按作业范围不同可分为＿＿＿＿、＿＿＿＿、＿＿＿＿和＿＿＿＿四类。

2. 简答题

(1) 简述公路运输的优缺点。

(2) 根据GB/T 15089—2001，汽车被分为哪几种类型？其中哪些属于客运车辆，哪些属于货运车辆？

(3) 简述公路客运组织工作的基本原则。

(4) 简述公路客运站及站务作业过程。

(5) 什么是普通货物运输？其组织方法有哪些？

(6) 什么是零担货物运输？其组织形式有哪几种？

(7) 货运车辆行驶路线有哪几种类型？如何优化？

(8) 车辆检测诊断的内容有哪些？其有什么作用？

(9) 公路运输安全管理的基本任务有哪些？

第4章 铁路运输

【教学目标】
- 掌握铁路运输的含义、特点及其使用范围
- 了解铁路运输系统的各组成部分
- 熟悉铁路旅客运输计划的编制过程
- 了解旅客运输日常组织工作的内容
- 掌握铁路货运运输的方式
- 熟悉铁路货物运输业务的流程
- 掌握铁路旅客运行图的定义、分类以及运行图中站名线的画法
- 了解运行图的编制过程

导入案例

从铁路货运首增看中国经济发展新动力

铁路运输是国民经济的大动脉,也是国民经济的晴雨表,可以反映出国民经济的发展情况。在全球经济持续疲软的大背景下,自2014年以来,铁路货运总量持续减少。特别是2016年我国全面进行"去产能、调结构",铁路货运原有的"大主顾"——煤炭、钢铁、化工等行业的货运量进一步减少,使得原本就在下行区间的铁路货运业务雪上加霜。

铁路总公司在改革创新推动下,于2016年6月实现货运总量和装车数首增。铁路部门积极适应社会物流结构变化,大力调整运输供给结构,合理安排大宗货物运输,增强白货准时快捷运达能力,通过实施"总对总"物流合作、开行货运班列、投用新型集装箱产品等一系列措施,白货运量实现了同比大幅增长,铁路货运结构进一步趋于优化。据统计,5月以来,散货日均发送71.5万吨,同比增加15.4万吨,增长27.3%。集装箱日均发送34.1万吨,同比增长28.4%,较1~4月增长8.7%。原来以煤炭钢铁的高耗能产业为主的铁路货运业务逐渐改变,白货在货运总量中所占的比重不断增加,家电、汽车整车与零配件、互联网金融商品发送量持续增加,中欧国际班列、特需货物班列已成为一车难求的明星货业务。

思考题:铁路运输货物主要有哪些类型?为什么铁路货运被称为国民经济的"晴雨表"?

资料来源:中华铁道网. 从铁路货运首增看中国经济发展新动力[EB/OL].
(2016-07-18).[2016-07-20].http://www.chnrailway.com/html/20160718/1393179.shtml.

4.1 铁路运输概述

4.1.1 铁路运输的产生和发展过程

1825年,英国人史蒂文生首先在英国修建了世界上第一条公共服务铁路,这条铁路长不到20km,以15mile/h的蒸汽机车牵引34节车厢行驶,车厢内共载有600名乘客及900t的货物,这就是世界铁路运输史的开端。此后,欧洲各国开始对这种车头冒着浓烟,行驶于两条平行铁轨上的新型车辆发生兴趣而纷纷试建,到1850年,英国与欧洲大陆已修建了约7 000km的铁路。美国为了开疆拓土,也于1833年开始修建铁路,并于1869年5月在犹他州盐湖城附近的布罗蒙特瑞完成东、西两岸铁路的通车典礼。从此,美国东、西岸的交通往来已可缩减为5~6天;在当时如果乘坐马车需耗时五六个月之久,如果改乘轮船则必须绕行好望角,费时长达3个月,所以美国东、西两岸铁路连线的完成,实为美国的繁荣与强大奠定了很好的基础。这段时期铁路运输在社会上所处的地位可谓相当重要,除了影响经济发展的货物运送之外,在国防运输上更有其绝对的必要性。因此,欧美各国纷纷于这段时期兴建铁路运输系统。以美国为例,1920年全美国铁路里程数合计已经达40万km,铁路经营者也有1 085家之多;到1941年,全世界的铁路总长度已达约126万km,其中美洲占47%,欧洲占33%。

我国铁路运输的发展,由于受到满清闭关锁国政策的影响,发展落后于西方国家较长时间。1876年,在中国的英国商人眼见欧美铁路业者均获得丰厚利润,因此屡向满清朝廷提出铺设铁路的动议,以利于榨取中国内陆资源及推销英国商品之用。几经斡旋,最终经满清朝廷许可，由当时英商怡和洋行出资，铺设了淞沪铁路，不料营业不久就发生了铁路行车事故，致使一清兵遭火车压死，使得当时国人对这一事故表现出极度的不满，后来遂由朝廷下令由两江总督收回此段铁路，并将铁轨掘起不准再办。

直至1881年，朝廷为了开采煤矿所需，兴建了唐山至胥各庄之间的唐胥铁路，才真正揭开了中国铁路运输史的序幕。由于这条铁路的经营效果良好，各地纷纷奏请兴建铁路。不过其中多属外国人出资兴建，以致铁路权丧失，外力侵入。1949年中华人民共和国成立之后，我国铁路建设有了统筹的规划和统一的标准，进入了一个新的大发展时期。截至2016年年底，中国铁路营业里程达12.4万km，其中高速铁路2.2万km以上，业已形成一个横贯东西、沟通南北、干支结合的具有相当规模的铁路运输网络。

随着人民生活水平的提高和社会的发展，目前一般运行时速为100km左右的传统铁路，已无法满足于现代化国家人们往返于长途城际的运输需求，因此当航空事业发达以后，大批的旅客选择了飞机作为往来于城际间的主要交通工具，造成飞机航次大增，机场在无法容纳如此密集飞机班次的情形下，导致飞机起降时间受到延滞，如果再加上往来于机场与城市市区之间的时间，航空运输似乎也已无法满足这些旅客对缩短运输时间的需求。因此，人们又将注意力集中在铁路上，希望能藉铁路的专用路权与车辆行驶自动导引性，发展出适合城际间快速、大运输量的高速铁路运输系统。所谓高速铁路是指列车运行速度可达200km/h及以上的铁路系统。

【拓展视频】

世界第一条高速铁路于1964年诞生在日本。东海道新干线从东京起始，途经名古屋，京都等地终至(新)大阪，全长515.4km，运营速度高达210km/h，它的建成通车标志着世界高速铁路新纪元的到来。随后法国、意大利、德国纷纷修建高速铁路。目前，世界最先进的高速轮轨技术主要是在德、法、日这3个国家，如日本的高速铁路"新干线"，法国的TGV铁路系统，德国的ICE城市高速铁路系统。当前，世界已进入建设高速电气化铁路的时期，修建高速电气化铁路的国家越来越多，已建成的有日本、法国、德国、意大利、英国、西班牙和波兰等国家，正在修建的有美国、瑞士、奥地利、瑞典、比利时、韩国、独联体等国家，还有一些国家和地区，如澳大利亚、荷兰、加拿大、印度和我国台湾地区等也在建设高速电气化铁路。21世纪初，世界高速电气化铁路长度将达到30 000km。目前，日本和德国正在试制一种突破传统轮轨关系的磁浮式高速铁路系统，这种高速铁路突破了传统铁路运输方式，将列车跨坐在铁轨上，再利用磁力将列车略微撑起1～10cm，利用线性马达驱动列车。因此，不需要与地面接触，列车行驶起来不但噪声小，而且可轻易地将时速提高到500km以上。

【拓展视频】

中国高速铁路，常被简称为"中国高铁"。高速铁路作为现代社会的一种新的运输方式，中国的高铁速度代表了目前世界的高铁速度。中国是世界上高速铁路发展最快、系统技术最全、集成能力最强、运营里程最长、运营速度最高、在建规模最大的国家。在运行速度上，目前最高时速可达350km，正在建设的京沪高速铁路最高时速将达到380km，堪称陆地飞行；在运输能力上，一个长编组的列车可以运送1 000多人，每隔3min就可以开出一趟列车，运力强大；在适应自然环境上，高速列车可以全天候运行，基本不受雨雪雾的影响；在列车开行上，采取"公交化"的模式，旅客可以随到随走；在节能环保上，高速铁路是绿色交通工具，非常适应节能减排的要求。2016年，全国铁路投产新线3 281km，其中客运专线2 319公里。一批重点项目建成投产，宁波—台州—温州、温州—福州、福州—厦门等客运专线相继建成通车，特别是世界上里程最长、时速 350km、全长 1 068.6km 的武广高速铁路开通运营，成为中国高铁的又一里程碑。

4.1.2 铁路运输的含义

铁路运输是指利用机车、车辆等技术设备沿铺设轨道运行的运输方式。

铁路运输按轨距(两条平行钢轨内侧的距离)的不同，可分为窄轨距、标准轨距和宽轨距 3 种类型。轨距分别为小于 1 435mm、等于 1 435mm 和大于 1 435mm。

铁路运输按列车重量不同大致分为两种类型。一种是长、大、重型，以俄罗斯和美国为代表的幅员广阔的国家多采用这种列车，我国铁路也属于此类；另一种是短、小、轻型，西欧和日本这样的幅员狭小的国家和地区多采用这种列车。

按列车的支持和驱动方式不同，铁路运输可分为普通铁路运输和悬浮式铁路运输。

4.1.3 铁路运输的特点及其使用范围

1. 铁路运输的优点

(1) 牵引力大，输送能力强。铁路运输采用大功率机车牵引列车运行，不同类型的机车的最大牵引重量分别可达几千吨甚至上万吨，可以承担长距离、大运输量的运输任务。

(2) 运行速度快。作为陆上运输方式，列车运行速度快，平均车速在 5 种基本运输方式中排在第二位，仅次于航空运输。从 2004 年 4 月 18 日零时起，我国铁路实施第五次大面积提速，京沪、京广、京哈等干线铁路提速区段列车最高时速可以达到 160km，2005 年实施第六次大面积提速，部分提速干线列车时速可达 200km，相当于发达国家既有线路提速的目标值。中国已投入运营的高速铁路平均时速更是超过 300km。

(3) 运输成本低。一般来讲，铁路运输成本比河运和海运成本高一些，但比公路运输与航空运输低得多。我国铁路运输成本分别为公路汽车运输和航空运输的 1/20 和 1/128，在美国则相应为 1/7 和 1/18，而且由于列车运行阻力小、能源消耗量低，故系统价格低廉。

(4) 环境污染小。工业发达国家的社会及经济与自然环境之间的平衡受到了严重破坏，运输业对此起了很大的作用。铁路运输对环境和生态的影响与公路汽车和飞机相比较，铁路的污染性较低，特别是电气化铁路影响更小。在噪声方面，铁路所带来的噪音污染，不仅比公路要低，而且是间断性的，而城市道路则是持续性的高噪声污染。在空气尘埃污染方面，铁路也比公路要小。

(5) 适应性强。依靠现代科学技术，铁路几乎可以在任何需要的地方修建，可以全年全天候运营，受地理和气候条件的限制很少，具有较高的连续性和可靠性。可货运可客运，可以运送几乎所有的不同性质的货物，通用性很强。

(6) 行驶具有自动控制性。铁路运输由于具有专用路权，而且在列车行驶上具有高度导向性，因此可以采用列车自动控制方式控制列车运行，以期达到车辆自动驾驶的目的。目前最先进的列车已经可以通过高科技电脑的控制，使列车的运行达到全面自动化，甚至无人驾驶的地步，从而可以大大提高运输安全，减轻司机劳动强度。

(7) 有效使用土地。铁路运输是以列车为基本运输单元，故可以在有限的土地上进行大量的运输。因此，与公路相比可以节省大量的土地，使土地资源达到最有效的利用。

2. 铁路运输的缺点

(1) 资本密集、固定资产庞大和需要大量的资金和金属。铁路的投资大都属于固定设备的沉没成本，难以移作他用，故其固定资产比例，较其他运输事业高出许多。此外，据统计，目前我国每修建 1km 铁路，需要投资 400 万元以上，消耗 120～150t 重的钢轨、零部件等金属。因此，原始投资较大，建设周期较长。

(2) 始发与终到作业时间长和短途运输平均成本高。铁路按列车组织运行，在运输过程中需要有列车的编组、解体和中转改编等作业环节，占用时间较长，因而增加了货物的在途时间。因为在单位运输成本中，始发和终到作业所占的比重，与运输距离成反比，所以 50km 以下的短途运输成本，铁路运输要比公路汽车运输高。

(3) 货损较高。铁路列车因行驶时的振动或货物装卸不当，容易造成所承载货物的损坏，并且由于运输过程需经多次中转，因而常常容易导致货物遗失。根据统计，美国铁路运输的货损比例高达 3%，远远高于公路运送所产生的比例，这使得货主不敢将价值高的货物送交铁路承运。

(4) 营运缺乏弹性。公路运输一般可以随货源或客源所在地而变更营运路线，而铁路则不行，故容易产生空车回送现象，从而造成营运成本的增加。

(5) 设备庞大不易维修，且战时容易遭受破坏。铁路的运输过程必须依赖所有设施协同配合。由于整个运输体系十分庞大，不易达到完善的维修，加上近年来传统铁路收入不佳，更使得铁路的维修情形每况愈下。此外，从历史中还可以发现，每次战争爆发，由于铁路设施具有国防价值，而且目标明显，总容易遭受严重破坏。

3. 铁路运输的适用范围

通过上述铁路优缺点的分析，可以引申铁路运输的一般适用范围。在国土辽阔的大陆国家，铁路比其他方式更具有吸引力，高速铁路在国土面积小的国家，也有较强的优势。从货物品种来说，大宗货物如煤炭、粮食、矿石、建材等比较适合于铁路运输。铁路也适合中、长距离的一般货物运输。在石油等能源比较缺乏的地区，铁路运输是一种比较好的方式。由于铁路运输的基建投资比较大，一般全年货运量达到 100 万吨时，修建铁路才具有经济意义。

另外，发展中国家的铁路运输适用范围比工业发达国家铁路适用范围可能更为宽广，在研究和评估铁路适用范围时，一定要结合本地区的实际情况来进行，而不能拘泥铁路的一般性质。

4.1.4 铁路运输的发展趋势

1. 国有铁路公司化

国有铁路公司化主要有两种形式：一是全部路网及设备由一家公司统一管理，通常该公司又依业务性质再划分成若干个分公司，如意大利和德国；二是基础设施与运营管理分开，即基础设施由政府投资，而运营业务摆脱政府干预，实行公司化管理。瑞典就是这种模式。

2. 国有铁路民营化

国有铁路民营化大致有两种形式。

1) 国有铁路采取民营公司的方式经营

这种形式又可以分为以下两类。

(1) 全部路网及设施民营化。这种方式是将全国路网和设施按区域或业务性质分割，然后成立各铁路股份公司，并向社会公开发售股票，推进民营化管理。

(2) 局部路网或设施采取民营化方式经营，即把那些过去由政府承担的业务(如设备维修、餐饮供应等)以合同形式承包交由民间企业经营。如土耳其铁路企业中的局部业务民营化的改革，把港口铁路、机车车辆、一些线路的养护业务交给民营公司办理；英国铁路将机车车辆工厂和一些车站、旅馆等转给了民间企业经营。

2) 国有铁路私有化

国有铁路私有化也可以分为以下两类。

(1) 将铁路的产权全部卖给民间财团，如新西兰在1993年以2.2亿美元的价格将其境内铁路的产权卖给了美国威斯康星中央铁路财团。

(2) 转让部分铁路的产权，如阿根廷铁路。

国有铁路民营化和国有铁路公司化这两个方案几乎都涉及政府直接从经营者向监督者的转变，同时也需要在政府和民营企业之间签订合同，用契约关系确定下来。而且，这样的合同要确定资产所有权和其他权力，政府也需要有专门的程序(一般通过招标竞争方式)来确定由谁来接受专卖权或特许权合同。

3. 开展多种经营活动，扩大铁路经营范围

所谓铁路开展多种经营活动就是除了铁路的传统客货运输业务外，还进行房地产和铁路资产的开发及其他业务。多种经营是铁路业务的一部分，可以提高铁路的经济效益，是运输服务业的必要补充。法国铁路界人士认为，铁路运输服务应该也是"门到门"的服务，而不应仅停留在铁路线上。因此，他们大力开展了一些铁路传统业务以外的其他经营活动，如联合运输、货物的寄存和仓储、经营公园、快餐业等相关的设施和服务。

4. 铁路旅客运输重新受到各国政府的重视

铁路运输已有170多年的历史，具有很多优势，促进了现代经济的发展。而第二次世界大战后，一些国家把交通运输重点转向了公路和民航，同时也引发了一系列问题。如环境恶化、公路拥挤、汽车不能畅行、事故频繁、也不能满足运输的需求。所有这些，使得人们重新正视铁路运输的优越性，把发展交通运输再度转向了铁路。发展铁路运输重新受到了各国政府的重视。

5. 大力提高旅客列车速度已是共同的趋势

速度是交通运输，尤其是旅客运输最重要的技术指标，也是主要的质量指标。自从有了铁路以后，人们就致力于列车速度的提高，在发展高速铁路技术的同时，各个国家都在大幅度地提高车速。早在1987年，就有15个国家的特、直快列车的旅行速度达到或超过了120km/h。在欧洲大陆，非高速线上特、直快列车的运营速度达到了160km/h。法、德、英等国个别线路可达200～225km/h，日本的窄轨铁路列车速度已普遍达到130km/h，最高可达到200km/h。我国在20世纪90年代就在广深铁路上开行160km/h的旅客列车，并运用摆式可倾斜动车组开行时速达200km/h的新时速列车。其他一些发展中国家(如印度)也

在致力于列车速度的提高。由此可见，提高旅客列车速度是当前各国铁路旅客运输发展的一大趋势。

6. 发展高速铁路已成为世界潮流

为适应旅客运输高速化的需要，在世界范围内掀起了修建高速铁路的浪潮。短短几十年，世界已有日、法、英、德等国家新建和改建的高速铁路达1 000km以上，最高时速已由210km提高到了300km，21世纪初达到350km。高速铁路是铁路现代化的重要标志，也是改善铁路旅客运输服务质量的新的契机。

7. 重载货物运输

铁路重载技术创始于20世纪20年代的美国，后来被世界上越来越多的国家广泛重视。多年来，一些国家依靠科技进步，更新和研究采用先进的技术设备和应用整体优化的理念，进行重载运输系统的系统设计，使重载铁路技术装备总体水平和运输效率有了极大的提高。

实践证明，重载运输是扩大运输能力、提高运输效率、加快货物输送和降低运输成本的有效方法。

重载列车(牵引重量≥5 000t/列)所能达到的重量，在一定程度上反映了一个国家铁路重载运输技术综合发展的水平。目前，不同国家之间在列车重量标准上存在较大的差异，基本上都是根据各自的铁路机车车辆特性、线路条件和运输实际需要确定列车重量标准。

8. 新型大功率机车

为适应重载列车重量大和列车编组长的特点，世界各国都在积极研究采用新型大功率机车，增加轮周牵引力；装设机车多机同步牵引遥控和通信联络操纵系统；车辆提高轴重，减轻自重，采用刚性结构，增加载重量；装设性能可靠的制动装置以及高强度车钩和大容量缓冲器等。

9. 先进的信息控制技术和指挥系统

研制和采用先进的信息控制技术和通信信号设备；在运营中实现管理自动化，货物装卸机械化和行车调度指挥自动化等。同时，对技术站、装车站和卸车站进行与之配套的自动化设备改造。

除此之外，在改造既有线路或修建重载专线中采用新型轨道基础，铺设重型钢轨无缝线路，强化线路结构和提高承载能力。对车站站场线路轨道进行相应的改造和延长。选用先进的通信信号设备，在运营中实现管理自动化，货物装卸机械化和行车调度指挥自动化等。

案例4-1

连云港火车站改造进入第二阶段

提高连云港火车站运行能力，完善沿海铁路网建设，连日来，中铁十一局连盐铁路项目部二分部结合连盐铁路建设，对连云港站进行改造。改建后新设到发线12条，设基本站台1座，中间站台3座；设旅客地道各1座，行包地道1座。同时，将连镇线引入连云港站，另在12道外侧新增2股道及一座旅客站台，同时延伸地道及天桥至增建站台位置。连云港站西端新增反向发车线，上跨陇海线、连盐右线与连盐左线相连。新建行包地道和旅客地道之间新增南北通道。

目前，改造已进入第二阶段，将提供新建线路预铺位置及附属工程施工条件、行包、旅客地道及南北通道北侧接长施工条件、福利巷顶进工作条件及沈圩路架设便梁条件，确保拆除既有基本站台、完成新建四站台、基本站台及新建1道的铺设。本次改造完成后实现陇海正线1、2道及上行4道、下行7道4股道运行。

资料来源：中国江苏网. 连云港火车站改造进入第二阶段[EB/OL]. (2016-07-20).[2016-07-21].http://jsnews.jschina.com.cn/system/2016/07/20/029215690.shtml.

4.2 铁路运输系统的组成

4.2.1 铁路车站

铁路车站是铁路运输的基本生产单位，它集中了运输有关的各项技术设备，并参与整个运输过程的各个作业环节。

1. 铁路车站的分类

铁路车站按技术作业性质不同可分为中间站、区段站、编组站；按业务性质不同可分为客运站、货运站、客货运站；按等级不同可分为特等、一至五等站。

中间站是为提高铁路区段通过能力，保证行车安全和为沿线城乡及工农业生产服务而设的车站，其主要任务是办理列车会让、越行和客货运业务。主要设备有到发线、货物线、牵出线和旅客乘降设备等。

区段站多设在中等城市和铁路网上牵引区段的分界处，其主要任务是办理货物列车的中转作业，进行机车的更换或机车乘务组的换班以及解体、编组区段列车和摘挂列车。主要设备有到发线、调车线、牵出线、机务段、车辆段以及其他有关设备。

编组站是铁路网上办理大量货物列车解体和编组作业，并设有比较完善调车设备的车站，有列车工厂之称。主要设备有到发线(场)、调车线(场)、驼峰、牵出线以及机务段和车辆段等。

编组站和区段站统称技术站，但二者在车流性质、作业内容和设备布置上均有明显区别。区段站以办理无改编中转货物列车为主，仅解编少量的区段、摘挂列车；而编组站主要办理各类货物列车的解编作业，且多数是直达列车和直通列车，改编作业往往占全站作业量的60%以上，有的甚至高达90%。编组站主要是解编各类货物列车，组织和取送本地区车流，供应列车动力和整备检修机车，货车的日常技术保养4项任务。

车站内除了与区间直接连通的正线外，还有供接发列车使用的到发线、供解体和编组列车使用的调车线和牵出线、供货物装卸作业使用的货物线、为保证安全而设置的安全线、避难线以及进行其他作业的线路(如机车走行线、存车线、检修线等)，应该配置相应的客货运输设备。

2. 客运站布置图

客运站的布置图按线路配置的不同可分为通过式、尽头式和混合式3种。

1) 通过式客运站布置图

通过式客运站如图4.1和图4.2所示，其全部旅客列车到发线为贯通式，站房在正线一侧，高架候车室为跨线式，基本站台与中间站台用地道相连，客运站与整备所和机务段纵列布置。所谓正线是指直线通过车站区间而不分岔的线路就是正线。图4.1为整备所和机务段布置在正线一侧，图4.2为整备所和机务段布置在两正线之间。

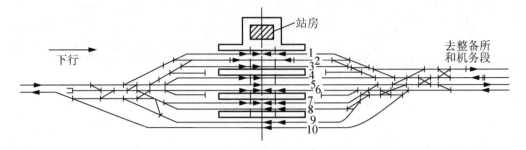

图4.1 通过式货运站布置图(整备所和机务段布置在正线一侧)

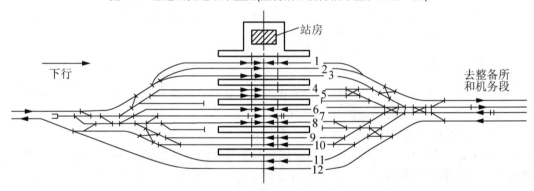

图4.2 通过式货运站布置图(两正线外包整备所和机务段)

通过式客运站的优点是车站有两个咽喉区，能分别办理接发车作业，减少旅客列车到发与车底取送和机车出入段之间的交叉干扰，通过能力较大，运营条件较好；通过式旅客列车到发线能接入和通过较多方向的列车，除折角列车外，不必变更列车运行方向，到发线使用机动灵活，互换性大；便于设计为跨线式高架候车室，便于组织旅客进出站，缩短旅客进出站走行距离；旅客进出站与行包搬运流线交叉干扰少。其缺点是对城市干扰较大，由于有两个咽喉区，站坪较尽头式长，占用城市用地要多。新建客运站应按通过式图形设计。

2) 尽头式客运站布置图

尽头式客运站如图4.3所示，其全部旅客列车到发线为尽头式，站房设在到发线一端或一侧，中间站台用分配站台相连接，机务段和整备所与客运站纵列布置。

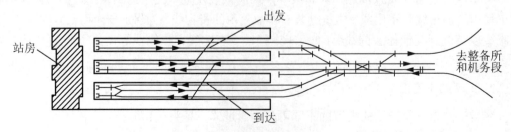

图4.3 尽头式客运站布置图

尽头式客运站的优点是车站容易伸入市区中心，旅客出行乘车方便，可缩短出行时间，与城市道路交叉干扰较少；站坪较短，占地少；旅客出入站可不必跨越线路。它的缺点较多，主要有：车站作业集中在一端咽喉区进行，进路交叉干扰大，车站通过能力小；对通过列车的换挂机车和变更运行方向等作业均不方便；列车进站速度低，占用咽喉时间长；旅客进、出站和行包搬运都要经过靠近站房一端的分配站台，人流与行包流互相交叉；旅客进、出站走行距离长。因此，新建客运站一般不采用尽头式客运站。只有在以始发、终到旅客列车为主的客运站，当采用通过式客运站将引起巨大工程或当地条件不允许时，方可采用。

3) 混合式客运站布置图

混合式客运站布置图的特点是一部分线路为贯通式，另一部分线路为尽头式，如图 4.4 所示。贯通式线路供接发长途旅客列车用，尽头式线路供接发市郊旅客列车用。

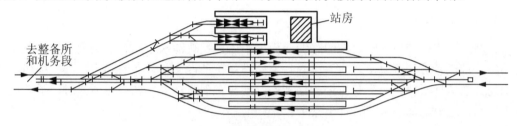

图 4.4　混合式客运站布置图

混合式客运站布置图的优点是当车站衔接的某一方向市郊列车较多时，设置部分有效长度较短的尽头式线路，可节省投资和用地；市郊旅客与长途旅客进、出站流线互不干扰。其缺点是到发线互换性差，使用不灵活；在市郊旅客列车进、出站咽喉区时，市郊与长途旅客列车产生到、发交叉；当二者共用整备所时，又产生市郊车底取送与长途旅客列车的到达交叉。因此，仅在改、扩建既有客运站且有充分依据时，方可采用混合式客运站布置图。

在混合式客运站上，为了方便地接发市郊列车，尽头式线路应设在市郊列车到、发较多端，并与客车整备所有便捷的通路。

4.2.2　铁路线路与信号

1. 线路

合适的铁路线路，不仅在施工期间可以节省工程费用，而且投入运营后，更可以发挥最大营运效益，减少营运费用以增加收益，达到服务于社会及繁荣经济的目的。因此，要兴建一条铁路，选择路线的工作尤为重要。一般来说，选线时若仅就地形与工程方面考虑而言，必须注意路程最近、路线平直、坡度平坦和工程最易的 4 项原则。

2. 钢轨与轨枕

列车通过车轮与钢轨的摩擦得以前进、减速并制动停车。所以钢轨是铁路设施中列车行驶的基础设施，它的材料质量对于行车安全而言非常重要。根据传统铁路的行车经验来看，单位长度越重的钢轨越能承受车轮的重压，适合高运量列车行驶。一般钢轨的分类用单位长度重量来表示，即每米的千克数(kg/m)表示。由此可分为下列 3 个等级：即轻型钢轨，重量为 31~40kg，适用于运量较小的支线；中型钢轨，重量为 45~57.5kg，适用于普通路线；重型钢轨，重量为 50~69kg，适用于大运量的干线。

两条平行钢轨之间的内侧距离称为轨距，可分为宽轨、标准轨、窄轨 3 类。标准轨宽为 1.435m，凡轨宽大于此数者属宽轨，小于此数者为窄轨，例如，我国铁路主要采用标准轨距；而中国台湾地区铁路在 2007 年前是窄轨铁路，轨距为 1.067m，从 2007 年之后改为标准轨；俄罗斯、芬兰、爱沙尼亚等国家则使用 1.52m 的宽轨系统，至于目前各国最现代化的高速铁路则都属标准轨。

轨枕是铺设于钢轨下面的坚固耐用物体，可以使两钢轨之间得以保持一定的轨距，以确保行车安全，并承受列车行驶所产生的压力。所以一般而言，轨枕必须具有良好的弹性以减少列车行驶所产生的剧烈振动，并增加旅客乘坐的舒适性。目前铁路运输系统上所使用的轨枕，根据材质的不同，分为木枕、钢枕及混凝土轨枕 3 种。

3. 路基与道碴

路基是指用以铺设铁轨设施的路面，而为了适合铁轨铺设，原有的路面高者必须挖掘成路堑，过低者必须填筑使之成为路堤。道碴则是指铺设于路基上的碎石，其主要作用在于均匀分散轨枕所传来的列车压力，使其均匀地分布于路基上。如果遇雨天时，道碴更可利于排水，避免轨枕积水妨碍行车安全。

【拓展视频】

4. 道岔

行驶中的列车如果欲驶向其他路线，必须在不同路线的钢轨会合处装上特殊的装置，用以引导车轮进入他轨，这项装置即为道岔。通常铁路列车经过道岔时，需降低行车速度，因此可能造成旅行时间的延误。

5. 信号

铁路运输中列车必须遵守信号的命令行驶，以确保行车安全。铁路信号是用特定的物体(包括灯)的颜色、形状、位置，或用仪表和音响设备等向铁路行车人员传达有关机车车辆运行条件、行车设备状态以及行车的指示和命令等信息。其作用是保证机车车辆安全有序地行车与调车作业。

铁路信号按其作用不同可分为指挥列车运行的行车信号和指挥调车作业的调车信号；按信号设置的处所不同可分为车站信号、区间信号，以及行车指挥和列车运行自动化等；按信号显示制式不同可分为选路制信号和速差制信号；按结构不同可分为臂板信号、色灯信号、灯列信号(中国内地不采用)以及机车信号机。

铁路信号设备可分为三大类：一是信号机，其原始形式是手灯、手旗、明火、声笛等，现代信号机主要有进、出站信号机，通过信号机，进路信号机，驼峰信号机，驼峰辅助信号机，预告信号机，遮断信号机，调车信号机等，以及其他复示信号机等辅助性信号机；二是标志，主要有预告标、站界标、警冲标、鸣笛标、作业标、减速地点标及机车停止位置标等；三是表示器，其作用是补充说明信号的意义，主要有发车表示器、发车线路表示器、进路表示器、调车表示器、道岔表示器等。

信号显示以红、黄、绿为基本色，分别表示停止、注意或减速、按规定速度运行 3 种含义。此外还有白色和蓝色，分别表示准许和不准许越过该信号机调车。

4.2.3 铁路机车与车辆

1. 机车

铁路机车是列车的动力来源。因此,机车的台数与牵引力大小对列车的行驶速度与服务质量有直接的影响。理想的机车除了能够提供足够的动力之外,在维修保养方面也必须具有较好的方便性,才可以提高营运效率。目前,世界上较常用的机车有以下 4 种形式。

(1) 蒸汽机车:这是早期的铁路机车类型,它利用燃煤将水加热成水蒸气,再将水蒸气送入气缸,借以产生动力,来推动机车的车轮转动。它主要由锅炉、蒸汽机、车架走行部和煤水车四大部分组成。这类机车的主要优点是价格低廉而且维修容易;缺点则是牵引力不够大,热效率也很低(仅为 6%),而且会污染空气。此外,在重联牵引时还需要增加驾驶人员,从而导致费用增加。

(2) 内燃机车:是一种以内燃机产生动力,并通过传动装置驱动车轮的机车。按用于机车的内燃机种类不同可分为柴油机车和燃气轮机车。柴油机车使用最广泛。在中国,内燃机车这一概念习惯上指的是柴油机车。1911 年美国通用公司开始试验以内燃机作为铁路的动力来源,因而制造了世界上第一辆柴油机车。此后,内燃机车受到各国铁路业者的青睐而加以采用。内燃机车由柴油机、传动装置、辅助装置、车体走行部(包括车架、车体、转向架等)、制动装置和控制设备等组成。

(3) 电力机车:这类机车是利用机车上的受电弓将高压电流从轨道上空的接触电线网,直接输入至机车内的电动机,再将电流导入牵引马达,使之驱动机车车轮。

【拓展视频】

(4) 动车组:铁路列车除了以机车联挂客、货车牵引行驶之外,还可以将驾驶室及动车与客车结合在一起,这种车辆在铁路营运上称为动车组。动车组是按动力分布方式而命名的,其实就是动力分散式列车。动力组列车把动力装置分散安装在每节车厢上,使其既具有牵引动力,又可以载客,这样的客车车辆便叫动车。而动车组就是几节自带动力的车辆加几节不带动力的车辆编成一组,就是动车组。带动力的车辆叫动车,不带动力的车辆叫拖车。动车组最早只用于支线,后来扩大到地下铁道客运、城市市郊快速客运、大城市间特快客运。地下铁道和电气化铁路采用电力动车组;非电气化的铁路采用柴油动车组。大城市间特快客运速度接近或超过每小时 200km 的高速客运列车,需用电力动车组或用燃气轮动车组。

此外,目前世界上最新发展的机车形式有涡轮机车与磁悬浮列车,这两种机车都期望能达到牵引力大、速度快、污染低及节省能源的最佳性能。

2. 铁路车辆

铁路营运主要是为载客与货运。为了满足各种不同消费层次的旅客需求,需要配备各种不同等级的旅客客车;为了运送不同性质和类型的货物,也需要配备各种类型和功能不同的货车。

对于旅客列车,根据旅客旅行生活的需要和长、短途旅客的不同要求,常见的客车有硬座车(YZ)、软座车(RZ)、硬卧车(YW)、软卧车(RW)、餐车(CA)、行李车(XL)、邮政车(UZ)等。

对于货运列车，种类很多。主要有以下几种形式：棚车(P)，用来装运怕湿及贵重货物；敞车(C)，装运不怕湿的散装货物及一般机械设备；平车(N)，装运长大货物与集装箱；罐车(G)，装运液体、半液体或粉状货物；保温车(B)，又称冷藏车，是用来装运新鲜易腐货物的列车。

铁路车辆还可按轴数不同分为四轴车、六轴车和多轴车。货车通常还按载重不同分为50t、60t、75t 和 90t 等多种。铁路车辆由车体、车底架、走行部、车钩缓冲装置和制动装置 5 个基本部分组成。走行部分采用转向架结构，能相对于车底架自由转动，缩短了车辆的固定轴距，使车辆顺利通过曲线，从而提高车速和载重。由于车轮踏面为锥形，故能在轨道上以蛇形方式运行，以使踏面磨损均匀并能在通过曲线时使外侧车轮以较大半径滚动，减少轮轨间的滑动。

【拓展视频】

4.2.4 铁路列车自动控制系统

铁路运输系统开发出调度集中控制行车制度以后，铁路的行车方式在命令传达与信息显示上，已可以达到实时状态。但是，对于在铁路上运行的列车还缺乏直接控制的能力。因此，若司机在列车运行过程之中，因健康或气候等因素致使列车无法遵循调度命令行车时，仍将可能发生严重的行车事故。而铁路行车自动控制系统在列车运行过程中，可以即时制止违规现象，从而避免重大事故的发生。列车自动控制系统的发展经历了从列车自动报警及停车装置、列车速度自动控制装置和列车自动操纵装置到列车自动控制系统的发展过程。

(1) 列车自动报警及停车装置：列车自动报警及停车装置(ATW/ATS)已可以初步达到列车自动控制的目标，可以在列车冒进时，自动将列车制动装置启动，迫使列车停车。这一设施是在信号机前方 1 500~1 800m 处，装设一警告用感应器(W)，并于信号机前方 150m 处装设一停车感应器(S)，当信号机显示停车信号时，列车一经过 W 点时会自动发出声响，警告司机，司机必须在 4s 内按下按钮确认，否则列车将自动启动制动装置，迫使列车停车。若列车超过 S 点示停车，则列车也将自动制动停止前进，以确保列车按信号显示行车。

(2) 列车速度自动控制装置：这项装置最初使用于 1964 年日本新干线高速铁路上，它不仅可以控制列车冒进，而且还可以控制列车按照各行车区间的限制速度运行，如果司机超速，则该装置将强制列车自动减速至限制速度。

(3) 列车自动操纵装置：列车自动操纵装置(ATO)的目的在于实现列车运行的自动化，无论是调度员或行车人员都可以由 ATO 控制中心的计算机加以控制，人工只需处理紧急例外情况。

(4) 列车自动控制系统：列车自动控制系统(ATC)不同于 1964 年日本新干线所使用的列车速度自动控制装置，它是一种将列车运行过程全部加以整合，并采用自动控制方式实现列车运行的系统，是目前世界上最先进的列车运行控制系统。该系统由列车自动监督系统、列车自动防护系统和列车自动操纵系统 3 部分组成。

① 列车自动监督系统(ATS)：这一子系统的主要功能是协助控制中心的调度员，监督整个系统是否按列车运行图运行。一般而言，控制中心内均装设有一控制板，可以显示整个系统当前列车运行状况，当系统出现问题时，将自动提醒调度员注意，并自动修正。因此，这一系统与列车自动停车装置有所不同。

② 列车自动防护系统(ATP)：这一子系统的主要功能是监视轨道的状况及列车的运行速度，以保证列车在最安全的状况下运行，其次要功能是向列车司机提供必要的信息和警告信号，并保持适当的制动距离，以防止列车追尾碰撞或进入未经许可的区间。

③ 列车自动操纵系统(ATO)：这一子系统的最终目标是要实现列车在控制和运行上的完全自动化，不仅列车无需人员驾驶，而且调度上也全部可由控制中心统一完成，操作上完全实现自动化。因而，这一系统较之早期的 ATO 系统的功能更强。

由上述列车自动控制(ATC)系统的子系统可以看出，这一系统具备了以下 4 项功能：监督，即由调度员从显示板来监督列车运行；指挥，即调度员可透过 ATC 系统来指挥各连锁系统；执行(或操作)，即列车经由信号机、转辙器的现场及车上的操作，完成调度中心的行车命令；反馈，即当有任何问题时，可由司机立刻报告调度中心即时处理。

阅读材料 4-2

中国铁路总公司简介

> 中国铁路总公司成立于 2013 年 3 月 14 日，是由中央管理的国有独资企业，注册资金 10 360 亿元。中国铁路总公司以铁路客货运输服务为主业，实行多元化经营。负责铁路运输统一调度指挥，负责国家铁路客货运输经营管理，承担国家规定的公益性运输，保证关系国计民生的重点运输和特运、专运、抢险救灾运输等任务。负责拟订铁路投资建设计划，提出国家铁路网建设和筹资方案建议。负责建设项目前期工作，管理建设项目。负责国家铁路运输安全，承担铁路安全生产主体责任。
>
> 中国铁路总公司下辖以下企业。
>
> (1) 铁路局(公司)(18 个)：哈尔滨铁路局，沈阳铁路局，北京铁路局，太原铁路局，呼和浩特铁路局，郑州铁路局，武汉铁路局，西安铁路局，济南铁路局，上海铁路局，南昌铁路局，广州铁路(集团)公司，南宁铁路局，成都铁路局，昆明铁路局，兰州铁路局，乌鲁木齐铁路局，青藏铁路公司。
>
> (2) 专业运输公司(3 个)：中铁集装箱运输有限责任公司，中铁特货运输有限责任公司，中铁快运股份有限公司。
>
> (3) 其他企业(4 个)：中国铁路建设投资公司，中国铁路科学研究院，中国铁道出版社，人民铁道报社(铁道影视音像中心)。
>
> 资料来源：中国铁路总公司. 中国铁路总公司简介[EB/OL]. (2014-03-23).[2016-07-20].http://www.china-railway.com.cn/zgsgk/gsjj/200303/t20030323_41984.html.

4.3 铁路运输的组织

4.3.1 旅客运输组织

1. 旅客运输计划

铁路为了有计划、有组织、均衡地运送旅客，必须编制旅客运输计划。铁路旅客运输计划是铁路运输计划的主要内容之一，是整个国民经济计划的一个组成部分，它不仅是编制旅客列车运行图的基础，是旅客计划运输组织工作的前提，同时也是确定旅客列出对数和客运机车，车辆需要数的基础，也是确定客运设备、客运机车、车辆制造计划及客运运营支出计划的重要依据。

1) 旅客运输计划的分类

(1) 长远计划，一般为5年、10年或更长期的规划，是铁路客运的发展规划，主要规定旅客运输的发展方向、技术政策、旅客列车的速度、质量及有关的主要指标，通常根据国民经济计划的期间进行编制。

(2) 年度计划，依据长远计划，结合年度具体情况编制，是旅客运输的任务计划。它是确定旅客列车量和客运机车、车辆需求数以及客运设备改建、扩建的主要依据。

(3) 日常计划，根据年度计划任务，考虑假期、季节及日常波动情况而编制，是指导旅客日常运输的工作计划。在日常计划中，还根据各站提报的日计划，按照各次旅客列车的运输能力，对各站、各区段客流进行统一的平衡调整，以保证旅客运输计划任务的完成和旅客列车运送能力的充分利用。

2) 旅客运输计划的主要内容

编制铁路旅客运输计划主要包括以下内容。

(1) 旅客运输量(客运量)：一定时期内，车站为旅客始发和中转人数；铁路局为始发、接运到达和接入通过的旅客人数；中国铁路总公司为全路各站始发的全部旅客人数和由国际联运、新线、地方铁路接运的旅客人数。

(2) 旅客发送量：一定时期内，车站、铁路局或全路始发的旅客人数，分别按直通、管内、市郊计算，然后加总。

(3) 旅客周转量：一定时期内，车站、铁路局或全路所完成的旅客人公里数。

(4) 旅客平均行程：铁路运送的每一旅客的平均运输距离(km)。

3) 旅客运输计划的依据

(1) 客流调查与客运量预测资料。旅客按需要选用一定的运输方式，在一定时间和空间范围内发生的位移，形成客流。客流的主要组成要素是流量、流向和流程。

客流调查是编制旅客运输计划的基础。根据客流调查资料，可以掌握客运量的变化和发展情况。客流调查分为综合调查、节假日调查、日常调查3种形式，一般以日常调查为主。调查对象为居民或旅客。客流调查一般以车站为单位，在车站吸引范围内进行；铁路局主要是重点调查，汇总并分析各站上报的调查资料；全路范围内的调查，由铁路总公司统一发文部署。

客运量预测是指对客运量的发展进行动态分析，并在定性基础上进行定量计算，为编制旅客运输计划提供科学依据。客运量预测是编制铁路旅客运输年度计划、5年计划和长远规划的基础，也是铁路新线建设和旧线技术设备改造的重要依据。预测分近期预测、中期预测和长期预测3类。对客运量来说，5年以内的预测为近期预测，5~10年的预测可视为中期预测，10年以上者为长期预测。

预测方法有：直接计算法、乘车系数法、递增率法、指数平滑法、回归分析法等，可参考第2章。

(2) 旅客运输统计报告资料。旅客运输统计报告资料，是掌握旅客运输变化规律的重要资料。根据统计资料，可以分析历年来实际客流的流量、流向及其变化规律，可以查明旅客运输的季节性波动。通过分析各方向各次列车乘车人数的统计资料，可以确定各区段列车的利用情况。旅客运输统计报告资料主要包括旅客运输部门掌握的日常统计分析资料和由统计部门编制的客流统计资料。

4) 客流计划的编制

客流计划是旅客运输计划的重要组成部分，它既是年度客流资料的分区段汇总，又是客流的年度性预测。客流计划的编制工作在铁路总公司的集中统一领导下，根据客流资料，采取上下结合、集中编制的方法进行，分为绘制客流图和编制客流计划两大步骤。

(1) 绘制客流图。根据铁路客货运输统计规则和铁路总公司运输、统计部门的要求，由各局统计部门向客运部门提供客流月的直通、管内、市郊分区段的客流资料，按日均数绘制客流图。客流图直观地反映了各区段客流流向和流量变化情况。按客流性质不同，客流图分为直通、管内、市郊 3 种。

① 直通客流图是一个铁路局所属各直通客流区段产生的直通客流，外局产生的到达、通过该客流区段客流的图解表示。为了清楚地表示出各客流区段的客运密度，一般都按客流的分类编制客流斜表和绘制客流图。

② 管内客流图由一个铁路局各管内客流区段产生，在本铁路局管内各客流区段消失的客流图解表示。为使上述管内客流资料更为明显、清晰，绘制管内客流图时，要用不同颜色代表不同管内客流区段所产生的客流。管内客流区段由铁路局统一划定，一般小于或等于直通客流区段。管内区段客流包括同一客流区段始发、到达和通过的客流，区段内各站发送到其他区段及本区段的客流视为区段首站发送的客流；其他区段到达本区段内各站的客流，视为到达本区段尾站的客流；由一区段接入通过本区段到另一区段的客流为通过本区段的客流。同一区段内上述 3 部分客流总和即为管内区段客流密度。管内客流区段的客流密度计算方法，也适用于直通客流区段。

③ 市郊客流图是由大城市、大工矿企业周围各市郊客流区段产生并消失的客流图解表示。市郊客流图的编制方法与管内客流图的编制方法雷同，由于市郊客流行程较短，一般将每两站之间的距离作为一个客流区段，因而没有在区段内中途到发的客流。

各铁路局将直通客流密度、管内和市郊客流密度，汇总在区段客流密度图上。

(2) 编制客流计划。根据上述客流汇总资料，与过去几年同期实际资料相比，并预计可能的发展，推算计划期间客流的增长率，编制客流计划。按干、支线分区段汇总成客流计划表，并编制计划客流密度与现行运行图规定的旅客列车能力比较表，即可提供编制列车运行图所需的资料。

2. 旅客运输日常组织工作

旅客运输日常组织工作是旅客计划运输组织工作的重要组成部分。做好旅客运输日常组织工作，可以使每日之间，各次列车之间，各站发送客流量和旅客列车运能之间互相配合，达到均衡运输。旅客运输日常组织工作包括：车站旅客输送日计划、客运调度工作、车站客流信息传报工作、旅客运输的日常统计与分析、旅客运输各项指标的完成情况。

1) 旅客输送日计划

旅客输送日计划是车站根据旅客运输年度计划任务、票额分配计划并考虑客流变化情况而编制的旅客乘车组织计划，目的是严格掌握旅客列车的乘车人数并及时调整各站的票额数量。三等及其以上客流较大的车站，均须编制旅客输送日计划，以确定计划日各次列车的计划乘车人数，计划经铁路局客调批准后，各站即可依此组织发售车票和中转签证。

三等及其以上客流量较大的车站，应按定员编制标准配备客运计划员，在客运副站长(或客运主任)领导下，负责日常和节假日的计划与组织工作。

编制日计划的主要依据包括：各次旅客列车的票额分配计划；临时加开旅客列车及图定列车变更编组情况；近日来各次列车上车实际人数及其规律；中转换乘旅客签证的规律；节假日与平时客流的差异情况及其规律；未来天气变化情况和过去天气变化时对客流影响的规律；有无团体预约和到达本站的团体(对后者应调查其回程日期和拟乘车次)；各次列车预售客票数量和情况；其他因素对客流的影响。

旅客输送日计划内容包括：分线别(分方向别)的旅客列车车次；分线别的管内、直通区段；分车次、分区段的软、硬卧和软、硬座票额；分车次、分区段的软、硬卧和软、硬座预售、当日售、剩余数量、中转、乘车证人数；车辆的甩挂计划；分车次的计划硬座合计数；分车次、区段的硬座实际上车人数及合计数；分车次的硬座计划兑现率；全站硬座日计划兑现率；客运副站长(客运主任)审核签字；铁路局客调调整数；铁路局客调审批命令号；其他。

车站旅客输送日计划，按零点至24点编制，分市郊、管内、直通列车，分车次并按客流区段进行，时间以列车的开车时间为标准。车站的发送、中转及持铁路乘车证旅客都要统一纳入日计划。编制旅客输送日计划必须从全局出发，按照长短途列车合理分工的原则，注意运输能力的均衡使用，通过计划来指导、组织售票和其他服务工作。

对有硬座票额分配计划的列车，按固定票额分配计划、限售区段及有关调度命令执行；对无票额分配计划的列车，按平日上车规律数执行；同时考虑影响客流变化的各种因素。遇有长途客流发生变化时，车站应将变化数量及其流向上报铁路局客调，必要时提出加挂车辆或加开临客的请求。对软、硬卧铺和软座客流，各站应根据固定票额、限售区段及列车预报组织售票，无须在日计划中安排。

节假日日计划的编制方法与平时有些不同。节假日期间客流量大、波动性大、时间集中，且常为单方向客流，需请求增开临客和加挂车辆来弥补固定列车运输能力不足。

旅客运输日计划编制完毕后，经客运副站长(或客运主任)审查并签字(或盖章)后，报分局客调批准。对管内旅客列车，小站则由车务段平衡后上报铁路局客调。铁路局客调根据各大站的日计划、小站上车人数、各次列车旅客在管内下车规律数，算出各次列车在各客流区段内的客流密度，本着始发站照顾中间站、大站照顾小站的原则进行调整或采取加挂车辆、加开临客的措施解决。铁路局客调对日计划进行调整时，各次列车在铁路局管内各站计划数量之和，不得超过该次列车在本铁路局管内的固定票额；对外局始发的列车不得将自铁路局前方站的票额调整到后方站，以防列车严重超员或影响始发站对票额的套用。客调对日计划审批后，以调度命令下达。

各站接到铁路局客调批准的日计划后，即可将预售及团体预订票数量和中转签证的规律从调整后的计划人数中减去，就可得出本站次日可以发售的硬座票额，由计划人员下达给售票处所发售，并要认真做好票务的管理和交接。售票处所要严格按计划组织售票、不得超售。检票口要认真检票并做好上车人数统计工作。

为了考核日计划的编制质量和有关部门的执行情况，车站应对每一车次统计实际上车人数(分别软、硬座和软、硬卧)，并与旅客输送日计划对照，查明超员或欠员情况，并建立分析考核制度。

2) 客运调度工作

中国铁路总公司调度中心、铁路局调度所、各站段调度室三级客运调度，应在同级客运主管部门领导下，负责日常旅客计划运输的组织工作。在发布旅客列车的加开、停运、客车甩挂及软、硬卧票额临时调用命令时，需经同级客运主管部门领导的批准。

【拓展视频】

全路日常的客运工作必须由各级客运调度实行统一调度、集中指挥、下级服从上级。各级客运调度的基本任务是正确地编制和执行客运工作日常计划，有预见地组织客流，经济合理地使用客车和客运设备，组织客运各部门紧密配合，保质保量地完成旅客运输任务。其具体包括以下职责。

(1) 铁路总公司客运调度员。掌握全路客流和国际旅客列车及直通旅客列车的运行；组织各局有计划地、均衡地运送旅客；处理跨局旅客列车的加开、停运、折返、变更径路、客车甩挂及调用。

(2) 铁路局客运调度员。掌握团体旅客运输工作，按级监督组织旅客列车按运行图安全、正点运行；经济合理地运用客车，掌握旅客列车编组和车辆检修、整备情况，及时调整车组的配挂；检查掌握专运车辆和加开临时旅客列车及中转站的合理接续；掌握客流动态和行李、包裹运输的变化，及时提出增减车辆计划。

客运调度的日常工作包括以下内容。

(1) 铁路总公司经常分析各铁路局、主要站发送旅客人数的波动情况，并及时提出决策建议；经常检查各铁路局直通旅客、行李包裹的运送情况，掌握旅客列车编组临时调整及车辆调用；对节假日和大批旅客、行李包裹的运送，做到有计划地安排车辆和加开临时旅客列车。

(2) 铁路局按日、旬、月对局管内的发送旅客波动情况，做好分析、总结工作；向铁路总公司汇报跨局旅客列车利用情况，并提出解决建议；处理局管内旅客列车的停运、加开或增、减车辆，对停运、增开的旅客列车应向铁路总公司报告；对大批管内旅客的输送(包括节假日)应采取分批乘坐正常旅客列车，加开临时客车和增加车辆，套用客车底等办法。

(3) 站段督促检查各站做好计划运输工作。严格按固定票额或规律数售票，如客流发生变化，应根据管内各站硬座固定票额，对各站上报的日计划进行合理调整后，下达各站执行；对始发、终到时刻适宜、客流集中的列车应重点掌握；按日、旬、月对自站段管内发送旅客人数波动情况做好分析、总结工作，并报铁路局客调；掌握日常及节假日客流变化，制订旅客输送日计划，并进行登记和报告铁路局客调；掌握各次列车的区段密度、分界站报告，严格控制超员率，组织本站段管内旅客均衡运输。

4.3.2 铁路货运组织

1. 铁路运输的货物的种类

按货物的性质不同，铁路运输的货物可分为普通货物和特殊条件货物。

(1) 普通货物：是指在运输过程中，按一般运送条件办理的货物，如煤、矿石、粮谷、棉布等。

(2) 特殊条件货物：是指由于货物本身的性质，在运输过程中，需要采取特殊的运送措施才能保证货物完整和行车安全的，称为特殊条件货物。按照特殊条件货物的不同运送要求，又可再分为以下几类。

① 危险货物。易燃、易爆、有腐蚀性、有毒、有放射性及易分解放氧等的货物，在运输过程中可能引起人身伤亡或使货物发生损毁，均属危险货物。危险货物在运输过程中，要分别按其特性在包装、标志、承运、装卸、编组、挂运、防护和管理等方面采取妥善的安全措施。

② 鲜活货物。凡是在运输、保管过程中，需要采取冷藏或加温、供应饲料、饮水等特殊措施，以防腐坏变质或死亡的货物，称为鲜活货物。保证鲜活货物运输质量的关键，是根据鲜活货物的性质，认真执行其所要求的运送条件。

③ 超限货物。一件货物装车后，在直线上停留时，货物的高度和宽度有任何部位超出机车车辆限界或特定区段装载限界的，称为超限货物。对超限货物，要在车辆选择、装载方案制定、装车和挂运等方面采取妥善措施，确保运输安全。

④ 超长货物。一件货物的长度超过所装普通平车的长度，需要使用游车或跨装而不超限的，称为超长货物。无论使用游车或跨装，均需保证货物装载和加固的安全技术条件。

⑤ 集重货物。一件货物的重量，大于所装普通平车的负重面长度最大容许载重量的，称为集重货物。对集重货物，应在确定装载方案时，避免车底架受力过于集中，造成其工作应力超过设计的容许限度。

2. 铁路货物运输的方式

1) 按运输范围不同划分

(1) 管内运输。指在一个铁路局管辖范围内的运输。

(2) 直通运输。指跨及两个或两个以上铁路局的运输。

以上两种发生在铁路内部，包括相同轨距和不同轨距的铁路之间的货物运输。当货物的运程包括轨距不同的铁路区段时，在衔接地点必须进行换装并遵守有关的运输规定。

(3) 水陆联运。以一份货运票据，在水陆换装地点不需发(收)货人重新办理托运，由铁路和水路共同参加的运输。

(4) 公铁联运。以一份货运票据，在换装地点不需发(收)货人重新办理托运，由铁路和公路共同参加的运输。

水陆联运和公铁联运，统称为多式联运。多式联运是两种及其以上的运输方式参加，在运输计划、运送条件、换装作业、费用清算和事故理赔等方面，需要有各方均能适用的规章制度。

(5) 国际铁路货物联运。是指参加国际联运协定(或公约)的国家之间办理货物运输时，在国境站换装或车辆直通过轨运输时，不需发(收)货人参加或重新办理托运，免除了国境站重新填制运送票据和核收运费的手续，从而加速了货物送达，为发展国际贸易创造了有利条件。国际铁路货物联运，应按《国际铁路货物联运协定》《国际铁路货物联运协定办事细则》《国际货协统一运价规程》《国际旅客联运和国际货物联运车辆使用规则》《国际客协和国际货协清算规则》，以及"国境铁路协定"和"国境铁路会议议定书"的有关规定办理。

2) 按铁路技术装备条件和运输组织方式不同划分

按铁路技术装备条件和运输组织方式不同划分，现行铁路货物运输可分为整车运输、零担运输和集装箱货物运输。其中还包括快运、整列行包快运，但现在开展的范围不大。一批货物的重量、体积或形状需要以一辆及以上货车装运的，应按整车托运办理；不够整车运输条件的,可按零担运输办理;符合集装箱运输条件的可按集装箱运输办理。

(1) 整车运输的条件。一批货物的重量、体积或形状需要以一辆以上货车运输的,应按整车托运。需要冷藏、保温或加温运输的货物;规定限按整车办理的危险货物;易于污染其他货物的污秽品(例如未经过消毒处理或未使用密封不漏包装的牲骨、湿毛皮、粪便、炭黑等);蜜蜂;不易计算件数的货物;未装容器的活动物(铁路局规定的管内可按零担运输的除外);到站无起重能力,而一件货物重量超过 2t,体积超过 $3m^3$ 或长度超过 9m 的货物都必须按整车办理。

(2) 办理零担运输的条件。按照货物重量、体积和形状,不需要以一辆单独货车运送,而其允许与其他货物配装的货物,可按零担办理;零担货物一般体积不得小于 $0.02m^3$;但一件重量在 10kg 以上时,则不受此最小体积限制;为便于装卸作业中堆码、交接和配装,一批零担货物的件数不得超过 300 件。

不得按零担运输办理的货物包括:需要冷藏、加温运输的货物;规定限按整车办理的货物;易于污染其他货物的污秽物;密蜂;不易计算件数的货物;未装入容器的活动物;一件重量超过 2t、体积超过 $3m^3$ 或长度超过 9m 的货物。

(3) 办理集装箱运输的条件。集装箱是运输货物的一种大容器,是一种综合性的运输工具,根据国家标准化组织的建议,凡具有下列条件的货物运输容器,都可称为集装箱。其优点在于:能长期反复使用,具有足够的强度;各种运输方式联运或中途中转时,中途不需进行倒装;可以进行机械装卸,并可从一种运输形式比较方便地直接换装到另一种运输方式(如从铁路运输转为公路或海运、河运);便于货物的装卸作业和充分利用容积;内部几何容积在 $1m^3$ 以上。

办理集装箱运输的条件包括:每批必须是同一箱型,适用不同箱型的货物不得按一批托运;每批至少一箱,最多不得超过铁路一辆货车所能装运的箱数;承运人按箱计费和负责运输,一般不负责查点箱内货物。

3. 铁路货物运输业务流程

铁路货物运输物流业务流程由货物发送作业、货物运输途中作业、货物到达作业 3 部分组成。

1) 货物发送作业

货物发送作业包括托运人向作为承运人的发送站申报运输要求、提交货物运单、进货、缴费,与发站共同完成承运手续;发站受理托运人的运输要求,审查货物运单、验收货物及其运输包装、计量、计费,与托运人共同完成承运手续。承运顺序因运输种类不同而异:整车货物是先装车后承运,零担和集装箱货物则是先承运后装车。

托运货物包括以下有关手续和程序。

(1) 整车运输。
① 托运人向发站提交货物运输服务订单和货物运单。
② 按车站指定的进货日期将托运的货物搬入车站接受验收。
③ 待车站组织装车后,交纳铁路运输费用,即办完托运手续。

(2) 零担运输。
① 托运人向发站提交货物运单。
② 按车站指定的进货日期将托运的货物搬入车站接受验收。

③ 待车站验收完毕，交纳铁路运输费用，即办完托运手续。
(3) 集装箱运输。
① 托运人向发站提交货物运单。
② 到车站拉运空箱并组织装箱，按车站指定日期将重箱搬入车站接受验收。
③ 待车站验收完毕，交纳铁路运输费用，即办完托运手续。
2) 货物运输途中作业

货物运输途中作业包括重车运行及途中的货物常规交接与检查、特殊作业及异常情况处理。

常规交接与检查是指货物运输途中车站人员同列车服务人员相互在局规定地点和时间内办理的火车或货物的交接检查工作；特殊作业一般包括：零担货物在中转站的作业，整车分卸货物在分卸站的作业，加冰冷藏车在冰所的加冰作业，托运人或收货人提出的货物运输变更的办理等业务；异常情况的处理是指货车继续运行或货物继续运送有碍运输安全或货物完整时必须作出的处理，例如，货物装载偏重、超载或货物装载移位须进行换装或整理，对运输阻碍的处理等。

3) 货物到达作业

货物到达作业包括到站作为承运人向收货人发出货物催领通知，接收到货查询、收费、收单、交货，与收货人共同完成交货手续；收货人向作为承运人的到站查询、缴费、交单、领货，与到站承运人共同完成交付手续。

由铁路组织卸车，到站在向收货人办理交接手续、交付货物后，即算交付完毕；发站由托运人组织装车，到站由收货人组织卸车的货物，到站在货车交接地点交接完毕，即算交付完毕。

领取货物包括以下有关手续和程序。

(1) 收货人凭"领货凭证"到车站办理领货手续，个人货物须同时出示身份证；单位货物须同时出示该单位所领货物和领货人姓名的证明文件及领货人本人身份证。如"领货凭证"未到或丢失时，可凭有经济担保能力的企业出具担保书领货。

(2) 按规定交纳装卸等有关费用。

(3) 接收、清点车站交付的货物，接收完毕即为车站办完交付手续。

4. 铁路货物运输管理

铁路货物运输管理一般包括：铁路货物运输合同管理、货运单证管理、铁路货物运输计划的管理和铁路货运车(货)流管理。

1) 铁路货物运输合同管理

铁路货物的组织管理过程是按照合同的约定进行的，因此有必要熟悉铁路运输合同的主要内容和相关规定。

铁路货运合同是由铁路运输部门与托运人之间签订的运输合同，它明确了铁路与收、发货人之间的权利、责任、经济责任关系，合同的当事人是托运人、铁路运输部门和收货人。铁路货物运输合同一般有预约合同和承运合同两种形式。

(1) 预约合同——铁路运输服务订单。铁路货物运输服务订单在铁路运输企业办理货物运输和运输服务时使用，是铁路货物运输合同的组成部分，分为整车货物运输和零担、集装箱、班列运输两种。铁路货物运输服务订单具有运输服务项目选择、报价和运力安排的功能。铁路货运延伸服务订单在铁路内外从事铁路货物运输延伸服务的经营者办理货物运输延伸服务时使用。

① 订单提报。托运人应于每月19日前向铁路提报次月集中审定的订单,与铁路联网的托运人可以采用网上提报方式,方便快捷。

② 订单审定。订单审定根据货运量的大小、时间要求等可分为集中审定、随时审定、立即审定。集中审定是指为编制次月的月计划,对每月19日前提报的次月订单进行审定;随时审定是指对未列入预编计划的订单进行受理时随时审定;立即审定是指对抢险救灾必须迅速送达的物资审定的方式。

铁路货物运输服务订单和铁路货运延伸服务订单由中国铁路总公司管理。中国铁路总公司负责国际联运的水陆联运和到港货物以及国家指定的重点货物订单的审定,其他货物由各铁路局审定,审定后应及时将审定结果传递给指定网点,指定联网点负责及时通知未联网的装车站,装车站负责及时通知托运人准备交货。审定后的订单当月有效,不准变更。另外,因铁路部门原因造成的未能按时装车的订单,应给予预先安排。

托运人按要求填写订单并提报或通过网络提报,一旦被审定并通知,预约合同即告成立,合同当事人必须履行合同规定的义务和责任,见表4-1。

表4-1 铁路货物运输服务订单(整车)样本

_____年_____月

提表时间:___年___月___日 要求运输时间:___日至___日 受理号码:___	发站 发站单位盖章	名称:___ 代号___ 省/部名称___ 代号___ 发货单位名称___ 代号___ 地址___ 电话___

| 顺序号 | 到局_代号 | | | 收货单位 | | | 货物 | | | 车种代号 | 车数 | 特征代号 | 换装港 | 终到港 | 报价(元/t或元/车) | 备注 |
	到站	到站电报代号	专用线名称	省/部名称	代号	名称	代号	品名名称	代码	吨位							

托运人自愿选择的服务项目(由托运人填写,需要的项目打√)		
□1.发送综合服务　　　　□5.清运、处理垃圾 □2.保价运输　　　　　　□6.代购、代加工装载加固材料 □3.仓储保管　　　　　　□7.代对货物运行包装 □4.篷布服务　　　　　　□8.代办一关三检手续	说明或其他 要求事项 □保价运输	承运人签章 ___年__月__日

说明:①涉及承运人与托运人、收货人的责任和权利,按铁路货物运输规定办理。

②实施货物运输,托运人还应递交货物运单,承运人应按照报价校收费用,装卸等需发生后研究确定的费用,应先列出费目,金额按实际发生数校收。

③用户发现有超出国家发改委、中国铁路总公司、省级物价部门公告的铁路货运价格和收费项目标准收费行为和强制服务、强行收费的行为,有权举报。

④举报电话××××　物价部门电话××××　铁道部门电话××××。

(2) 承运合同——货物运单。承运合同以"货物运单"(表 4-2)作为合同书。托运人按要求填写运单提交给承运人，经承运人审核同意后承运合同即告成立，从承运人接受货物(车)后，对货物的不完整(除免责范围外)负责赔偿责任。货物运单是托运人与承运人之间签订的一种货运合同的组成部分，因此，运单既是确定托运人、承运人、收货人之间在运输过程中的权利、义务和责任的原始数据，又是托运人向承运人托运货物的申请书、承运人承运货物和核收运费、填制货票以及编制记录和理赔的依据。

表 4-2　××铁路局货物运单样本

货物指定于_____月_____日搬入
货位：_____
计划号码：_____
运到期限：_____日　　　　　　　　　　　　　　　　　　货票第_____号

托运方填写				承运方填写		领货凭证		
发站局		到站局		车种车号	货车标重	车种及车号		
站所属省(市)自治局				施封号码		车票第____号		
托运方	名称			经由	铁路货车篷布号	运到期限____日		
	住址		电话					
收货人	名称			运价里程	集装箱号码	发站		
	住址		电话			到站		
						托运方		
货物名称	件数	包装	货物价格	托运方确定质量	承运方确定质量	计费质量	运价号	运价率	运费	货物名称	件数	质量
											托运方盖章	
										发站承运日期戳	
托运方记载事项		保险		承运方记载事项				
托运方盖章 ___年_月_日		到站交付日期戳		承运方/托运方装车 承运方/托运方施封				

注：本单不作为收款凭证托运方签约须知见背面。

领货凭证(背面) 收货人领货须知	货物运单(背面) 托运方须知
1. 收货人收到托运方的领货凭证后,应及时向到站联系领取货物 2. 收货人领取货物已超过暂存期限时,应按照规定支付货物暂存费 3. 收货人在到站领取货物,如遇到货物未到时,应要求到站在本证后面加盖到站货物日期戳证明货物未到	1. 托运方持本货运单向铁路托运货物,证明并确认愿意遵守铁路货物的有关规定 2. 货物运单所记载的货物名称、质量与货物的实际相符,托运方对其真实性负责 3. 货物的内容、品质和价值是托运方提供的,承运方在接受和承运货物时并未全部核对 4. 托运方应及时将领货凭证寄交收货人,凭此联系到站领取货物

(3) 货物运到期限。铁路货物运到期限是铁路运输合同的重要内容，是对铁路运输企业的要求和约束，也是对托运人、收货人合法权益的保护。铁路货物运到期限是根据铁路现有技术条件确定的，铁路应尽量缩短货物的运到期限，对因铁路责任超过运到期限的要负违约责任，收货人则无论货物提前或逾期到达，均应及时领取货物。

我国铁路货物运到期限由货物发送时间、货物运输期间和特殊作业时间3部分组成。现行规定如下。

① 货物发送时间为1日。

② 货物运输期间：运价里程每250km或未满250km为1日；按快运办理的整车货物，运价里程每250km或未满250km为1日。

③ 特殊作业时间：需要途中加冰的货物，每加一次冰，另加1日；运价里程超过250km的零担货物和1t型、5t型集装箱货物，另加2日，超过1 000km的加3日；笨重零担货物和危险零担货物另加2日；整车分卸货物，每增加一个分卸站，另加1日；轨距不同的整车货物运输，因需要在接轨站换装而另加1日。

货物实际到达日数，从货物承运次日起算，在到站由铁路组织卸车的，至卸车完毕终止；在到站由收货人组织卸车的，至火车调到卸车地点或交接地点时终止。货物运到期限的最起码时间是3日。

在货物运输过程中，由于不可抗力、托运人或收货人责任，以及非铁路责任原因造成的货物途中滞留时间，应从实际运到时间中扣除。

2) 货运单证管理

货运单证是铁路货物运输中适用的各种单据和票证，铁路货物运输一般涉及以下几种单证。

(1) 铁路货物服务单证。根据货运形式的不同，一般有整车运输、零担集装箱运输、货运"五定"班列3种不同格式。例如表4-1就是整车服务订单的样本。

(2) 货物运单。货物运单随货通行，在运输途中作为交接检查的凭证，到站后随同货物交付给收货人。例如表4-2就是货运单样本。

(3) 货票。货票具有存根、收据、运输凭证等多种用途，一般是一式四联，其用途分别是：发站存查、报局审核清算、托运人报销及连同运单随货同行供到站存查之用。其中丙联为承运人及收款凭证，丁联为运输凭证。

(4) 领货凭证。领货凭证是发货人在支付运费后同承运人换取的在到站领取货物是必须出具的凭证之一。对整车货物装车后，发货人须向货运室交付运杂费，换取领货凭证和承运证。收货人领取货物时必须出具领货凭证，除此之外，由于铁路货物是记名式运单，承运人应向托运人指示的收货人交货，因此，领货人还要出具能够证明其身份的证明文件，如身份证、盖有企业公章的证明文件等。

(5) 运杂费收据。运杂费收据是一种收费凭证，对于不能在货票上核收的费用(如到站发生费用、临时发生费用等)均适用于此项收据核收。

3) 铁路货物运输计划的管理

铁路货物运输计划是指根据国家发展计划，调查研究和科学预测，确定铁路近远期战略，安排各部门、各环节发展，作好货物运输需要和资源综合平衡，合理分配人和物、财力，以求达到最大社会效益。

(1) 铁路货物运输计划的分类。

① 长远计划(根据国民经济的远景目标，每5年或10年)。

② 年度计划：确定年度发送量、流向、平均运程、周转量、货运密度，制订机车车辆运用计划、列车编组计划、运行图。

③ 月度货物运输计划：是年度计划在计划月的具体安排。但是需要指出的是，月度货物运输计划并不是年计划的月平均数。月度计划主要以托运人与铁路签订的运输合同为基础，并结合自身资源约束，所作出的一种综合的平衡。

月度货物运输计划是联系铁路与市场的纽带，是货运营销的首要内容。只有编制了月度货物运输计划之后，才能接下来编制技术计划、运输方案和日常工作计划，安排全月工作。月度计划与铁路运输工作技术构成铁路运输工作计划(或运输生产计划)。

(2) 月度货运计划的编制。

① 提报要车计划。托运人可根据自己的运输要求，随时向铁路货运计划管理中心提报任何时限的要车申请，大宗稳定货源可根据生产情况提出均衡的运量安排意见。

② 受理要车申请。铁路货运计划管理中心随时受理托运人提出的要车申请，货运计划人员及时核实要车申请的填报内容及货源情况，并将其传输到铁路局数据库。

③ 各局货运任务和运输生产技术指标的下达。铁路总公司根据生产能力、同期货运计划任务量，定时下达各局下一计划周期的货运任务和运输生产技术指标。

④ 确定月度运输生产计划指标。路局根据下达的货运任务和运输生产技术指标，生成可装车货源数据库，通过信息网络逐步上报和下达到各网点并通知托运人，根据货源货流、车种、去向和分界口能力，收集、处理有关信息，生成完整的货运计划。各网点根据上级批准同意的要车申请内容和车站作业能力，与货主签订运输服务合同。

月度运输生产计划指标主要包括发送吨数、装车数、货物到达吨数、卸车数、货物周转量及货物平均运距等。

(3) 货运计划的执行。

① 调节计划及实施。整车原则上都应纳入月度货运基本计划。月度货运计划批准后，在落实货源的基础上，落实日要车计划，提报日要车计划的依据是当日托运单位提出的运单。它必须是：符合批准的基本计划或调节计划；需要补装的未装出货物；特殊情况，经上级批准的其他需要紧急运输的货物。铁路各级运输业务部门在日常工作中以编制旬间装车计划的手段，组织发货单位按规定日期装车备运，保证货运计划的顺利执行。

② 运输计划变更及日常计划的处理。在货物计划执行中，难免存在各种原因导致不能按货运计划进行，存在不定时变更运输计划的可能，需要变更运输计划。变更运输计划是指由于货主临时要变更收货人、到站和货物品名而导致运输业务内容的改变。变更的新到站应和原到站顺路，不超过原到达局范围，不增加限制区段运量；变更的货物品名应是原单位经营的物资，并在同一品类范围内；发站原则上不得变更，发生计划变更时，托运单位应按照规定提出变更运输计划要求书，运输计划只能变更一次，日常要车计划不办理变更。

日常计划的处理包括：托运人提出的日常计划，铁路随时受理，随时审批，对国际联运、水陆联运、国际货运和通过重点困难区段的计划由铁路总公司审批或由铁路总公司会同有关部门共同核批，铁路总公司审批权限以外的计划，由铁路局核批，但要及时逐级上报，按规定权限审批。

4) 铁路货运车(货)流管理

铁路局应积极将符合条件的货源货流，组织开行五定班列，即定点、定线、定时、定价、定车次，按公布开行方案组织开行的货物列车。开行五定班列应满足以下条件。

(1) 具备稳定、均衡的货源，特别是高附加值的零散货源，货源量要达到至少两天一列，并具备向每天一列发展的潜力。

(2) 五定班列发到站具有相对固定的货物作业线、储存和作业场地，具备整列或成组作业能力。

(3) 相关技术站具有集结、解体、取送车等作业能力。

(4) 铁路局、装车站具有班列货源组织能力和班列运输组织管理能力。

班列运输尽可能组织装卸车站间直达；需要多站集结时，可采取阶梯式或集散式，阶梯式由同一径路上的几个相邻装车站共同组织集结成整列；集散式由发站附近多个装车站共同组织集结成整列。

铁路专业运输公司可向铁路局提出建议方案。对铁路局、专业运输公司报送的建议方案，由铁路总公司运输局组织相关铁路局研究，统一确定班列开行方案。铁道总公司对符合开行条件的建议，组织相关铁路局铺画跨局班列运行线，运行线要全程贯通，尽可能组织直通，途经技术作业站要紧密接续，班列运行速度双线每天要达到 800 公里以上，单线要达到 500 公里以上。班列装车站要将班列的到达站、开行周期、开车时刻、运行时间等方案内容对外公布，做好宣传。

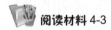
阅读材料 4-3

列车运行图调整，广州至南京首通高铁

2016 年中国铁路总公司实施近 10 年来最大规模的列车运行图调整。通过运行图编制创新，增开旅客列车 300 余对，全国铁路旅客列车开行总数将达 3 400 余对。此次调图也可谓是近年来调图"之最"——增开旅客列车达 300 余对，大量增开动车组列车总量将达 2 100 余对。

按照中国铁路总公司统一安排，从 5 月 15 日零时起，全国铁路将实行新的列车运行图。广铁集团管内安排日开行旅客列车 937 对，较 2007 年的 270.5 对增加了 2.5 倍，客货列车运行时间、径路均进行了全面优化，这是近 10 年来铁路实施的最大范围的列车运行图调整。

本次调图全国开行客车总数达 3 362.5 对，广铁集团管内开行旅客列车 937 对，开行数量占全国的 27.9%，较现有列车增加 55 对，其中广州至南京首通高铁，广州至潮汕高铁动车增至 18 对。客运列车调整经由 14.5 对，变更运行区段 23.5 对，提高列车等级 3 对，调整列车编组 53 对。

资料来源：中国青年网. 广州至南京首通高铁，为最大幅度调图[EB/OL].
(2016-07-19).[2016-07-20].http://news.jschina.com.cn/system/2016/07/19/029210187.shtml.

4.4 铁路列车运行图

4.4.1 铁路列车运行图概述

列车运行图是指用于表示列车在铁路各区间运行时刻及在各车站到发或通过时刻的技术文件，它规定了列车占用区间的次序，列车在每一车站出发、到达或通过的时刻，在区间的运行时分,在车站的停站时分以及列车的重量和长度等。在列车运行图这一基本概念的基础上,还有某一列车的列车运行图、区段列车运行图、铁路网列车运行图和时间段列车运行图等概念。

4.4.2 列车运行图的格式

列车运行图是以坐标的形式表示列车运行的图解,它可以有两种不同的形式:①以横轴表示时间,纵轴表示距离(图 4.5)。图上的水平线表示各车站的中心线,水平线和水平线之间的间隔表示站间距离;垂直线表示时间;斜直线表示列车的运行,称为列车运行线。这种形式的运行图为俄罗斯、日本等多数国家铁路所采用。②以纵轴表示时间,横轴表示距离,为德国等少数国家铁路部门所采用。实际上列车在各区间内运行,由于线路纵断面的不同,列车在车站起车和停车速度变化较大,列车运行线本应划成曲线,但为了运行图铺划的方便,均以斜直线表示。目前,我国铁路列车运行图采用第一种图形表示形式。为适应不同需要,运行图分为以下 3 种格式。

(1) 二分格运行图(图 4.6):横轴以 2min 为单位用细竖线加以划分,10min 格和 1h 格采用较粗的竖线表示。二分格图主要在编制新运行图时做草图用。

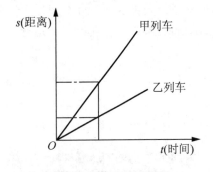

图 4.5 管内客流图示例

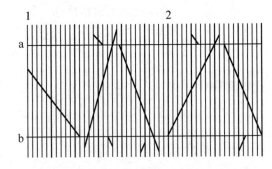

图 4.6 二分格运行图

(2) 十分格运行图(图 4.7):横轴以 10min 为单位用细竖线加以划分,半小时格用虚线表示,小时格用较粗的竖线表示。十分格图主要供列车调度员在日常调度指挥工作中编制调度调整计划和绘制实际运行图时使用。

(3) 小时格运行图(图 4.8):横轴以 1h 为单位用竖线加以划分。小时格图主要在编制旅客列车方案图和机车周转图时使用。

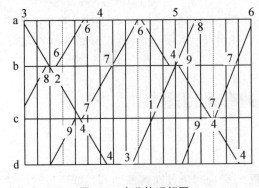

图 4.7 十分格运行图

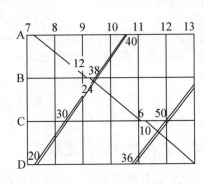

图 4.8 小时格运行图

4.4.3 站名线的画法

站名线,即运行图中表示车站中心线的横线,如图4.6～图4.8中的横线。站名线的确定方法有以下两种。

(1) 按区间里程的比率确定,即按整个区段内各车站间实际里程的比率来画横线,每一横线即表示一个车站的中心线。采用这种方法时,运行图上站名线间的距离能明显地反映出站间距离的大小。但由于各区间线路平面和纵断面情况不一,列车运行速度有所不同,这样,列车在整个区段的运行线往往是条斜折线,既不整齐,也不易发现列车在区间运行时分上的问题。所以,一般不采用这种办法。

(2) 按区间运行时分比率确定,即按整个区段内下行(或上行)列车在各区间运行时分的比率来画横线。采用这种方法时,可以使列车在整个区段的运行线基本上是一条斜直线,既整齐美观,又便于发现运行时分上的问题。所以,多采用此法。如图4.9所示,A—B区段下行货物列车运行时分共计为170min。作图时,首先确定技术站 A、B 的位置,然后,在代表B站的横线上向右截取相当于170min 的线段,得 F 点。连接 A、F 两点,得一斜直线。最后,按照下行货物列车在各区间的运行时分,将 BF 线段划分为5个时间段,过这5个时间段端点作垂直线,在 AF 斜直线上可得交点,过各交点做水平线,即可画出代表 a、b、c、d 车站的横线。

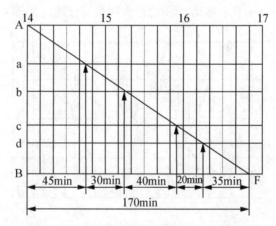

图 4.9　按区间运行时分比率确定车站位置示意图

运行图上的列车运行线(斜线)与车站中心线(横线)的交点,即为列车到、发或通过车站的时刻。根据列车运行图的格式,到发时刻有不同的表示方法。在二分格图上,以规定的标记符号表示,不需填写数字;在十分格图上,填写10min 以下数值;在小时格运行图上,填写60min 以下数值。所有表示时刻的数字,都填写在列车运行线与横线相交的钝角内。列车通过车站的时刻,一般填写在出站一端的钝角内。

我国铁路规定,向首都的方向为上行方向,反之为下行方向。

4.4.4 列车运行图分类

根据铁路线路的技术设备和列车运行速度,上下行列车的列车数量,列车的运行方式不同等条件,列车运行图可分为各种类型。

1. 按照区间正线数目不同分类

(1) 单线运行图，即在单线区段采用的运行图。在单线运行图上，上下行方向列车都在同一正线上运行，因此两个方向列车必须在车站上进行交会，如图 4.10 所示。

(2) 双线运行图，即在双线区段采用的运行图。在双线区段，上下行方向列车在各自的正线上运行，因此上下行方向列车的运行互不干扰，可以在区间内或车站上交会，但列车的越行必须在车站上进行，如图 4.11 所示。

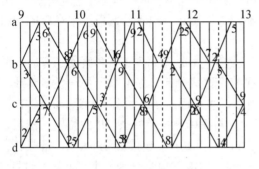

图 4.10 平行单线运行图

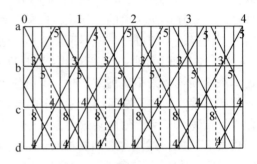

图 4.11 平行双线运行图

(3) 单双线运行图，即在单双线区段采用的运行图。在有部分双线的区段，单线区间和双线区间各按单线运行图和双线运行图的特点铺画运行线，如图 4.12 所示。

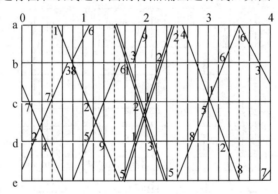

图 4.12 单双线运行图

2. 按照列车运行速度不同分类

(1) 平行运行图。在运行图上同一区间内，同方向列车的运行速度相同，因而列车运行线相互平行，且区段内无列车越行，如图 4.10 和图 4.11 所示。

(2) 非平行运行图(普通运行图)。在运行图上铺有各种不同速度和不同种类的列车，因而列车运行线互不平行，在区段内可能产生列车越行，如图 4.13 所示。

3. 按照上、下行方向列车数目不同分类

(1) 成对运行图。同一区段内，上、下行方向列车数目是相等的，如图 4.10 和图 4.11 所示。

(2) 不成对运行图。同一区段内，上、下行方向列车数目是不等的，如图 4.14 所示。

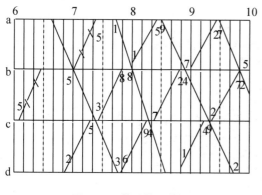

图 4.13　单双线运行图　　　　　图 4.14　单线不成对运行图

4. 按照同方向列车运行方式不同分类

(1) 追踪运行图。在自动闭塞区段上，同方向的列车是以闭塞分区为间隔运行，在这种运行图上，一个站间区间允许同时有几个列车按追踪方式运行，如图 4.14 所示。

(2) 非追踪运行图。同方向的列车是以站间区间或所间区间为间隔运行，即在非自动闭塞区段采用的运行图，如图 4.15 所示。

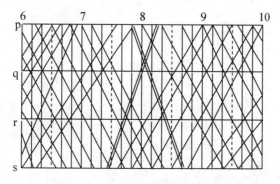

图 4.15　双线追踪非平行运行图

4.4.5　列车运行图组成因素

列车运行图组成要素包括列车区间运行时分、列车在中间站的停站时间、列车在车站的间隔时间、追踪列车间隔时间、机车在基本段和折返段所在站的停留时间、列车在技术站的技术作业时间标准。

1. 列车区间运行时分

列车区间运行时分，是指列车在两个相邻车站或线路所之间的运行时间标准，它由机务部门采用牵引计算和实际试验相结合的方法进行查定。

区间运行时分应按以下几种情况分别查定。

(1) 旅客列车和货物列车要分别查定。

(2) 上行方向和下行方向要分别查定。

(3) 列车在区间两端站停车与不停车分别查定。当区间两端均无技术需要停车时，应按通通、通停、起通、起停 4 种情况分别查定。

2. 列车在中间站的停站时间

列车在中间站的停站时间，是指列车在中间站上办理列车技术作业、客货运作业及列车会让等所需要的最小停留时间标准。

3. 列车在车站的间隔时间(τ)

列车在车站的间隔时间是指车站为办理两列车的到达、出发或通过作业所需要的最小间隔时间。

车站间隔时间主要包括以下几种。

1) 相对方向列车不同时到达的间隔时间($\tau_{不}$)

在单线区段，来自相对方向的两列车在车站交会时，从某一方向列车到达车站时起，至相对方向列车到达或通过该站时止的最小间隔时间，称为不同时到达间隔时间。为确保行车安全，在进站信号机外制动距离内进站方向为超过规定的下坡道，而接车线末端又无隔开设备的车站，禁止办理相对方向同时接车。凡不能办理相对方向同时接车的车站，由相对方向到站停车的两列车也须保持必要的不同时到达间隔时间。在单线区段相对方向列车在车站交会时，自某一方向列车到达车站之时起，至对向列车到达或通过该站时止的最小间隔时间，如图 4.16 所示。

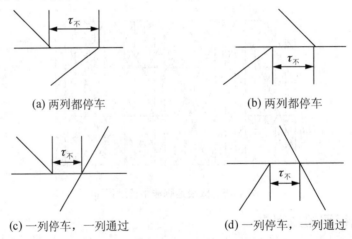

(a) 两列都停车　　(b) 两列都停车

(c) 一列停车，一列通过　　(d) 一列停车，一列通过

图 4.16　不同时到达间隔时间图

不同时到达间隔时间由车站准备接车进站、开放进站信号作业时间和列车通过进站距离所需时间组成。

2) 会车间隔时间($\tau_{会}$)

会车间隔时间是指在单线区段的车站上，两列车交会时，自某一方向列车到达或通过车站之时起，至该站向同一区间发出另一对向列车之时止的最小间隔时间，如图 4.17 所示。

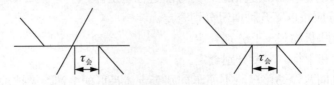

图 4.17　会车间隔时间图

会车间隔时间由车站值班员监督列车到达或通过后,为向同一区间发出另一列车所需办理必要作业的作业时间组成。

3) 同方向连发间隔时间($\tau_{连}$)

同方向连发间隔时间是指在单线和双线区段上自前行列车到达或通过邻接的前方车站之时起,至本站向该区间发出另一同方向列车之时止的最小间隔时间。连发间隔时间可有以下 4 种形式。

(1) 两列车通过前后两车站,如图 4.18(a)所示。

(2) 第一列车在前方站停车,第二列车在后方站通过,如图 4.18(b)所示。

(3) 第一列车在前方站通过,第二列车在后方站停车,如图 4.18(c)所示。

(4) 两列车在前后两站均停车,如图 4.18(d)所示。

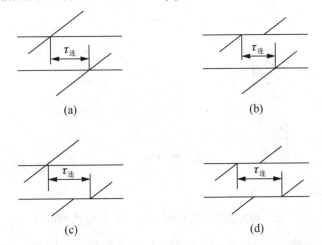

图 4.18 连发间隔时间图

通过对连发间隔时间组成因素的分析可以看出,第一种类型连发间隔时间的组成因素及车站办理作业的内容与不同时到达间隔时间基本相同;第二种类型连发间隔时间所包括的作业内容则与会车间隔时间基本相同,但必须注意,连发间隔时间是发生在前后两个车站而不同时到达和会车间隔时间是发生在同一个车站上。

4) 同方向列车不同时开到($\tau_{开到}$)及不同时到开($\tau_{到开}$)间隔时间

$\tau_{开到}$:是指自某一列车由车站出发时起,至同方向另一列车到达车站时止的最小间隔时间,如图 4.19(a)所示。

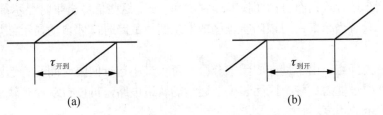

图 4.19 同方向列车不同时开到及不同时到开间隔时间

$\tau_{到开}$:是指自某方向列车到达车站时起,至由该站发出另一列同方向列车时止的最小间隔时间,如图 4.19(b)所示。

同方向列车不同时到发间隔时间为由车站值班员监督列车到达后,向同一方向发出另一列车所需办理必要作业的作业时间组成;而同方向列车不同时发到间隔时间,则由出发列车通过出站距离的时间、车站办理必要作业的时间和到达的同方向列车通过进站距离的时间组成。

5) 相对方向列车不同时通过间隔时间($\tau_{通}$)

在一端连接双线区间、另一端连接单线区间的车站(或线路所)上,两个相对方向的列车不同时通过该站(或线路所)的最小间隔时间,称为相对方向列车不同时通过间隔时间,如图4.20所示。相对方向列车不同时通过间隔时间也由$t_{作业}$和$t_{进}$两部分时间组成。

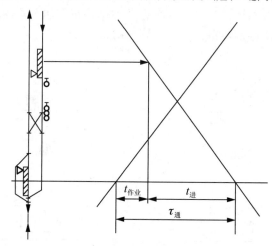

图4.20　相对方向列车不同时通过车站的间隔时间组成图

上述各种车站间隔时间的数值大小与列车运行速度和列车长度有关。因此,应分别对旅客列车和货物列车进行查定。

4. 追踪列车间隔时间($I_{追}$)

1) 自动闭塞区的定义

传统的铁路信号系统是由各类信号显示、轨道电路、道岔转辙装置等主体设备及其他有关附属设施构成的一个完整的"信号、联锁、闭塞"体系。在行内简称为"信、联、闭"体系。相关的设备称为信联闭设备。自动闭塞区是指利用通过信号机把区间划分为若干个装设轨道电路的闭塞分区,通过轨道电路将列车和通过信号机的显示联系起来,使信号机的显示随着列车运行位置而自动变换的一种闭塞方式。这些信号机平时显示绿灯,称为"定位开放式";只有当列车占用该闭塞分区或发生断轨故障时,才自动显示红灯,要求后续列车停车。

自动闭塞的优点:由于划分成闭塞分区,可用最小运行间隔时间开行追踪列车,从而大大提高区间通过能力;整个区间装设了连续的轨道电路,可以自动检查轨道的完整性,提高了行车安全的程度。

自动闭塞是目前比较先进的一种行车闭塞法,但它仍以固定的空间间隔(闭塞分区)来保障列车行车安全。今后的发展方向是在无绝缘轨道电路的基础上,研制可根据列车相互位置与运行速度,而自动完成更为合理的行车间隔控制方法。

2) 追踪列车间隔时间的定义

在自动闭塞区段，列车以闭塞分区为间隔运行，称为追踪运行。追踪列车之间的最小间隔时间，称为追踪列车间隔时间 $I_{追}$，如图 4.21 所示。追踪列车间隔时间，决定于同方向列车间隔距离、列车运行速度及信联闭设备类型。

图 4.21　追踪列车间隔时间图

3) 三显示自动闭塞区段追踪列车间隔时间

三显示自动闭塞区段是指区间通过信号机显示红、黄、绿 3 种信号的自动闭塞。在使用三显示自动闭塞的区段，追踪列车之间的间隔，通常情况下需相隔 3 个闭塞分区，如图 4.22 所示。

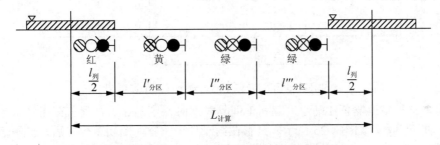

图 4.22　追踪列车向绿灯运行时的间隔时间图

这样，可以保证后行列车经常能看到绿灯显示，从而可以使列车保持高速运行。在这种情况下，追踪列车间隔时间 $I_{追}^{绿}$ 为

$$I_{追}^{绿}=0.06\times\frac{l_{列}+l'_{分区}+l''_{分区}+l'''_{分区}}{v_{运}}(\text{min}) \qquad (4\text{-}1)$$

但是，当列车在长大坡道上运行时，由于运行速度较低，追踪列车间隔时间也可以按照前后列车间隔两个闭塞分区的条件来确定，如图 4.23 所示。

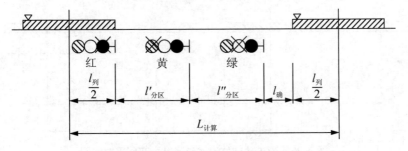

图 4.23　追踪列车向黄灯运行时的间隔时间图

此时，追踪列车间隔时间 $I_{追}^{绿}$ 为

$$I_{追}^{绿}=0.06\times\frac{l_{列}+l'_{分区}+l''_{分区}}{v_{运}}+t_{确}(\min) \quad (4\text{-}2)$$

式中：$t_{确}$——司机确认信号转换显示时间 min。

根据列车在区间内追踪运行的上述条件计算出追踪列车间隔时间后，还应分别按列车到站停车、从车站出发和两列车不停车通过车站的条件进行验算。

按到站停车条件确定追踪列车间隔时间时，应确保后行的追踪列车不应站内为准备好接车进路而减低速度。为此，车站准备好进路和开放好进站信号的时刻，应不迟于第二列车首部接近站外第二通过色灯信号的时刻，如图 4.24 所示。这时，追踪列车间隔时间 $I_{到}$ 应为

$$I_{到}=t_{作业}+0.06\times\frac{0.5l_{列}+l'_{分区}+l''_{分区}+l_{进}}{v_{进}^{平均}}+t_{确}(\min) \quad (4\text{-}3)$$

式中：$t_{作业}$——车站准备进路和开放进站信号的时间，min；

$v_{进}^{平均}$——列车通过进站计算距离的平均速度，km/h。

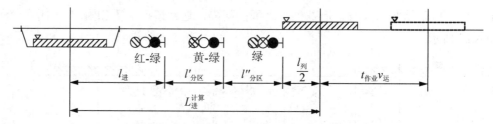

图 4.24　列车到站停车时追踪列车间隔时间图

按列车从车站出发条件确定追踪列车间隔时间时，应确保后行列车在出站信号机显示绿色的条件下出发，如图 4.25 所示。只有在第一列车腾空两个闭塞分区后，出站信号机才能显示绿灯。因此，由车站发出追踪列车间隔时间 $I_{发}$ 应为

$$I_{发}=t_{作业}^{发}+0.06\times\frac{l_{列}+l'_{分区}+l''_{分区}}{\bar{v}_{发}}(\min) \quad (4\text{-}4)$$

当准许列车凭出站信号机显示黄色灯光发车时，则追踪列车间隔时间应为

$$I_{发}^{黄}=t_{作业}^{发}+0.06\times\frac{l_{列}+l'_{分区}}{\bar{v}_{发}}(\min) \quad (4\text{-}5)$$

式中：$t_{作业}^{发}$——车站开放信号和司机确认信号的时间，min；

$\bar{v}$——列车通过出站计算距离的平均速度，km/h。

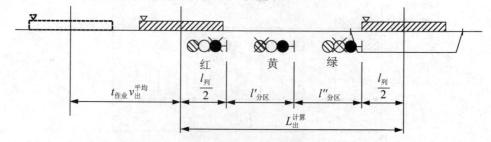

图 4.25　列车从车站出发时追踪列车间隔时间图

按前后两列车不停车通过车站条件确定追踪列车间隔时间时，必须在第一列车通过出站道岔，并为后行列车开放进站信号后，后行列车才能处在与第一列车相隔3个闭塞分区(包

括车站闭塞分区)距离的位置(图 4.26)。这时,追踪列车不停车通过车站的间隔时间 $I_{通}$ 应为

$$I_{通}=t^{通}_{作业}+0.06\times\frac{l^{站}_{分区}+l_{列}+l'_{分区}+l''_{分区}+l_{岔}}{\overline{v}_{通}}\quad(\min)\tag{4-6}$$

式中:$l^{站}_{分区}$——车站闭塞分区长度,m;

$\overline{v}_{通}$——列车通过车站计算距离的平均速度,km/h;

$l_{岔}$——出站信号机至最外方道岔的距离,m;

$t^{通}_{作业}$——为第二列车开放进站信号的时间,min。

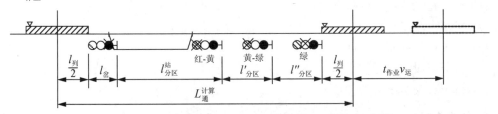

图 4.26 列车不停车通过车站时追踪列车间隔时间图

在开行组合列车或载重列车的区段,应根据组合列车与普通货物列车前后位置的不同,分别确定 $I_{追}$、$I_{到}$、$I_{发}$ 和 $I_{通}$。

因为旅客列车和货物列车的运行速度不同,所以在确定货物列车与旅客列车的追踪列车间隔时间时,应按到站条件计算 $I_{到}$,而确定旅客列车与货物列车的追踪列车间隔时间时,则应按从车站出发的条件计算 $I_{发}$。

对各区间求出普通货物列车之间的上述几种追踪列车间隔时间之后,取其中最大的数值作为计算平行运行图通过能力的追踪列车间隔时间。

4) 四显示自动闭塞区间追踪列车间隔时间计算原理

(1) 四显示自动闭塞的概念。一般称通过色灯信号机能显示诸如红(H)、黄(U)、绿黄(LU)和绿(L)4 种灯光信号的自动闭塞为四显示自动闭塞。在国外,四显示自动闭塞通常在既有密度大、速度低、时间集中的市郊列车,又有直快和特快等列车运行的运输繁忙的市郊铁路上或列车速度高、制动距离长,运输繁忙的高速铁路上采用。

(2) 四显示自动闭塞的特点。四显示自动闭塞的轨道电路根据前行列车位置,发出不同的码序,表示一定的限制速度。当装设超速防护装置时,列车超速运行,将迫使列车发生紧急制动。所以,四显示信号是具有预告功能的速差式信号。四显示自动闭塞通常在既有密度大、速度低、时间集中的市郊列车,又有直快和特快等列车运行的运输繁忙市郊铁路上或列车速度高、制动距离长,运输繁忙的高速铁路上采用。

(3) 追踪列车间隔时间。如图 4.27 所示,在四显示自动闭塞区间,列车追踪运行至少应保证有 5 个闭塞分区的间隔。其中防护区用于保护区间,要求列车停车;提醒区用于提醒司机,列车将进入减速地段。

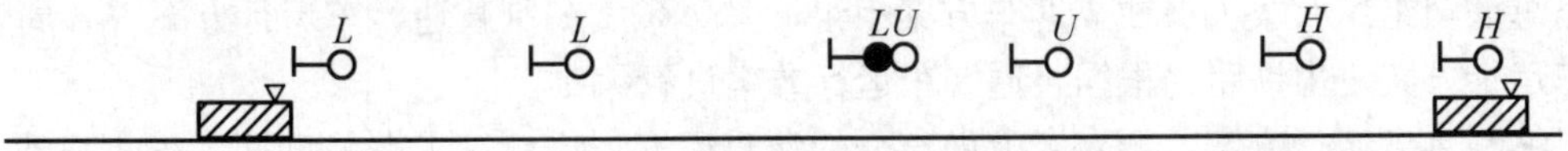

闭塞分区性质	提醒区	第一制动区	第二制动区	第三制动区	保护区	占用区
信息各类	提醒注意	预告	预告	停车		

图 4.27 四显示追踪列车间隔时间图

据此,在四显示自动闭塞条件下,在区间内运行的追踪列车间隔时间可的计算公式为

$$I_{追}=0.06 \times \frac{5l_{分}+l_{列}}{v_{运}}(\min) \tag{4-7}$$

5. 机车在基本段和折返段所在站的停留时间标准

机车在基本段和折返段所在站办理必要作业所需要的最小时间,称为机车在基本段和折返段所在站的停留时间标准。机车折返停留时间($t_{折}$)由以下几项组成。

(1) 机车在到达线上的作业时间。
(2) 机车入段走行时间。
(3) 机车在段内整备时间。
(4) 机车出段走行时间。
(5) 机车在发车线上的作业时间。

6. 列车在技术站的技术作业时间标准

为了保证车站与区段工作协调,必须编制与车站技术作业过程相配合的列车运行图。因此,在编制列车运行图时,需具备技术站、客货运站技术作业过程的主要作业时间标准,它包括以下内容。

(1) 在到发场办理各种列车作业编组和解体列车的时间标准。
(2) 在牵出线或驼峰上编组和解体列车的时间标准。
(3) 旅客列车车底在配属段、折返段所在站的停留时间标准。
(4) 货物站办理整列或分批装卸作业时间标准等。

4.4.6 列车运行图的编制

1. 列车运行图的具体编制过程

列车运行图的编制通常分以下 3 个步骤。

(1) 编制列车运行方案图。目的是解决列车运行线的布局和衔接问题,尽量使列车运行线均衡排列。
(2) 编制列车运行详图。所谓详图,即详细的列车运行图,它包括列车在所有经过站的到达、出发或通过时刻。
(3) 计算列车运行图指标。

2. 列车运行方案的编制

列车运行图的具体编制,应先编制运行方案,再根据运行方案具体编制列车运行图。

直通旅客列车的对数、运行区段、列车种类和车底担当局,由铁路总公司确定,并由铁路总公司组织有关人员成立客车方案小组,具体负责编制直通客车运行方案。各局管内客车运行方案,由铁路局根据直通客车运行方案进行编制。

编制客车运行方案,要对客流做充分的调查研究,广泛征求有关意见,在此基础上,直通客车运行方案由铁路总公司、管内客车运行方案由铁路局决定。

编制客货列车运行方案,应结合客流和车流,结合车站技术作业过程,注意列车密度的均衡,充分利用线路通过能力,合理地使用机车车辆。

为加强货车运行线与车流的结合，应事先编制区段管内工作方案、快运货物列车运行方案及定期直达货物列车运行方案，并纳入整个货车运行方案中。

3. 列车运行详图的编制

在进行列车运行详图编制时，应注意以下事项。

1) 保证行车安全和旅客乘降安全
(1) 列车间隔时间应满足车站间隔时间和追踪列车间隔时间的有关规定。
(2) 遵守车站不准同时接发列车的有关规定。
(3) 避免在不准停车或停车后起动困难的车站上停车。
(4) 列车在车站上会车或越行时，同时停在车站的列车数应与该站到发线数目相适应。
(5) 尽量避免旅客列车在中间站停车时该站有其他列车通过，以保证旅客乘降的安全。

2) 有效利用区间通过能力

单线区段通过能力有较大富裕时，为保证机车的良好运用，可从机车折返站开始成对铺画。当在运行图上铺画的列车对数达到区间通过能力利用率的80%以上时，应从限制区间开始铺画。

3) 努力提高货物列车旅行速度

要提高货物列车旅行速度，应做到：尽量减少停车次数，以减少起停车附加时分；尽量减少列车在中间站的停站时间；在单双线区段，应首先铺画单线区间的运行线，尽量使列车的交会在双线区间进行。

4. 列车运行图的主要指标

列车运行图的编图人员，必须严格遵守规定的各项技术标准，保证行车安全。列车运行图编完后，应详细检查列车运行图的铺划质量，并应计算列车运行图的指标。对于我国列车运行图来说主要考虑以下指标。

(1) 旅客列车或货物列车的平均技术速度($V_{技}$)的计算公式为

$$V_{技}=\frac{\sum nl}{\sum nt_{运}} \text{ (km/h)} \tag{4-8}$$

式中：$\sum nl$ ——各区段旅客列车或货物列车走行公里的总和；

$\sum nt_{运}$ ——各区段旅客列车或货物列车运行时间总和，包括运行时分和起停车附加时分。

(2) 旅客列车平均直通速度($V_{直}^{客}$)

$$V_{直}^{客}=\frac{\sum nl_{客}}{\sum nt_{全旅}} \text{ (km/h)} \tag{4-9}$$

式中：$\sum nl_{客}$ ——旅客列车走行公里的总和；

$\sum nt_{全旅}$ ——旅客列车全程旅行时间的总和，包括运行时间和停站时间。

(3) 货物列车平均旅行速度($V_{旅}$)的计算公式为

$$V_{旅}=\frac{\sum nl_{货}}{\sum nt_{旅}} \text{ (km/h)} \tag{4-10}$$

式中：$\sum nl_{货}$ ——各区段货物列车走行公里总和；

$\sum nt_{旅}$——各区段货物列车旅行时间的总和,包括运行时间和中间站停站时间。

(4) 货物列车速度系数($\beta_{技}$)的计算公式为

$$\beta_{技} = \frac{\sum nt_{货运}}{\sum nt_{旅}}$$ (4-11)

式中：$\sum nt_{货运}$——货物列车总的运行时间,包括运行时分和起停附加时分；

$\sum nt_{货旅}$——货物列车总的旅行时间(运行时间加上停站时间)。

一般来说,$\beta_{技}$越接近于 1,表明列车在运行过程中的停站时间越少,运行图的质量也就越高。因此,在编制列车运行图时,应力求把旅行速度与技术速度的差别减少到最低。

5. 列车运行图的审核和批准

各铁路局应全面审查编制的列车运行图,分析指标完成情况,总结编图工作,然后将编制的列车运行图、机车周转图、运行图和机车运用指标及分析资料、区间通过能力、旅客列车编组表及编图工作总结等一并报铁路总公司。

铁路总公司列车运行图编制委员会听取各铁路局的汇报,并审核各铁路局的列车运行图提请铁路总公司领导批准。

全路列车运行图的实行日期和时间,由铁路总公司统一规定。

本 章 小 结

铁路运输是指利用机车、车辆等技术设备沿铺设轨道运行的运输方式。铁路运输在国土辽阔的大陆国家以及发展中国家较有吸引力,此外高速铁路在国土面积小的国家也有较强的优势。铁路运输系统包括铁路车站、铁路线路与信号、铁路机车、铁路车辆以及列车自动控制系统。铁路运输的组织和管理可以分为旅客运输组织和管理以及货物运输组织和管理两大类。前者主要包括旅客运输计划的编制以及日常组织工作两个方面的内容。后者需要了解铁路运输货物的种类、运输的方式,以及主要的业务流程。列车运行图是指用于表示列车在铁路各区间运行时刻及在各车站停车相通过时刻的线条图,它规定了列车占用区间的次序,列车在每一车站出发、到达或通过的时刻,在区间的运行时分,在车站的停站时分以及列车的重量和长度等。它是安排铁路旅客运输和货运运输的重要技术文件。本章主要介绍了铁路运输的定义及其特点、铁路运输系统的组成、铁路旅客运输和货物运输组织、铁路列车运行图。

新疆铁路部门今年将开行为企业"量身定制"的特需班列

自 2016 年 1 月开始,新疆铁路部门开行为企业"量身定制"的特需班列,截至 2016 年 6 月 30 日已累计开行特需班列达 355 列,成为区内外一条快捷、便利的货物运输新通道。

据新疆铁路货运部门介绍,特需班列是为客户"私人订制"的一款货运产品,采用定点、定线、定时、定价格、定路径的"五定"运输方式,具有一站直达、高效准时的特点,是乌鲁木齐铁路局缩短货物运到时限,拓展批量货物运输市场的新品牌,因其在运输成本、运输时限方面明显优于其他运输方式,所以备受企业货主欢迎。

2016 年 1 月 28 日,新疆首列装载着 40 组、1 800 吨棉纱的集装箱特需班列从库尔勒站开往浙江萧山,自此拉开了新疆铁路特需班列开行的序幕。

"特需班列全程只需 4 天,比以往节省了约 2/3 的时间。"企业客户张一凡算了一笔账,特需班列按实际重量核收运输费用,降低了物流成本,预计每年将为公司省出三四千万,既保证了运到时限,又加快了资金周转,收货方对此很满意。

首次开行特需班列引起了企业和货主的普遍关注,从 1 月开行 1 列,到 2 月开行 2 列,3 月开行 28 列、4 月扩大到 91 列、5 月开行 123 列、6 月开行 129 列,特需班列的需求呈现大幅增长态势。

根据案例所提供的材料,试分析以下问题:

1. 为何要开行特需班列?其有什么优势?
2. 通过上述措施,新疆铁路部门在货物运输上取得了哪些成绩?

资料来源:新疆青年网. 新疆铁路部门今年将开行为企业"量身定制"的特需班列[EB/OL]. (2016-07-14).[2016-07-20]. http://www.xjqnpx.com.cn/news/52850.html.

 关键术语

铁路运输(railway transportation) 　　铁路货物运输计划(rail cargo plan)
铁路线路(rail track) 　　铁路客运计划(rail passenger plan)
铁路机车(locomotive) 　　列车运行图(train diagram)

习　题

1. 填空题

(1) 铁路车站按技术作业性质不同可分为_____、_____、_____。

(2) 编制铁路旅客运输计划主要内容有_____、_____、_____、_____ 4 种。

(3) 铁路客流调查分为_____、_____和_____ 3 种形式。

(4) 按货物的性质不同,铁路运输的货物可分为_____和_____。

(5) 按运输范围不同划分,铁路货物运输的方式可以分为以下 5 种:_____、_____、_____、_____和_____。

(6) 铁路运行图分为:_____、_____和_____ 3 种形式。

2. 简答题

(1) 简述铁路运输的优缺点。
(2) 简述铁路货物运输物流业务流程。
(3) 铁路货物运输一般涉及哪几种单证?
(4) 什么是铁路旅客输送日计划?其编制依据有哪些?
(5) 按铁路技术装备条件和运输组织方式划分,现行铁路货物运输可分为哪几种?每种运输形式的适用条件如何?
(6) 如何按区间运行时分比率确定站名线?

第5章 水路运输

【教学目标】
- 掌握水路运输的概念、分类及特性
- 了解水路运输系统的组成
- 熟悉客运航线设置与配船的方法
- 掌握水路运输货物的分类、积载
- 了解货物航线配船的方法
- 熟悉班轮运输组织的特点以及班轮船期表的编制
- 了解不定期船和驳船运输组织的方法
- 了解港口通行能力的概念和影响因素

乌江全线航道升级改造

依据贵州省人民政府 2012 年的《贵州水运发展规划》，乌江渡水电枢纽——龚滩 406 公里航段通航标准为三级航道。目前乌江航道等级全部为四级，各通航建筑物均按四级航道标准实施，要满足三级航道标准，必须进行扩建。

乌江渡—龚滩以下，需要整治的河段为构皮滩枢纽变动回水区 48 公里、沙沱枢纽变动回水区 23 公里、彭水枢纽回水变动区 16 公里，共 3 段计 68 个滩险。构皮滩、思林、沙沱和彭水四座水电枢纽均为高坝建筑，构皮滩库内与坝下最大水头差达 200 米，思林水头差 86.9 米，沙沱水头差 76.38，彭水 81.6 米。区域地质构造稳定性好，历史上无破坏性地震记录。河段大部分河床基岩或大粒径乱石组成，属稳定性河床。扩建通航建筑物，采取三级垂直升船方案，各级垂直升船机均由上游引航道、闸室及下游引航道组成，各级垂直升船机之间采用通航隧洞连接。采用双向扩宽方式，可同时通过四艘 1 000 吨级船舶。

思考题：对航道进行升级改造有什么好处？

资料来源：中国水运报.乌江全线航道升级改造二线通航设施[EB/OL].(2016-07-18).[2016-07-20].
http://www.moc.gov.cn/st2010/guizhou/gz_jiaotongxw/jtxw_wenzibd/201607/t20160718_2063781.html.

5.1 水路运输概述

5.1.1 水路运输的产生和发展过程

人类以舟筏作为运输、狩猎和捕鱼的工具，至少起源于石器时代。据记载，远在公元前 4000 年，古埃及就有了帆船。我国使用帆船的历史也可以追溯到公元前。18 世纪蒸汽机发明后，许多人都试图将蒸汽机用于船上。1807 年，美国人富尔顿首次在克莱蒙特号船上用蒸汽机驱动装在两舷的明轮，在哈德逊河上航行成功。此后，汽轮机船、柴油机船又相继问世，又有油船和散货船，以及大型远洋客船制造成功。柴油机船问世后发展很快，逐渐取代了蒸汽机船。第二次世界大战结束后，工业化国家经济的迅速恢复和发展，国际贸易的空前兴旺，中东等地石油的大量开发，促使运输船舶迅速发展。

为了提高船舶运输的经济效益，船舶出现了大型化、专业化、高速化、自动化和内燃机化的多种趋势。船舶大型化首先是油船吨位的增长和油船的大型化。船舶专业化则产生于第二次世界大战以后，各种专用船发展很快。船舶高速化自 20 世纪 50 年代起，航运界为了加快船舶周转，一度掀起船舶高速化的热潮，普通杂货船航速提高到每小时 18 海里，集装箱船航速在每小时 20 海里以上，美国建造的 "SL-7" 型高速集装箱船，以两台 6 万马力汽轮机为主机，最高航速达每小时 33 海里。船舶自动化始于 20 世纪 60 年代初期，各国航运企业为了减少船员人数、改善船员劳动强度和提高船舶营运的经济效益，逐步实现了轮机、导航和舵装 3 个方面的自动化，如 20 世纪 60 年代中期造出机舱定期无人值班的船舶，已得到各国船级社的承认。船舶内燃机化是指船舶普遍采用柴油机为主机，柴油机同蒸汽机比较，具有热效率高、油耗低、占地小等优点。第二次世界大战后，低速大功率柴油机由于增压技术的进步，单机功率不断提高，过去必须安装汽轮机的大型高速船也能应用柴油机。另外柴油机对燃用劣质油的适应性也不断改善，这样在经济上便具有优越性。对于机舱空间受限制的滚装船、集装箱船、汽车渡船等，则可以选用体积小、质量轻的中速柴油机，通过减速箱来驱动螺旋桨。油耗低、能燃用劣质油的不同功率的柴油机现在几乎占领了船用发动机的全部市场。

【拓展视频】

我国的大陆海岸线 18 000 多 km，岛屿海岸线 14 000 多 km，流域 100km^2 以上的天然河流有 5 000 多条，大小湖泊有 900 多个，具有发展水运的自然条件。

我国是世界上水路运输发展较早的国家之一。据记载，我国在公元前 2500 年已经制造舟楫，从事水运。早在商代就已经出现帆船运输。春秋吴国阖闾九年(公元前 506 年)，开凿了世界上第一条运河——胥溪，全长约 100km。秦始皇三十三年(公元前 214 年)，挖成长约 30km 的灵渠，连接长江和珠江两大水系。灵渠上的斗门(又称陡门)，堪称世界上最早的船闸。举世闻名的大运河，始于春秋吴国，以后经历代特别是隋、元两代的大规模开凿，沟通了钱塘江、长江、淮河、黄河、海河五大水系，长 17 941km。公元 8～9 世纪，唐代对外运输丝绸及其他货物的船舶，直达波斯湾和红海之滨，被誉为"海上丝绸之路"。北宋时为增加粮食载运量和提高结构强度而建造的对槽船，是当今航运发达国家所用分节驳船的雏形。12 世纪初，我国首先将指南针应用于航海导航。15 世纪初至 30 年代，明朝航海家郑和率领巨大船队 7 次下西洋，经历亚洲、非洲三十多个国家和地区。综上所述，在一个相当长的历史时期内，我国的水路运输事业不论在对本国的经济文化发展方面，还是在开展对外贸易和国际交流方面，均起着十分重要的作用。

1949 年以后，我国水运事业获得了很大的发展。水路客、货运量，轮驳船总载重吨位和在全国各种运输方式总货物周转量中，水运的比重都有了大幅度的增长。目前，我国的商船已航行于世界 100 多个国家和地区的 400 多个港口，已基本形成一个具有相当规模的水运体系。

5.1.2 水路运输的定义及其分类

水路运输简称水运，是指利用船舶、排筏和其他浮运工具，在江、河、湖泊、人工水道及海洋上，完成旅客与货物运送的一种运输方式。

水路运输有以下多种分类方法。

(1) 按贸易种类不同，水路运输可以分为外贸运输和内贸运输。外贸运输是指本国同其他国家和地区之间的贸易运输；内贸运输是指本国内部各地区之间的贸易运输。

(2) 按航行区域、水路运输不同可以分为远洋运输、沿海运输、内河运输和湖泊(包括水库)运输。

① 远洋运输通常是指除沿海运输以外所有的海上运输；在实际工作中又有"远洋"和"近洋"之分。前者是指我国与其他国家或地区之间，经过一个或整个大洋的海上运输，如我国至非洲、欧洲、美洲等地区进行的运输；后者是指我国与其他国家或地区间，只经过沿海或大洋的部分水域的海上运输，如我国与朝鲜半岛、日本及东南亚各国所进行的运输。这种区分主要以船舶航程的长短和周转的快慢为依据。

② 沿海运输是指利用船舶在我国沿海区域各港之间的运输。其范围包括：自辽宁的鸭绿江口起，至广西壮族自治区的北仑河口止的大陆沿海，以及我国所属的诸岛屿沿海及其

与大陆间的全部水域内的运输。

③ 内河运输是指利用船舶、排筏和其他浮运工具，在江、河、湖泊、水库及人工水道上从事的运输。航行于内河的船舶，除客货轮、货轮、推(拖)轮、驳船以外，还有一定数量的木帆船、水泥船、机帆船。内河运输通常多利用天然河流，因此建设投资少，运输成本低。

(3) 按运输对象不同，水路运输可以分为旅客运输和货物运输。旅客运输是指以旅客和部分货物为载运对象的运输，有单一客运(包括旅游)和客货兼运之分。货物运输是指以货物为载运对象的运输，按货类不同分为散货运输和杂货运输两类，前者是指无包装的大宗货物，如石油、煤炭、矿砂等的运输；后者是指批量小，件数多或较零星的货物运输。

(4) 按船舶营运组织形式不同，水路运输可分为定期船运输(即班轮运输)、不定期船运输和专用船运输。定期船运输是选配适合具体营运条件的船舶，在规定航线上，定期停靠若干固定港口的运输；不定期船运输是指船舶的运行没有固定的航线，而是按照运输任务或按租船合同所组织的运输；专用船运输是指企业自置或租赁船舶从事本企业自有物资的运输。

5.1.3 水路运输特性

1. 水路运输的主要优点

1) 运输量大

船舶货舱与机舱的比例比其他运输工具都大。因此，可以供作货物运输的舱位及载货量均比陆上运输或空运庞大。世界上最大的石油船装载量达 55 万 t，最大的集装箱船吨位为 137 万 t，能够装载 13 798 个标准箱集装箱船，最大的巨型客轮总吨位已达 15 万 t。内河运输中，美国最大顶推船队运载能力超过 5~6 万 t。

2) 运输成本低

运输成本低是水运最突出的优点。虽然水运的站场费用极高，但由于船舶的载运能力大，运输距离比较远，路途费用低，所以总的来说运输成本低。美国内河航运的运输成本只是铁路运输的 1/5~1/4，海运成本是铁路运输的 1/8 多一些。我国长江干线运输成本为铁路运输的 84%。

3) 通过能力强

无论海上航道还是内河航道，它们的通过能力几乎都不像铁路运输那样受到限制。特别是海上运输，是利用天然航道完成的，这些航道四通八达，将世界各地港口连在一起，如果遇到政治、经济贸易及自然等条件的变化，可随时改选最有利的航线。

4) 航道投资少

水路运输利用天然航道，投资较少，且节省土地资源。海上运输航道的开发几乎不需要支付费用。内河虽然有时要花费一定的开支疏通河道，但比修建铁路的费用少很多。据估计，开发内河航道每公里投资仅为铁路旧线改造的 1/5 或新线建设的 1/8。而且，航道的建设还可以与兴修水利和电站结合起来。

5) 劳动生产率高

船舶的载运能力大，所需要的劳动力与载运量并不成比例增加，所以劳动生产率相对较高。我国内河运输和海洋运输的劳动生产率，分别为公路汽车运输的 13 倍和 20 倍。

2. 水路运输的主要缺点

1) 水运的速度慢

一方面轮船在水中行驶，阻力较大，速度提高比较困难；另一方面，虽然航运界一度掀起船舶高速化的热潮，但从石油危机以来，燃料费在运输成本中的比重直线上升，迫使营运中的高速船纷纷减速行驶，新造船舶的航速也出现下降趋势。因此，可以说水运是几种运输方式中速度较慢的一种。

2) 适应性差

内河运输受自然条件的限制很大，在无水或水利资源不好的地方无法进行，有些河道通航质量不好，季节性缺水或冬季常因冰冻而停航，无法保证全年通航。有些航道的走向和经济要求方向不一致，不便利用。海洋运输也受到港湾的水深、风浪等气候和水文条件的限制。

3) 货物直达性较差

水路运输实现的是装卸区到装卸区的运输，不能实现像公路运输一样的门对门的运输作业。如果托运人或收货人不在航道上，就要依靠汽车或铁路运输进行转运，不能实现直达运输，也就是说在此情况下会增加装卸搬运的次数，且需要使用多种物流设备及货载工具，这样会比直达运输的成本有所增加，另外经过多次转运还存在货损的风险。

4) 设备投资额巨大且回收期长

海运公司订造或购买船只需要巨额资金，如新造一艘大型集装箱船(运能 3 500TEU)造价为 5 000 万～6 000 万美元。船舶是其固定资产，折旧期较长，一般多以 20 年为准。就投资分析而言，用于固定资产的比例比其他企业要高，且船舶没有改作其他用途的可能。

5) 国际化经营且竞争激烈

海洋运输经营具有国际化，船舶航行于公海，是需要争取各国货载的运输。但由于世界船吨严重过剩，而且需要面对其他运输方式的竞争，因此经营竞争非常激烈。

6) 兴衰循环，运费收入不稳

海运市场同经济景气变化一样有其周期性循环，这对于运费高低影响很大。如世界经济景气，货物运输需求增加，则运费上扬，进而刺激造船业发展；一旦船舶吨位增加，又逢世界经济趋于低迷，则立即反映于海运市场，运费必定趋于下跌，继而随之影响造船业萎缩，海运公司甚至不得不将船舶拆解以期吨位减少，运费回升。如此变化的结果，致使运费收入很不稳定。

3. 水路运输的适用范围

水路运输利用天然河道，占地少、运量大、投资省、运输成本低，因而适用于大宗货物长途运输，在运输长、大、重件货物时，与铁路、公路相比具有明显的优点。海洋运输是实现国际贸易和各国友好往来的主要运输方式。

5.1.4 水路运输的发展趋势

1. 观念、运输方式变革和运输功能拓展

在水运市场激烈的竞争形势下，航运公司经营观念从单纯追求利益转变为追求低运输成本和高质量服务，以便自己能获得新的生存和发展机会。现代运输强调物流的系统观念，在拓展港口功能、充分发挥港口集疏运作用的前提下，建立以港口为物流中心，由5种运输方式优化组合的联运系统，从原材料供应、产品生产、存储、运输到商业销售的整个物流过程更为畅通，从而使货方、运输方、销售方和购买方在合理的方式联运中全面受益，体现运输服务于社会经济的宗旨。物流的系统观念还改变了船方、港方、货方在运输中过分顾及各自利益的传统做法，转而树立了全新的物流流通系统利益的观念，使运输服务于社会经济的观念得到升华，这是运输的时代新特征。

2. 经营机制新变革

我国港口对外开放以来，吸收了大量外资，沿海各大城市港口的集装箱码头的中外合资经营屡见不鲜，以"政企分开"和"港口经营民营化"为主要内容的建立港口现代化企业制度已经成为我国港口体制改革的核心任务。港口组合经营、港航联合经营、港方和货方合作经营正成为港口一种新的经营机制。近几年来，世界航运业正在向实现"强强联手，优势互补"的经营机制变革。

3. 船型专业化与泊位深水化

从船型构成看，油轮和散货船舶等专业化船舶占有极大的比重，作为新型运输方式的集装箱租船的发展也非常迅速。船舶大型化的趋势对港口航道水域和泊位前沿的水平提出了更高要求，例如随着第四、第五代集装箱船舶和大型油轮、散货船的出现，要求港口航道和集装箱泊位前沿水域的水深不断加深。

4. 码头专用化、装卸机械自动化及运输全球化

对于流量大而稳定的货物，如散货、石油及其成品油类和集装箱的运输，专用码头泊位的产生，加上专用装卸机械自动化程度的提高，大大地提高了港口通过能力，同时也提高了港口的装卸效益。因此，泊位专用化和装卸高效益已成为现代化港口的发展趋势。此外，在经济贸易全球化的今天，运输全球化成为必然的发展趋势。

【拓展视频】

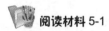
阅读材料 5-1

天津港最大国际集装箱班轮航线开通

由马士基航运和地中海航运组建的世界航运最大联盟——"2M"联盟，在天津港成功开辟第二条欧洲集装箱国际新航线，这也是天津港今年开通的第三条"21世纪海上丝绸之路"新航线。

此次开通的新航线由天津港出发，途经韩国釜山、中国上海、马来西亚丹戎帕拉帕斯、埃及苏伊士、德国不来梅和汉堡等地的港口，最远至欧洲的瑞典哥德堡，将投入12艘1.8~1.9万标准箱的世界最大集装箱船舶进行周班运营，总运力超过21万标准箱，每航次在港进出口箱量约为5 000标准箱，是天津港目前最大的国际集装箱班轮航线。

据了解，天津港是"一带一路"重要战略支点，向东向南海上辐射东北亚、东南亚、欧洲、美洲、非洲，同世界上180多个国家和地区的500多个港口有贸易往来，120条集装箱航线和每月550余班航班直达世界各地，是海上丝绸之路的重要启运港；向西向北陆路连接中西亚、蒙古、俄罗斯、欧洲，拥有二连浩特、阿拉山口（霍尔果斯）和满洲里三条大陆桥过境通道，是我国连通新欧亚大陆桥经济走廊和中蒙俄经济走廊运距最近的海上"桥头堡"。2016年上半年完成集装箱超过726万标准箱，同比实现稳定增长。

资料来源：滨海高新网. 天津港最大国际集装箱班轮航线开通[EB/OL].
(2016-07-19). [2016-07-20]. http://www.tj.gov.cn/jmjj/xmjj/yjjx/201607/t20160719_299655.htm.

5.2 水路运输系统的组成

5.2.1 船舶

船有多种分类，可按用途、航行区域、航行状态、推进方式、动力装置和船体材料及船体数目等分类。按用途不同分类：作为军事用途的称为舰艇或军舰；可用于交通运输、渔业、工程及研究开发的称为民用船舶；运送货物与旅客的船舶称为运输船。

【拓展视频】

1. 客船

客船又称客轮。凡以载运旅客为主要业务的船舶称为客船。根据《国际海上人命安全公约》，凡载客 12 人以上的船舶即为客船，无论是否同时载有货物。客船多以定期方式经营，兼营邮件、行李及贵重物品。按照航行地点方式的不同，可分为海轮、渡轮、江轮等，其中海轮又依距离可分为近海和越洋两种，其中越洋的海轮客船转为观光旅游功能式的游轮。通常，客船分为以下 6 种类型。

(1) 海洋客船：包括远洋和沿海客船。远洋客船原多兼运邮件，故又称邮船。

(2) 旅游船：又称游船，供游览用，其服务设施与娱乐设施十分发达，现代旅游船已向豪华型发展。

(3) 汽车客船：汽车客船用于运输旅客及其自备汽车。

(4) 滚装客货船：是在集装箱运输和汽车客船大型化的基础上发展的高效、新型客货船，多用于沿海中程定期航线。

(5) 高速客船：是高速航行的客船，其中包括水翼船和气垫船，具有速度快、适航性好的特点，多用于短途运输。

(6) 内河客船：航行于江、河、湖等内陆水域上的客船，载客量大且停靠频繁。

2. 货船

以载运货物为主要业务者称之为货船。在当今世界商队船中有 95% 以上为货船。由于造船技术的进步，使得货船在性能、设备方面日益改进，并因各种特殊货物而制造出各种不同用途的专用船舶。根据承运货物种类的不同，将主要的货船分为下列 9 种。

(1) 杂货船：凡定期行驶于货运繁忙的固定航线港口，以装运零批件货或装运不能集装箱化的杂货为主要业务的商船，称为杂货船。

(2) 散装货船：凡专供装运无包装货物的船舶称为散装货船，为不定期航业的主要船舶。散装货物的数量庞大、价值低廉、运费负担能力较低，通常有定向性或季节性流动。装载无须特别设备的农产品或工业原料，如谷物、矿砂、煤炭、水泥、糖、盐等。

【拓展视频】

(3) 集装箱船：集装箱船是载运规格统一的标准货箱的货船。集装箱船具有装卸效率高、经济效益好等优点，因而得到迅速发展。集装箱船可分为部分集装箱船、全集装箱船和可变换集装箱船 3 种。

① 部分集装箱船，是以船的中央部位作为集装箱的专用舱位，其他舱位仍装普通杂货。

② 全集装箱船，指专门用以装运集装箱的船舶。它与一般杂货船不同，其货舱内有格

栅式货架，装有垂直导轨，便于集装箱沿导轨放下，四角有格栅制约，可防倾倒。集装箱船的舱内可堆放 3~9 层集装箱，甲板上还可堆放 3~4 层。

③ 可变换集装箱船，其货舱内装载集装箱的结构为可拆装式的。因此，它既可装运集装箱，必要时也可装运普通杂货。

集装箱船航速较快，大多数船舶本身没有起吊设备，需要依靠码头上的起吊设备进行装卸。这种集装箱船也称为吊上吊下船。

(4) 冷冻船：凡是将鱼、肉、蔬菜、青果、鲜兽皮等货物装入保持一定温度冷冻船舱或冷藏舱内从事运输的船舶，就称为冷冻船或冷藏船。冷冻船一般在其货舱内装有调节空气温度与湿度的冷藏机器及设备，货舱舱壁及甲板、舱盖等均加装隔温材料以保持舱内温度。

(5) 液体货船：这类船舶多用以装运特种液体货物，如化学品类的硫酸、液化石油、液化天然气及液体硫磺之类的货物。这类船舶多为将船舱分隔成若干密封货舱，彼此绝对隔离，管道及货舱内壁镀有特殊金属，以防腐蚀。

(6) 木材船：凡专门用以运输木材或原木的船舶，称为木材船，为不定期航业船舶之一。船舱宽大，舱内无梁柱及中层甲板，起重机需有 10t 左右的起重能力，并装置于高架台上或船楼甲板上，甲板两侧舷墙应加高，以便甲板上也能装载木材。

(7) 车辆运输船：这是专门设计用来运送车辆的船舶。将车开入车辆运输船，到达目的地后，直接开出船舱，无须起吊装卸设备，但设计有驶入驶出车道及舷门，甲板层数也较一般船舶为多，甲板上也都有系拴车辆的设备，以免海上颠簸倾倒碰撞，为运送车辆最适合的船舶。

(8) 笨重船：为专门用以装运超长、超重(重量在几十吨至几百吨)、超大货物而设计的船舶。如火车、小艇、锅炉、机器、飞机等。船上应有起重 50t 以上至几百吨的起重机，舱口宽大，无二层舱，舱内没有系拴设备。

【拓展视频】

(9) 油轮：凡以散装方式运输原油或燃料的专用船舶统称为油轮。它是近年货船专业发展最快的船舶。油轮都不直接靠港口，而是在港外利用管道等系统来装卸油品，装卸速度快，一般 20 万 t 原油可在 24h 内装毕或卸毕。

3. 客货船

客货船是兼作运输旅客或货物的船舶。有的以客运为主，有的以货运为主，不尽相同。以载客为主，兼运部分货物的是客货轮；以载货为主，兼运少量旅客的是货客轮。但只要是客货船必有一共同的特点，就是必须兼顾客船或货船两方面的优点而避免其缺点。例如装卸设备必须使用电动，以免噪声妨害旅客安宁；起重装卸机具必须完备良好，以确保装卸迅速，并可严格控制船期；有完善的旅客生活起居设备；有合乎规定之救生、防水、防火及各种安全设施等。

5.2.2 港口水域设施

港口的水域包括港池、航道与锚地。

1. 港池

港池一般指码头附近的水域。它需要有足够深度与宽广的水域，供船舶停靠驶离时使用。对于河港或与海连通的河港，一般不需要修筑防浪堤坝，如上海黄浦江内的各港区和天津海河口的港口。对于开敞式海岸港口，如烟台、青岛、大连等，为了阻挡海上风浪与泥沙的影响，保持港内水面的平静与水深，必须修筑防波堤。防波堤的形状与位置，可根据港口的自然环境来确定。

2. 航道

航道是指船舶进出港的通道。为保证安全通航，必须有足够的水深与宽度，弯曲度不能过大。为了避免搁浅而造成船舶和生命财产损失与环境污染，船舶航行时必须在龙骨基线以下保持足够的水深。

3. 锚地

锚地是供船舶抛锚候潮、等候泊位、避风、办理进出口手续、接受船舶检查或过驳装卸等停泊的水域。锚地要求有足够的水深，使抛锚船舶即使由于较大风浪引起升沉与摇摆时仍有足够的富裕水深。锚地的底质一般为平坦的沙土或亚泥土，使锚具有较大的抓力，而且远离礁石、浅滩等危险区。锚地离进出口航道要有一定距离，以不影响船舶进出为准，但又不能离进出口航道太远，以便于船舶进出港操作。过驳装卸的锚地不仅要考虑锚泊大船本身的旋回余地，还要考虑到过驳小船与装卸作业的安全。锚地水域面积的大小，根据港口进出口船舶艘次与风浪、潮水等统计数据而定。

5.2.3 港口陆上设施

为保证船舶货物的流通，港口要有配套的铁路、道路、仓库，港口装卸机械、给排水、供电系统和通信。

1. 港口铁路

由于我国海港基本集中在东部沿海，腹地纵深大，铁路运输是货物集疏的重要手段。完整的港口铁路应包括港口车站、分区车场、码头和库场的装卸线，以及连接各部分的港口铁路区间正线、联络线和连接线等。港口车站负责港口列车到发、交接、车辆编解集结；分区车场负责管辖范围内码头、库场的车组到发、编组及取送；港口铁路区间正线用于连接铁路接轨站与港口车站；装卸线承担货物的装卸作业；联络线连接分区车场与港口车站；连接线连接分车场与装卸线。

2. 港口道路

港口道路可分为港内道路与港外道路。港内道路由于要通行载货汽车与流动机械，对道路的轮压、车宽、纵向坡度与转弯半径等方面都有特殊要求。港内道路行车速度较低，一般为15km/h左右。港外道路是港区与城市道路与公路连接的通道。若通行一般的运输车辆，其功能及技术条件与普通道路相同。

3. 仓库

港口是车、船转换的地方，也是货物的集散地。出口货物需要在港口聚集成批等候装船；进口货物需要检查、分类或包装，等候散发转运。因此，港口必须具有足够容量的仓库与堆场，以保证港口的吞吐能力。按仓库所在位置分为前方仓库和后方仓库。前方仓库位于码头的前沿地带，用于临时存储准备装船与从船上卸下的货物；后方仓库用于较长期存储货物,位于离码头较远处。按结构与用途,将港口仓库划分为普通仓库和特种仓库(筒仓、油罐等)。普通仓库用于堆放杂货,也有堆放粮食或化肥等散装货物。筒仓主要用于存储散装水泥与粮食等。油罐主要用于存储油类等液体货物。随着海上油田的开采,还出现了大型海上油库。

4. 港口装卸机械

港口装卸机械是完成港口货物装卸的重要手段,用于完成船舶与车辆的装卸,货物的堆码、拆垛与转运等。港内流动的装卸机械有较大型的轮胎起重机、履带式起重机、浮式起重机、各种装卸搬运机械(如叉式装卸车、单斗车、索引车等);固定装卸机械有门座式起重机,岸边起重机,集装箱起重机;各种连续输送机械(如带式输送机,斗式提升机,气力输送机和螺旋输送机)。

5. 港口给水与排水系统

港口给水系统是为船舶和港口的生产、生活、环境保护与消防提供用水。根据不同用途的需要提供不同的水量、水压和水质。港口排水系统的任务是:及时排除港区的生产、生活污水及地面雨水;对有害的污水必须进行净化处理,达到环境保护的要求后才能排放,以防止对水域的污染。

6. 港口供电

港口供电的对象主要是装卸机械、维修设备、港口作业辅助设施、照明、通信与导航设施等。

7. 港口通信

为了保证港口生产与安全,需要有各种辅助船舶,如拖轮、供水船、燃料供应船、起重船、垃圾船、巡逻艇、搜救船等。

5.2.4 助航设施——航标

为了保证进出港船舶的航行安全,每个港口、航线附近的海岸均有各种助航设施,其中最重要的助航设施就是航标,它的主要功能是:为航行船舶提供定位信息;提供碍航物及其他航行警告信息;根据交通规则指示航行;指示特殊区域,如锚地、测量作业区、禁区等,即定位、警告、交通指示和指示特殊区域4方面功能。

按照设置地点不同,航标可分为沿海航标与内河航标。沿海航标建立在沿海和河口地段,引导船舶沿海航行及进出港口与航行,它分为固定航标和水上浮动航标两种。固定航标设在岛屿、礁石、海岸,包括灯塔、灯桩、立标;水上浮动航标是浮在水面上,用锚或沉锤、链牢固地系留在预定海床上的标志,包括灯船与浮标。内河航标是设在江、河、湖泊、水库航道上的助航标志,用以标示内河航道的方向、界限与碍航物,为船舶航行指示安全航道。它由航行标志、信号标志和专用标志3类组成。按照工作原理不同分类,有视觉航标、音响航标与无线电航标。

5.2.5 港口服务机构

港口服务机构包括保证港口生产和设备维修的各项辅助设施、行政办公和生活设施。

1. 流动机械库

存放和养护港口装卸用的各种小型流动机械。对大型的轮式起重机和运输车辆等设备应有室外存放场地及冲洗设备。

2. 维修站

进行装卸设备的维修、检修，其规模和配备范围，随港口规模、装卸设备的规格数量和修理的协作条件等因素而有较大的变化。

3. 工具材料库

存放、分发和维修装卸作业中所需的各种工具及材料。

4. 加油站

负责港口设备燃料油的补充，站内设有储油设施(地面及地下油罐)、柴油过滤设施、计量及加油设备等。

除上述各项设施外，不同性质的港口尚配备不同内容的辅助生产设施，如充电站、成组工具库，集装箱修理站及洗箱站等。

阅读材料 5-2

中国远洋运输集团

中国远洋运输集团(以下简称中远或中远集团)是以国际航运、物流码头和船舶修造为主业的大型跨国企业集团，在《财富》世界500强企业中排名第327位。

目前，中远集团拥有和控制各类现代化商船近800艘，5 600多万载重吨，年货运量超4亿t，远洋航线覆盖全球160多个国家和地区的1 600多个港口，船队规模稳居中国第一、世界第二。其中集装箱船队规模在国内排名第一、世界排名第六；干散货船队世界排名第一；专业杂货、多用途和特种运输船队综合实力居世界前列；油轮船队是当今世界超级油轮船队之一。中远集团在全球范围内投资经营着32个码头，总泊位达157个，根据 Drewry 2009 年 7 月发布的最新统计，2008 年中远集团所属中远太平洋的集装箱码头吞吐量继续保持全球第五。

中远集团拥有丰富的物流设施资源，控制各种物流车辆超过4 000台，包括具有289个轴线、最大承载能力达8 000 t的大件运输车，堆场249万 m^2，拥有和控制仓库297万 m^2，在家电、化工、电力、融资等领域为客户提供高附加值服务，为青藏铁路、天津空客、印度电站等国内外多个重大项目提供物流服务，创造多项业界纪录。

中远集团在国内的多家船舶修造基地，拥有含30万t级、50万t级的各类型船坞16座，业务涉及大型船舶和海洋工程建造、改装及修理，生产设备装配水平、生产管理水平国内领先，技术能力、生产效率及生产成本等指标居世界前列。年修理改造大型船舶500余艘，年造船能力840万t，是中国最大的修船企业及技术最先进的造船企业。

中远集团已形成以北京为中心，以中国香港、美洲、欧洲、新加坡、日本、澳洲、韩国、西亚、非洲九大区域公司为辐射点的全球架构，正在形成完整的航运、物流、码头、船舶修造的全球业务链。

资料来源：中远集团. 中远简介[EB/OL]. [2011-05-25].
http://www.cosco.com/cn/about/index.jsp? leftnav = /1/1.

5.3 航线设置与配船

5.3.1 客运航线设置与配船

在正常情况下,已有的旅客运输航线一般不会做很大的变动,但随着国民经济的发展,海、河、湖泊沿岸厂矿企业的建立和港口站点的增多以及城市的发展,使得客流和货流都会发生较大的变化,这就需要相应地开辟新的航线或调整已有的航线,建立新的航线系统。

1. 客运航线建立的原则

制定或调整客货运输航线,应通过方案比较法进行。但在制定和选择方案时,不仅要考虑营运经济效果,而且还要考虑最大限度地方便旅客。因此,在制定客运航线时,应遵循以下原则。

(1) 水上客运航线的设置应与邻近的平行的其他运输方式(铁路、公路)合理分工、相互协调,为旅客策划经济合理的路线,满足不同旅客的要求。

(2) 水上客运航线的布局应使彼此之间以及与其他运输方式线路之间,在空间和时间上很好地衔接,以方便旅客从某一航线换乘其他航线的船舶或其他交通工具。

(3) 水上客运航线的设置应考虑不同旅客的愿望。例如,在某一航段内可以设置两条或两条以上的平行航线,它们可能由于配置的船舶航速、客舱等级和设施标准、停靠港站数量以及船舶在各港到发时刻等的不同,而可使各航线的客票票价及其他旅途开支(因等待换乘其他航线船舶或其他交通工具而宿夜等)和对不同旅客的方便程度等不同。这样就可便于不同旅客根据各自的旅行目的、经济条件和其他具体情况,选择他们各自认为合适的航线。又如,当两港间客运量较大时,可考虑设置中途不停靠的直达航线,以利于提高旅行速度。

(4) 水上客运航线的设置和安排,在尽量方便旅客的原则下,还应考虑经济原则,即还应有利于提高船舶的客位利用率和载重量利用率(对客货船而言),有利于减少非生产性停泊时间,有利于加速船舶周转,提高船舶的营运经济效果。

2. 客运航线系统规划的方法

研究水上客运航线系统,不能孤立地从以往的航运系统来推断今后的发展趋势,而应从整个客运系统出发,采用系统分析的方法进行规划。客运航线规划大致包括以下步骤。

(1) 分析现有客运航线的营运情况。
(2) 综合分析客运航线两端点港间的各种客运方式。
(3) 分析航区经营环境的变化。
(4) 分析旅客需求的变化。
(5) 新航线的构想及航线多方案设计。
(6) 对设计的方案进行分析和评价。
(7) 选择方案。

3. 客运船舶的选配

每一条客运航线都有其特点,在这些航线上经营的船舶必须符合航线的特征。客运航线在选配船舶时,应注意以下几点。

(1) 同一航线上船舶的性能要求一致,以保证船舶都能按相同的规律有节奏地运行。

(2) 在长距离的主干客运航线以及旅游、休养航线上,应配置设备较完善的船舶,而且前者还要求配置速度较高的航舶。此外,长距离航线和休养航线还必须配备有卧铺的船舶。

(3) 短距离的地方性客运航线,特别是支农航线,服务对象是自带物品较多的农民。因而,在这些航线上配置的船舶,应有较多可供堆放物品的空间,甲板的层数也不宜太多。

(4) 市郊或市内客运航线,因为旅客多数是工人、干部、学生及居民,他们乘船时携带的东西比较少,故航室内座位的布置应力求紧凑,以利于提高船舶的营运经济效果。在短距离、客运量大的航线上,为了及时运输旅客,要求发船密度大,旅客上船、上岸迅速,而不宜选配载客量太大的船舶。

(5) 在旅游季节、双休日和节假日等会出现客流高峰的时期,要事先做好计划和安排。除了需要增加运船外,还应加强船舶的运行组织以及港口客运站的工作安排,以最大限度地满足旅客的乘船要求。

(6) 对于客货船航线,根据航线客、货运量的数值,按船舶载客量与载重量计算出的发船密度可能不一致。在这种情况下,如果航线上货运量很大,按货运量计算发船密度需要的客、货船数量较大,就必然降低客位利用率,造成经济损失。根据以客为主的方针,在这种情况下应按客运量计算发船密度,多余的货运量可组织机动货船去完成。甚至在客货运量都很大的情况下,客货船也只装运一些运价较高的快运货物及邮件、行李、包裹等(部分原有货舱改为客舱),而其他货物组织机动货船运输,以减少客货船的装卸停泊时间、缩短往返航次时间、减少客货船需要量。这在经济上是否合理应根据具体情况经过方案比较决定。

4. 市郊和市内客运航线

市郊和市内客运航线与长距离航线相比,在航线安排、配船以及组织船舶运行等方面,均有许多不同的特点与要求。

(1) 航线距离短,运输有很大频繁性。为了方便乘客,一般都要求有较大的发船密度。为此,可采用载客量较小的船舶,而且在一昼夜内的发船间隔时间,可根据客流量的变动而调整。

(2) 市内轮渡航线的客流在时间上和方向上均有很大的不平衡性,这突出表现在一周内和一天内,而且将时间和方向结合起来的不平衡性更大。

(3) 市郊航线客流的不平衡性不仅表现在时间上和方向上(例如,早上农民进城的多;下午返回市郊农村方向的多),而且在航线沿途越接近市中心或工业区中心,客流密度越大。为了满足乘客及时乘船的需要,应计算航线上若干地点需要的发船密度,确定发船次数,除全程航次外,在客流量大的时间内和区段上,可增加到达中间点的区间航次。

(4) 市内轮渡航线的乘客主要是工人、干部、学生及居民,他们乘船携带的物品不多,船舶的舱室和座位布置可以较为紧凑,但底层应有较大空间,以便停放车辆。对于客流量大的航线,为了及时输送乘客,保证上、下班的需要,要求发船间隔时间小,上船、起坡迅速,而不宜配置载客量太大的船舶。

(5) 市郊航线船舶的往返航次时间不要求一定是昼夜整数,只要是发船间隔时间的倍数,并能做到定时发船即可。

5. 客运船舶运行时刻表的编制

在编制和确定船舶运行时刻表时,既要保证航行安全,又要最大限度地方便旅客,安排船舶在各港的到发时间及经过某些航段时间时,要求做到以下几点。

(1) 长途航线一般始发港的发船时间最好是在傍晚,到达港口时间最好在早上,进入主要中途港和经过风景区的时间尽可能安排在白天。

(2) 在中转港进行中转或者与其他运输方式进行衔接时,应与中转港的其他航线或者其他运输方式的运行时刻表相衔接,要保证旅客有足够的时间并且能够及时换乘。

(3) 对于市内或市郊航线,其早上发船应保证职工有足够的时间在上班之前赶到工作地点,晚上收班应在市区下班时刻之后,保证职工下班后能够乘坐航班。

(4) 允许时刻表的编制,必须特别注意保证船舶安全,尽量使船舶不要在夜间通过险要航道,如有暗礁、险滩、急流、狭窄的航段等,也不要在险要航段处会船或超越,并力求减少或消除通过限制航段和船闸的等待时间。

(5) 在安排长距离航程的运行时刻表时,对船舶应给予足够多的停泊时间,以便船舶检修、清扫、补给,并让船员得到适当休息。

(6) 由于内河水道在不同季节,其水位和流速一般都有较大的差别,因此船舶运行时刻表应按照不同的水位历期分别制定。

对于编制好的船舶运行时刻表,应在候船室和船舶明显之处向旅客公布。若船舶因故晚点,应及时向旅客公布,以便旅客了解船舶的运行情况。

5.3.2 货运航线设置与配船

1. 货物分类

货物是水路运输的主要对象,运输的任务就是根据国家计划将货物迅速地、完整无损地运到目的地。因此,要完成水上运输任务,保证各方的合法权益,所以注重货物与货运质量的研究,有利于水上货物运输,保证货物安全完好地交付收货人,加强各国之间的经济贸易和友好往来。

由于船舶载运的货物种类甚多,为了便于研究各种货物的运输保管方法,按一定的共同特征将它们归类是非常必要的。货物基本包括以下分类。

1) 普通件货

普通件货包括的货种极为广泛,凡各种加以包装或不加包装自然成件(称裸装)的,在装运中一般无过分特殊要求的货物基本上都属此类。如袋装粮食、茶叶、纸张、棉花、小五金、钢锭等。

普通件货,通常又称为杂货。运输中常以"杂货"区别于"大宗货",杂货按货物性质或特点可分为:清洁货、异味货、扬尘污染性货、食品、流质品、易碎品以及冷冻货、鲜活货、笨重长大货、贵重货物、危险货物等。

2) 大宗货

大宗货在运量构成中,占百分比较大或批量较大的货物(包括散装货和一些包装货)。

粮谷、煤炭、矿石、石油、化肥、钢铁、水泥、糖等都是典型的大宗货，在运输中的明显特点是通常以整船装运。

3) 散装货

散装货又称散货。不加包装投入运输的块状、粒状、粉状的干质货物。如煤炭、大多数的矿石、不加包装的粮谷、盐、糖等。运输中，不按件计数，常以散堆方式装载。货物散运，既可节约包装费用，又可较充分地利用货舱容积，更有利于装卸作业机械化。

4) 液体货

不使用包装，利用管道泵灌装卸的或以容器盛装的各种液体状货物。如石油及其大部分产品，各种矿物油及动植物油，乳胶液以及罐、桶、瓶或其他容器盛装的饮料、酒类和液状化工产品等。

5) 成组货

成组货是指小型货件利用绳扣、网络或用货板、框架等简易成组工具集零成组的货件。成组货与叉式装卸车等搬运机械相配合，能提高装卸效率，同时还节省人力，减轻劳动强度，从而达到缩短船舶在港作业时间，加速船舶周转和减少货损货差，保证货物运输质量等优点。船舶装运成组货，应根据它的特点，做到紧密排列堆装，充分利用舱容，便于使用叉式装卸车等机械和不发生倒垛危险。

6) 危险货

危险货是指具有燃烧、爆炸、腐蚀、毒害、放射等性质。在运输过程中能引起人身伤亡、人民财产受到毁损的物质。我国交通部"危险货物运输规则"根据危险货物性质和对运输的要求，将危险货物分为：爆炸品、氧化剂、压缩气体和液化气体、自燃物品、遇水燃烧物品、放射性物品、易燃液体、易燃固体、毒害品、腐蚀物品共 10 类。

2. 货物的积载

货物积载又称船舶积载。它是对船舶航次所承运的货物做出堆装位置的合理安排和正确堆装。该项计划由船上大副在取得航次载货清单后拟定。积载正确与否直接关系船舶的安全、货运质量、船舶载货能力的充分利用及加速船舶周转等一系列问题。货物积载图是由船上大副编制的，港口根据大副编制的积载图组织货物的装船工作，因此船舶积载是一项技术要求很高的工作。所以在积载时必须充分考虑：保证船舶、船员和旅客的安全；避免货物损害、灭失或变质；充分利用船舶载重量和载货容积；保证船舶具有适当可靠的稳性和适当的吃水差；最大可能地提供快装快卸的条件，以缩短船舶在港停泊的时间。

1) 货物积载因数

货物积载因数(Stowage Factor，S.F.)是船舶积载工作中十分重要的资料，用于衡量一定重量的某种货物需占多少货舱容积，或一定的货舱容积能装载多少吨某种货物，即各种货物每 1 吨在货舱中正常堆积时所占的空间(m^3 或 ft^3)。在货物运输中、货物正常堆积时的货堆体积包括其货件之间必需的间隙及正当衬垫所占据的空间。确切的数据应根据对货堆的实际丈量和进行如下的计算得出：货物积载因数等于货物正常堆积时占舱位容积除以货物重量，即每吨占多少 m^3 舱容。

在配积载时，要考虑到哪些是重货；哪些是轻泡货；如何满舱满载，以致不会亏舱，这些均需较高的技术。

(1) 重货与轻泡货。从船舶配积载角度考虑，凡货物积载因数小于船舶载货容积系数的货物称为重货；凡货物积载因数大于船舶载货容积系数的货物，称为轻泡货。

从计算货物运费角度考虑，凡货物积载因数小于 1.132 8 m^3/t 或 40 英尺^3/t 的货物，便是重货；如果大于上述规定均称轻泡货。我国现行规定：凡每立方米货物的重量大于 1t 的为重货；如果小于 1t 的称为轻泡货。

(2) 满舱满载。船舶载货处于既能充分利用货舱容积，又充分利用载重线的状态。即船舶货舱装满货物后，它的吃水达到允许的最高载重线。船舶满舱满载可以提高营运经济效果，因此，在货源充足、货载可供选择的条件下，船舶配载时应妥当地处理轻、重货物的搭配。轻、重货物搭配达到满舱满载的基本计算公式为

$$\begin{cases} X+Y=D \\ aX+bY=Q \end{cases} \tag{5-1}$$

式中：D——船舶航次净载重量；

Q——船舶可利用的载货容积；

a——重货积载因数；

b——轻货积载因数；

X——重货装载重量；

Y——轻货装载重量。

解之得

$$X=\frac{bD-Q}{b-a} \tag{5-2}$$

$$Y=\frac{Q-aD}{b-a} \tag{5-3}$$

2) 船舶重量性能及载货容积性能

(1) 船舶重量性能。它包括船舶的排水量和载重量，计量单位以公吨表示。

① 排水量是指船舶排开同体积的水重，亦等于船上的总重量。排水量可以分为空船排水量和满载排水量。

空船排水量是指船舶空载时的排水量，也就是空船重量，包括船体、机器及设备、锅炉中的燃料及冷凝船中的淡水等重量的总和。

满载排水量是指船舶满载时，吃水达到某一载重线时的排水量，它包括空船重量、货物、燃、物料及淡水、船员和行李以及船舶常数等重量的总和。

② 载重量可分为总载重量和净载重量。总载重量是指在一定吃水的情况下，船舶所能装载的总重量，即船舶总载重量等于船舶满载排水量减去空船重量。在一定吃水时，它是一个定值。

净载重量是指船舶所能装运的最大限度的货物重量，即从总载重量中扣除燃料、淡水、粮食和供应品、船用备品、船员和行李以及船舶常数后的重量。

(2) 载货容积性能。船舶载货容积性能包括货舱容积和船舶登记吨位，计算单位以 m^3 或 ft^3 折算的登记吨表示。

① 货舱容积。货舱容积是指船舶实际能容纳装载货物的空间。一般分为散装容积和包装容积两种。

a. 散装容积是指货舱内能装散货(例如粮谷、矿石、煤炭、盐等)的货舱容积；该容积

包括船舶两舷壳板里缘、舱底板、舱盖板和横舱壁所包围的容积，并扣除肋骨、支柱和横梁所占的容积。

b. 包装容积是指货舱内能装包装件货的货舱容积；因为一般包装货装不进肋骨之间、横梁间等小的空隙，所以该容积比散装容积小，一般为散装容积的 90%～95%。包装容积是由肋骨里边护板内缘量起的，上边是由横梁的下缘起算到舱底板所包围的容积。

舱容系数也是船舶的重量容积性能，也是反映载货性能(指宜装重货或轻货而言)的重量指标。舱容系数 W 是指船舶货舱容积与船舶净载重量的比值，即每一净载重吨占有多少立方米的货舱容积。

$$W=\frac{\sum V_{\text{coh}}}{DWTC} \text{ (m}^3\text{/t 或 ft}^3\text{/t)} \tag{5-4}$$

式中：W——舱容系数；

$\sum V_{\text{coh}}$——船舶货舱容积；

$DWTC$——船舶净载重量。

因为船舶净载重量是随航程不同而变化的，舱容系数也是变化的。一般船舶资料中所指的舱容系数是指最大续航能力情况下的数值。最大续航能力就是指船舶在装满燃料、淡水、供应品的情况下，不需要进港补给燃、物料、淡水的最大航行距离。一般杂货船的舱容系数均在 1.5m³/t 以上。

② 船舶登记吨位。船舶登记吨位也是船舶的重要容积性能，它是为船舶注册登记而规定的一种以容积为计算的丈量单位。船舶登记吨位一般分为总吨位和净吨位两种。

a. 船舶总吨位。它包括量吨甲板(船舶有一层或二层甲板时，以"上甲板"为量吨甲板；如有 3 层或 3 层以上时，则以自下而上的第二层甲板为量吨甲板。但是遮蔽甲板船的"遮蔽甲板"不得作为上甲板。)以下船体容积加上量吨甲板以上有遮蔽场所的容积，此外尚需扣除船舷的安全设备、航海、卫生等场所所占的容积，被 100ft³ 或 2.83m³ 去除所得的数值，就是该船的总吨位，即

$$GT=\frac{V_m}{100\text{ft}^3 \text{或} 2.83\text{m}^3} \tag{5-5}$$

式中：GT——船舶总吨位；

V_m——船舶丈量容积(ft³ 或 m³)。

总吨位的作用主要表示船舶规模的大小作为船舷数量的统计单位；作为计算净吨位的基础；客船和客货船计算定期租金的根据；作为海损事故计算赔偿的基础。

b. 净吨位。净吨位是船舶能够实际营运的空间，就是从总吨位中减去非营运(不能载运旅客和货物)的容积，即扣除船员宿舍、机舱、物料舱、压水舱等容积后，就得净吨位。净吨位的计算单位和总吨位相同。

净吨位的作用是船舶向港口交纳各种费用和税收的依据，如计算船舶在港的停泊费；拖带引水费、进坞费及海关税等费用。

此外还有运河吨位。它是指船舶通过运河时，如苏伊士运河、巴拿马运河、基尔运河等必须交付通过的运河费。其征收标准按特定的运河吨位计算。

3. 货物航线设置

货运航线系统规划是研究航运企业航线合理布局的技术管理问题，其任务是根据航区

一定时期内的货运任务及港、航客观条件,合理地确定货运航线的数量、各航线的货流构成以及各航线停靠的港口和停靠顺序。进行航线规划包括以下步骤。

(1) 应通过对所掌握货流资料的分析(最好绘制出货流图),并结合港航条件和船舶的性能,将两港间往返都有稳定、大宗的货流组织简单航线。在为航线分配货流和预配船舶时,应注意货物积载因数与船舶舱容系数的配合。如果同向货流既有重货又有轻货,应尽量使轻重货物合理搭配,使船舶载重量和舱容系数都能得到充分利用。

(2) 在剩下的货流中,将同一方向的货流(指货流方向都是顺时针或逆时针方向)组成若干条环行航线或三角航线,同时也可以组织环行航线或三角航线代替几条简单往返航线,这主要是为了减少空驶里程。因此,在组成一条环行航线后,须检查航线上空驶里程的总和是否低于总里程的一半;否则,这条环行航线是不合理的。

(3) 环行或三角航线拟好后,再将剩下的货流组成若干条单程载货的简单往返航线。组织这种航线主要是因为反向没有货流或者是因为货种性质关系不能与其他货物纳入同一航线。

第一个航线系统方案拟好后,应对所有运输任务进行核对,检验是否都已纳入航线。然后对此方案进行初步分析,找出其优缺点,通过对不太满意的航线针对其缺点进行变更调整,便可以组成另一个航线系统方案。以此类推,就可以拟制出若干个航线系统方案。如果拟制的方案较多,可先进行初步预选,保留少量较好的方案,再经过全面的具体配船指标计算,最后选择出最佳的航线系统方案。

除以上所述一个企业的全面航线系统规划问题外,也还有局部性的航线规划与调整问题。例如,研究开辟直达航线的合理性,就是一个局部性航线规划问题。

在船舶航行条件(水深、风浪、流速等)差别较大的情况下,例如海与江、干流与支流,可能有两种组织货物运输的方法。一种方法是开辟一条直达航线,实现货物的直达运输;另一种方法是开辟两条航线,货物在中途港换装。显然,这两种方法各有其优点。

开辟直达航线的优点是可消除船舶在中转港的换装作业,节约中转费用和劳动力,减少货损货差,缩短货运期限,加速船舶周转,减少中转港压力等。这对于港、航部门以及物资单位都有好处。但优点是否显著,还与中转货物的品种、中转港的装卸效率及设备能力等有关。

直达航线也有缺点,首先是由于各段的航行条件不同,而船舶的结构强度、设备要求、功率大小等,则必须适合全航程航行条件的要求。例如海船进江,其结构强度一定要适合海上要求,而有许多时间却在不需要如此高强度标准的河道上航行。

综上所述,开辟直达航线的合理性是有条件的。一般情况下,它适于在江上(或支流)距离不太长,水深、流速及风浪等航行条件差别不很悬殊,中途港的作业条件较差,装卸效率较低,货种易发生货损货差的条件下采用。

4. 货物航线配船

航线配船是研究各类船舶在航线上合理配置的技术管理问题。众所周知,在同一航线上使用技术营运性能和经济性能不同的船舶,将会产生不同的经济效果。同一类型的船舶,使用在不同的航线上,也将得到不同的结果。因此,船舶工作的效果在很大程度上是由正确的航线配船来保证的。船公司欲在现有营运条件下取得最佳效果,必须重视航线配船问题。

无论是对原有航线进行调整还是新辟航线均会遇到航线配船问题。对原有航线进行调整是指，当市场和航线营运条件发生较大变化，需重新调整航线；或船公司所拥有的运量发生了较大的增减，为求得总体营运效果最佳，船公司需及时调整航线配船。当然，这常发生在多航线多船型的情况下，可称之谓"重组航线配船"。新辟航线配船应经过技术经济论证，选配技术上先进、经济上合理的最佳船型。

航线配船包括多线多船型、多线单船型和单线多船型3种情况。

(1) 多线多船型的配船问题研究多条航线和多船型情况下的全面合理配船问题。根据安全优质的原则，首先应分析船舶的技术营运性能与航线上的货运任务以及航线的港、航条件，再按照经济合理的原则，为各航线选配技术营运上可行、经济性能好的配船方案，然后进行指标计算比较，并结合评价方案合理性的其他条件，选择出最佳配船方案。配船应遵循以下基本原则。

① 船舶与货物相适应。船舶的结构性能、装卸性能和设备等应适应航线上的货物性能。例如，专用船首先应配在运输相应货种的航线上。

② 船舶与港口相适应。船舶的尺度性能和设备条件应与港口泊位水深和装卸条件相适应。

③ 船舶与航线的航行条件相适应。船舶的尺度性能应与航道水深、船闸尺度、桥梁或过江电线净空高度等相适应，船舶的航行性能应与航线航行条件相适应。例如，航速过慢的船舶，不宜配在流急的航线上工作。

④ 应遵循一般的经济准则。在船舶能满载的情况下，应将吨位大、航速高的船舶首先配在装卸定额高、航程长的航线上，这有利于提高船舶的生产率和降低成本。将昼夜航行费用较高、停泊费用较低的船舶配置在短航线上；反之则应配置在长航线上。这也会有利于运输成本的降低。

(2) 多线单船型的配船问题远较多船型的配船问题简单，而且只有在运量大于运力时才有研究的必要。解决这样的问题，第一步仍然是从技术营运要求出发，在排除船舶不能工作的航线后，就可能工作的航线分别计算其营运经济效益指标，将保有的营运船舶优先用在营运经济效益较好的航线上，直至所有船舶分配完毕为止。应当指出，该类配船问题在国内航线上是很容易解决的，一般首先应根据货运任务的轻重缓急确定，而不能单纯从经济效益出发来决定承担或不承担某些航线的货物运输任务。但在保证完成国家运输计划的前提下，对其他一些货物，航运企业可以根据经济效益来抉择。对于远洋航线，当运量大于运力时，在外交和外贸政策允许的前提下，就可根据经济效益来决定。

(3) 单线多船型的配船问题也比较简单，而且只有当运力大于运量时才有研究的必要。其原则步骤与前述相同，即先排除不适于在该航线工作的船舶，而后逐船计算其经济效益指标。优先选配经济效益好的船舶，直至满足货运任务的需要为止。

阅读材料 5-3

全球集装箱班轮公司百强中文榜单出炉(截至2015年11月2日)

根据Alphaliner最新运力数据显示，截至2015年11月2日，全球班轮公司运力100强中马士基航运排第1，地中海航运排第2，法国达飞轮船排第3，中国台湾长荣海运排在第4，赫伯罗特排第5，中远集运排第6。第7名～第10名分别是：中海集运、汉堡南美、韩进海运与商船三井。

而在中国大陆的班轮公司中，中远集运排第 6，中海集运排第 7，海丰国际排第 24，泉州安盛船务排第 27，中谷海运排第 29，中外运集运排第 35，上海海华轮船排第 62，广西鸿祥船务排第 67，宁波海运排第 83，福建中行运输排第 84，天津海运排第 85。

资料来源：航运界.全球集装箱班轮公司百强中文榜单(截至2015年11月2日) [EB/OL]. (2015-11-03).[2016-07-20].http://info.jctrans.com/news/cgs/20151132187249.shtml.

5.4 船舶运输组织

5.4.1 船舶运输组织的基本要求和约束条件

船舶的运行组织是指航运企业根据已揽取到或即将揽取到的运输对象和航运企业控制的运力情况，综合考虑船舶生产过程中各个环节及与其他运输方式的协调配合，对船舶生产活动所作出的全面计划安排。做这项工作的基本要求是强调运输的经济性、及时性、协调性和安全性。

船舶运输组织是以实现运输对象的流向、流量、时间、质量要求为目的，以船舶运行环境为客观约束条件。船舶运行主要包括以下环境参数。

(1) 船线总距离和港口间各区段的距离。
(2) 各港平均装卸定额，反映航线上各港口的平均装卸效率和组织管理水平。
(3) 航线沿途水文气象条件及适航性，如风浪参数、海况、航道尺度等。

这些航线参数对船舶运行组织有直接的影响，制订船舶运行计划前应充分分析研究，在船舶运行中也要密切关注其变化，适时作出必要的调整。

虽然水路运输按船舶营运组织形式的不同，可分为班轮运输、不定期船运输和专用船运输三大类，但最主要的组织形式还是前两种，并且由于专用船运输主要是由企业自置或租赁船舶进行的，在组织时需要根据企业的实际情况进行调整，较难总结其中的规律，因此下面将只介绍班轮和不定期船的运输组织。

5.4.2 班轮运输组织

1. 班轮运输特点

【拓展视频】

班轮运输又称定期船运输，它是指固定船舶按照公布的船期表在固定航线和固定港口间运行的运输组织形式。从事班轮运输的船舶称之为班轮。

班轮对所有托运人提供货运空间，不论船舶是否被装满都要按计划日期启航，保证班期是班轮运输组织的核心工作。船舶按船期表公布时间抵离港口的程度可用准班率 K 表达

$$K=\frac{n_0-n_1}{n_0}\times100\% \tag{5-6}$$

式中：n_0——一定时期内(年、月)计划航次数；
n_1——同一时期内脱班(即不按时抵离港口)航次数。

班轮主要承运件杂货。件杂货物价格高，且多为轻货，平均积载因数为 $2\sim3\text{m}^3/\text{t}$，这就要求有较快的运送速度和较大的舱容。传统的杂货班轮以包装、外形、重量千差万别的散件形式承运件杂货，致使船舶在港停泊时间过长，严重影响了船舶的营运效率，增加了

船舶运输成本。为了改变这种落后局面，20世纪60年代后半期，件杂货成组化得到了迅速的发展，其中以集装箱化最为突出。集装箱班轮运输组织与传统班轮相比最大的特点是船舶大型化、高速化，船舶在港停泊时间短、周转快，需要专门对集装箱进行调度和跟踪管理。目前，许多航线上的件杂货装箱率已达70%~80%。

在班轮航线上营运的船舶包括传统杂货船、多用途船、集装箱船和滚装船。以集装箱船、多用途船和普通杂货船为主，滚装船多用在短距离的近海班轮航线上。

2. 班轮船期表的编制

1) 往返航次时间计算

往返航次时间是一艘班轮由始发港起航，经中途港、目的港返回到始发港再起航所经历的时间，或称为船舶周转周期。往返航次时间计算的依据是：航线总距离、船舶航速、港口装卸效率和在港装卸货物的数量及其他可能发生的耗时因素(如进出港减速航行，通过运河等)。计算公式为

$$t_r = \frac{L}{\bar{v}} + \sum \left(\frac{Q_1 + Q_d}{\overline{M}} \right) \tag{5-7}$$

式中：t_r——船舶往返航次时间或周转期，天；

L——航线总距离，海里；

$\bar{v}$——船舶平均航行速度，考虑了进出港航行和过运河、船闸等因素，海里/天；

Q_1，Q_d——航线沿途各港装货量与卸货量，吨；

$\overline{M}$——航线沿途备港的总平均装卸效率，吨/天。

2) 航线配船数计算

一条班轮航线上需要配置船舶的艘数通常要由货运需求(量的多少及发到船频率)、单船装载能力和往返航次时间等因素决定，其计算公式为

$$m = \frac{t_r \cdot Q_{\max}}{a_b \cdot D_d \cdot T} \tag{5-8}$$

式中：m——航线配船数，艘；

$Q_{\max}$——运量较大航向的年货物发运量，吨；

a_b——船舶载重量利用率(发航装载率)；

D_d——船舶净载重量，吨；

T——平均每艘船舶年内营运时间，天。

计算出m后，若m不为整数，则应将m取为整数。在具体计算时，要注意运量在往返方向上的不平衡性。

如果航线由一家班轮公司独自经营，可按式(5-8)计算的m值决定配船数量，取大于m的最小整数；如果航线上有多家公司同时经营，则各家公司配船数取决于本公司的实力和货载占有份额。

3) 航线发船间隔的计算

发船间隔是指一个班次的船舶驶离港口后，直至下一班次的船舶再次驶离该港的间隔时间。它可由船舶往返航次时间及航线配船数确定，即

$$t_i = \frac{t_r}{m} = \frac{a_b \cdot D_d \cdot T}{Q_{\max}} \tag{5-9}$$

班轮的发船间隔时间必须具备一定的规律性,以便于记忆,如常以月、旬、周、天、时等单位为发船间隔时间。所以,对于按式(5-9)计算得到的发船间隔时间还要按照规律性的要求加以调整。

4) 到发时间计算与调整

在以上计算的基础上,结合沿途各港的具体情况,先分别计算出相邻两港之间各航段的航行时间和在各港的停泊时间,然后根据始发港发船时间依次推算出船舶到、离各港的时间。当沿途各港所在地的时差不同时,在船期表上应给出船舶到发的当地时间。为此,需要将上述未考虑时差而计算出的各港到发时间加上或减去各港所在地与始发港所在地之间的时差。向东行为加,向西行为减。当航线上有几艘船舶运行时,后续船舶在各港的到发时间依次相差一个发船间隔时间。

班轮船期表是以表格的形式反映船舶在位置和时间上运行程序的文件,其主要内容包括:船名、航次编号、始发港、中途港和终点港的港名,到达和驶离各港的时间。根据前述4步的计算结果可编制船期表。

【例 5.1】某航线一端点港年货物发运量为 15 万 t,另一端点港年货物发运量为 12 万 t,航线配置的船舶载质量为 1 万 t,平均载质量利用率(即发航装载率)为 0.85,往返航次时间为 96d,试计算该航线应配置同类型船舶的艘数以及航线间隔时间。

解:该航线应配置同类型船舶的艘数(m)为

$$m=\frac{t_r \cdot Q_{max}}{a_b \cdot D_d \cdot T}=\frac{96 \times 15}{0.85 \times 1 \times 365}=4.64 \approx 5$$

根据船舶往返航次时间及航线配船数,可计算航线间隔时间(t_i)为

$$t_i=\frac{t_r}{m}=\frac{96}{5}=19.2d \approx 20d$$

5.4.3 不定期船运输组织

1. 不定期船运输特点

不定期船是指船舶营运者在市场上寻求机会,不固定航线和挂靠港口,没有预订的船期表和费率,仅以签订租船合同从事某一具体航线或航次的船舶。由于不定期船的经营活动以租船活动为主,所以,不定期船运输也称为租船运输。不定期船的主要运输对象是货物本身价格较低的大宗散货,如煤炭、矿石、粮食、铝钒、石油、石油产品及其他农、林产品和少部分干杂货。这些货物难以负担很高的运输费用,但对运输速度和运输规则性方面要求不高,不定期船运输正好能以较低的营运成本满足它们对低廉运价的要求。在不定期船市场上成交的租船合同形式主要有:光船租船合同、期租合同、程租合同、连续航次租船合同、包运合同等。

光船租船的特征是:船舶出租人只提供一艘空船,合同期一般较长;承租人负责配备船员、任命船长,并负担船员的工资及伙食费等;承租人负责船舶调度和安排营运,并负担一切营运费用;租金按船舶的装载能力和租期长短计算。

定期租船的特征是:船舶出租人负责配备船员、负担船员工资、伙食费等;承租人负责船舶调度和营运组织工作。航次费用,如燃油费、港口费等均由承租人负担;租金按船舶的装载能力和租期长短计算。

航次租船的特征是：船舶出租人负责运输组织工作，并负担船舶的营运费、燃料费、港口费等；按装载货物的数量或按船舶总载重吨位及航线(或航程)计收运费。

2. 航次租船

航次租船又称为定程租船，是以航程为基础的租船方式。在这种租船方式下，船方必须按租船合同规定的航程完成货物运输服务，并负责船舶的经营管理以及船舶在航行中的一切开支费用，租船人按约定支付运费。航次租船的合同中规定装卸期限或装卸率，并计算滞期和速遣费。

航次租船的主要依据是航次经济性。根据货源情况和装卸港、航线情况进行航次估算。所谓航次估算是船舶经营者根据各待选航次的货运量、运费率、挂靠港口、船舱特性及航线参数等有关资料，估算各航次的航次收入、航次成本和航次每天净收益，从而预知某个航次是否赢利。特别是当有多个航次货载机会时，根据估算结果，经营者就可作出最有利的决策，即选择单位时间净收益最大的航次签订运输合同。因此，航次估算是船东或经营人进行航次租船决策的基础，它被广泛地应用在不定期船的运输组织中。

通常以航次每天的净收益作为衡量一个航次经济效益优劣的指标。计算公式为

$$每天净收益 = \frac{航次净收入 - 航次费用}{航次时间} - 每天营运费用 \tag{5-10}$$

航次经济性的优劣通常用每天净收益指标来衡量。一般来说，每天净收益大的航次自然对船东具有较大的吸引力，但单纯的赢利数字高低并不是唯一决定性的因素，有时还要注意到船主喜欢的航行方向，或考虑到下一航次易于获得货载的港口位置等其他因素。

3. 船舶期租

在期租过程中，通常船舶出租人负有保证船舶适航性的义务，并基于此收取一定的租金。因此，期租保本费率就是每一载重吨、每一个月分摊的船舶出租人为提供适航船舶和船员所发生的全年所有费用，也叫船舶期租租金基价，简称 H/B(Hire Base)。即

$$船舶期租租金基价 = \frac{船东为提供适航船舶和船员发生的年总费用}{船舶总载重吨 \times 年营运用月数} \tag{5-11}$$

显然，租金超过租金基价越多，赢利就越大；反之，租金基价越低的船舶，在市场上的竞争力就越强。

4. 船舶闲置

在航运市场上，需求随着世界经济的发展和贸易量的变化经常发生变化，而作为供给的船舶吨位一旦形成，一般是比较稳定的。因此，在运输需求与实际运力之间常会出现不平衡的现象，导致运价上下波动。当货少船多、运价下跌时，船舶赢利逐渐减少、保本、甚至出现亏损，企业被迫就要考虑封存(闲置)一部分运力，以减少亏损，调整供需关系，使运价回升。尽管发现亏损就意味着运输收入不能抵偿运输成本，但也并不能一亏损就草率地将船舶封存起来，因为虽然亏损，还会有一部分收入以抵偿营运成本的支出；而船舶封存起来以后，仍需要发生一定的维持费用，如资本费(折旧费)、看守费用、保险费、维护保养费等，称其为封存成本或闲置成本，虽然船舶的闲置成本比其营运成本数额大为减少，但这些成本却是得不到任何来自船舶自身的补偿。权衡这两种状态的经济得失，可以得出船舶封存应具备以下经济条件。

(1) 当船舶营运亏损额<船舶封存成本,应继续营运。
(2) 当船舶营运亏损额=船舶封存成本,视其他情况而定(称为封存点或封存界限)。
(3) 当船舶营运亏损额>船舶封存成本,应停航封存。

在日常的经营工作中,为简便、直接地判别,可将上述亏损额与封存成本之间的比较转换为费率之间的比较,以便根据市场运费率的高低,直接作出反应。

5.4.4 驳船运输组织

1. 驳船运输的特点

驳船是指本身没有动力装置,依靠其他船舶(拖船、推船)拖带或顶推运行的船舶。以拖船拖带驳船组成的拖驳船队运送货物和旅客的运行称为拖驳运输;以推船顶推驳船组成的顶推船队运送货物和旅客的运行称为顶推运输。拖驳运输和顶推运输统称为驳船运输。主要用于货物运输的拖驳船队和顶推船队由作为船队动力部分的拖船或推船和用以装载货物的驳船组成,两部分可以灵活结解。当船队到达目的港或驳船装卸货物时,拖船、推船可以用为拖带、顶推其他驳船或从事其他作业。

驳船种类很多,按用途不同可分为客驳和货驳。

(1) 客驳,专运旅客,设有生活设施,一般用于小河客运。

(2) 货驳,用于载运货物,按所运货物可分为干货驳、矿砂驳、煤驳、油驳等。货驳一般不设起重设备,靠码头上的装卸机械装卸货物。货驳也可在港口用于货物的中转。

驳船运输具有以下特点。

(1) 驳船没有动力装置,在同样载货吨情况下,驳船吃水较机动船小得多。例如:载重量 1 200t 欧洲标准型驳船吃水为 2.42m,而同吨位机动船为 3.75m。内河航道通常水深有限,因此要在内河经济地实现大规模运输,吃水浅的驳船就成为一种理想的运输工具。

(2) 驳船可以几艘、几十艘编成船队航行。船队的规模和编队船数不再决定于吃水,而决定于航道宽度、弯曲度、气象和航行条件以及船队的运行方式。因此,浅吃水的驳船编成大载量的船队,就成为在水深有限的内河航道上运输货物的一种主要方式。

(3) 内河港口沿航道分布,船队可以沿途编解,可以无须换装倒载就能把小批量的单只驳船货物直接送到目的港,充分发挥了小吨位船的灵活性。与此同时,在航行途中由多个驳船编组成大船队,吨位越大、马力产量越高,因此又可以取得像大吨位船那样较高的马力产量。而且,一艘一万吨的机动船只能在一个泊位装卸,而 10 艘一千吨的驳船可分散到 10 个泊位装卸,可直接送到沿河设置的货主码头。

(4) 驳船运输把船舶的载货部分和动力部分分开,可以大大提高动力装置的利用率。当驳船到港进行装卸作业时,推(拖)船就可以和其他驳船编队开始新的航次,提高动力装置使用率、减少投资、降低成本。特别是在装卸效率低、停港时间长的短程航线上,其经济效果更加明显。

(5) 驳船队的抗风能力较机动船差。

(6) 与机动船相比较,在同样吨位及航速条件下,因驳船队的浸水面积大,在静水中的摩擦阻力增加,故驳船队的阻力较大。因此,通常驳船队的运行速度较低,适于运输大宗货物。

顶推运输与拖驳运输比较，由于推船螺旋桨水流不对驳船产生干扰，可以提高船队的推进效率，节约能源；还由于顶推船队的长度通常短于拖驳船队，推船和驳船可连成整体，因而操纵也较为灵活。因此，驳船队的运行方式正在从拖带运输向顶推运输和分节船队的方向发展。但是，拖驳运输与顶推运输相比较，也具有对驳船结构强度要求较低，船队组成较灵活的优点。

2. 驳船运输组织的形式

驳船队的运输组织包括以下几种形式。

(1) 按货物是否在中途港倒载、换驳运输来区分，不在中途港换驳，直接由起运港装船运达目的港卸船的运输组织形式叫直达航线；需要在中途港由一个驳船倒载到另一驳船上继续运输才能到达货物的目的港的运输组织形式叫做非直达航线。

(2) 按推(拖)轮的运行组织方法划分。轮驳船队从航线的始发港至航线终点港，在中途不更换推(拖)轮者称为直通航线；如在中途更换推(拖)轮，实行分段牵引，则称为区段牵引航线。在沿途装货港或卸货港比较分散的一些航线上，驳船队中的部分驳船在航线沿途港加入船队或从船队中分离出去送达途经港口的运输组织形式，称为中途集解航线。

(3) 按轮驳配合方式划分，一艘推(拖)轮每个航次将驳船从起运港送达目的港后，马上去运送其他驳船，称为单航次配合。这种方式充分体现了轮驳船队的动力部分与载货部分既可分离，又可组合的特点，提高推(拖)轮与驳船的使用效率。一艘推(拖)轮在运送驳船时，只在装货港或卸货港更换一次驳船，每个往返航次，轮、驳重新组合一次，这称为往返航次配合。一艘推(拖)轮与一组驳船长期固定组合运行，称为固定配合。

阅读材料 5-4

福建打造规模化集约化专业化港口群

"十三五"期间，福建省将发展壮大海西港口群。加快推进厦门东南国际航运中心建设，建设集装箱干线枢纽港和国际邮轮母港。加快"两集两散两液"核心港区规模化、集约化、专业化开发，打造服务全国、面向世界的规模化、集约化、专业化港口群。推进厦门港海沧港区散货泊位功能转移，加快福州马尾、泉州后渚、厦门东渡等老港区搬迁和功能调整。全面振兴闽江内河航运，加快实施闽江航道整治工程，实现闽江干流马尾至三明航道正常通航。加快三都澳港区开放开发。到 2020 年，厦门东南国际航运中心初具规模，"两集两散两液"核心港区基本建成，新增港口通过能力 1.5 亿 t，全省港口吞吐量达 7 亿 t，其中集装箱吞吐量 1 600 万标准箱。

重点建设以集装箱运输为主的厦门港海沧和福州港江阴，以大宗散货运输为主的罗源湾可门和湄洲湾北岸，以临港工业为依托、液体散货运输为主的湄洲湾南岸、漳州古雷等核心港区(作业区)。充分发挥海峡西岸经济区优势，推进闽台互通对接。启用闽台空中直线航路，提升"小三通"航线服务品牌，拓展海上客运、货运直航，推动开展对台海运业试点，推动两岸机动车辆通过客滚航线互通行驶。发展两岸货物快捷运输通道，建成辐射华东、华南和台湾地区的海运快捷网络。拓宽海上直航通道，做大闽台港"环海峡邮轮旅游"航线。

资料来源：福建省交通运输厅. 福建打造规模化集约化专业化港口群[EB/OL].(2016-03-25).[2016-07-20].
http://www.moc.gov.cn/st2010/fujian/fj_jiaotongxw/jtxw_wenzibd/201603/t20160325_2004996.html.

5.5 港口通过能力

5.5.1 港口通过能力的概念

港口通过能力是港口企业的生产能力。它是在外部环境条件为一定时，港口各项生产要素和经营管理条件综合作用的结果。它分为理论通过能力、营运通过能力和后备通过能力。

(1) 理论通过能力是港口最大的通过能力。它是指港口在一定时期(通常是一年)内，在港口设施为既定和劳动力为一定时，在一定的组织管理条件下，最大限度地利用港口各生产要素所能装卸的一定结构的货物的自然吨数。

(2) 港口营运通过能力是港口的实际通过能力，是指港口在一定时期(通常是一年)内，在港口设施和劳动力为既定时，在一定的组织管理条件下，港口各生产要素在得到合理利用时所能装卸的一定结构的货物吨数。它是港口编制年度生产计划和短期作业计划的基础。它与理论通过能力的区别在于生产要素的利用程度不同。

(3) 后备通过能力则是应付运输工具或货物密集到港时的那部分生产能力，在非高峰时则以闲置状态存在。

5.5.2 影响港口通过能力的主要因素

影响港口通过能力的因素主要包括以下几个。

(1) 货类结构。由于港口通过能力通常是指货类结构一定时的通过能力。在港口生产要素为一定的前提下，不同时期通过能力的变化，主要是因为货类结构的变化所引起的。货类对通过能力的影响主要表现为货物种类、批量、单件重量、运输的形式(如散装和包装等)以及货物在流向和时间上的分布特征等。

(2) 港口设施和设备。它们是港口企业进行生产活动的物质基础，其数量和规模、性能和技术状态是影响港口通过能力的主要因素。进港航道的水深、宽度、曲率半径及其可利用的潮位将限制进港船舶的最大尺度和来港船舶的艘数；锚地的规模、水深、掩护程度及其距港池或装卸泊位的距离决定着港口水上过驳能力、船舶让档时间以及内河港口对船队的编解能力。泊位的数量、结构、水深及其装备情况，包括岸壁机械的数量、技术性能和技术状态都决定着泊位的通过能力；仓库和堆场的面积及其布置，仓库的结构特征，进出库场的方便程度和库场使用的机械，不仅决定库场的能力，而且还决定装卸效率，它们是影响港口通过能力的主要因素；其他辅助设施和设备，如供电能力，港内运输能力，装卸机械的维修能力，港内导航设备等都会影响到主要设施和设备能力的充分发挥。

(3) 港口的总体布置。其对通过能力的影响主要表现在码头的布置，码头前沿、堆场和仓库的相对位置；水域、路域面积是否满足需要；港内外交通的方便程度。此外，有水水中转的港区，船舶之间的换装是否方便等，也会影响通过能力。

(4) 装卸工人和机械司机的技术水平、数量和积极性的发挥程度。这些都可以通过设备在时间上的利用程度以及装卸效率的高低体现出来。此外，装卸工人与司机的劳动组织形式，如轮班制度及工组的组成等，对港口通过能力也有影响。

(5) 港口的自然条件。如风、雨、雪、雾、气温、水深，都会对港口通过能力产生影响。如有些货种雨天不能装卸；遇有大雾，船舶不能进出港，使港口无法作业等。

此外，港口的经营管理水平以及港口系统和外部环境之间的协调发展程度等，对港口通过能力也起着重大的作用。

本 章 小 结

水路运输简称水运，是指利用船舶、排筏和其他浮运工具，在江、河、湖泊、人工水道及海洋上，完成旅客与货物运送的一种运输方式。水路运输系统由船舶、港口水域设施、港口陆上设施、助航设施(航标)、港口服务机构组成。在正常情况下，已有的旅客运输航线一般不会做很大的变动，但是当客流和货流发生较大的变化，就需要相应地开辟新的航线或调整已有的航线，建立新的航线系统。无论是对原有航线进行调整还是新辟航线均会遇到航线配船问题。船舶的运行组织是指航运企业根据已揽取到或即将揽取到的运输对象和航运企业控制的运力情况，综合考虑船舶生产过程中各个环节及与其他运输方式的协调配合，对船舶生产活动所作出的全面计划安排。船舶运行的主要组织形式为班轮运输、不定期船运输和专用船运输三大类。港口是水路运输系统最重要的基础设施，港口通过能力是指港口企业的生产能力。本章主要介绍了水路运输的概念及其特点、水路运输系统的组成、客运航线设置与配船、货运航线设置与配船、班轮运输组织、不定期船运输组织、驳船运输组织以及港口通过能力。

江海联运的舟山时代大幕初开

2016 年 5 月，国务院正式批复同意设立舟山江海联运服务中心，舟山成为国家"一带一路"和加快推进长江经济带建设的国家战略支点所在。

舟山江海联运服务中心范围包括舟山群岛新区全域和宁波市北仑、镇海、江东、江北等区域，陆域面积约 2 500 平方公里，海域面积约 2.1 万平方公里。中心区位优势独特，深水港口资源丰富，江海联运服务优势明显，大宗商品中转储备交易基础良好。

江海联运，舟船为媒。但是江船与海船截然不同，江船的抗风等级、安全性能较海船低，江船不能入海；海船虽可入江，但由于其吃水深，无法装载很多的货物，物流成本高，因此，设计出可江海通航的船舶成了当务之急。目前，特定海域、特定航线江海通航船舶的研发已取得重大成果。

该船型兼具江船与海船的特点，在特定的航线上无须转驳，并且充分运用科技成果，与同类优秀船型相比，造价可降低 10%左右，载量可提高 5%左右，总体节能效果在 15%以上。通常来说，船舶之间每转驳一次，所需的费用是 20 元/t，如果江海通航，即可省下这笔费用。对于一些大型钢铁企业，每年光物流费就能省下数亿元。同样的受益者还有嘉兴本土的企业。从海上来的货物要沿长江进入内地，在过去，船舶停靠乍浦港后就要开始卸货，通过公路运输至舟山，与宁波、绍兴等地来的货物集中，再由舟山的江船溯流而上。而现在，一艘宜江宜海的船即可搞定，省去中间环节，减少物流成本，缩短时间，同时也更加环保。

根据案例所提供的材料，试分析：如何才能有效地实施江海联运？

资料来源：吕雪. 通江达海 舟船作媒 江海联运的舟山时代大幕初开[EB/OL]. (2016-05-13).[2016-07-20].http://zjnews.zjol.com.cn/system/2016/05/13/021149207.shtml.

关键术语

水路运输(water transport)　　　　　班轮运输(liner transport)
港口设施(port facility)　　　　　　　不定期船运输(tramp shipping)
设置航线(setting courses)　　　　　 运输驳船(transport barge)
配船(distribution of ships)　　　　　租船运输(shipping by chartering)

习　题

1. 填空题

(1) 按航行区域不同，水路运输可以分为＿＿＿＿、＿＿＿＿、＿＿＿＿和＿＿＿＿。

(2) 按船舶营运组织形式不同，水路运输可分为＿＿＿＿、＿＿＿＿和＿＿＿＿。

(3) 港口的水域包括＿＿＿＿、＿＿＿＿与＿＿＿＿。

(4) 按照设置地点不同，航标可分为＿＿＿＿与＿＿＿＿。

(5) 航线配船包括＿＿＿＿、＿＿＿＿和＿＿＿＿3种情况。

(6) 在不定期船市场上成交的租船合同形式主要有：＿＿＿＿、＿＿＿＿、＿＿＿＿、＿＿＿＿、＿＿＿＿等。

2. 简答题

(1) 简述水路运输的优缺点。
(2) 在建立客运航线时，需要遵循哪些原则？
(3) 在海上运输中，如何区分重货与轻泡货？
(4) 为什么说集装箱运输是运输方法上的一次革命？
(5) 简述航线规划的步骤。
(6) 简述多线多船型的配船问题应遵循的基本原则。
(7) 什么叫驳船运输？它有哪些特点？
(8) 影响港口通过能力的主要因素有哪些？

第6章 航空运输

【教学目标】
- 掌握航空运输的概念及基本条件
- 了解民用飞机的分类和组成
- 了解航空港的组成及功能
- 掌握航路和空中交通间隔规则
- 了解空域划分、空中交通管制机构以及助航设备
- 熟悉民航旅客运输组织的主要内容
- 熟悉民航货物运输组织的主要内容
- 了解国际航空运输中主要的法规以及多边协定
- 掌握国际航空运输中关于航行权的划分

快递业竞逐航空货运

在中国民营快递里，顺丰最早借力航空货运。自 2003 年开始，顺丰便凭借包机和租赁客机腹舱资源的"轻资产"运营方式，在业内树立起"快"的品牌优势。2009 年顺丰自组货运航空公司。当前，顺丰的货机数量达到了 27 架，成为国内目前全货机数量最多的货运航空公司。

圆通于 2015 年 6 月获批自建航空公司之后，加速了货运航空布局。9 月 26 日完成"淘宝号"飞机的首航，正式成为继中邮速递、顺丰速运之后第三家拥有自有飞机的快递企业。

中邮速递则在 2015 年 12 月 15 日宣布与波音公司达成 7 架波音 757 购机协议和 10 架波音 737-800 飞机客改货协议，邮政航空希望借此继续保持其在航空运力上的优势。邮政航空成立于 1996 年，是国内首家专营特快邮件和货物运输的航空公司。据邮航官方消息，订购 17 架波音飞机以后，其全部运力将逐步上升至 43 架。

中国航空快递市场是世界货运市场发展最快的部分之一。据波音《世界航空货运预测》报告，世界航空货运量未来二十年间将年均增长 4.7%，而中国国内市场和亚洲内部市场每年将分别增长 6.7%和6.5%。未来或有更多快递企业尝试进入航空快递市场。

思考题：为什么快递企业决定建立自己的航空公司从事航空货邮运输？

资料来源：中国经营报.快递业竞逐航空货运，空战一触即发[EB/OL]. (2016-02-20).[2016-07-21].http://finance.sina.com.cn/roll/2016-02-20/doc-ifxprucu3028615.shtml.

6.1 航空运输概述

6.1.1 航空运输定义及其发展过程

航空运输是指使用航空器运送人员、行李、货物和邮件的一种运输方式。

航空运输的产生历史可以追溯到 19 世纪 70 年代。1871 年普法战争中，法国人用气球把法国政府官员和物资、邮件等送出被普军围困的巴黎。1903 年 12 月美国莱特兄弟完成了首次飞行，实现了人类梦寐以求的翱翔蓝天的愿望。使用飞机的航空运输则始于 1918 年 5 月 5 日在纽约—华盛顿—芝加哥之间。

随着航空工业的发展，专门用于运输的飞机相继出现。20 世纪 30 年代初期，美国生产的 CD-3 型运输机得到较为广泛的应用。在一些国家和地区已初步形成了航线网。同时，工业发达国家开始研制多台发动机的大型单翼全金属结构的运输机，进行远程、越洋飞行的尝试。

第二次世界大战中，喷气技术开始在航空领域应用，远程轰炸机和军用运输机在战争中得到很大发展。第二次世界大战结束后，战争中发展起来的航空技术转入民用，定期航线网在全世界逐步展开。20 世纪 50 年代初，大型民用运输机陆续问世，而到了 60 年代，航空运输就进入了现代化的世界航空运输时代。目前，世界航空运输业已发展成为一个规模庞大的行业。以世界各国主要都市为起讫点的世界航线网已遍及各个大洲。

我国筹办民用航空运输始于 1918 年 3 月，北洋政府交通部于 1920 年 4 月 24 日筹办航空事宜处，组织了北京—上海航线的北京—天津段试航，载运了邮件和报纸；同年 5 月 8 日正式开航，载运了旅客和邮件，这是我国最早的民航飞行。我国的航空运输事业在中华人民共和国成立以前的 30 多年发展缓慢。中华人民共和国成立以后，航空运输事业得到了较快的发展。

【拓展视频】

6.1.2　航空运输的特点及其适用范围

航空运输在过去的一个世纪的过程中，发展很快。与其他运输方式相比，它具有以下特点及适用范围。

1. 航空运输的优点

(1) 速度快。这是航空运输的最大特点和优势。在客运上，现代喷气式客机的速度为 800~900km/h，比汽车、火车快 5~10 倍，比轮船快 20~30 倍。距离越长，航空运输所能节约的时间越多，快速的特点也越显著。在货运方面，快捷的交通工具大大缩短了货物在途时间，对于那些易腐烂、变质的鲜活商品；时效性、季节性强的报刊、节令性商品；抢险、救急物品的运输，这一特点显得尤为突出。此外，当今国际市场商品竞争异常激烈，市场行情瞬息万变，为了获得较好的经济效益，必须争取时间把货物送到急需的市场，这就必须依赖于航空运输，才有可能形成商品在国际市场上的竞争力。

(2) 不受地形限制，机动性大。飞机在空中飞行，受陆地高山等因素的限制很少，受航线条件限制的程度也远比汽车运输、铁路运输和水运小得多。它可以将地面上任何距离的两个地方连接起来，可以定期或不定期飞行。尤其对灾区的救援、供应、边远地区的急救等紧急任务，航空运输已成为必不可少的手段。

(3) 安全准确。在客运方面，喷气式客机的巡航高度在 10 000m 左右，飞行不受低空气流的影响，平稳舒适。现代民航客机的客舱宽敞，噪声小，机内有供膳、视听等设施，旅客乘坐的舒适程度较高。此外，由于科学技术的进步和民航客机适航性严格的要求，航空运输的安全性比以往已大大提高。货运方面，由于航空运输管理制度比较完善，空运时间短而准，货物破损率低，被偷窃的机会少，所以是比较安全的运输方式。

(4) 可节省包装、保险、利息等费用。虽然航空运费要高于其他运输费用，但由于运输速度快，商品在途时间短、周转快，库存期可以相应缩短，因而可节省仓储费用，资金周转速度加快，综合成本相对比较而言有一定优势。

(5) 基本建设周期短、投资少。要发展航空运输，从设备条件上讲，只要添置飞机和修建机场就可基本满足。这与修建铁路和公路相比，一般来说建设周期短、占地少、投资省、收效快。

2. 航空运输的缺点

(1) 载运量小。一般来说，飞机的舱容有限，对大件货物或大批量货物的运输有一定的限制。只能承运小批量、体积小的货物。

(2) 运输成本高。由于飞机或航空器造价高、运营能耗大，因而航空货运的运输费用较其他运输方式更高，不适合低价值货物。

(3) 易受气候条件限制。因飞行条件要求高，航空运输在一定程度上受到气候条件限制，如遇大雨、大雾、大雪、台风等特别天气，不能一贯保证顾客、货运的准点性和运输的正常性。

(4) 可达性差。航空运输难以实现"门到门"的运输服务，需要借助其他运输工具转运，主要是需要借助汽车运输工具。

3. 航空运输的适用范围

(1) 特殊货物的运输。一是易损货物和体轻而贵重商品适用航空运输；二是某些对时间要求高的货物，如某些急需物资、鲜活易腐货物、时令物品、邮件包裹等。

(2) 国际的客运。目前，在国家之间的客运，有很大一部分是由航空运输承担的，尤其是在受到海洋、陆地、高山等因素隔开的国家之间。

(3) 运输距离较长的货物。对于运输距离超过 500km 以上的长途货运，航空运输具有很大的竞争优势。

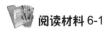
阅读材料 6-1

中国五大航空公司简介

> 1. 中国南方航空股份有限公司
> 世界三大联盟——天合联盟成员，客运输量世界排名：13，中国内地三星航空，客月运输总量，581.48(万人次)，代码：CZ，总部：广州，机队规模：约 400 架，主要机型：B777、B747、B757、B737/A330/A321/A320/A319/A300。
> 2. 中国东方航空股份有限公司
> 中国四大航空之一，中国内地三星航空，月客运输总量492.65(万人次)，代码：MU，总部：上海，机队规模：约 330 架，主要机型：B777、B767、B737/A330、A320、A319。
> 3. 中国国际航空股份有限公司
> 世界最大联盟——星空联盟成员，中国唯一挂国旗航空公司，主要运营中国至世界各地主要航线，中国内地三星航空，客月运输总量，435.07(万人次)，代码：CA，总部：北京，机队规模：约 256 架，主要机型：B777、B767、B757、B747、B737/A340、A330、A321、A320、A319。
> 4. 海南航空股份有限公司
> 中国第四大航空公司，中国内地首家四星级航空公司，成为中国评级最高的航空公司，中国地区最佳航空，月客运输总量171.18(万人次)，代码：HU，总部：海口，机队规模：约 200 架，主要机型：B767、B737/A340、A330。
> 5. 深圳航空有限责任公司
> 股东为中国国际航空股份有限公司，月客运输总量，159.95(万人次)，代码：ZH，总部：深圳，机队规模：约 150 架，主要机型：B737、A320、A319。
> 资料来源：中国民航局.2010年民航行业发展统计公报[EB/OL].(2009-11-29).[2011-05-04]. http://www.caac.gov.cn/I1/K3/201105/t20110504_39489.html.

6.2 民用飞机和航空运输基础设施

6.2.1 民用飞机

按飞机的用途不同划分，有民用航空飞机和国家航空飞机之分。国家航空飞机是指军队、警察和海关等使用的飞机；民用航空飞机主要是指民用飞机和直升飞机。

1. 民用飞机的分类

民用飞机包括民用的客机、货机和客货两用机。根据起飞重量不同分为小型、中型、大型 3 种；按航程不同分为近程、中程、远程 3 种。远程飞机的航程为 11 000km 左右，可以完成中途不着陆的洲际跨洋飞行。中程飞机的航程为 3 000km 左右。近程飞机的航程一般小于 1 000km。近程飞机一般用于支线，因此又称支线飞机。中、远程飞机一般用于国内干线和国际航线，又称干线飞机。

目前，我国民航总局采用按飞机客坐数划分大、中、小型飞机，飞机的客坐数在 100 座以下的为小型，100～200 座为中型，200 座以上为大型。航程在 2 400km 以下的为短程，2 400～4 800km 为中程，4 800km 以上为远程。但分类标准是相对而言的。

2. 民用飞机的组成

【拓展视频】

民用飞机主要由机身、机翼、尾翼、起落架、发动机等部分组成。

(1) 机身：是飞机的主体，其他各个组成部分都直接安装在机身上，机身前部布置有驾驶舱和操纵系统。机身还是承载的容器，客机的机身内有客舱、行李舱和服务舱，货机则安排有货舱。

(2) 机翼：是使飞机产生升力并在空中保持稳定性的主要部分。机翼上有襟翼、副翼等操纵面。大多数机型都把主要的燃油箱安置在机翼里面。

(3) 尾翼：通常由垂直尾翼和水平尾翼组成。垂直尾翼上安装方向舵，水平尾翼上安装升降舵，两者均为飞机的重要操纵面。

(4) 起落架：是飞机起飞离地前、着陆后滑跑和地面滑行时使用的机轮组及其支架的总称。多数飞机的起落架在飞机升空后可以收入机身，以减小飞行阻力。在雪地或水上起降的飞机起落架，可以用撬板或浮筒代替轮子。

(5) 发动机：是飞机的动力装置。当前，航空发动机有活塞式和涡轮式两大类。

① 活塞式发动机是早期在飞机或直升机上应用的航空发动机，用于带动螺旋桨或旋翼。大型活塞式航空发动机的功率可达 2 500kW。后来为功率大、高速性能好的燃气涡轮发动机所取代。但小功率的活塞式航空发动机仍广泛地用于轻型飞机、直升机及超轻型飞机。

② 涡轮式发动机是目前应用最广的一种飞机的动力装置。它包括涡轮喷气发动机、涡轮风扇发动机、涡轮螺旋桨发动机和涡轮轴发动机，都具有压气机、燃烧室和燃气涡轮。涡轮螺旋桨发动机主要用于时速小于 800km 的飞机；涡轮轴发动机主要用作直升机的动力；涡轮风扇发动机主要用于速度更高的飞机；涡轮喷气发动机主要用于超声速飞机。

3. 民用飞机的性能

【拓展视频】

不同用途的飞机，对飞行性能的要求有所不同。对现代民用飞机而言，主要考虑速度、爬升、续航和起降等性能指标。

(1) 速度性能：飞机优于其他运输工具的主要特征之一是飞行速度快。标志飞机速度性能的指标是飞机的最大平飞速度，即当飞机作水平直线飞行时，飞机的阻力与发动机的最大可用推力相等时，飞机能达到的最大飞行速度。由于飞机的阻力和发动机的推力都与高度有关，所以飞机的最大平飞速度在不同的高度上是不相同的。通常在 11km

左右的高度上,飞机能获得最大的最大平飞速度。但是,飞机不能长时间地以最大平飞速度飞行。原因之一是这样会损坏发动机,另外是当飞机的飞行速度增大时,飞机的阻力就增大,克服阻力需要的发动机推力也相应增大,消耗的燃油增加。所以,对于民用运输机这类需要做长途飞行的飞机而言,更注重的是巡航速度。即发动机每 km 消耗燃油最少情况下的飞行速度,也就是说,飞机以巡航速度飞行时,最为经济,航程最远或航时最长。

(2) 爬升性能:飞机的爬升受到高度的限制,因为高度越高,发动机的推力就越小。当飞机达到某一高度,发动机的推力只能克服平飞阻力时,飞机不能再继续爬升了,这一高度称为飞机的理论升限。而通常使用的是实用升限,即飞机还能以 0.5m/s 的垂直速度爬升时的飞行高度,也称之为飞机的静升限。民用飞机是以最大爬升速率和升限来表征其主要爬升性能的。

(3) 续航性能:民用飞机主要以航程和续航时间(航时)来表征其续航性能。所谓航程是指飞机起飞后,爬升到平飞高度平飞,再由平飞高度下降落地,且中途不加燃油和润滑油,所获得的水平距离的总和。飞机的航程不仅取决于飞机的载油量和飞机单位飞行距离耗油量,而且是业务载重量的函数。飞机在最大载油量和飞机单位飞行距离耗油量最小的情况下飞行所获得的航程就是飞机的最大航程。

(4) 起降性能:飞机的起降性能包括飞机起飞离地速度和起飞滑跑距离、飞机着陆速度和着陆滑跑距离。飞机的起飞离地速度应略大于最小平飞速度(飞机能够保持平飞的最小速度)。起飞滑跑距离是指飞机从松开刹车沿滑道向前滑跑至机轮离开地面所经过的距离,飞机着陆过程的速度分为着陆进场速度和着陆接地速度。着陆进场速度是指飞机下滑至安全高度进入着陆区时的速度;着陆接地速度是指飞机主轮开始接触地面瞬间的水平速度,有时也简称着陆速度。着陆距离是指飞机从安全高度开始至滑跑停止所经过的水平距离,它又分为着陆下滑距离和着陆滑跑距离。着陆滑跑距离取决于飞机的着陆接地速度和落地后的减速性能。

6.2.2 航空港

1. 航空港的组成及功能

航空港是航空运输用飞机场及其服务设施的总称。飞机场简称机场,是用于飞机起飞、着陆、滑行、停放、维修等活动的场地,其中有为飞行服务的各种建设物和设施。航空港和飞机场的含义不同,但在民用航空中却常常混用。例如,南京禄口国际航空港习惯上称为南京禄口机场。在航空港内,除飞机场外,还有为客、货运输服务的设施,如候机楼、货运站等。

航空港一般由飞行区、客货运输服务区和机务维修区 3 个部分组成。

(1) 飞行区。飞行区是为保证飞机安全起降的区域。它是航空港的主要区域,占地面积最大。飞行区域有跑道、滑行道、停机坪及各种保障飞行安全的设施、无线电通信导航系统和目视助航设施等。航空港内供飞机起降用的跑道,根据飞行量和风向风力条件,可以设一条或多条。一般在好天气条件下,以目视飞行时,一条跑道每小时可以起降飞机 45~60 架次;在不良天气条件下,以仪表飞行时,每小时可起降 20~40 架次。为保证飞机安全起飞和着陆,在飞行区上空划定净空区,即在机场及其邻近地区上空,根据在本机场起降飞机的性能,规定若干障碍物限制,不允许地面物体超越限制面的高度。这些限制面根据机场起降飞机的性能确定。限制面以上的空域称为净空区。净空区的规定可以随飞机的发展而改变。

(2) 客货运输服务区。客货运输服务区是旅客、货物、邮件运输服务设施所在区域。区内设施包括客机坪、候机楼、停车场等，其主要建筑是候机楼。区内还配备有旅馆、银行、公共汽车站、进出港道路系统等。货运量较大的航空港还设有专门的货运站。在客机坪附近设有管线加油系统，其特点是使用高压油泵，在 30min 内向飞机加注的燃油量可多达几十吨。

(3) 机务维修区。机务维修区是指飞机维护修理和航空港正常工作所必需的各种机务设施的区域，包括维修厂、维修机库、维修机坪、供水、供电、供热、制冷、下水等各种设施以及消防队、急救站、自动电话站、储油库、铁路专用线等。

整个航空港的布局以跑道位置的安排为基础。根据跑道位置布置滑行道、客机坪、货坪、维修机坪以及其他飞机活动场所。客货运输服务区的位置通常位于连接城市交通网并紧邻飞行区的地方。

2. 机场的分级

航空港的机场一般根据跑道和设施划分使用等级。国际上，各国采用的分级办法不尽相同。我国按照允许起降飞机的最大起飞全重，将机场分为Ⅰ、Ⅱ、Ⅲ、Ⅳ类，其中Ⅳ类机场只能起降轻型飞机。国际民用航空组织规定，机场等级由第一要素代码(等级指标Ⅰ)和第二要素代字(等级指标Ⅱ)的基准代号划分，用来确定跑道长度或所需道面强度，即能起降机型的种类。表 6-1 中的代码表示飞机基准飞行场地长度，它是指某型飞机以最大批准起飞重量，在海平面、标准大气条件(15℃，1 个大气压)、无风、无坡度情况下起飞所需的最小飞行场地长度；表中的代码应选择翼展或主起落架外轮外侧之间距两者中要求较高者。

表 6-1 飞行区基础代码表

第一要素		第二要素		
代码	飞机基准飞行场地长度 L/m	代码	翼展 WS/m	主起落架外轮外侧之间距离 T/m
1	$L<800$	A	$WS<15$	$T<4.5$
2	$800 \leqslant L<1\,200$	B	$15 \leqslant WS<24$	$4.5 \leqslant T<6$
3	$1\,200 \leqslant L<1\,800$	C	$24 \leqslant WS<36$	$6 \leqslant T<9$
4	$L \geqslant 1\,800$	D	$36 \leqslant WS<52$	$9 \leqslant T<14$
		E	$52 \leqslant WS<65$	$9 \leqslant T<14$
		F	$65 \leqslant WS<80$	$14 \leqslant T<16$

注：4F级飞行区配套设施必须保障空中客车A380飞机全重(560吨)起降。

目前我国大部分开放机场飞行区等级均在 4D 以上，其中北京首都、上海浦东、广州白云、昆明长水、成都双流、武汉天河、郑州新郑、天津滨海、杭州萧山、深圳宝安、西安咸阳、南京禄口、桂林两江、拉萨贡嘎、香港、南宁吴圩拥有目前最高飞行区等级 4F，最大可起降飞机种类包括空中客车 A380 等远程宽体超大客机。

3. 航空港的主要建筑物和设施

航空港的主要建筑和设施有跑道、候机楼、停机坪、停车场、指挥塔和机库、目视助航设施等，此外还有货运站、中转旅馆等。以下主要介绍 6 种建筑物和设施。

1) 跑道

跑道的布置形式和长度应根据接纳的飞机类型、航空港的布局、规模、经营方式等而定。目前一般飞行距离为 1 万 km 的，跑道长 3 640m；飞行距离 5 000km 以下的，跑道长 2 730~3 020m。跑道长度还同飞机性能有关。跑道长度还要考虑航空港所在地海拔高度、平均最高气温和有效纵向坡度。跑道布置形式同航空港容量、基地风向等有关，常见的有带形、平行形、交叉形、V 形、综合形等。

2) 候机楼

(1) 候机楼的基本功能。候机楼的基本功能是保证出发、到达和中转的旅客能迅速而有秩序地登上飞机或离开机场，同时为旅客或迎送亲友的客人提供候机和休息等场所。它是为航空旅客提供地面服务的主要建筑物，又称航站楼，通常根据跑道和通往城市公路的布局而设置在航空港内比较适中的地点。

(2) 候机楼的设施。规模宏伟、设备复杂和多功能的现代化候机楼，其主要设施包括旅客服务设施、生活保证设施、行李处理设备和行政办公用房等。

① 旅客服务设施有：航空公司售票、问讯柜台，登记客票、交运行李服务柜台，安全检查、出入境管理、海关检查、卫生检疫等柜台，有线广播设备，进出港航班动态显示装置和旅客登机设施(如登机口、旅客集中休息厅、登机桥、自动客梯、升降登机车、可移动的旅客休息室)等。此外，还有为迎送旅客者使用的迎送厅、瞭望平台等设施。

② 生活保证设施主要有：旅客休息室、游乐室、餐厅、酒吧间、食品饮料自动出售设备，以及其他公共设施，如银行、邮局、书报摊、零售商品部和旅馆及出租汽车预订柜台等。

③ 行李处理设备有：行李分拣装置、行李车、传送带、行李提取柜台等。

④ 行政办公用房、航空公司业务用房等，根据业务需要设置，对旅客不开放。

(3) 候机楼的布局。候机楼的布局方式有以下几种。

① 集中式，旅客在出发厅办理手续，然后进入候机厅候机，再由登机口登机，适于规模不大的航空港。

② 廊式，候机部分采用廊道栈桥布局方式，有单条形和呈指状的多条形，旅客在出发厅办理手续后，在廊道内候机再经登机桥登机。这种形式适用于吞吐量大的航空港。

③ 卫星亭式，其位置在候机楼外，以廊(地下或地上的)相联系，旅客经候机卫星亭通过登机桥登机，是近十余年来采用较广泛的一种方式。

④ 运载器方式或称登机车方式，飞机停在远离候机楼的停机坪上，旅客搭乘登机车登机或离机。采用这种登机方式，候机楼可集中布置，平面灵活，不受飞机载客增多、飞机型号增大的影响。

⑤ 直达登机口式，办理手续分散，设在每个停机位前，以尽量缩短旅客办理手续和候机的过程。

一个航空港可采用上述某种登机方式，也可采用几种方式布置。候机楼内的旅客同时有到达的、出发的和中转的，因此候机楼可采用不同层次组织交通。多数候机楼对进出港旅客采取立体隔离的办法，即将进出港旅客的行动路线分别安排在两个楼层内；对国际和国内旅客，则采取平面隔离的办法，即在同一层楼内，分别设置国际旅客和国内旅客的活动场所。

3) 停机坪

为飞机停放及各种维修活动提供的场所。停(维修)机坪的布置，除应考虑维修设备的不同要求外,还要考虑飞机试车时气流的吹袭影响,供飞机停放和进行各种业务活动的场所。

4) 指挥塔

航空港的控制指挥中心,应设在较高部位,或建于候机楼上部,或独立设塔。塔台和仪表飞行指挥室一般作叠层布置,塔台位于上部,顶端装置雷达和各种通信设备的天线。

【拓展视频】

5) 机库

分为维修检查和机体修理用机库,大都采用大跨度桁架、悬挂式、网架等大型空间结构。高大的机库大门要便于启闭。

6) 目视助航设施

目视助航设施是供驾驶员目视观察机场而设于机场地面的标志和灯光设施,主要包括助航灯、标志和标志物。

(1) 助航灯:通常由机场灯标、进近灯、目视下滑角度指示、着陆区灯、跑道灯、滑行道灯和障碍灯几部分组成。机场灯标是安装在机场区域内的一具强闪光灯标,用以标志机场位置;进近灯光系统设在跑道中线延长线上,供驾驶员在进行目测着陆时对准跑道方向,调整飞机的姿态和判断到跑道入口的距离等;目视下滑角度指示系统用于帮助驾驶员检查和修正飞机的下滑角度,国际上认可的有"T"式和2排、3排式等布置形式,利用在垂直方向上扩散角非常狭窄、光强和颜色突变的光束的组合来提供信息;着陆区灯装在跑道着陆端的900m范围内,标志接地地带;跑道灯光系统为标志跑道的入口、中线、边线和末端;滑行道灯光系统包括滑行道边灯和中线灯;障碍灯装在机场及其附近区域对飞行安全可能构成威胁的人工或天然障碍物上。

【拓展视频】

(2) 标志:是指在跑道和飞机活动区域道面上标出的鲜明的白色或黄色线条、字码和符号,包括跑道号码标志、跑道中线标志、跑道边线标志、入口标志、接地地带标志、定距标志、滑行道中线标志、滑行等待位置标志和停机坪上各种引导线。机场及附近地区的障碍物也涂有醒目的标志。

(3) 标志物:是利用不同形状和涂色以传达信息的设施,分为照明和不照明的及带文字符号和不带文字符号等多种形式,如风向标、着陆方向标、信号板、全向信标机场校准点标记牌、各种滑行引导标记牌等。

由于无线电导航设备性能日益提高,飞机驾驶员已有可能利用这种设备进行自动着陆。但是自动着陆所需的地面设备和机载设备造价昂贵,而现代化目视助航设施则造价低廉,并能保证绝大多数机场常年不致由于能见度低而关闭。因此,目视助航设施将不会完全被电子设备所取代。

阅读材料 6-2

京昆空中大通道变"双车道"

从2013年12月12日起,连接我国华北地区与西南地区的空中大容量通道——京昆空中大通道经调整后重新投入运行。这次的调整,最大的变化就是由一条航路的双向飞行变成两条航路上的单向飞行,对旅客来说,最大的好处是航班的正点率有望提高了。

京昆线主干航路贯穿北京、西安、成都、重庆、贵阳、昆明等重要繁忙机场,是连接我国航路的主动脉之一。航路的调整,影响长远。

> 飞机飞行的路线叫空中交通线，简称"航线"，航线确定了飞机的起始地点和经停点以及飞行方向。民航有关部门对京昆空中大通道调整评估称，京昆空中大通道的改变每天能够直接或间接影响1 100架次航班，约占全国日飞行流量的 5%。评估认为，此次调整后，京昆通道上航班的飞行安全风险理论上可降低49%，管制员工作负荷可减轻29%，航线飞行容量可增加40%，从而可以有效提高航班正点率。
> 资料来源：央视网. 京昆空中大通道变"双车道"[EB/OL].
> （2013-12-13）.[2016-07-20].http://rb.lzbs.com.cn/html/2013-12/13/content_500811.htm.

6.3 空中交通运行与管理

飞机在航线空域、航站区空域和飞行区内的运行，需要实施良好的空中交通管制和管理，以保证飞行安全，并提高空域和机场飞行区的使用效率。

空中交通管制系统由航路、助航设施和交通管制机构3方面组成，为航空运输提供空中交通服务。

6.3.1 航路和空中交通间隔规则

飞机按指定的航线由一地飞往另一地的空中通道称为航路。沿航路一定距离及转弯点都设有导航设施。航路规定有上限高度、下限高度及宽度。航路的宽度主要取决于导航设施配置的间距及其性能。配置间距较小、引导的精确度较高时，航路可窄一些。目前我国航路的宽度除少数航段外均为20km。

为避免飞行时碰撞，飞机在航路内的竖直方向和水平方向要求间隔一定的距离。根据2007年10月18日《国务院、中央军委关于修改〈中华人民共和国飞行基本规则〉的决定》规定，飞行高度层按照以下标准划分：①真航线角为0°～179°，高度由900～8 100m，每隔600m为一个高度层；高度由8 900m～12 500m，每隔600m为一个高度层；高度在12 500m以上，每隔1 200m为一个高度层。②真航线角为180°～359°，高度由600～8 400m，每隔600m为一个高度层；高度由9 200～12 200m，每隔600m为一个高度层；高度在13 100m以上，每隔1 200m为一个高度层。这里，真航线角从航线起点和转弯点量取。

在同一高度层内，前后飞机的最小水平间隔距离要求，同前后飞机的大小和速度以及所采用的飞行规则和雷达的有效性有关。当飞机组合不产生尾流涡流危害，而飞机在雷达覆盖范围内时，两架同向飞机的最小水平间隔距离为9.3km；但当飞机在雷达天线74km以内时，其间隔距离可减小到5.6km。当飞机的尾流涡流会产生危害时，最小水平间隔距离可按前后飞机和飞行规则情况，参照表6-2选用。

表6-2 最小水平间隔距离 （单位：km）

前导飞机类型	后随飞机类型(VFR，目视飞行规则)			后随飞机类型(IFR，仪表飞行规则)		
	重型	轻型	小型	重型	轻型	小型
重型	5.0	6.7	8.3	7.4	9.3	11.1
轻型	3.5	3.5	5.0	5.6	5.6	7.4
小型	3.5	3.5	3.5	5.6	5.6	5.6

注：VFR(Visual Flight Rules)指目视飞行规则；IFR(Instrument Flight Rules)指仪表飞行规则。

6.3.2 空域的划设

空域的划设应当考虑国家安全、飞行需要、飞行管制能力和通信、导航、雷达设施建设以及机场分布、环境保护等因素。空域通常划分为机场飞行空域、航路、航线、空中禁区、空中限制区和空中危险区等。空域管理和飞行任务需要的，可以划设空中走廊、空中放油区和临时飞行空域。

(1) 机场飞行空域应当划设在航路和空中走廊以外。仪表(云中)飞行空域的边界距离航路、空中走廊以及其他空域的边界，均不得小于 10cm。机场飞行空域通常包括驾驶术(特技、编队、仪表)飞行空域、科研试飞飞行空域、射击飞行空域、低空飞行空域、超低空飞行空域、海上飞行空域、夜间飞行空域和等待空域等。等待空域通常划设在导航台上空；飞行活动频繁的机场，可以在机场附近上空划设。等待空域的最低高度层，距离地面最高障碍物的真实高度不得小于 600m。8 400m 以下，每隔 300m 为一个等待高度层；8 400~8 900m，每隔 500m 为一个等待高度层；8 900~12 500m，每隔 300m 为一个等待高度层；12 500m 以上，每隔 600m 为一个等待高度层。

机场飞行空域的划设，由驻机场航空单位提出方案，报所在地区的中国人民解放军军级航空单位或者军区空军批准。相邻机场之间飞行空域可以相互调整使用。

(2) 航路分为国际航路和国内航路。航路的宽度为 20km，其中心线两侧各 10km；航路的某一段受到条件限制的，可以减少宽度，但不得小于 8km。航路还应当确定上限和下限。航线分为固定航线和临时航线。临时航线通常不得与航路、固定航线交叉或者通过飞行频繁的机场上空。

(3) 国家重要的政治、经济、军事目标上空，可以划设空中禁区、临时空中禁区。未按照国家有关规定经特别批准，任何航空器不得飞入空中禁区和临时空中禁区。位于航路、航线附近的军事要地、兵器试验场上空和航空兵部队、飞行院校等航空单位的机场飞行空域，可以划设空中限制区。根据需要还可以在其他地区上空划设临时空中限制区。

在规定时限内，未经飞行管制部门许可的航空器，不得飞入空中限制区或者临时空中限制区。位于机场、航路、航线附近的对空射击场或者发射场等，根据其射向、射高、范围，可以在上空划设空中危险区或者临时空中危险区。

在规定时限内，禁止无关航空器飞入空中危险区或者临时空中危险区。空中禁区、空中限制区、空中危险区的划设、变更或者撤销，应当根据需要公布。

(4) 空中走廊通常划设在机场密集的大、中城市附近地区上空。空中走廊的划设应当明确走向、宽度和飞行高度，并兼顾航空器进离场的便利。空中走廊的宽度通常为 10km，其中心线两侧各 5km。受条件限制的，其宽度不得小于 8km。

(5) 空中放油区是指供航空器在紧急情况下，为减轻着陆重量而在空中释放燃油的空间。空中放油区通常选在山区、沙漠、海洋或人口稀少地区的上空。空中放油区的划设，按照国家有关规定执行。

(6) 临时飞行空域的划设，由申请使用空域的航空单位提出方案，经有关飞行管制部门划定，并通报有关单位。国(边)境线至我方一侧 10km 之间地带上空禁止划设临时飞行空域。通用航空飞行特殊需要时，经所在地大军区批准后由有关飞行管制部门划设。

6.3.3 空中交通管制机构及助航设备

1. 空中交通管制机构

按空中交通管制的范围不同,可以分为以下几类。

(1) 全国交通管制中心。

(2) 区域交通管制中心(区调):每个中心管制一个明确的地理区域,中心通过远程雷达监视飞机间的间隔,同时还可识别飞机及其航道和目的地,估计其速度和飞行高度;管制员利用通信(话)与驾驶员沟通信息;飞机飞到管制区域边界上时,就被移交给相邻的区域管制中心或航站进近管制室。

(3) 航站进近管制室(站调):负责将区域管制中心移交来的飞机安排好顺序,均匀而有次序地进出机场,并移交给机场管制塔台。其管辖范围为离机场约 40~80km 起到离跑道入口 8km 左右为止。

(4) 机场交通管制塔台:负责接受和移交出入进近管制室的飞机,引导它们着陆、起飞和滑行,并监视和管制它们在飞行区地面上的活动。

2. 航路助航设备

(1) 无指向性无线电信标(Non-Directional Beacon,NDB):沿航路在地面设立无向信标台,用中长波发射无方向性的无线电信号,飞机通过选择台的频率而对准该台飞行,从而使之保持在航路上飞行。

(2) 全向信标台(VHF Omni-directional Range,VOR):用甚高频向所有方向发射无线电信号,驾驶员通过机舱内接收器,调频选择要求跟踪的航路。

(3) 测距仪(Distance Measure Equipment,DME):通常在全向信标台上都安装测距仪,向驾驶员显示飞机同特定 VOR 台之间的空中距离。

(4) 雷达和话音通信:管制员在雷达显示屏上监视飞机间的间隔,并用话音通信指示驾驶员。

各种仪表助航设备分别安置在地面上和驾驶舱内,在通信、导航和监视方面给驾驶员提供飞行上的帮助。

3. 航站助航设备

(1) 精密进近雷达(Precision Approach Radar,PAR):精密进近雷达通常设在跑道中部的一侧,距跑道边缘 120~250m,向着陆方向交替发射水平和垂直向扫描波束,接受飞机的反射回波,测定其位置,用以判定飞机是否处于规定的下滑航道、是否对准了正确的航向,管制员通过话音通信给飞机驾驶员着陆指示。

(2) 仪表着陆系统(Instrument Landing System,ILS):俗称盲降,它由航向台、下滑台和指标点组成。它是目前应用最为广泛的飞机精密进近和着陆引导系统。它的作用是由地面发射的两束无线电信号实现航向道和下滑道指引,建立一条由跑道指向空中的虚拟路径,飞机通过机载接收设备,确定自身与该路径的相对位置,使飞机沿正确方向飞向跑道并且平稳下降高度,最终实现安全着陆。

(3) 机场监视雷达:为了给机场塔台的管制员提供航站周围空域中飞机活动的全面图像,装置了 360° 旋转的一次雷达,在显示器上以亮点显示飞机的平面位置、移动方向和速度，其作用范围为 50～100km。

航站助航设备主要供飞机着陆时使用。

4. 目视助航设施

如前所述，目视助航设备在飞机场飞行区内及其附近，为飞机驾驶员昼夜提供起飞、进近、着陆和滑行的目视引导信号的工程设施。

5. 飞行航线

【拓展视频】

飞行航线是指飞机在一定方向上沿着规定的地球表面飞行，连接两个或几个城市，进行运输业务的航空交通线，简称航线。飞机在空中飞行要受到空中管制，按照航线安排航班、组织运行。航班飞行一般分为班期飞行、加班飞行和包机、专机飞行。

飞行航线分航路、固定航线和非固定航线。航路是国与国之间、跨省市航空运输的飞行航线，规定其宽度为 20km；固定航线是用于省市之间和省内定期航班飞行，尚未建立航路的飞行航线；非固定航线是用于临时性的航空运输或通用航空飞行，不属于航路和固定航线的飞行航线。

飞行航线按其性质和作用不同还可分为国际航线、国内航空干线和地方航线 3 种。国际航线是超越一个国家范围的航线，它由两个或两个以上国家，根据相互间的政治、经济和友好往来情况，通过双方或多方的民航协定建立，主要担负国际的客货运输业务，为国家对外政治、经济文化联系和旅游服务。国内航空干线是在一个国家的主要大城市之间的航线，它的布局要考虑到国家的政治、经济、文化和旅游事业服务，承担长途和边远地区的旅客和贵重物品的运输任务及自然条件的适应性。多数国家的航空中心位于区域的经济中心，并向四周辐射。地方航线是中小城市之间的航空线。一般是为省内政治和经济联系服务，主要分布在一些面积大而交通不发达的省区和边疆地区。它与国内航空干线相衔接，进一步加强了经济中心城市和某些地区或工业城市之间的联系，促进区域或城市政治、经济、文化和旅游事业的发展。

 阅读材料 6-3

首都机场开启冬春季航班

从 2015 年 10 月 25 日起，首都机场开始执行 2015/2016 冬春季航班计划，至 2016 年 3 月 26 日结束，共计 154 天。本航季首都机场日均批复航班 1 708 架次，同比减少 1.16%。

2015/2016 冬春季，首都机场日均批复航班同比减少 20 架次，其中周六批复航班量最少，为 1 698 架次；周日批复航班量最大，为 1 713 架次。在航班结构方面，本航季国际航班比例为 21.6%，同比增加 1.23%。在小时容量方面，整点到整点单位小时运行航班量最高仍为 86 架次。相较于今年夏秋航季，本航季首都机场早出港高峰开始时间仍为 6 时，7 时至 9 时为出港航班高峰时段，出港航班量增加了 13 架次；23 时至 1 时为晚进港高峰时段，进港航班量增加了 21 架次。

另据了解，新航季增加 4 条国际航线，包括国航新开的"北京—孟买—北京"和"北京—奥克兰—北京"航线，越南航空新开的"芽庄-北京-芽庄"航线，以及埃及悠闲风行航空公司的"赫尔格达—北京—赫尔格达"航线。至此，首都机场国际通航点将由 116 个增加为 120 个。

资料来源：京华时报. 首都机场开启冬春季航班[EB/OL].
(2015-10-28).[2016-07-21].http://news.ifeng.com/a/20151028/46019095_0.shtml.

6.4 民用航空运输组织

6.4.1 航空运输生产管理

1. 民航运输生产系统

根据生产性质不同，民航运输生产系统由以下 5 个系统组成。

(1) 机场保障系统。机场保障工作主要是由机场管理部门负责组织、管理和实施。机场保障为空中运输的地面准备和空中飞行提供跑道、灯光、特种车辆、旅客候机场所和相关服务设施，并提供安全检查和紧急救援服务。在国际机场还设有边检、海关、检疫等派出机构，为国际航班旅客运输提供必要的服务。

(2) 机务维修管理系统。机务维修是保证空中飞行安全的重要环节。机务维修管理系统的主要任务是维护航空器正常运行，施行对航空器、发动机、通信导航和驾驶控制等机械与电子电气设备的检测与维修，使航空器保持适航状态。

(3) 航行业务管理系统。航行业务管理主要负责航行调度、通信导航、气象信息、航行情报以及空勤人员管理等工作，为航空运输提供一个完整的空中飞行保障体系。

(4) 油料供应系统。油料供应系统主要为航空运输飞行提供航空燃油。在我国民航管理体制改革以后，民航系统成立了航油专业公司，负责航空运输必需的航空燃油供应和管理。

(5) 运输服务系统。民航运输各部门的工作，应始终围绕"安全正点、优质高效"这一宗旨，为运输生产服务。运输服务部门负责制订运输生产计划、组织客货运输、提供运输飞行、保证服务质量、开拓运输市场，以达到最佳经济效益。

2. 航空运输生产计划

1) 航空运输生产计划的组成

航空运输生产计划由以下 4 部分组成。

(1) 航线运输计划：又称航线计划，是按航线规定空中运输飞行主要任务量的计划，主要指标有飞行班次、飞行小时、运输量、周转量、小时生产率、航线载运比率等。

(2) 航站发运量计划：又称航站计划，是规定地面工作主要任务量的计划，一条航线连接两个或几个机场。所以，航线的运量实际上是由相关航站组织销售的，即相关航站的客货运量构成了航线运量，所以航线计划和航站计划是相辅相成的。航站计划的主要指标有发运量、发运收入、客座利用率和出港载运率等。

(3) 航空运输生产综合计划：是规定航空运输生产全过程的主要任务量的计划，它是航站计划和航线计划的综合反映。

(4) 航班计划：是规定航空运输正班飞行的航线、机型、班次和班期、时刻的计划，它是航空运输生产计划的实施计划，也是组织日常航空运输生产计划的重要依据。

航空运输生产计划的这 4 个部分是相互联系、相互依存，各项计划之间必须相互适应、衔接平衡。

3. 航班计划

在上述航空运输生产计划中,最重要的生产计划是航班计划。它是规定计划期正班飞行的航线、机型、班次和计划,也是编制航线运输生产计划和航站吞吐量计划的基础。航班计划包括以下内容。

1) 航线

民航运输企业在获得航空运输业务经营许可证之后,可以在允许的一系列站点(即城市)范围内提供航空客货邮运运输服务,由这些站点形成的航空运输路线称为航线。航线由飞行的起点、经停点、终点、航路、机型等要素组成。它是航空运输承运人经营运输业务的地理范围,是航空公司的客货运输市场,是航空公司赖以生存的必要条件。航空运输企业为了便于组织客货运输,通常在航线起迄点和飞机经停点(航空港)派驻营业和服务机构。列入航班计划的航线应具备的条件是:有运输机定期飞行;有足以保证运输飞机飞行和起降所需要的机场及地面设备;经过批准。

2) 机型

指某一航线上准备选用的飞机型号,正确选择机型是保证航线经营效益的重要方面。

飞机是一种昂贵的设备,只有通过飞行才能带来收入。很明显,在其他因素相等的情况下,高利用率这一因素尤为重要。然而,利用率本身并不能单独成为安排航班的标准。利用率还必须与高载运率相结合。离开了第二个因素,就可能被安排在低于不亏不盈的水平下飞行。对于从事远程运输的现代宽体飞机而言,这一水平应接近70%。

机型即飞机型号的简称。飞机型号是由飞机制造厂编号命名的,并须得到适航管理部门批准。不同的飞机制造厂家,对不同类别的飞机编列不同的型号。选择机型意味着选择飞机制造厂,选择飞机种类、动力装置、结构性能、客舱布局、机内服务设施和安全设施;也意味着选择飞机的性能、对机场的适应能力和所适应的航程与任务;还意味着选择飞机的经济性、可靠性、安全性、维修性和舒适性。正确选择机型,合理确定飞机的需要量,使飞机的数量和性能与生产任务相适应,保证每架飞机的生产任务量饱满。这是提高飞机利用率,减少飞机数量,从而减少资金占用、降低生产成本、提高经济效益的非常重要的一条途径。

选择飞机的座位数是选择客机机型的一项重要内容,在完成同等运输量的条件下,飞机的座位数将严重影响机队规模的大小,影响飞机的利用程度,即严重影响航空公司的经济效益。座位数与机型单机生产效率的关系为

$$某机型单机运输生产率 = 机型座位数 \times 平均载客率 \times 年飞行班次(人次/年) \tag{6-1}$$

对应的某机型飞机需要量的计算公式为

$$某机型飞机需要量 = \frac{某机型年旅客输量(人次)}{年飞行班次 \times 机型座位数 \times 载客率} \tag{6-2}$$

在式(6-2)中可以看出座位数的增加,提高了飞机的运输生产能力,完成同样的运输生产任务,需用的飞机数量下降了,即飞机的生产率提高了。

3) 航班号

航班号即航程编号,按照统一规定编排。

在国内,航班号由各个航空公司的两字代码加 4 为数字组成,航空公司代码由民航局规定公布。后面的四位数字,第一位代表航空公司的基地所在地区,第二位表示航班的基

地外终点所在地区(1 为华北，2 为西北，3 为华南，4 为西南，5 为华东，6 为东北，8 为厦门，9 为新疆)，第三、第四位表示这次航班的序号，单数表示由基地出发向外飞的去程航班，双数表示飞回基地的回程航班。例如：CA1202，西安飞往北京的航班，CA 是中国国际航空公司；第一位数字 1 表示华北地区，国航的基地在北京，属华北地区；第二位数 2 表示航班的基地外终点在西北地区，现属于西北地区；02 为航班序号，其中末尾数 2 表示是回程航班。再如：MU5305，上海飞往广州的航班，MU 是中国东方航空公司代码，5 代表上海所在的华东地区，3 代表广州所在的华南地区，05 为序号，单数是去程航班。根据航班号可以很快地了解到航班的执行公司、飞往地点及方向，这对管理和乘客都非常方便。

4) 班期

班期为航班飞行日期。

5) 时刻

时刻指航班起飞和到达时刻。

一个典型的航班计划表见表 6-3。

表 6-3 航班计划表

航线	机型	每周班次	航班号		班期		时刻			
			去程	回程	去程	回程	起飞	到达	起飞	到达
京—沪	B737	7	1831	1858	每天	每天	8:00	9:30	10:15	12:00

为了适应航空运输市场需求的变化，我国航空公司目前编制每年两期航班计划：一是夏秋航班计划，自 3 月的最后一个星期日至 10 月的最后一个星期六执行；二是冬春航班计划，自 10 月的最后一个星期日至第二年 3 月的最后一个星期六执行，航空公司需要提前半年向民航总局提交每一期航班计划草案，民航总局每年召开两次航班协调会，组织航空公司、机场、空管部门协调航班计划。在进行航班计划的发布时，需要注意以下几点。

(1) 航班计划至少应该在计划执行前 20 天发布。

(2) 除特殊情况外，航班周计划应在计划执行前一周的星期二发布。

(3) 市场原因的计划临时调整一般应在计划执行前两天发布，除机型临时调整外。

4. 航空运输生产管理

航空旅客和货物运输是航空公司的主营业务，是航空公司赖以生存的社会基础和经济基础。航空客货运输生产管理分四大部分。

(1) 航班计划管理。航空公司根据发展目标、航线计划、运力、人力资源以及资金等情况，在市场调查的基础上进行航班安排，具体确定飞行班次、航班频率和经停机场，并制定航班时刻表。航空公司和机场的所有生产活动，将以航班计划为核心进行组织安排，确保航班计划的顺利实施。

(2) 市场销售管理。根据航班计划，航空公司市场销售部门以及销售代理，在公布的订座期限内，组织航班座位或者航班吨位销售。市场销售是航空公司回收投资的关键环节。航班座位销售将直接影响航空公司的经济收益。

(3) 地面服务管理。航空公司与机场等单位根据航班时刻表，为旅客安排登机准备，接受旅客的行李交运。同时，机场有关部门对旅客和行李进行安全检查，飞机吨位配载控制，提供候机服务和查询服务。在航空公司、机场、航油和机务等部门的相互协作下，完成旅客候机服务、机坪服务、旅客登机(装货)、下客(卸货)和离开航空港等工作，为航班安全正点起飞和降落提高优质高效的地面服务。

(4) 运输飞行管理。运输飞行管理的主要任务负责为具体实施运输任务制订飞行计划，进行航班飞机调度，保障航班飞机安全正点飞行。航班运输飞行分为飞行准备和飞行实施两部分。

① 飞行准备阶段：为了保证运输飞行安全和正点，航空公司的机务维修部门必须保证飞机各项性能指标符合适航标准；地勤部门必须保障机上服务用品(如配餐和用水等)；机场管理部门必须确保跑道等设施条件良好，为航班飞机牵引提供登机桥和其他特种车辆服务；航务管理部门确保飞行调度和通信导航设备可靠，为飞机的起飞、飞行和降落提供可靠的航行指挥和通信服务；油料供应必须保障航油优质充足。

② 飞行实施阶段：飞行实施阶段是完成运输生产任务的关键环节。在该阶段，飞机处于空中飞行状态，主要是飞机机组人员和航务人员密切配合工作，共同完成安全飞行运输的任务。

6.4.2 民航旅客运输组织

1. 航空旅客运输生产过程

航空旅客运输生产的过程也就是将旅客和行李从始发机场安全地运送到目的地机场的过程。航空旅客运输生产过程可分为 5 个阶段。

(1) 航班计划阶段。航空公司根据公司的发展目标、航线计划、运力、人力资源以及资金等情况，在市场调查的基础上，进行航班安排，确定飞行班次、航班频率和经停机场，并制定航班时刻表。航空公司和机场的所有生产活动，均将以航班计划为核心进行组织安排，确保航班计划的顺利实施。

(2) 市场销售阶段。根据航班计划，航空公司市场销售部门以及销售代理，在公布的订座期限内，进行航班座位销售。市场销售是航空公司回收投资的主要环节，航班座位销售将直接影响航空公司的经济收益。

(3) 旅客乘机阶段。航空公司根据航班时刻表，为旅客安排登机准备，接受旅客的行李交运。同时机场有关部门对旅客和行李进行安全检查，提供候机服务和查询服务。

(4) 运输飞行阶段。运输飞行阶段是具体实施运输任务的具体过程，其包括飞行准备和飞行实施两个部分。在航空运输飞行中，将调派飞机、空勤组和对飞机进行飞行管理的现场调度指挥业务称为航行调度，而国际民航组织则称这项业务为航务控制。航行调度机构的主要工作是做好飞机起飞前准备和起飞后的飞行动态。航行调度包括以下工作。

① 根据飞机班期时刻表和临时需要，安排每日飞行计划并向空中交通管制部门提出飞行申请。

② 在飞机预计起飞前两个小时研究天气情况。取得着陆站(预定着陆机场)和备降站(在预定着陆机场不宜着陆时，可以飞往着陆的机场)以及航线的天气预报；选择有利飞行高度层、确定飞行航线、业务载量和油量。当航线天气预报有较大的逆风，或有可能危及飞行安全的天气时，应与机长研究确定绕飞航线。当着陆机场或航线的天气不适航、在短时间内又不能转好时，则应向空运企业经理人员提出改变飞行计划的建议。

③ 在飞机起飞一小时内，了解各勤务保障部门的准备情况；办理放行飞机的手续，将有关机场和航线飞行的临时规定和制定的飞行高度告诉空勤组；通知运输服务部门安排旅客上飞机。当改变飞行计划或取消、延误飞行时，及时发出通知。

(5) 旅客离港阶段。在飞机安全抵达目的地机场后，运输服务部门安排旅客下机，卸运行李；航空公司为旅客提供查询和领取行李服务。

2. 航空旅客运输生产组织工作的主要内容

对于旅客来说，他们对于航空运输的要求是"安全正点、优质高效"，因此航空运输生产过程就是要在这一原则下，通过有机地组织和协调，有效地完成生产任务。航空旅客运输生产组织工作主要包括以下内容。

(1) 市场营销组织。航空公司的主要收益来源是客货运输，其中航空客运是非常重要的一块。通过对航空客运市场进行调查分析，航空公司将根据企业的发展目标，制订可行的市场计划。根据市场计划，对销售网点的分布、销售渠道的拓展、促销方案的拟定、价格政策和销售策略的制定，客源的组织、运力的安排等有效地组织市场行销。

(2) 制订航班计划。航班计划是航空运输企业组织生产的核心，是组织和协调生产部门与管理部门各项工作的依据，是企业赖以生存的基础。因此，航空公司根据市场计划、旅客运量等信息，科学地安排运力，合理地制订运输计划，即航班时刻表。

(3) 座位管理。航班座位管理一般通过计算机订座系统来实现，辅以手工操作。管理部门通过制定有关规定，规范订座过程，采用集中控制、规定配额和始发控制等方法，对航班座位进行有效的管理，以充分利用航班座位，提高飞机乘坐率。

在现有的航空客运中，普遍对飞机的座位实施分级管理，对不同的座位实施不同的票价。航空公司票价一般分为头等舱、公务舱和经济舱 3 种等级。每种等级又按照正常票价和多种不同特殊优惠票价划分为不同的舱位代号。头等舱代号一般为 F、A，F 舱为头等舱公布价，A 舱为头等舱免折、常旅客免票；C 舱为公务舱公布价；公务舱代号一般为 C，D 等。经济舱的代号，如：有的航线经济舱划分共为 Y、M、L、K、T 5 种代号，代表不同的票价，分别拥有不同的座位数量，世界上各个航空公司一般均自行定义使用哪些字母作为舱位代号，在舱位代号上无统一的规定。

(4) 吨位控制。吨位控制的目的，是在保证运送乘客的基础上，充分利用飞机运载能力，配以足够的货物或邮件，提高飞机的载运率，降低成本。吨位控制是通过对航班飞机进行配载来实现的。

(5) 运输飞行组织。航空运输生产活动的目的是要将旅客、货物、邮件安全正点地运送到目的地。运输飞行组织的任务，就是有效地组织航班飞行。

(6) 生产调度。在航空运输生产过程中，航空公司、机场、航务管理、油料供应等单位在现场指挥部门的统一协调下，各有关生产部门联合行动，共同完成生产任务。

航空公司运输生产调度的职责，主要是实现航空公司的生产计划，使航空公司能够高效地、经济地运营，为公众提供最佳服务，为企业创造最佳效益。因此，航空公司的生产调度，就宏观而言，必须权衡公众服务和企业效益，在保障航班安全正点的原则下，组织协调机务、油料、运输、航行等方面的力量，完成航班运输任务。此外，在包机、专机、延误或紧急情况下，需要及时地进行各方面力量的调配，作出快速响应。

6.4.3 民航货物运输组织

1. 航空运输的主体

航空运输是一种现代化的运输方式，具有运送速度快、航线不受地面条件影响等特点，对于时效性强、价值较高、体积又不大的货物非常适用航空运输。

从事航空货物运输的主体主要有以下两类。

1) 航空公司

航空公司以自身拥有的飞机从事航空运输活动，它从事的业务是把货物和旅客从某地机场运送到另外一个机场。

2) 航空货运公司

航空货运公司又称航空运输代理公司，是受航空公司和货主的委托，专门从事航空货物的揽货、订舱、接货、交付、报关或送货上门等服务的独立企业，是随着航空运输的发展以及航空公司运输业务的集中化而发展起来的一种服务性公司。它在航空运输业务中既是货物的代理又是航空公司的代理。货物在办理货物航空运输中，主要是与航空货运公司发生联系，一般不直接到航空公司订舱。

2. 航空货物运输经营方式

目前，航空运输货物的经营方式有以下几种。

(1) 班机运输。班机运输是在固定航线上的固定起落站按预先计划规定时间进行定期航行的飞机。班机有固定航线和停靠港，定期开航、定点到达。

货运航班只承揽货物运输，一般使用全货机。但考虑到货源的因素，只在规模较大的航空公司一些货源充足的航线上采用。货运航班主要控制货物体积(不能超高、超长，能够装入货仓)、形状(易于固定)、货物重量(不能超重)。在保证货物飞行平稳和安全的前提下充分提高飞机的载运率。

货运班机具有迅速准确、方便货主和货位有限等特点。航班运输定期开航、发到站、途经站固定，适用于急用物品、行李、鲜活物品、贵重物品、电子元件等货物的运输。同时发收货人能确切掌握起运、到达的时间，可以保证货物安全、迅速运到世界各地，颇受贸易商的欢迎。

(2) 包机运输。包机运输是由租机人用整架飞机或若干租机人联合包租一架飞机进行货运的方式。当货物批量较大，班机运输无法满足或发货人有特殊要求时，则需要选择包机运输。

包机运输的方式分为整架包机和部分包机两类。

① 整架包机是指航空公司或包机代理公司，按照与租机人事先约定的条件与费率，将整架飞机出租给包机人，从一个或几个航空站装运货物到指定目的地的运输方式，它适用于大宗物品运输。

② 部分包机有两种方式：一种是由几家航空代理公司或发货人联合包租整架飞机；另一种是由包机公司把整架飞机的仓位分租给几家租机人。部分包机适合运送 1 吨以上但货物不整机的物品，在这种形势下，运价较班机费率低，但由于要等待其他货主备好货物，所以运送时间比班机长。

3. 航空货物运输组织方式

航空货物运输组织方式有集中托运、陆空联运和海空联运、航空快递和邮件运输等组织形式。

【拓展视频】

1) 集中托运

指航空货运代理公司将若干批单独发运到同一方向的货物，组成一整批向航空公司办理货运手续的运输组织方式。托运过程中，填写一封总运单，发到同一目的港，由集中托运人在目的港指定当地的代理人(也称分拨代理商)负责收货、报关，再根据集中托运人签发的航空分运单拨给每个实际收货人。

集中托运是航空货运应用最为普遍的一种方式，也是航空货运代理公司的主要业务之一。其中集中托运人在运输中具有双重角色，他对每个发货人负有货物运输责任，相当于承运人，而在与航空公司的关系中，他又被视为集中托运的一整批货物的托运人，各关系方承担的责任如图 6.1 所示。

图 6.1 集中托运环节及关系图

集中托运具有方便货主、运输成本低、便于提前结汇等特点，但同时也具有以下局限性。①贵重物品、活动物、危险品、外交信袋等根据航空公司的规定不得采用集中托运的方式。②由于集中托运的情况下，货物的出运时间不能确认，所以不适合易腐烂变质的货物、紧急货物或其他对时间要求高的货物的运输。③对一些可以享受航空公司优惠运价的货物来讲，使用集中托运的方式不仅不能享受到运费的节约，反而使托运人运费负担加重。

2) 陆空联运和海空联运

陆空联运和海空联运是指陆路运输(铁路和长途汽车运输)或海上船舶运输与航空运输的联运。

我国空运出口货物通常采用陆空联运方式。这是因为我国幅员辽阔，而国际航空港口岸主要有北京、上海、广州等。虽然省会城市和一些主要城市每天都有班机飞往上海、北京、广州，但班机所带货量有限，费用比较高。如果采用国内包机费用更贵。因此在货量较大的情况下，往往采用陆运至航空口岸，再与国际航班衔接。由于汽车具有机动灵活的特点，在运送时间上更可掌握主动，因此一般都采用陆空方式组织出运。

海空联运的组织形式是以海运为主，只是最终交货运输区段由空运承担。采用这种运输方式，运输时间比全程海运少，运输费用比全程空运便宜。20 世纪 60 年代，将远东船运至美国西海岸的货物，再通过航空运至美国内陆地区或美国东海岸，从而出现了海空联运。当然，这种联运组织形式是以海运为主，只是最终交货运输区段由空运承担，1960 年年底，苏联航空公司开辟了经由西伯利亚至欧洲航空线，1968年，加拿大航空公司参加了国际多式联运，20世纪80年代，出现了经由中国香港、新加坡、泰国等至欧洲的航空线。

3）航空快递

航空快递是指有独立法人资格的货运企业将出境的货物从发货人所在地通过自身网络或代理的网络运达收货人的一种快速货运方式。它不同于航空邮寄和航空货运，而是由一个专门经营该业务的公司和航空公司合作，办理空运手续，或委托到达地的快运公司，或在到达地设立速递公司，或派专人随机送货，以最快的速度在货主、机场、用户之间运送货物。

4）邮件运输

邮件运输是邮政部门与航空公司以运输合同(或协议)方式合作组织的信件、包裹等小件品的航空运输，在全部航空货运中占比例较小，一般为10%左右。

4. 航空货物运输业务流程

1）航空货运出港业务流程

航空货运出港业务包括自托运人将物品交给航空公司，直接到物品装上飞机整个操作过程。航空货运出港业务流程如图6.2所示。

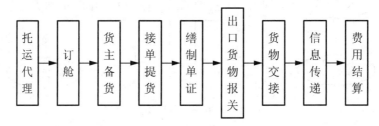

图6.2　航空货运出港业务流程

(1) 托运受理。发货人在货物的出口地寻找合适的航空货运公司，为其代理订舱、报关(若是出口货物)、托运业务。航空货运公司根据自身的业务范围接受托运人委托，并要求其填制航空货物委托书，以此作为委托与接受委托的依据。同时提供相应的装箱单、发票。

(2) 订舱。货运代理人向航空公司申请并预订舱位，航空公司签发舱位确认书，同时给予装货集装其领取凭证(如需要时)，以表示舱位订妥。此时需要填写订舱单，以便航空公司的吨控与配载部门掌握情况。

(3) 货主备货。航空公司根据航空货运公司填写的订舱单安排航班与舱位，并由航空货运公司通知发货人备单、备货。

(4) 接单提货。航空货运公司去发货人处提货并送至机场，同时要求发货人提供相关单证，主要涉及报关单、合同副本、商检证明、出口许可证、出口收汇核销单、配额许可证、正本的装箱单、发票等。

(5) 缮制单证。航空货运公司审核托运人提供的单证，缮制报关单，报海关初审。同时，缮制航空货运单，并注明收货人和发货人名称、地址、联络方法、始发港和目的港，货物的名称、数量、质量、体积、包装方式等，还要将收货人提供的货物随行单据钉在运单后面。

(6) 出口货物报关。航空货运公司持缮制好的航空运单、报关单、装箱单、发票等相关单证到海关放行。海关将在报关单、运单正本、出口收汇核销单上盖放行章,并在出口产品退税的单据上盖验讫章。

(7) 货物交接。物品过磅、入库,将盖有海关放行章的航空运单一起交给航空公司,由其安排航空运输,随附航空运单正本、装箱单、发票、产地证明、品质鉴定书等。大宗货、集中托运或以整板、整箱称重交接;零散小货按票称重,计件交接。航空公司验收单、货无误后在交接单上签字,将物品存入出港仓库。

(8) 信息传递。货物出发后,航空公司及时通知其国外代理收货,通知内容包括航班号、运单号、品名、数量、质量、收货人相关资料等。

(9) 费用结算。费用结算主要涉及发货人、承运人和国外代理几方之间的结算。

2) 航空货运进港业务流程

空运进港业务是指航空货物从飞机起飞(进口货物从入境)到提货或转运的整个过程所需要办理的手续以及必备单证。航空货运进港业务流程如图 6.3 所示。

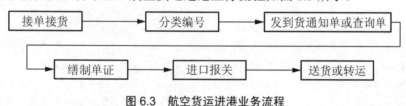

图 6.3　航空货运进港业务流程

下面以航空进口货物为例,说明进港业务流程。

(1) 接单接货。航空货物入境时,与货物有关的单据(运单、发票和装箱单等)也将随机到达,货物卸机后运至由海关监督的仓库内,同时航空公司根据主运单上的收货人地址寄发取货人通知单,一般主运单的收货人是为航空公司货运代理公司。航空货运代理公司在与航空公司办理货物交接手续时,应根据运单和仓单核实货物,若存在有单无货或有货无单的情况,应告知航空公司,并在仓单上署名,以便其及时查找和通知入境地海关,若发现货物短少或毁坏等异常情况,应要求航空公司出具商务事故处理记录,作为实际收货人交涉索赔事宜的依据。

(2) 分类编号。航空货运代理公司取得航空运单后立即按照一定的标准进行分类整理,如按照进口货物的类别或贸易方式等进行分类。为便于用户查询和统计货量的需要,航空货运代理公司在分单后对每票货单都编上公司内部的编号并输入电脑。

(3) 发到货通知单或查询单。根据运单号或合同上的收货人名称及地址分别寄发到货通知单或查询单给实际收货人,告知货物已经到港,通知单需要填写的项目有运单号、合同号、公司编号、货物名称、到货日期、通知人及联系方式等。查询单一般发给订货单位,其基本格式与通知单一样,只是要根据货物的名称及到货日期,列明需要提供的各种批准文件或证明。

(4) 缮制单证。缮制单证就是填报进出口货物报关单,其依据是运单、发票及证明货物合法进口的有关批准文件。报关单上需要由报关人填写的项目一般有:进口口岸、收货单位、经营单位、合同号、批准机关及文号、运输工具名称及号码、贸易性质、贸易国别、原产地、外汇来源、进口日期、提单或运单号、运杂费、件数、毛重、海关统计商品标号、货名规格及货号、数量、成交价格、价格条件、货币名称、申报单位、申报日期等相关内容。

(5) 进口报关。进口报关就是向海关提出办理进口货物手续的过程。报关是进口业务中最关键的环节，任何货物都必须向海关申报并经海关放行后才能提出海关监管场所，未经海关放行的货物都不能擅自提出海关监管场所。

(6) 送货或转运。航空货运代理公司可以接受货主的委托送货上门或办理转运，在将货物移交给货主时办理相关交接手续，并向其收取货物进口过程中所发生的一切费用，此外，货主也可以自行到海关监管场所提取货物并办理相关手续。

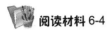

阅读材料 6-4

各地逐步开放"第五航权"

随着中国内地改革开放不断深化和经济腾飞，原有的民航制度已难以再适应民航企业的发展了。因此，在国家民航局支持下，内地一些主要城市纷纷开放了"第五航权"。

哈尔滨国际机场：2015 年 9 月 18 日凌晨，从俄罗斯叶卡捷琳堡飞往哈尔滨的 U6755 航班降落在哈尔滨太平国际机场，标志着中国东北首条"第五航权"航线开航。俄罗斯乌拉尔航空公司开通的叶卡捷琳堡经哈尔滨至曼谷定期国际正班航线，每周一班，用空客 A320 机型执飞，每周六的 23:45 从俄罗斯叶卡捷琳堡起飞，周日凌晨 05:35 到达哈尔滨，07:00 从哈尔滨起飞，13:35 到达泰国首都曼谷；周一凌晨 01:05 从曼谷起飞，07:45 到达哈尔滨，08:45 从哈尔滨起飞，15:35 抵达叶卡捷琳堡。"第五航权"的开放意味着哈尔滨机场国际航空运输迈进了新的时代，该航线的开通为哈尔滨与俄罗斯、东南亚搭建了航空运输通道，使哈尔滨在肩负远东对俄门户职责的同时，升级为联通俄罗斯与东南亚的枢纽站。

郑州机场：2015 年 5 月 18 日，河南省的郑州机场首开"第五航权"，实现"环球飞"。经民航局批准，郑州机场携手卢森堡货航开通了卢森堡—郑州—芝加哥航线，该航线横跨欧、亚、美世界三大最主要经济区域，使郑州成为欧美之间重要的航空货运节点城市。通过"第五航权"，卢森堡货航执飞的货机从卢森堡装载货物之后，在郑州机场可进行二次装卸，并直飞芝加哥机场，而无须折返欧洲；返程时在芝加哥机场完成装卸任务后，同样在郑州拥有再次集散及调整货物的权利，最大限度地集散了三大洲物流货物，为承运人和货代企业安排货源提供了更大的选择余地和更灵活的操作空间。选择"第五航权"装载三地货物，可以避免运力浪费。开放"第五航权"，必然伴随货物转机量提高，这将成为郑州机场晋身国际航空枢纽的有利跳板。

资料来源：胡汉新. 拓展第五航权，澳门建设"世界旅游休闲中心" [EB/OL]. (2016-05-12).[2016-07-21]. http://news.carnoc.com/list/345/345054.html.

6.5 国际航空运输管理

6.5.1 国家主权和领空主权的概念

航空运输是当代主要的国际运输方式之一。当开展国际航空运输业务时，将涉及领空主权、国家关系、航空法律、运价、航线权、航班等问题，需要通过国际性民航组织来协调。

1. 国家主权

在国际事务中，尊重国家主权是一个至关重要的原则性问题。国际航空运输的所有活动应建立在这个原则基础之上。一个国家行使它的主权，对在本国领土和领空范围内，国内和国外的所有航空活动以及本国航空运输企业在国外的航空运输事务进行管理。

2. 领空主权

第一次世界大战之后，各国政府考虑到本国安全和利益，在对其领土之上的空间提出了主权要求。1919年10月通过的《国际民用航空公约》(又称巴黎公约)确立了领空主权原则。1944年12月在美国芝加哥修订的《国际民用航空公约》(又称芝加哥公约)中，进一步明确了领空主权的原则，该公约认为，国家领空主权是"缔约各国承认每一个国家对其领土之上的空气空间具有完全的和排他性的主权"。

航空器的空中活动场所或范围，称为空域或空气空间(Air Space)。根据各国达成的一致原则，空气空间实行领空主权制度，每一个国家对其领空(Territorial)享有完全的、排他性的主权。

6.5.2 国际民航管理

航空运输是当代主要的国际运输方式之一。当开展国际航空业务时，将涉及领空主权、国家关系、航空法律、运价、航线权、航班等问题，需要通过国际性民航组织来协调。

目前，世界上有多个国际性航空组织，其中最具影响力的主要有两个：一个是国际民用航空组织；另外一个是国际航空运输协会。

1. 国际民用航空组织

1944年11月1日至12月7日，52个国家在美国芝加哥举行国际民用航空会议，签订了《国际民用航空公约》，并决定成立过渡性的临时国际民用航空组织。1947年4月4日"芝加哥公约"生效。国际民用航空组织(International Civil Aviation Organization，ICAO)正式成立，5月13日成为联合国的一个专门机构，简称国际民航组织。国际民航组织的主要工作是：制定国际航空和安全标准，收集、审查、发布航空情报，也作为法庭解决成员国之间与国际民用航空有关的任何争端，防止不合理竞争造成经济浪费、增进飞行安全等。在成员国的合作下，该组织已逐步建立气象服务、交通管制、通信、无线电信标台、组织搜索和营救等飞行安全所需设施模式。鉴于航空事业发展迅速，已呈空中污染状况并日渐严重，故本组织在防止空中污染、保障国际航系安全方面的任务将日趋繁重。

国际民航组织为贯彻其宗旨，制定和统一了一些国际民航技术标准和国际航行规则；协调世界各国国际航空运输的方针政策，推动多边航空协定的制定，简化联运手续，汇编各种民航业务统计，制定航路导航设施和机场设施服务收费原则；研究国际航空公法和影响国际民航私法中的问题；向发展中国家提供民航技术援助；组织联营公海上或主权未定地区的导航设施与服务；出版月刊《国际民航组织公报》及其他一些民航技术经济和法律文件。

我国是国际民航组织的创始国之一，旧中国政府于1944年签署了《国际民用航空公约》，并于1946年正式成为会员国。1971年11月19日国际民航组织第七十四届理事会第十六次会议通过决议，承认中华人民共和国政府为中国唯一合法代表。1974年我国承认《国际民用航空公约》并参加国际民航组织的活动。同年我国当选为二类理事国，至今已8次连选连任二类理事国。2004年在国际民航组织的第35届大会上，我国当选为一类理事国。蒙特利尔设有中国常驻国际民航组织理事会代表处。

2. 国际航空运输协会

国际航空运输协会(International Aviation Transport Association, IATA)是一个由世界各国航空公司所组成的大型国际组织,其前身是 1919 年在海牙成立并在第二次世界大战时解体的国际航空业务协会。1944 年 12 月,出席芝加哥国际民航会议的一些政府代表和顾问以及空运企业的代表聚会,商定成立一个委员会为新的组织起草章程。1945 年 4 月 16 日在哈瓦那会议上修改并通过了草案章程后,国际航空运输协会成立。总部设在加拿大蒙特利尔,执行机构设在日内瓦。国际航协从组织形式上是一个航空企业的行业联盟,属非官方性质组织,但是由于世界上的大多数国家的航空公司是国家所有,即使非国有的航空公司也受到所属国政府的强力干预或控制,因此航协实际上是一个半官方组织。它制定运价的活动,也必须在各国政府授权下进行,它的清算所对全世界联运票价的结算是一项有助于世界空运发展的公益事业,因而国际航协发挥着通过航空运输企业来协调和沟通政府间政策,解决实际运作困难的重要作用。

协会的基本职能包括:国际航空运输规则的统一,业务代理,空运企业间的财务结算,技术上合作,参与机场活动,协调国际航空客货运价,航空法律工作,帮助发展中国家航空公司培训高级和专门人员。

6.5.3 国际民用航空主要法规

为了建立和维护空中交通秩序、保障航行和旅客安全,自 1919 年起,在世界各国政府的共同努力下,先后通过了一系列的国际性航空公约,主要有以下几条。

(1)《巴黎公约》。1919 年 10 月 23 日,在法国巴黎会议上通过了《国际民用航空公约》,即《巴黎公约》。这是国际民航史上的第一部大法,对国际民航的发展产生了重要的影响。它第一次确立了领空主权原则,规定了无害通过领空的权利和限制以及国际航线的规则与条件,并对航空器的分类、国籍登记、适航性、出入境、机组人员执照以及禁运物品等作了具体的规定。

(2)《哈瓦那公约》。1928 年 2 月在古巴哈瓦那通过的《哈瓦那公约》,对国际商业性航空运输和造成的地面损害赔偿问题达成共识,作出了明确规定。

(3)《华沙公约》。1929 年 10 月通过的《华沙公约》,对航空运输凭证、承运人的责任和管辖权等作了规定。

(4)《芝加哥公约》。1944 年 12 月在美国芝加哥通过了修订的《国际民用航空公约》,即《芝加哥公约》。它对国家领空主权和保证国际航行安全等作了进一步明确的规定,对航行技术、行政管理、运输经营等国际性问题,作了详细阐述,成为一部更为广泛接受的航空法典。《芝加哥公约》在 1947 年开始执行。1971 年 11 月中国政府承认《芝加哥公约》。

(5)《日内瓦公约》。1948 年 6 月在瑞士日内瓦通过的《关于国际承认航空器权力的公约》,规定了航空器的拥有权、转让权、租赁权、抵押权、典当权等。

(6)《东京公约》。1963 年 9 月在日本东京签订的《关于在航空器内犯罪和犯有某些其他行为的公约》,为制止航空器内的犯罪行为制定了国际性的制裁依据。1979 年 2 月,中国政府承认《东京公约》。

(7)《海牙公约》。1970 年 12 月在海牙通过的《关于制止非法劫持航空器的公约》,

对共同打击非法劫机犯罪活动达成协议。1979年10月,中国政府承认《海牙公约》。

(8)《蒙特利尔公约》。1971年9月在加拿大蒙特利尔通过了《关于制止危害民用航空安全的非法行为的公约》,对共同制止和打击危害航空运输和旅客安全的非法行为制定了更为详细的规定。1979年10月,中国政府承认《蒙特利尔公约》。

6.5.4 国际航空运输多边协定

【拓展文本】

所谓国际航空运输多边协定,是指国家之间的国际航空运输双边或多边协定。《芝加哥公约》中明确规定,任何国际定期或不定期航班飞机,未经缔约国授权或特许,不得进入其领空。

国际航空运输双边协定是两个主权国家之间的政府级协定,基于国际民航公约的统一原则和规定,代表两个国家的利益就双方的航空运输业务所涉及的事项达成共识。国际航空运输双边协定通常包括以下几个方面的内容。

1. 互惠业务权

国际航空运输与其他国际贸易交往的相同之处,就是航空运输业务权利的互惠互利。在航空运输协定中规定授权经营航线、航线经停点、使用机场和业务范围,并明确规定经营授权航线的承运人。

2. 运力与运价

航空运输协定中明显规定运力和运价的管理原则和实施方法运价的制定和审批程序等。

3. 协定生效程序

在协定中规定航线承运人的运营资格申请程序和运营许可证发放程序,并对有关征收机场与地面设施使用费、油料供应、机务维修、互免关税、适航资格认可、航空器、机组、旅客和货物进出对方国家的查验以及紧急事件的处理等事项进行具体的规定和明确说明。

4. 协定生效与终止

协定中还包括有关法律性质的事项,如协定审批、生效、争议、终止、撤销和修改等事项。双边国家航空运输协定是一个政治性、技术性、商业性相结合的法律文件,协定谈判涉及国家外交、外贸和民航等政府部门。

6.5.5 国际航空运输市场管理

1. 市场准入

当一个国家的某个航空公司计划开辟国际航线,准备开设到另一个国家某个城市的航班时,必须具有对方国家授予的航空运输市场准入权。航空运输市场准入权是进入某国政府授予的航班运营基本权利,以允许外国航空公司进入本国航空运输市场进行有条件的或无条件的航空旅客运输或航空货物运输业务。航空运输市场准入权的审批和实施,应基于《芝加哥公约》的国家领空主权原则和有关规定。

2. 航行权及其种类

航行权是指允许通航的权利,是国家主权的一种。各国政府为保护本国航空运输事业的利益，对于航行权的授予视情况而各有不向。归纳起来，可有 5 种基本类型的航行权，任何方式都不外是这些类型之一或这些类型的某种结合。这 5 种基本类型在航空法学上称之为 5 种航行权。目前，也有将某类型的结合，演进称为第六航行权、第七航行权或第八航行权。

(1) 第一航行权即飞越权或称通过权，是指授予一个国家的定期或不定期国际航班不降停地飞越授权国领空的特权。

(2) 第二航行权即技术降停权或称停站权，是指给一个国家的定期或不定期国际航班在授权国的领土上降停，如航班飞机途中加油、进行紧急机务维修或处理某些特殊事件等情况。但是这种降停属于非载运业务。尽管可能在降停地需要卸下客货，但是需要重新装上继续飞行。

(3) 第三航行权即卸载权，是指授权国允许承运人的定期国际航班在授权国的指定机场下(卸)载来自承运人所在国的旅客(货物)。这一权利表明，允许承运人向授权国运送旅客或货物邮件，即自甲国至乙国之客货机，可在乙国降落并卸下客货邮件，但回航时不能在乙国装载客货邮件。

(4) 第四航行权即装运权，是指授权国允许承运人的定期国际航班回程，从授权国的指定机场装载旅客(货物)和邮件飞回承运人所在国。这一权利表明，允许承运人在授权国经营旅客、货物和邮件搭载业务，即甲国的航空器得以在乙国的航空港降落，并有装载乙国的客货邮件回航甲国的权利，但不得将来自甲国的客货邮件在乙国航空港卸下。

(5) 第五航行权即贸易权，是指授权国允许承运人的定期国际航班在授权国下载旅客(货物)和邮件，从授权国装载旅客(货物)和邮件飞往第三国。这一权利表明，允许承运人在授权国经营旅客、货物的运输业务，具有较大的业务经营范围，即甲国的航空器得以在乙国的航空港降落，不但可卸下来自甲国的客货邮件，且有得以装载乙国的客货邮件继续飞航丙国之航行权。由于第五航行权从法律上意味着授权国向承运人所在国开放航空运输市场，对于保护本国的航空运输市场无疑是一个挑战。

(6) 第六航行权允许(外国)承运人的国际定期航班在授权国卸载或装载来自或前往承运人所在国的旅客(货物)，而这些旅客(货物)可以由该承运人的不同航班运往第三国或承运人所在国。第六航行权意味着允许承运人的不同航班在授权国运营第三国至承运人所在国之间的客(货)联运业务，实际上是第三、第四航行权的综合。

(7) 第七航行权是指承运人在授权国经营完全在本国以外的国际航空运输业务。换言之，就是允许在授权国卸载或装载来自或前往其他国家的旅客(货物)，然后飞往第三国或其他国家。

(8) 第八航行权允许外国定期航班在授权国内经营授权国的国内旅客(货物)运输业务。
关于第六、第七、第八航行权，目前尚未得到国际民航组织及其大多数成员国的认可。

3. 运力管理

运力是航空运输经营能力的体现。在国际航空运输市场准入的协定中，准入运力标志着授权国允许开放本国航空运输市场的程度。换言之，在两国的航空运输协定中，将明确说明准入航班在运营航线上的机型、座位数以及吨数。

本 章 小 结

航空运输是指使用航空器运送人员、行李、货物和邮件的一种运输方式。飞机是航空运输主要的运输工具,而航空港是航空运输中的主要基础设施。为了保证飞行安全,提高空域和机场飞行区的使用效率,需要实施空中交通管制和管理。民用航空运输组织包括民航旅客运输组织以及民航货物运输组织两大类。民用航空运输生产计划包括航线运输计划、航站发运量计划、航空运输生产综合计划、航班计划。本章主要介绍了航空运输的定义及其特点、民用飞机、航空运输基础设施、空中交通运行与管理、航空运输生产管理、航空运输管理中的计划以及国际航空运输管理。

 案例分析

航空货运市场机遇何在

2014 年全球航空货物运输量是 5 350 万 t,收入 630 亿美元,比 2010 年下降 5%。自 2008 年金融危机以来,整个航空货运市场一直负重前行,步履维艰,特别是纯货运航空公司的生存空间、盈利空间和发展空间正受到多方挤压。

目前航空货运市场整体低迷,从客观上讲主要还是受宏观经济的影响,主观方面的因素则是航空货运在变革、创新和挖掘市场潜力方面尚有很多欠缺。例如,在过去的 20 年中,客运电子机票逐步替代了纸质机票,航班信息也通过互联网系统实时地传递给旅客,这不仅方便了旅客,而且也开拓了市场。而现在的航空货运仍有 75% 的纸质货运单,工作效率低,易产生差错,更与先进的电子化运营相脱节。

实际上,航空货运这种落后的状况,也在很大程度上反映在整体的运营中。由于缺乏市场规划和系统的发展战略,运力与价格大战不断重复上演,结果自然是航空公司增加了成本,服务水平难以提高。而随着远洋和铁路的运输能力及安全性不断提高,它们也与航空货运形成了竞争的态势。过去,高端技术的货物都是由航空运输的,但现在有一半都是由船舶运输的,甚至一些从欧洲运往亚洲的这类货物,还通过铁路进行运输。

现在,网络购物就是一个潜在的巨大市场。其特点是在全球范围内通过网络购销商品,其增长速度 4 倍于全球 GDP,其中跨境电子商务的增长更是达到 7 倍之多。面对这样一个大市场,航空货运如果仍然我行我素,等着顾客上门,那肯定又将错失良机,再次与市场机遇擦肩而过。

根据案例所提供的材料,试分析以下问题:
1. 航空货运面临的困境有哪些?
2. 除跨境电子商务外,航空货运的机遇还有哪些?

资料来源:中国民航网. 国际观察:航空货运市场机遇何在? [EB/OL].
(2015-11-12).[2016-07-21].http://www.mzyfz.com/html/1373/2015-11-12/content-1159602.html.

 关键术语

航空运输(air transportation) 航班计划(flight planning)
民用飞机(civil aircraft) 航线计划(route planning)
航空港(air port) 空中交通管制(air traffic control)

习 题

1. 填空题

(1) 民用飞机主要由_____、_____、_____、_____、_____等部分组成。

(2) 按空中交通管制的范围不同,空中交通管制机构可分为_____、_____、_____、_____。

(3) 民航运输生产系统由_____、_____、_____、_____、_____组成。

(4) 航空旅客运输生产过程可分为:_____、_____、_____、_____ 5 个部分。

(5) 从事航空货物运输的主体主要有:_____、_____两类。

(6) 航空货物运输组织方式有_____、_____、_____和_____等组织形式。

2. 简答题

(1) 简述航空运输的优缺点。

(2) 我国民航总局是如何划分大、中、小型飞机以及不同的航程的?

(3) 根据 2007 年修改的《中华人民共和国飞行基本规则》,我国的飞行高度层是如何划分的?

(4) 航空货物运输的经营方式有哪几种?分别适用于什么情况?

(5) 国际航空运输中的航行权有哪几种?分别加以说明。

第7章 管道运输

【教学目标】
➢ 了解管道运输的发展和特性
➢ 了解管道运输基础设施及其分类
➢ 熟悉管道输油(气)工艺
➢ 了解管道生产管理和管道运输系统规划

导入案例

西气东输

西气东输管线走向示意图如图 7.1 所示。

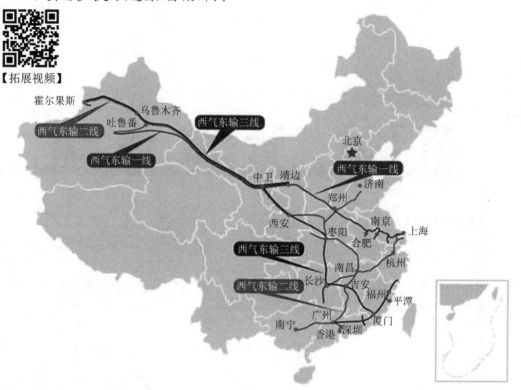

图 7.1　西气东输管线走向示意图

规划中的"西气东输"管道工程，采取干支结合、配套建设方式进行，管道输气规模设计为每年 120 亿立方米。项目第一期投资预测为 1 200 亿元，上游气田开发、主干管道铺设和城市管网总投资超过 3 000 亿元。工程在 2000—2001 年内先后动工，于 2007 年全部建成。是中国距离最长、管径最大、投资最多、输气量最大、施工条件最复杂的天然气管道。实施西气东输工程，有利于促进我国能源结构和产业结构调整，带动东部、中部、西部地区经济共同发展，改善管道沿线地区人民生活质量，有效治理大气污染。这一项目的实施，为西部大开发、将西部地区的资源优势变为经济优势创造了条件，对推动和加快新疆及西部地区的经济发展具有重大的战略意义。

西气东输一线和二线工程，累计投资超过 2 900 亿元，不仅是过去十年中投资最大的能源工程，而且是投资最大的基础建设工程；一、二线工程干支线加上境外管线，长度达到 15 000 多公里，这不仅是国内也是全世界距离最长的管道工程；西气东输工程穿越的地区包括新疆、甘肃、宁夏、陕西、河南、湖北、江西、湖南、广东、广西、浙江、上海、江苏、山东和香港特别行政区，惠及人口超过 4 亿人，是惠及人口最多的基础设施工程。

天然气进入千家万户不仅让老百姓免去了烧煤、烧柴和换煤气罐的麻烦，而且对改善环境质量意义重大。仅以一、二线工程每年输送的天然气量计算，就可以少烧燃煤 12 千万吨，减少二氧化碳排放 2 亿吨、减少二氧化硫排放 226 万吨。

思考题："西气东输"工程为什么采用管道运输方式？

资料来源：西气东输[EB/OL].[2016-05-25].百度百科.

管道运输是国际货物运输方式之一，具有运量大、不受气候和地面其他因素限制、可连续作业以及成本低等优点。目前，管道运输已成为中国继铁路、公路、水路、航空运输之后的第五大运输行业。

7.1 管道运输概述

【拓展视频】

7.1.1 管道运输系统的发展过程

管道运输是使用管道输送流体货物的一种运输方式，所输送的货物主要是油品(原油和成品油)、天然气(包括油田伴生气)、煤浆以及其他矿浆。管道运输是随石油开发而兴起的，并随着石油、天然气等流体燃料需求量的增长而发展。目前，各国主要利用管道进行国内和国际的流体燃料运输，有不少国家在国内已建成油、气管道网。大型国际管道已横跨北美、北欧、东欧乃至跨越地中海连接欧非两大陆。年输送原油量亿吨以上和天然气百亿立方米以上的管道相继建成，对加速流体燃料运输起着重要作用。近 20 年来，固体料浆管道的问世给大量运输煤炭等开辟了途径，为管道运输开创了新领域，管道运输的发展正方兴未艾。

我国是最早使用管子输送流体的国家。约在公元前 200 多年，已经出现用打通竹节的竹子连接起来输送卤水的管道。由于竹子可以就地取材、耐腐蚀，这项技术流传至今。

现代管道运输始于 19 世纪中叶。1859 年 8 月在美国宾夕法尼亚州的泰特斯维尔打出第一口油井，开始了油溪地区的石油开发。开采出来的原油要经泰特斯维尔河运到 120km 以外的匹兹堡炼油厂，运原油的船舶最多时达 100 艘。1861 年修建了匹兹堡至科里的铁路，但距油田仍有 36km。自油田至铁路车站或水运码头，每天要用近 2 000 辆马车载运原油，不仅运费昂贵，而且还有发生火灾的危险。为改变这种状况，有人提出采用管道输送。

1863—1865 年开始试用铸铁管修建输油管道，因漏失量大而未能实际应用。1865 年 10 月美国人 S.V.锡克尔用管径 500mm，长 4.6m 搭焊的熟铁管，修建了一条全长 9 756m 的管道，由美国宾夕法尼亚州皮特霍尔铺至米勒油区铁路车站。沿线设 3 台泵，每小时输原油 13m³。1890 年和 1893 年相继出现管径 100mm 的成品油管道和天然气管道。1886 年在俄国巴库修建了一条管径 100mm 的原油管道。这是管道运输的创始阶段，管材、管子连接技术、增压设备和施工专用机械等方面还存在许多问题有待解决。

1895 年生产出质地较好的钢管。1911 年输气管道的钢管连接采用了乙炔焊焊接技术。1928 年用电弧焊代替了乙炔焊，并生产出无缝钢管和高强度钢管，使修建管道的耗钢量显著降低，至此管子及其连接技术得到初步解决。

最初，油、气管道的增压设备都是以蒸汽为动力直接驱动的，如蒸汽往复泵、卧式往复泵或压气机。19 世纪 90 年代初，出现了内燃机(如柴油机和燃气机)，逐渐取代了蒸汽机。1920 年由电动机直接驱动的高转速离心泵开始用于管道，缩小了设备的体积，提高了管道输送效率。从此，柴油机、燃气机和电动机因各具优点一直并存应用于管道运输。1949 年开始用燃气轮机驱动离心式压气机，管道运输又多了一种可供选择的动力机。

20 世纪 50 年代石油开发迅速发展，各产油国开始大量兴建油、气管道。20 世纪 70 年代以来，管道运输技术又有较大提高，大型管道相继建成。苏联 1982 年完成的乌连戈伊至被得罗夫斯克的大型输气管道，管径 1 420mm，全长 2 713km。横贯加拿大输气管道的管径 500～1 000mm，全长 8 500km。中东国家的管道运输也在迅速发展，如沙特阿拉伯的东西石油管道，管径 1 220mm，全长 1 195km。随着北海油田、气田的开发，海洋管道逐渐由浅海走向深海，如从北海油田至英国的原油管道和北海油田至联邦德国的天然气管道都已建成投产。

我国 1958 年在新疆建成从克拉玛依到独山子的第一条原油管道，全长 147km。1963 年在四川建成了第一条长距离的输气管道，将四川南部的天然气输送到四川的重庆市，总长 54.7km。2006 年年末，全国输油(气)管道里程为 48 226km，其中输油管 24 136km，输气管 24 090km。2006 年年底，管道输油(气)能力为 66 948 万 t/年，其中输油能力 57 530 万 t/年，输气能力 9 418 千万 m^3/年。截至 2009 年年底，我国已建油气管道的总长度超过 6 万 km，其中天然气管道 3.1 万 km，原油管道 1.7 万 km，成品油管道 1.4 万 km。

7.1.2 管道运输的特性

用车、船舶、飞机等运输货物，是驱动装运货物的运输工具将货物运往目的地；用管道运输货物，管道是静止的，它通过输送设备(如泵、压缩机等)驱动货物，使之通过管道流向目的地。因此，管道运输具有以下特性。

1. 运量大

一条输油管线可以源源不断地完成输送任务。根据其管径的大小不同，其每年的运输量可达数百万吨到几千万吨，甚至超过亿吨。

2. 占地少

运输管道通常埋于地下，其占用的土地很少；运输系统的建设实践证明，运输管道埋藏于地下的部分占管道总长度的 95%以上，因而对于土地的永久性占用很少，分别仅为公路的 3%，铁路的 10%左右，在交通运输规划系统中，优先考虑管道运输方案，对于节约土地资源，意义重大。

3. 管道运输建设周期短、费用低

国内外交通运输系统建设的大量实践证明，管道运输系统的建设周期与相同运量的铁路建设周期相比，一般来说要短 1/3 以上。历史上，中国建设大庆至秦皇岛全长 1 152km 的输油管道，仅用了 23 个月的时间，而若要建设一条同样运输量的铁路，至少需要 3 年时间。而且，统计资料表明，管道建设费用比铁路低 60%左右。

4. 管道运输安全可靠、连续性强

由于石油天然气易燃、易爆、易挥发、易泄漏，采用管道运输方式，既安全，又可以大大减少挥发损耗，同时由于泄漏导致的对空气、水和土壤污染也可大大减少，也就是说，管道运输能较好地满足运输工程的绿色化要求，此外，由于管道基本埋藏于地下，其运输过程恶劣多变的气候条件影响小，可以确保运输系统长期稳定地运行。

5. 管道运输耗能少、成本低、效益好

发达国家采用管道运输石油，每吨千米的能耗不足铁路的 1/7，在大量运输时的运输成

本与水运接近，因此在无水条件下，采用管道运输是一种最为节能的运输方式。管道运输是一种连续工程，运输系统不存在空载行程，因而系统的运输效率高，理论分析和实践经验已证明，管道口径越大，运输距离越远，运输量越大，运输成本就越低，以运输石油为例，管道运输、水路运输、铁路运输的运输成本之比为1∶1∶1.7。

但管道运输不如其他运输方式(如汽车运输)灵活，除承运的货物比较单一外，它也不容随便扩展管线。实现"门到门"的运输服务，对一般用户来说，管道运输常常要与铁路运输或汽车运输、水路运输配合才能完成全程输送。当运输量明显不足时，管道运输成本会显著地增大。因此，管道运输适于定点、量大、单向的流体运输。

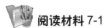
阅读材料 7-1

我国管道运输行业发展趋势分析

随着我国工业化进程的加快和能源结构优化的推进，我国油气管道建设正迎来一个大的发展机遇期。我国管道运输行业发展趋势分析如下。

1. 规模更大：非常规带来"管道机遇"

页岩气、致密油等非常规油气资源的勘探开发，正改变世界油气工业格局，同时也为管道建设创造重要机遇。国际能源署表示，全球非常规天然气将进入黄金发展时期。预计到2035年，以页岩气为主的非常规天然气产量，占同期天然气供应增量的近2/3，在天然气总量中的份额也由目前的14%升至32%。

而2015年年初，《管道与天然气》杂志调查发现，全世界正在规划或建设的管道超过18.8万公里。其中，北美地区超过6.7万公里，位居全球七大主要区域首位，最关键的驱动因素就是页岩气产量的提升。

截至2012年年底，中国已初步建成四大能源战略通道，以及横跨东西、纵贯南北、覆盖全国、连通海外的油气骨干管网。2014—2020年，我国年均建设管道里程在8 000公里以上。

"从技术层面看，中国管道将朝着更大口径、更高压力和更高钢级的方向发展。管道各项参数将由目前的1 219毫米管径、X80钢级、0.72设计系数，向1 422毫米管径、X90/X100钢级、0.8设计系数迈进。"中国石油规划总院油气管道工程规划研究所副所长杨建红解释道，这是由于中国资源地和产地距离远，唯有选择大口径、高压和高钢级的技术路线，才有助于提高输送规模和效率、降低单位输送成本，促进中国管道和油气事业蓬勃发展。

2. 介质更多：煤浆管道应用前景广阔

除了发展规模越来越大外，中国管道输送介质将日益多元化。据管道设计院技术中心副主任李可夫介绍，管道不仅可以输送具有流变特性的物体，比如石油、成品油、天然气等，而且可以进行两相流输送，比如矿浆，即先把矿石研磨成粉状，再与水混合后运输。

在中国，除了传统油气管道以外，长距离矿浆管道特别是煤浆管道的应用前景十分广阔。李可夫认为，煤浆管道是实现我国北煤南运、西煤东运的有效方案，前景不可估量。多年来，煤炭运量都占据全国铁路总货运量的50%以上，如果能通过管道输煤，将有效缓解运力不足和运费高昂等压力。

3. 更加智能：数字管道升级智慧管道

所谓智慧管道，是以管道本体及周边环境的全生命周期数据为基础，将物联网技术、云计算技术、大数据分析技术、自动化与智能控制技术等与管道本体高度集成，形成的管道管控一体化系统。

"智慧管道是数字管道发展的更高阶段。"来自中油龙慧自动化工程公司的技术专家唐伟，总结了智慧管道的几个重要特征：一是可观测，能够监测管道所有设备的状态；二是可控制，能够控制管道所有设备的状态；三是可自适应，也就是完全自动化；四是系统综合优化平衡，实现上游、管输和用户间的优化平衡。

资料来源：2015年我国管道运输行业发展趋势分析[EB/OL].
(2015-11-27).[2016-05-25].http://www.chinabgao.com/k/guandaoyunshu/20865.html.

7.2 管道运输基础设施及其分类

【拓展视频】

7.2.1 管道运输系统的基础设施

管道运输系统与其他运输系统具有很大的差异性，其中最主要的差别在于：管道运输系统中，运输工具都是固定的，不需要凭借运输工具的移动来完成运输任务。因此，管道运输系统所需的基础设施也异于其他运输系统。

管道运输系统的基础设施包括管道、储存库、压力站(泵站)和控制中心。

管道是管道运输系统中最主要的部分，它的制造材料可以是金属、混凝土或塑胶，完全依靠输送的货物种类从输送过程中所要承受的压力大小而决定。

由于管道运输的过程是连续进行的，因此管道两端必须建造足够容纳其所承载货物的储存槽。

货物经由管道从甲地输送到乙地，必须靠压力来推动，压力站就是管道运输动力的来源。一般管道运输压力的来源可有气压式、水压式、重力式及最新的超导体磁力式。通常气体的输送动力来源靠压缩机来提供，这类压力站彼此的设置距离一般为80~160km，液体的输送动力来源则是靠泵提供，这类压力站设置距离为30~160km。

管道运输虽具有高度自动化，但它仍需要有良好的控制中心，并配合最现代的监测器及熟练的管理与维护人员，随时检测、监视管道运输设备的运转情况，以防止意外事故发生时所造成的漏损及危害。

7.2.2 运输管道的分类

【拓展视频】

1. 按所输送的物品不同分类

运输管道常按所输送的物品不同而分为：原油管道、成品油管道、天然气管道和固体料浆管道(前两类常统称为油品管道或输油管道)。

1) 原油管道

原油一般具有比重大、黏稠和易于凝固等特性。用管道输送时，要针对所输原油的韧性，采用不同的输送工艺。原油运输不外是自油田将原油输给炼油厂，或输给转运原油的港口或铁路车站，或两者兼而有之。其运输特点是：输量大、运距长、收油点和交油点少，故特别适宜用管道输送。世界上的原油约有85%以上是用管道输送的。

2) 成品油管道

成品油管道输送汽油、煤油、柴油、航空煤油和燃料油，以及从油气中分离出来的液化石油气等成品油(油品)。每种成品油在商业上有多种牌号，常采用在同一条管道中按一定顺序输送多种油品的工艺，这种工艺能保证油品的质量和准确地分批运到交油点。成品油管道的任务是将炼油厂生产的大宗成品油输送到各大城镇附近的成品油库，然后用油罐汽车转运给城镇的加油站或用户。有的燃料油则直接用管道输送给大型电厂，或用铁路油槽车外运。成品油管道运输的特点是批量多、交油点多。因此，管道的起点段管径大、输油量大；经多处交油分输以后，输油量减少，管径亦随之变小，从而形成成品油管道多级变径的特点。

3) 天然气管道

输送天然气和油田伴生气的管道，包括集气管道、输气干线和供配气管道。就长距离运输而言，输气管道系指高压、大口径的输气干线。这种输气管道约占全世界管道总长的一半。

4) 固体料浆管道

固体料浆管道是 20 世纪 50 年代中期发展起来的，到 20 世纪 70 年代初已建成能输送大量煤炭料浆管道。其输送方法是将固体粉碎，掺水制成浆液，再用泵按液体管道输送工艺进行输送。

2. 按用途不同分类

运输管道按用途不同又可分为集输管道、输油(气)管道和配油(气)管道 3 种。

1) 集输管道

集输管道(或集气管道)是指从油(气)田井口装置经集油(气)站到起点压力站的管道要用于收集从地层中开采出来的未经处理的原油(天然气)。

2) 输油(气)管道

以输气管道为例，它是指从气源的气体处理厂或起点压气站到各大城市的配气中心、大型用户或储气库的管道，以及气源之间相互连通的管道，输送经过处理符合管道输送质量标准的天然气，是整个输气系统的主体部分。天然气依靠起点压力站和沿线压气站加压输送，输气压力为 70~80kgf/cm^2，管道全长可达数千公里。

3) 配油(气)管道

对于油品管道来说，它是指在炼油厂、油库和用户之间的管道；对于输气管道来说，是指从城市调压计量站到用户支线的管道，压力低、分支多、管网稠密、管径小，除大量使用钢管外，低压配气管道也可用塑料管或其他材质的管道。

阅读材料 7-2

真空管道运输

【拓展视频】

真空管道运输(Evacuated Tube Transport)是一种无空气阻力、无摩擦的运输形式。技术原理是在地面或地下建一个密闭的管道，用真空泵抽成真空或部分真空。在这样的环境中开行车辆(不一定是磁浮列车)，行车阻力就会大大减小，可有效降低能耗，同时气动噪声也可大大降低，符合环保要求。

1922 年德国工程师赫尔曼·肯培尔在提出磁浮列车概念时，同时提出真空管道设想。"真空管道运输"这个商标名称则是机械工程师达里尔·奥斯特(Daryl Oster)于 20 世纪 90 年代提出并于 1997 年获得专利。自从那时起，他一直想方设法来寻找投资人帮助他建设这种运输系统。

中国科学院、中国工程院院士、西南交大牵引动力国家重点实验室成员沈志云说，真空管道运输目前仅处在理论研究阶段，只有一些设计方案，在世界范围内尚无实质性的技术研究。

有关真空管道运输系统的公开报道称，真空管道运输理论速度可达到每小时 20 000 公里，环游世界只需 6 个小时。英国《每日邮报》报道称，早上从伦敦乘真空管去上班，4 分钟后就可抵达位于纽约的办公室附近。《北京青年报》的报道称，乘坐真空管道磁悬浮列车从北京出发到华盛顿，只需要 1 个小时。

鼓吹者说，虽然真空磁悬浮列车在真空环境下运行，但是列车的车厢内部肯定不是真空状态。气密性良好的列车结构能够确保列车车厢内与其他列车一样充满新鲜空气，乘客乘坐这种真空磁悬浮列车会有眩晕、胸闷等异样的感觉。

2010年5月，上海《新闻晨报》报道称，中国真空管道运输研究已经走在世界前列，2007年该项目被列为国家自然科学基金项目，由张耀平教授等专家申请的大量相关专利已被受理。

报道称，首先将真空管道磁悬浮概念引进中国的科学家是毕业于西南交通大学的张耀平，在2007年成功申请国家自然科学基金项目"真空管道高速磁浮交通基础研究"（项目编号：50678152）后，他的研究得到了政府层面的资助。在陕西省有关方面支持下，他至该省西京学院，专门组建了真空管道运输研究所，正全力推进这一"运输革命"进入现实。

报道称，2001年，与达里尔·奥斯特相识并成为密友的张耀平将这项技术首次引进中国。2002年，达里尔·奥斯特和妻子前往中国，帮助张耀平和同事在西南交通大学组建了专门研究机构。经过多年努力，张耀平的研究获得了中国学界和政府全方位的支持。

张耀平称，"院士大会上专家们提出的每小时600~1 000公里时速，是一个保守的对外口径，实际上所有研究者一开始就把这一运输方式的常规运行速度定位为每小时4 000公里，经过技术改进，每小时6 500公里是一个中期目标。虽现在不宜提得太高，但只要磁悬浮列车改进之后，克服技术障碍，那就相当于一颗卫星。近日我在与一名长江学者及其研究生座谈时，他们提出，真空管道磁悬浮列车的理论极限速度接近第一宇宙速度，要达到每小时10.8万公里是可以实现的。"

资料来源：真空管道运输[EB/OL].(2014-07-14).[2016-05-25].百度百科.

7.3 管道输油(气)工艺

7.3.1 管道输油工艺

管道输油工艺是指实现管道油品输送的技术和方法，即根据油品性质和输量，确定输送方法和流程、输油站类型和位置，选择钢材和主要设备，制定运行方案和输量调节措施。

1. 油品输送方法

油品的输送方法根据油品性质和管道所处的位置确定。轻质成品油和低凝固点、低黏度的原油常采取等温输送方法，即炼油厂或油田采出的油品直接进入管道，其输送温度等于管道周围的环境温度。油品开始进入长输埋地管道时的温度可能不等于入口处的地温，但由于输送过程中管内油品与周围介质间的热交换，在沿线大部分管段中，油温将等于地温。对轻质成品油大多采用顺序输送方法；对易凝高黏油品目前常用加热、掺轻油稀释、热处理、水悬浮、加改性剂和减阻剂等输送方法。

1) 油品顺序输送方法

油品顺序输送是在一条管道中按一定顺序连续输送多种油品的管道输油工艺。顺序输送的油品主要是汽油、煤油、柴油等轻质油品类，以及液化石油气类和重质油品类。同类油品中不同规格或不同牌号的油品，也可按批量顺序输送；不同油田、不同性质的原油，按照炼制要求也可以来区分批顺序输送。根据油品顺序输送的要求，不同的油品之间可以用隔离器或隔离液隔离的方法输送，也可以用相邻的不同油品直接接触的方法输送。这两种方法都会产生混油现象。采用哪种方法，由管道的起伏条件和允许混油量等而定。多种油品采用顺序输送与采用多条单一油品管道输送相比，具有明显的经济效益，且产生的混油可以采取技术措施予以处理。因此，油品顺序输送已成为成品油长距离管道输送的主要方式。

2) 易凝高黏油品输送方法

易凝油品是指凝固点高于管道所处环境温度的高含蜡量的原油和重油；高黏油品是指在温度为50℃的条件下其黏度值高达数泡的油品。这两类油品的输送须采用降粘和减阻等管道输油工艺。

易凝高黏油品常采取降粘和减阻等方法输送，目前主要包括以下方法。

(1) 加热。加热油品，以提高蜡和胶质在油中的溶解度，使其在管道输送时不凝、低粘，以降低输油动力消耗的管道输油工艺。目前，世界上的易凝高黏油品输送一般都采用加热输送。加热的油品沿管道流动，其热量不断地向周围介质释放，油温不断下降。长距离输送加热的易凝高黏油品，需要沿管道设置若干加热站，补充油品沿线损失的热量，以维持适宜的输送温度。

(2) 高速流动。利用油品在管道中高速流动时产生的摩擦热，使油品保持在一定的温度范围内输送。

(3) 稀释。将易凝高黏油品与低凝原油、凝析油或轻馏分油混合输送，以减少输送时的摩阻，并降低油品的凝固点。

(4) 改变蜡在油品中的结构形态。在结晶形成和长大过程中，加热温度的腐低，冷却速度的快慢，剪切力大小或搅动作用的强弱都会影响结晶形态。因此，常常利用热处理方法，将油品加热到某一温度后，按一定条件和速度冷却，使蜡在重新结晶时形成强度较低的网络结构，从而降低凝固点，改善流动性。

(5) 用水分散易凝高黏油品或改变管壁附近的液流形态。一般采用水悬浮和乳化降粘两种方法。水悬浮是将易凝油品注入温度远低于凝固点的水中，形成凝油粒与水组成的悬浮液，输送时摩擦阻力仅略大于水。在终点将悬浮液加热并添加破乳剂进行油、水分离，然后脱水。这种输送方法正常运行的关键是保证悬浮液的稳定。乳化降粘方法是将表面活性剂水溶液或浓度 0.05%～0.2%的碱性化合物加入高黏油中，在适当的温度和剪切力作用下，形成水包油型乳化液，可显著降低高黏原油的黏度。这种方法目前常用于高黏原油的输送。

2. 油品输送流程

管道沿线上下两泵站之间的连接方式，可有开式流程和密闭流程两种(图7.2)。

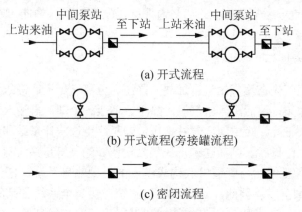

图 7.2 输送流程示意图

1) 开式流程

开式流程是指上站来油通过中间泵站的常压油罐输往下站的输送流程。最初的开式流程(图 7.2(a))，每个中间泵站有不少于两个的油罐。上站来油先进入收油罐，再进入发油罐，使上站来油压力泄为常压，站内油泵从发油罐抽油输往下站。收发油罐可互相倒换使用，借此调节上下游泵站输量的不平衡，并可用于计量各站的输油量。目前，采用的开式流程(图 7.2(b))是上站来油直接进入油泵的进口汇管，与油管旁接的常压油罐仅用于缓冲上、下游泵站输量的不均衡，根据旁接罐油面的升降来调节输量，不作计量用。开式流程的各泵站只为站间管道提供压力能，不能调制各条站的压力。

2) 密闭流程

从 20 世纪 40 年代开始，随着输油自动化水平的提高和离心泵的广泛采用，输油管道逐渐改用密闭流程(图 7.2(c))。密闭流程是中间泵站不设油罐，上站来油直接进泵，沿管道全线的油品在密闭状态下输送。全线各泵站是相互串联工作的水力系统，所以各站输量相等；同开式流程相比，密闭流程的优点是：避免油品在常压油罐中的蒸发损耗；减少能量损失，站间的余压可与下站进站压力叠加；简化了泵站流程；便于全线集中监控；在所要求的输量下，可统一调配全线运行的泵站数和泵机组和组合，以最经济地实现输油目的。但密闭流程运行时，任何一个泵站或站间管道工作状况的变化，都会使其他泵站和管段的输量和压力发生变化，这就要求管道、泵机组、阀件、通信和监控系统有更高的可靠性。

3. 泵站布置

油品在输油首站加压进入管道后，在流动中要克服摩擦阻力，能量不断减少，长距离输送油品，必须建立中间加压泵站。每个泵站供给油品的最大压力能，受泵的管材性能和强度的限制。输送距离越长，所需的中间泵站越多。沿线各中间泵站的位置，是在管道设计时，用水力坡降线在管道纵断面图上作图并初步选定，最后经现场勘察确定的。

7.3.2 管道输气工艺

管道输气工艺是指实现天然气管道输送的技术和方法，即根据气源条件及天然气组分确定输气方式、流程和运行方案；确定管材、管径、设备、沿线设站的类型及站距等。

早期的天然气管道输送，全靠气井的自然压力，而且天然气在输送过程中不经过处理直接进入管道。现代天然气管道输送则普遍采用压气机提供压力能，对所输送的天然气的质量也有严格的要求。

1. 管道输气流程

来自气井的天然气先在集气站进行加热、降压、分离，计量后进入天然气处理厂，脱除水、硫化氢、二氧化碳，然后进入压气站，除尘、增压、冷却，再输入输气管道。在沿线输送过程中，压力逐渐下降，经中间压气站增压，输至终点调压计量站和储气库，再输往配气管网。气田井口压力降低时，则需建矿场压气站增压。输气管道系统流程如图 7.3 所示。

输气管道沿线各压气站与管道串联构成统一的密闭输气系统，任何一个压气站工作参数发生改变都会影响全线。因此，必须采取措施统一协调全系统各站的输量和压力，如调节各站原动机的转速，改变压气机工作特性和采用局部回流循环等，以保持压气机出口压力处于定值，并保障管道、管件和设备处于安全运行状态。

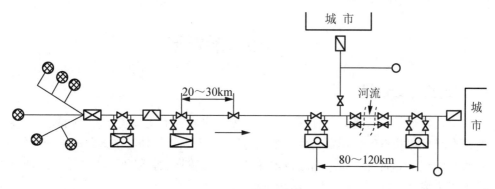

图 7.3 输气管道系统流程

2. 压气站设置

为提高天然气压力或补充天然气沿管道输送所消耗的压力,需要设置压气站。是否需要建设起点压气站,取决于气田压力。当气田压力能满足输气的需要时,可暂不建站。长距离输气管道必须在沿线建设若干个中间压气站。中间压气站的数目主要由输送距离和压缩比决定。站距主要由输气量确定,每个压气站都要消耗一部分天然气作燃料,因此输气量逐站减少,从而使各站距也有所不同。在确定站距时,应根据通过该站的实际输气量和进出口压力值,按输气量公式计算,还应综合考虑压气站址的地理、水源、电力、交通等条件。

3. 末端储气

利用输气管道末端的工作特点作为临时储气手段。末端长度对管道管径及压气站站数的确定有影响,因此也是输气工艺应考虑的问题。输气管道末端与中间各段的工作条件的差别是:中间各段的起终点流量基本相同,而末端的起终点天然气流量和压力则随终点外输量的变化而变化。气体外输量少时,多余的天然气就积存在末端;外输量大于输气管前段的输气量时,不足就由积存在末端中的天然气来补充。

计算输气管道时,一般先从末端开始,确定末端的长度、储气量和管径,然后再计算其他管段。

4. 提高管道输送效率的措施

输气管道经一段时间运行后,由于管内积垢、积液和压气机磨损等,管道输送效率就会下降。为了测试管道输送效率,常以新投产时管道最佳工况的效率作为基准,进行管道效率校核。提高运行效率具体包括以下措施。

(1) 在用气中心建立储气库,减小终点配气量对输气的影响,保证输气管道经常按高效输气量输送,充分发挥管道的输气能力。

(2) 选择排量、功率和压力有较宽调节范围的压气机组,使之在输量变化时仍能有较高的效率。

(3) 采用内壁涂层,降低管内粗糙度,减小压力能损失。

(4) 采用各种清管器消除管内锈屑和积液。

(5) 降低输送温度,提高输气压力,顺序输送多种气体等。

7.4 管道生产管理

7.4.1 管道生产管理概述

管道生产管理是指管道运行过程中利用技术手段对管道运输实行统一指挥和调度，以保证管道在最优化状态下长期安全而平稳地运行，从而获得最佳经济效益的生产组织工作。它包括管道输送计划管理、管道输送技术管理、管道输送设备管理和管道线路管理，前两项又统称管道运行管理，是生产管理的中心。

1. 管道输送计划管理

根据管道所承担的运输任务和管道设备状况编制合理的运行计划，以便有计划地进行生产。管道输送计划管理首先是编制管道输送的年度计划，根据年度计划安排管道输送的月计划、批次计划、周期计划等。然后，根据这些计划安排管道全线的运行计划，编制管道站、库的输入和输出计划，以及分输或配气计划。另外，根据输送任务和管道设备状况，编制设备维护检修计划相辅助系统作业计划。

2. 管道输送技术管理

根据管道输送的货物特性，确定输送方式、工艺流程和管道运行的基本参数等，以实现管道生产最优化。管道输送技术管理的内容包括随时检测管道运行状况多数，分析输送条件的变化，采取各种适当的控制和调节措施调整运行参数，以充分发挥输送设备的效能，尽可能地降低能耗。对输送过程中出现的技术问题，要随时予以解决或提出来研究。

3. 管道输送设备管理

对管道站、库的设备进行维护和修理，以保证管道的正常运行。管理的内容主要包括：对设备状况进行分级，并进行登记；记录各种设备的运行状况；制订设备日常维修和大修计划；改造和更新陈旧、低效能的设备；维护在线设备。

4. 管道线路管理

对管道线路进行管理，以防止线路受到自然灾害或其他因素的破坏。管理内容主要包括：日常的巡线检查；线路构筑物和穿越、跨越工程设施的维修；管道防腐层的检漏和维修；管道的渗漏检查和维修；清管作业和管道沿线的放气、排液作业；管道线路设备的改造和更换；管道线路的抗震管理；管道紧急抢修工程的组织等。

7.4.2 管道运行管理

1. 管道运行管理及其必备条件

管道运行管理是指用制订管道运行计划的方法，以及运用管道运行状况分析和调度等手段，充分发挥管道和设备的输送效率，实现管道安全、平稳、经济的最优化运行，是管道生产管理的主要组成部分。近代的油、气管道，一般都采用油品顺序输送工艺和全线密闭输送工艺。为了达到最好的经济效益，就要求提高管道运行管理的水平。

管道运行管理需要准确的资料档案,即应有能正确反映全线客观条件的资料,如全线及泵站的竣工图(包括全线线路平面团、纵断面图、全线总流程图、各站流程图及系统团等)和竣工后的更改记录。

管道运行管理需要先进、可靠的设备,如要有良好的调度设备和通信设备,以及显示各泵站运行参数及流程的电视屏幕,还要有电子输出设备,随时记录各站的运行参数。

管道运行管理需要训练有素的调度人员,他们对管道及各站的设备、流程要熟悉了解,具有掌握现代化设备的知识和能力,具有丰富的运行管理经验。

2. 管道运行管理的基本步骤

管道运行管理包括分析运行资料、编制运行计划和运行调度3个基本步骤。

1) 分析运行资料

对委托管道承运的油品种类和数量,交付输送的时间和地点,油品的特性,以及对管线各泵站收、发油品应具备的条件等进行分析和研究,编制出年度轮廓计划,并作好完成管道年度任务的技术准备。

2) 编制运行计划

在分析运行资料的基础上,编制出指令性强的全线运行计划和各站的运行计划。

3) 运行调度

运行调度是指按运行计划进行全线指挥、调整、监督等工作,以保证按运行计划完成输送任务。

7.4.3 管道生产管理的技术手段

管道运输线路长,站、库多;输送的货物易燃、易爆、易凝或易沉淀,且在较高的输送压力下连续运行。这就要求管道生产管理具有各种可行的技术手段,即管道监控、管道流体计量和管道通信等技术手段。

1. 管道监控

管道监控是指对管道运行工况的监测和控制,是实现密闭输送工艺优化运行所必需的手段。

运输管道线路长、站库多、全线密切相连。因此,运行工艺既需要站库和线路的就地监控,也需要全线的遥测和遥控。管道监控的主要任务是:收集、处理、显示和记录管道系统的运行状态和工艺参数;按输送计划、动态工况分析结果,选择最优运行方案;协助调度人员迅速准确地开关阀门和启停设备,以实现选定的输送工艺流程;调节流量、压力和温度等运行参数;预测、分析和处理事故;进行起点站、终点站和分输站的油、气交接以及账务结算等。

2. 管道流体计量

管道流体计量是指对管道运输的流体货物流动量的测量工作,其任务是:向交运和承运双方提供货物运输量的数据;为实施输送计划、分析运行工况、控制总流量和分输量的平衡提供重要依据;在油品顺序输送中,为批量切换和转换提供依据;为计算输油和输气成本提供依据;监测管道输送过程中的漏失量。

3. 管道通信

管道通信是管道运输借以传递各种信息，以及进行业务联系和控制管道运行的工具。管道运输具有全线联合作业的特点，即管道的各个环节要密切配合、协调一致，才能完成管道运输作业，这就必须通过通信系统进行统一调度和集中监视。同时，在管道维护和抢修过程中，组织人员、调运器材、协调操作等也缺少不了通信联络。

管道通信系统主要由区段通信、干线通信和移动通信 3 部分组成。区段通信是指管道各区段内部的通信。每个区段的通信系统不仅要满足本区段的通信需要，而且也是干线通信网的组成部分。干线通信是管道运输部门各级管理机构之间及其与调度中心之间的通信。干线通信网沟通总部、大区中心和调度中心。移动通信是为满足收集和传递管道沿线和各种监视信号的需要，以及为满足管道维护工作的需要所使用的无线电通信系统。

阅读材料 7-3

智 慧 管 道

1. 建设背景

随着新一代信息技术迅速发展和深入应用，长输管道信息化正向更高阶段的智慧化发展，于是"智慧管道"应运而生。"智慧管道"是新一轮信息技术变革和知识经济进一步发展的产物，是工业化与信息化深度融合，并向更高阶段迈进的表现。

2. 建设概况

"智慧管道"通过物联网、云计算等新兴信息技术，构建一个高感度的基础环境，从各种渠道获得精细、相关的信息。这些信息将被分析、置于一定背景之下以及组织，用于实时决策和在恰当时机采取行动。它能够帮助完成管道、社会、企业等各类要素资源的优化配置，实现管道企业内部及时、互动、整合的信息感知、传递和处理，最终达到企业竞争力增强、员工幸福和谐及可持续发展。

目前，国内管道公司在建油气管道的各类设备已十分丰富，但部分油气管道时间较早，设备功能不够完善，目前正在进行投资改造，因而"智慧管道"总体正处于建设阶段。

3. 实现功能

(1) 管道运营监测。利用物联网和全球卫星定位系统(GPS)、地理信息系统(GIS)以及 CMDA/GPRS 通信技术，建立输油管、油罐车信息监控平台，对油罐运输、输油管线实时监控，各监控仪表状态参数无线采集，从而实现对资源的集中、高效、统一管理。

(2) 油库实时监测。油气的储存条件要求非常严格，需要对油库周围的环境进行实时监控，充分利用无线传感器网，并将采集到的数据传送至监控中心，中心处理分析后加以显示，同时也把处理结果发送给移动监测器。

(3) 应急调度管理。应用传感器、无线射频识别、移动通信等技术实现石油行业重大危险源的识别与监测，建设和完善安全监测网络系统，提升油气管道生产安全的监控和应急响应水平。

(4) 管道泄漏管理。基于物联网的油气管道输送监测利用无线传感器网络技术，对输油管道的温度、压力参数进行测量，通过物联网通信传输到监控中心，然后对采集的大量数据进行分析，可以用间接方式实现对盗油、管道泄漏和停井情况的检测与监控。

(5) 资产跟踪管理。地理位置是物联网中的可测要素，而物联网的一个特长是能够获得长时间连续监测数据，能够把时间和空间联系起来，常用于油气产品及资产跟踪管理，可以帮助企业更好地采集关键业务数据。

4. 新一代信息技术的应用

油气管道行业是较早利用物联网的行业，在物联网概念提出之前，油气管道行业就广泛应用DCS、SCADA、PLC等控制系统，实现信息的感知、传输和处理，目前我国各大石油公司均加强了与地方政府、相关行业以及大专院校的战略合作，开展了物联网应用研究工作。

云技术提供了海量数据管理、分布式计算和虚拟化管理等功能，云计算最大的优势在于提高资源的利用率，降低资本支出，降低运营成本，减少过量配置。同时，三维GIS技术在"智慧管道"中也有深入的应用，例如管道统计分析，通过三维GIS，可实现管道建设、管道生产及管道动态的可视化。

资料来源：智慧管道[EB/OL].(2015-10-20).[2016-05-25]. http://www.niubb.net/article/321173-1/1/.

7.5 管道运输系统规划

由于管道本身的输送能力受到地形、温度等诸多外在因素的限制，因此在初期规划时，就必须妥善考虑。如果规划时未详加注意，则在兴建完成之后将造成难以弥补的缺陷，严重地影响输送安全；其次整条管道是路线兼运输工具，在维护上必须借助相关专业科技。

因此，规划过程对整个管道运输系统而言是非常重要的。在规划时，规划人员可以发现几乎每一条管道都有其独特的问题存在，规划人员必须事先了解各项可能影响管道输送的问题，并找出解决问题的方法。例如，美国阿拉斯加输油管必须穿越庞大的冻原区，而当原油以高温(约85℃)经由泵送入管道时，将会使冻原溶化，造成油管地基崩塌。为此，规划人员必须采用适当的方法(如将油管地基冷冻，以支撑地面油管，并使冻原不致溶化)来解决这个问题。在规划过程中，必须解决的技术问题还包括有管道外漏、腐蚀、输送安全及环境影响等，而最为人所关切的问题是如何防止跨海管道所可能引发的漏油及火灾危难。因而，管道规划工程师除了要了解施工技术、材质及管道设备之外，更需要具备地质学、地理学、污染、资源保护及区域科学等方面的知识。

一般而言，管道运输系统的规划流程如图7.4所示。首先需要确定的是管道运输的货物来源及需求，并且明确地了解问题的范围，其次规划工程师必须确定规划目标(如追求成本最小化或采用自动化)及限制条件(如安全规定、法令规章的限制、运送的物品等)。至于管道系统模式的建立则以需求模式为主，并须考虑的是管道供给的技术特性，路线的规划则需考虑地质及地理方面的因素。最初的路线选择可由地图及空中侦测来决定。管道路线所经地区应考虑地表是否平坦或崎岖不平，所需穿越的地上物是森林、农业区、草原、果园，或是特殊的地上物；地质上还要考虑是否有腐蚀区、巨石、沙丘、主要河流、湖泊、池塘、沼泽、山崖等诸多因素；另外，已有的许多设施亦应加以考虑，如电力路线、公路、铁路、工业区、军用设施、水坝及水库。凡是极端的地形或障碍都应尽量避免，因为这些因素都会使管道系统的建造成本提高。如果是地震区亦应避开，如果无法避开，则系统必须装上检测阀和地震时极易断裂的连接环，以期使损害及清管费用降至最低。另外，还有一点必须特别注意的是，必须做好自然环境影响评估，如果有野生动物保护区，在管道运输系统路线上，则要严加注意，不可破坏生态环境。

另外，必须收集各种资料以供建立模式时确定参数使用。最重要的资料是有关管道运输系统所经路线的空中照相图，这些图片可作为分析路线上的地形特性、气候特性和土地使用情形,其他如土壤性质方面的资料也必须收集。总之,所收集的资料越详细,所建立的管道运输系统模式也就越能加以校正以符合实际需要,将来也就愈能在运输服务上达到最大效益。

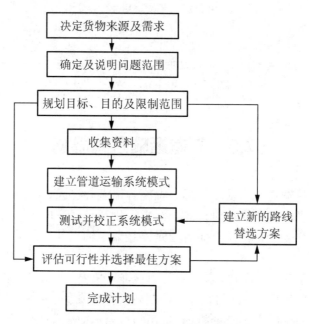

图7.4 一般管道运输系统规划流程

模式建立后,所要进行的是对整个运输系统模式的测试与评估,评估的重点在于此系统是否能提供满足需求的运量及符合外在的限制条件。整条运输系统的评估项目包括运量、安全性、效用性、经济上的因素、环境的冲击、财务问题以及政策上是否能被接受等诸多问题。如果一条管道运输系统无法达成评估项目的条件要求,则必须重新建立新的替选方案。

如果评估通过,则必须通过工程兴建、财务预算以及政策支援等,才能完成整个管道运输系统计划。而在执行这一庞大计划的过程中,最重要的是必须确实遵守法令规范,尤其是关于环境影响因素方面。

本 章 小 结

管道运输作为第五大运输行业,越来越受到各国的重视。通过本章的学习,可以掌握管道运输的发展、特性、基础设施、运输管道分类、管道输油(气)工艺、管道运输生产管理、管道运输系统规划等知识。

目前,我国油气管道建设进入了一个新的发展时期。随着西气东输、西部原油成品油管道等重点工程建成投产,一个西油东送、北油南运、西气东输、北气南下、海气登陆的油气供应格局正在形成。可以预见,未来几年,中国油气管道运输业将得到更大发展,区域性管网将进一步完善,对环境保护和提高人民生活质量将产生更加积极的影响。

 案例分析

2015年我国天然气长输管道进展

1963年四川巴渝输气管道的建成,拉开了我国天然气管道工程发展的序幕。截至2014年年底,我国已建成天然气管道8.5万公里,形成了以陕京一线、陕京二线、陕京三线、西气东输一线、西气东输二线、川气东送等为主干线,以冀宁线、淮武线、兰银线、中贵线等为联络线的国家基干管网,干线管网总输气能力超过2 000亿方/年。近十年,我国天然气管道长度年均增长约0.5万公里,进入2015年,天然气管道业仍保持快速发展势头。

2015年1月,陕京三线天然气管道工程全线建成投产。该工程全长1 066公里,设计输量300亿方/年。项目分三段建设,第一段榆林—永清,第二段永清—良乡,第三段良乡—西沙屯。其中,前两段于2010年12月已相继建成投产,良西段于2013年10月底全线贯通。

2015年2月,陕京四线北京军都山隧道全线贯通。陕京四线全长1 274.5公里,年输气能力为250亿方/年。干线起于陕西省榆林市靖边县靖边首站,止于北京高丽营末站。该工程于2014年4月2日获得环保部环评批复,2014年8月获国家发改委正式核准,并于2014年10月开工建设。

2015年4月25日,西三线东段隧道主体工程全面完工。西三线工程全长7 378公里,设计输量300亿方/年。该线分三段建设,西段霍尔果斯—中卫,中段中卫—吉安,东段吉安—福州。2014年8月西段全线贯通,中段预计将于2016年年底建成投产。

2015年5月11日,中俄东线天然气管道工程(黑河—长岭段)环境影响报告书已初步撰写完成,正在进行二次公示。该工程包括干线和长岭—长春支线,全长923公里,设计输气量380亿方/年。2014年5月21日,中俄两国签署中俄东线天然气合作项目备忘录及供气购销合同。根据协定,从2018年起,俄罗斯将通过中俄东线向我国供气,输气量逐年增长,最终达到每年380亿方,累计30年。

未来我国将重点建设西气东输三线、西气东输四线、西气东输五线、中俄天然气管道东线、陕京四线、新粤浙管道、鄂安沧管道等为主的主干管网和地区联络线为主的联络管道,全面建成更加合理完善的全国性管网系统,实现国产气与进口气,常规气与非常规气等不同属地、不同气源间的联通。

在长输管道建设蓬勃发展的带动下,沿途区域性管网建设也不断被推向高潮。亚化咨询预计,到2020年,我国天然气管道将达15万公里,年均增长超过1万公里。

这些管线投运后,将有利于提升天然气供应,增加我国天然气在能源消费中的比例,减少大气污染,惠泽管道燃气特许经营权所有者,带动钢材、管道、压缩机、防腐材料、吊装、焊接等行业发展。下游的压缩天然气、天然气化工和燃气电厂等主流应用亦将获得更多的机遇。

根据案例所提供的材料,试分析:一项管道运输工程从规划、建设、建成投产到生产管理,需要考虑哪些问题?

资料来源: 2015年中国天然气长输管道进展概况[EB/OL].
(2015-05-21).[2016-05-25].http://gas.in-en.com/html/gas-2283939.shtml.

 关键术语

管道运输(pipeline transport)   原油管道(crude oil pipeline)
成品油管道(product pipeline)   天然气管道(gas pipeline)
固体料浆管道(solid pulp pipeline)   液体流量计(fluid flowmeter)

习　题

1. 填空题

(1) 管道运输系统的基础设施包括＿＿＿＿＿、＿＿＿＿＿、＿＿＿＿＿和＿＿＿＿＿。

(2) 运输管道常按所输送的物品不同而分为：＿＿＿＿＿、＿＿＿＿＿、＿＿＿＿＿和＿＿＿＿＿。

(3) 运输管道按用途不同又可分为＿＿＿＿＿、＿＿＿＿＿和＿＿＿＿＿。

(4) 液体流量计按结构不同可分为＿＿＿＿＿和＿＿＿＿＿。

2. 简答题

(1) 简述管道运输的优缺点。
(2) 管道运输系统的基础设施包括哪几部分？
(3) 油品输送方法有哪几种？
(4) 油品输送流程有哪两种？分别简述其含义。
(5) 提高管道输送效率的措施有哪些？
(6) 管道运行管理包括哪几个基本步骤？

第 8 章 货物运输过程组织

【教学目标】
➢ 了解货物流通过程和货物运输过程
➢ 熟悉货物运输业务组织机制
➢ 了解运输承包公司的业务
➢ 了解运输代理人的性质、责任义务、分类等
➢ 掌握集装箱运输的特点及基本条件
➢ 了解集装箱的定义、集装箱标准的种类
➢ 熟悉集装箱的运输方式
➢ 了解集装箱运输的关系人、集装箱运输业务
➢ 熟悉集装箱调配与箱务管理
➢ 掌握多式联运的有关术语
➢ 掌握多式联运的特点、作用、优点、运输组织方法等
➢ 了解国际多式联运概念、国际多式联运经营人、国际多式联运业务

交通运输部　国家发展改革委关于开展多式联运示范工程的通知

为服务"一带一路"、京津冀协同发展、长江经济带国家战略,深入贯彻落实《物流业发展中长期规划(2014—2020年)》,加快推进物流大通道建设,不断完善综合交通运输体系,交通运输部、国家发展改革委决定开展多式联运示范工程。

1. 充分认识开展多式联运示范工程的重要意义

(1) 加快构建综合交通运输体系的重要举措。随着我国交通基础设施的不断完善,交通运输行业已进入构建综合交通运输体系的关键时期,提高不同运输方式的一体化衔接和协作水平,提升综合运输服务整体效能已成为当前工作的重要任务。通过开展多式联运示范工程,充分发挥不同运输方式的组合优势,实现运输资源的高效整合和运输组织的无缝衔接,是加快构建综合交通运输体系的重要举措。

(2) 推进物流大通道建设的重要内容。大力推进物流大通道建设,是国家从发展战略出发,解决物流基础设施网络衔接不畅、运输大通道建设滞后、运输组织集约化水平偏低、货运效率不高的重大举措。推进多式联运示范工程是物流大通道建设的重要内容,有利于调整优化运输结构,显著提高运输组织效率,切实降低通道物流成本,增强运输保障能力,为保障重要物资运输、提升物流服务水平、带动沿线经济发展等提供有力支撑。

(3) 推动多式联运全面发展的重要基础。我国多式联运尚处于初级阶段,发展形式总体单一、覆盖面小,专业化、组织化水平低,一体化运行不畅,同时面临政策、法规、标准、技术等障碍。通过开展多式联运示范工程,完善联运基础设施,推动多式联运政策、关键技术和服务创新,优化运输组织,逐步破解多式联运发展的制约瓶颈,全面推动我国多式联运发展,切实提升综合运输服务质量和水平。

2. 工作目标和主要任务

1) 工作目标

先期开展15个多式联运示范工程建设,形成具有典型示范意义和带动作用的多式联运枢纽场站、组织模式、信息系统以及多式联运承运人;不断完善多式联运设施、装备、信息化、运营组织等方面的技术标准和服务规范;探索托盘集装单元等管理运营模式;逐步充实推进多式联运发展的政策与法规,加快推进多式联运发展。在此基础上,不断归纳形成典型经验和做法,制定完善多式联运发展顶层设计,建立多式联运持续、有序发展的体制机制,加快推进物流大通道建设,促进我国多式联运加快发展。

2) 主要任务

(1) 强化多式联运基础设施衔接。加强港口、铁路、公路货运枢纽的对外专用通道建设,以专业化的集装箱和半挂车多式联运中转站建设改造为重点,提高不同运输方式间基础设施衔接水平。同时按照多式联运的运作要求设计快速中转作业流程,提高多式联运基础设施一体化运营支撑能力。

(2) 探索创新多式联运组织模式。根据本地区的经济发展水平和货物需求特点,探索创新多式联运组织模式,推动建立多式联运运营组织一体化解决方案,支持推进"一单制"的全程无缝运输服务。推动建立以多式联运枢纽和信息系统为组织平台的资源整合模式,促进多式联运服务和上下游产业的跨界融合和联动发展。

(3) 统一规范多式联运服务规则。按照不同联运模式的特点和要求,探索建立健全多式联运服务规则并进行示范应用,鼓励制定企业标准,为制定行业标准和国家标准奠定基础。加强铁路、公路、水路和民航运输在一体化组织中的货物交接、合同运单、信息共享、责任划分、保险理赔等方面的制度对接和统一规范,提高不同运输方式间的标准规范衔接水平。

(4) 推广应用快速转运装备技术。加强基于国际集装箱、厢式半挂车等标准运载单元的多式联运快速转运装备的研发,支持发展铁路专用平车、半挂车专用滚装船、公铁两用挂车等专业化装备,实现装卸设备和转运设备的无缝对接。充分利用 RFID、物联网等先进信息技术,建立智能转运系统,不断提高多式联运换装转运的自动化作业水平。

(5) 推进多式联运信息系统建设。完善国家交通运输物流公共信息平台功能,建立全国性或区域性交通运输信息系统,提供多式联运公共信息服务。推进不同运输方式、不同企业间多式联运信息开放共享和互联互通,鼓励企业建立多式联运信息系统,并研究推进与国家交通运输物流公共信息平台等信息系统间的有效对接。加快推进多式联运信息采集交换、货物状态监控、作业自动化等领域的技术创新与广泛应用。

3. 支持政策

交通运输部、国家发展改革委将根据有关规定,对符合要求的多式联运示范工程给予政策支持。对于符合预算内基建、铁路、公路、水路资金(基金)使用政策的项目,将按规定给予资金补助。

省级交通运输、经济运行调节部门应积极争取省级财政资金,对承担示范工程的单位(企业)在相关基础设施建设或改造、设施装备的购置与研发及信息化建设等领域给予相应配套资金支持,并给予其他必要的政策扶持。

思考题:为什么要开展多式联运示范工程?

资料来源:交通运输部 国家发展改革委关于开展多式联运示范工程的通知[EB/OL].
(2015-07-21).[2016-06-04]. http://www.moc.gov.cn/zfxxgk/bnssj/dlyss/201507/t20150721_1851972.html.

8.1 货物运输过程

【拓展视频】

8.1.1 货物流通过程和货物运输过程

货物流通过程是指国民经济各业务部门作为商品(或物资)形式出现的物品(即货物)由生产地向消费地流动的全过程。货物只有完成其流通过程,才能实现它的使用价值。因此,货物流通过程在很大程度上也可以视为商品(或物资)生产过程的继续。就其实质而言,也可以说货物流通过程是货物生产过程的重要组成部分。

货物流通过程是借助于交通运输部门(包括从属于物质生产部门的专业交通运输企业)所提供的交通运输工具来实现的。按所使用交通运输工具之不同,货物流通过程基本上可以有以下 3 种模式。

1. 货物流通模式 I

模式 I(图 8.1)是以铁路运输或公路运输作为货物流通过程干线运输工具的陆上货物流通模式。

2. 货物流通模式 II

模式 II(图 8.2)是以航空运输作为货物流通过程干线运输工具的空中货物流通模式。

3. 货物流通模式 III

模式 III(图 8.3)是以水上运输作为货物流通过程主要干线运输工具的水上货物流通模式。

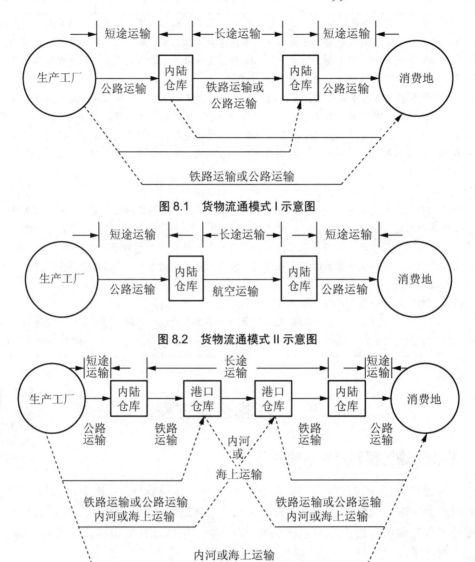

图 8.1 货物流通模式 I 示意图

图 8.2 货物流通模式 II 示意图

图 8.3 货物流通模式 III 示意图

显然，在通常情况下货物流通过程是在多种运输方式参与的条件下，通过多种运输环节实现的。

货物由发货地向收货地输送的全过程称为货物运输过程。这一过程中的始点(发货地)可以是货物的生产工厂，也可以是某一发货仓库，终点(收货地)可以是货物消费地，也可以是某一到货仓库。因此，货物流通过程可以由一个或一个以上货物运输过程组成。货物流通过程的这一特性是由商品交换或物资供应的需要所决定的。货物运输过程的模式与货物流通过程模式基本相同，也可以有陆上货物运输模式、空中货物运输模式和水上货物运输模式之分。

8.1.2 货物运输业务组织机制

货物运输过程就其运输工作性质之不同，可以划分为交通运输工具载运工作和货物运输业务两部分。交通运输工具载运工作用于交通运输部门内部的技术性工作，而货物运输业务则属于货物运输过程中所包含的商业性事务和交通运输部门的服务性工作。显然，交通运输工具载运工作只能由掌握该交通运输工具的交通运输部门来组织实现。而货物运输业务却可以根据具体情况采取不同的组织方法。

货物运输业务的具体组织方法可以有多种，但就其组织体制来说，基本上可以划分为两大类。

1. 货主直接托运制

货主直接托运制是指由货主与掌握运输工具的运输企业直接发生托运与承运关系的运输业务组织体制。采用这类货物运输业务组织体制的货物运输过程如图 8.4 所示。

图 8.4 货主直接托运制运输过程示意图

2. 运输承包发运制

运输承包发运制是指由货主与运输承包人发生托运与承运关系，并由运输承包人组织实现货物运输过程的运输业务组织体制。采用这类货物运输业务组织体制的货物运输过程如图 8.5 所示。

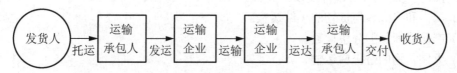

图 8.5 运输承包发运制运输过程示意图

当前我国基本上采用第一类运输业务组织体制，而国外大多数国家则同时采用上述两类运输业务组织体制，而且第二类运输业务组织体制不断有所发展，通过它实现的货物运输量也不断增加。

运输承包发运制及运输经营人工作的意义主要反映在以下几个方面。

(1) 将整个货物运输过程划分为交通运输工具载运工作和货物运输业务两部分，并分别由掌握运输工具的运输企业和运输经营人两种运输行业来承担，实现运输过程组织工作的专业化分工，相对地简化了运输企业运输组织工作，有利于提高运输工作质量。

(2) 保证货物运输过程实现一票到家的"门到门"运输。在有多种运输工具参加实现货物运输过程的情况下，通过运输经营人的中转业务，可以顺利地实现不同运输工具间的紧密衔接和配合，从而实现"门到门"运输，有利于提高运输服务质量。

(3) 保证利用最合理的运输方式，以最经济有利的运输径路实现货物运输过程。在各种运输工具交织成网的情况下，货物运输方式和运输径路常常可以有多种选择。由于运输经营人是组织货物运输的专业公司，对运输方式和运输径路的选择有丰富的经验，且联系着不同的运输工具，因而它可以为货主选择一种最有利的运输径路(采用单一运输工具的直达运输，或采用多种运输工具的中转运输)，既节省运输费用，又可以合理运用各种运输工具。

(4) 简化货主托运手续，最大限度地方便货主。对于工厂、企业，通过运输经营人办理货物运输还可以减少办理货运手续人员和工厂、企业的场库设备。

(5) 运输经营人所具有的一定数量的储运能力，构成了对运输企业日常运输工作的调解机能，从而增加了运输企业港、站工作的弹性。当港、站货物集中到达时，货物可通过运输经营人所沟通的渠道迅速疏散或转入运输经营人的场、库；当港、站装运输力不足时，运输经营人可储存一定数量的货物，从而缓和对港、站的压力。

(6) 运输经营人对承运货物的受理、检查、验货等货运作业，构成了对运输企业承运货物具有较高精度的初加工过程，它不仅大大减少了港、站对承运货物的货运业务工作量，提高港、站工作效率，而且可以有效地提高货物作业的安全性、减少货损、货差事故。

由此可见，运输承包发运制是一种先进的货运业务组织体制，它不仅方便货主，提高运输服务质量，而且也有利于专业运输企业进一步提高运输组织水平和运输生产效率。

8.1.3 运输承包公司

1. 运输承包公司的业务

运输承包公司是不具有运输工具或只具有少量短途运输工具，而以办理货运业务(或兼办客运业务)为主的专业运输业务企业。对采用运输承包发运制的货物，它作为运输经营人接受货主有关货运工作的委托，负责办理货物运输全过程中所发生的与运输有关的事务，并与掌握运输工具的运输企业发生托运与承运的关系。

运输承包公司主要可以开发以下业务。

(1) 国内和国际零担货物的集结运输。
(2) 产品或商品的分拨运输。
(3) 大宗货物的进出口运输。
(4) 特种货物运输(如笨重货物、展品、家具等)。
(5) 仓库保管。
(6) 工厂或企业成套设备运输。
(7) 办理进出口货物的海关手续。
(8) 办理货物包装。

零担货物具有批数多、重量小、发到地分散、品种复杂、形状各异、包装不统一等特点。因而，零担货物运输是一种要求运输条件较高、货运业务手续较为繁杂，且面向千家万户的运输。由运输承包公司承包零担货物运输业务，不仅可以方便货主，提高运输服务质量，还可以通过运输承包公司的货物集结过程，化零为整，提高运输企业的运输效率和运输过程的安全可靠性。

零担货物集结运输包括货物接取、集结装运、不同运输工具间的货物中转和到达分送等运输环节。运输承包公司通过对运输各环节的合理组织和分设在货物发到地各处所的运输营业站、点(包括专营或兼营)，可以实现零担货物运输的邮件化。通过这一运输组织形式，可以对千家万户的货主实现"人在家中坐，收发全国货"的高质量运输服务。

笨重货物、家具和搬家货物的运输由于对运送条件、装运工具等都有特殊要求，需要作为特种货物运输办理，为开发这方面的业务应拥有相应的专业运输人员，建立相应的工作制度。

工厂或成套设备承包运输是指运输承包公司对由各地区供应的新建工厂全部设备或改建、扩建工厂的某方面成套设备的系统承包运输。开展这一运输承包业务时，厂方作为一项运输任务，与运输承包公司签订一个运输合同、协商确定一项总的运输费用。承包的运输承包公司根据运输合同要求，组织联运业务网内各地区运输承包公司协调动作，共同完成任务，并按完成运输量大小划分运输收入。由于我国国民经济建设正处在大发展时期，所以这是运输经营人的一项很有发展前途的业务。开发工厂或成套设备承包运输包括以下条件。

(1) 运输承包公司必须建立健全经济发展信息网，保证经济情报来源可靠、及时。

(2) 运输承包公司必须既具有精通运输业务，又具备必要商业、工业机械设备知识的揽货专业人员。

(3) 在供货地区内具有健全的运输业务网和运输业务网内的通信网。

分拨运输是指工厂的产品或商业部门的商品集中存入(或运入)运输承包公司的仓库后，公司根据货主运输委托单组织的货物分发运输。在这一业务中，包括仓库保管和分发运输业务两部分工作。它不仅可以节省企业或商业部门对仓库建设的投资，提高仓库利用率，而且还可以最大限度地方便企业和商业部门的销售和发货工作。运输承包公司发展分拨运输业务，也是保持和扩大公司稳定货源和业务量，不断提高公司经济效益的重要手段。

运输承包公司的仓库保管业务服务于工业区和物资集散地企业和商业部门的原材料和商品的存储与保管，这是为用户提供长期或短期批量货物仓储服务的业务。在中小工业企业和贸易公司迅速发展的情况下，公司面向没有能力或没有必要建立自己完整仓库设备的中小工业企业和贸易公司开展仓库保管业务，这也是一项社会需要，且经济效益好。为开展仓库保管业务，运输承包公司必须具有足够数量的仓储设备和相应的仓库保管业务人员。

货物包装在这里是指货物的运输包装，它应根据货物特征、运输条件、运输工具和运输距离进行设计(包括外形、包装材料、加固等)。因此，货物包装也是一项专业性很强的工作，运输承包公司开发货物包装业务通常应建立具有一定专职人员的专门业务单位。

2. 运输承包公司办理货运业务的作业过程

运输承包公司可以开发的业务虽然很多，但作为它的业务的主体，还是办理货物运输业务。运输承包公司办理货物运输业务作业过程包括以下主要作业环节。

(1) 货主(发货人)提出发货委托书(通过电话委托或通过邮件书面委托)或亲自登门办理托运手续。

(2) 运输承包公司根据货主委托书规定的时间、地点派车取货或由货主亲自送货。

(3) 货物在运输承包公司仓库集结。

(4) 运输承包公司办理货物票据手续及核收运杂费。

(5) 根据货主规定的发货日期(或对到货日期的要求)向运输企业托运、组织货物始发装运。除货主有特殊要求，并支付相应的运输费用者外，运输工具的选择和运输径路的安排由运输承包公司负责。

(6) 在不同运输工具的衔接点办理货物中转业务。

(7) 办理货物到达票据手续和到达杂费结算。

(8) 运输承包公司根据货主(收货人)指定的时间、地点派车送货或由货主亲自取货。

(9) 将经货主签收的运输单据寄回发运公司保管。

由此可见,办理货物运输业务的作业程序主要由3个业务环节组成。

(1) 货物在发运地的承运业务。

(2) 货物在不同运输工具衔接点的中转业务。

(3) 货物在收货地的交付业务。

3. 货物中转业务

由运输承包公司承运的货物为组织一票到家的运输,这一运输方式就其运输组织情况来看,可以有以下两种不同的类型。

(1) 需要经过货物集结和分散运输过程的零担货物运输,这种运输的运输过程如图8.6所示。它包括集结运输、主体运输和分散运输3个部分。集结运输和分散运输通常采用汽车运输。

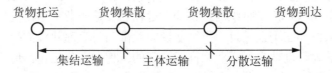

图 8.6 零担货物运输过程

由于零担货物具有去向多而批量小的特点,除在货物集散地托运和到达的零担货物外,均需要经过集结运输和分散运输。

(2) 成批货物和大宗货物运输。由于成批货物和大宗货物具有一个去向运输量大的特点,在运输过程中不产生集结运输和分散运输。因而这类货物的运输过程只有主体运输。但是,这类货物的到达地不一定是货物消费地或销售地,它还可能发生再次运输(如商品的分拨运输等)。

货物的主体运输根据不同情况,可以采用一种运输工具来完成,也可能必须采用多种运输工具才能完成。

在货物运输过程中,运输承包公司对货物在不同运输工具的衔接地以及零担货物在货物集散地所进行的作业,称为货物的中转作业,它主要包括以下业务。

① 货物或集装箱的到卸。

② 货物或集装箱的场库保管。

③ 杂费计算和票据手续(对于进出口货物,如中转作业地点系港口或机场还包括海关手续)。

④ 向接运运输企业托运,组织货物的中转装运。

货物由始发地或中转地发运后,除票据随货传递外,运输承包公司应立即向运输组织线上前方到达的中转地或终到地运输承包公司发出函电,说明发运货物的简况。

每一运输承包公司都在一定的地区设有一定的业务机构(如分公司、办事处等),并通过这些机构处理货物的承运、中转和交付业务,以实现一票到家"门到门"运输。由此可见,运输承包公司业务机构的多少、设置区域范围的大小,基本上决定了该公司所能办理货运业务承包区域的范围,即货流吸引范围。显然,运输承包公司的业务机构越多,设置区域范围越广,其业务量也就越大。但是,就一家国内运输承包公司来说,要在全国的每一个城镇设置业务机构是有困难的,因而它可能办理的业务范围就要受到一定的限制。

因此,运输承包公司中转业务组织方法可有以下两种基本方式。

① 组织单一运输承包公司的运输组织线。货物的发运、中转和终到业务均由一个运输承包公司或联运服务公司的业务机构,统一办理的货运承包过程,称为单一运输承包公司的运输组织线。显然,这一组织形式只有该公司在货物运输途中的中转地点和终到地点均设有业务机构时才能实现。例如某货主要从德国的慕尼黑将一批货物发往香港,如果这一批货物由运输承包公司(德迅公司)承包,那么它就可以通过如图8.7所示的方式组织运输。

图 8.7　单一公司运输组织线示意图

由于德迅公司在慕尼黑、汉堡和香港都设有分公司,可承包整个运输过程的中转业务和终到业务,从而构成了一条由一个运输承包公司组成的运输组织线。

② 多运输承包公司的运输组织线。货物的发运、中转和终到业务由多个(通常为两个或三个)运输承包公司业务机构办理的货运承包过程,称为多运输承包公司的运输组织线。例如某货主要从德国的汉堡将一批货物通过空运发往我国的武汉,如果这一批货物由运输承包公司德迅公司承包,那么它就可以通过如图8.8所示的方式组织运输。

图 8.8　多公司运输组织线示意图

由于德迅公司在中国境内没有办理具体业务的分支机构,但却与中国外运公司有业务关系。因此,它在德国以及世界各地区可以承包发往中国货物的运输业务,而在中国境内的中转业务和终到业务由中国外运公司代理。

在国外,多运输承包公司运输组织线多通过相关运输承包公司签订协议的方法组成。在我国,目前主要采用以下方法。

① 联运服务公司根据货流吸引区货流特点,与货物运输过程相关联运服务公司(指地处货物运输过程不同运输工具衔接点和货物终到点的联运服务公司)以签订联运合同的方法建立业务关系,互为代办货物中转业务和货物交付业务,从而在一定范围内构成了以发运联运服务公司为中心的辐射式联运业务网。

② 建立区域性联运服务公司联营总公司。区域性联营总公司通常以某一具有大量联运货物运量的运输干线(如长江内河运输航线,津浦铁路线、京广铁路线等)货流吸收区为范围建立,因而它所构成的联运业务网是以某运输干线为轴心的线状联运业务网。凡参加联营总公司的联运服务公司,在规定范围内均可以以总公司的名义办理联运货物的承运,并负责办理联运货物的中转和交付业务。建立区域性联营总公司是组织所属联运服务公司协调动作、扩大联运业务量、提高联运服务公司经济效益的有效途径。

显然，联运业务3项基本业务环节(承运、中转和交付)的实现，即联运服务公司办理联运货物运输的实现有赖于各种形式联运业务网的组成。因而，联运业务网是联运服务公司开发联运业务的基础，必须根据本公司的具体条件做好这一基础性的工作。

8.1.4 运输代理人

1. 运输代理的意义

货物运输，尤其是国际货物运输是从事国际货物运输业务的，其业务范围遍布国内外广大地区，不仅涉及面广、头绪多，而且情况复杂，任何一个运输经营人或货主不可能亲自处理每一项具体运输业务，不少工作需要委托代理人代为办理。为了适应这种需要，在国际货物运输领域里如同贸易一样产生了很多从事代理业务的代理行或代理人，它们接受委托人的委托，代办各种运输业务并按提供的劳务收取一定的报酬，即代理费、佣金或手续费。当前，代理行业已渗透到运输领域内的各个角落，成为国际货物运输事业不可缺少的重要组成部分。

国际上从事代理业务的代理人一般都是经营运输多年，精通业务、经验比较丰富，而且熟悉各种运输手续和规章制度。它们与交通运输部门以及贸易、银行、保险、海关等有着广泛的联系和密切的关系，从而具有有利条件为委托人代办各种运输事项。有时委托代理去完成一项运输业务，比自己亲自去处理更为有利。这是因为代理人熟悉当地情况，与各方面有密切关系，比人地生疏的委托人自己去办可能办得更顺利，甚至于更好一些，虽然要花一些酬金，但委托人从代理提供的服务中可以得到补偿。代理人在委托双方之间发挥着重要的桥梁作用，在货物托运、交付和中转过程中，这种桥梁作用可用下列几个图(图8.9、图8.10、图8.11)说明。这就是代理行业之所以产生并获得迅速发展的一个重要因素。

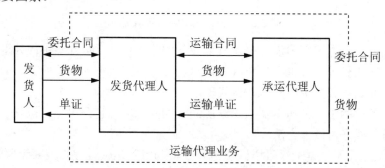

图8.9 货物托运中货运代理人作用示意图

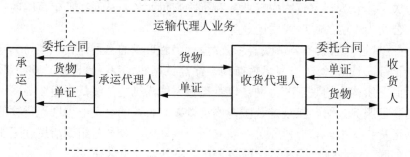

图8.10 货物交货中货运代理人作用示意图

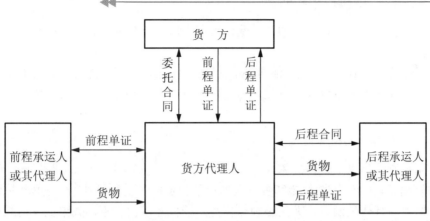

图 8.11 货物中转过程中货运代理人作用示意图

2. 代理关系和代理人性质

代理关系由委托人和代理人两方组成。代理关系的成立必须是一方提出委托(书面或口头)，经另一方接受(书面或口头)才算成立，代理关系确立以后，代理人与委托人之间是一种委托和被委托的关系，有关双方的权利与义务按代理协议或合同规定办理。在办理代理业务中，代理人是作为委托人的代表，对委托人负责，但代理人必须在委托人受权范围内行事，否则由此产生的一切后果委托人可不予负责而由代理人自己负责。因此，有关委托事项范围在代理协议或合同中需详细明确规定，是代理协议(合同)的一个重要组成部分。

代理人根据委托办理代理业务时，有的由自己直接办理，有的自己不办理实际业务而转委托有关方面办理，也有以中间人身份为委托人与第三方促成交易，签订合同。这种代理人称为经纪人。租船代理人即用于这类代理，因此每一个代理协议(合同)可能会产生 3 种关系。

(1) 委托人和代理人的关系，这是代理协议(合同)的主体。
(2) 委托人和第三者的关系，如通过租船代理，由委托人与船东签订租船合同。
(3) 代理人和第三者的关系。

在代理人与第三者的关系上，根据法律和习惯做法，代理人在与第三者发生关系时，可以不向第三者公开其代表身份，从而从第三者的角度来看，代理人的性质和地位又有 3 种可能。

(1) 代理人不公开委托人，而以自己名义与第三者签订合同，在这种情况下代理人代表的是未公开的委托人。
(2) 代理人公开自己的身份是代表，但不公开其委托人的姓名。在与第三者签订的合同上它在自己的签字后面加注"仅作为代表"字样。这样，它代表的是隐名委托人。
(3) 代理人既公开它是代表委托人，也公开其委托人的姓名。在与第三者签订的合同上它在自己的签字前加注"经×××(委托人姓名)电传授权"，并在签字后加注"仅作为代表"字样。这样，它代表的是显名的委托人。

上述第一种情况下，第三者只能向代理人起诉，但如有确凿证据，证明代理人所代表的委托人，也可委托向委托人起诉。在第二、三种情况下，第三者只能对委托人起诉，对代理人来说，它不负个人责任，但代理人鉴于某种原因如果不愿公开委托人姓名，则第三者这可以向代理人起诉。在上述 3 种情况下按英国法律委托人都有权用自己名义对第三者进行起诉。有些国家法律规定，如合同是由代理人以自己名义签订的，则只有代理人才能提出诉讼。

鉴于上述情况，在代理协议(合同)内，除规定代理工作范围外，一般还规定："未经委托人授权，代理人不得以任何方式代表委托人与第三者签订合同，否则所签合同对委托人无效"。

3. 代理人和委托人的责任义务

代理人主要承担以下责任义务。

(1) 按照代理协议(合同)规定和委托人的指示负责办理委托事项，代理必须以通常应有的责任心努力履行代理职责，尤其必须在委托人授权范围内行事。如果违反这些准则而造成损失，代理人得向委托人负责。

(2) 如实汇报一切重要事宜。在办理代理工作中，向委托人提供的情况和资料必须真实，如有任何隐瞒或提供的材料不实而造成的损失，委托人有权向代理人追索并撤销代理协议。

(3) 负保密义务。代理人在代理协议有效期间，不得把代理过程中所得到的保密情报和重要资料向第三者泄露。例如，委托人需要大量船位，代理人就有义务对外保密，以免造成市场剧烈波动。

(4) 如实向委托人报账。代理人有义务对因代理业务而产生的一切费用提供正确的账目并向委托人收账，个别特殊费用的开支应事先征得委托人的同意。

委托人主要承担以下责任义务。

(1) 及时给予代理人明确具体的指示，除按照代理协议(合同)规定办理外，委托人要求代理人应做的工作，必须及时给予明确具体的指示，以便代理人凭以执行，尤其对代理人征询某项工作的处理意见，委托人必须及时答复，如由于指示不及时或不当而造成工作上的损失，代理人是没有责任的。例如，船舶突然到港，代理人事先一无所知，也未接到任何必要运输单证，以致无法办理船舶进港手续，致延误船期，造成损失，对此代理人是没有责任的。

(2) 支付代理佣金。委托人必须按约定支付代理人佣金，作为对代理人所提供服务的报酬。

(3) 支付费用和补偿。委托人必须支付代理人由于办理代理工作而产生的有关费用，除非代理协议另有规定，代理人日常业务管理费用，因已有佣金酬劳，不能包括在费用账内向委托人报账。一般做法，均由委托人事先汇付代理人一笔备用金，代理工作完毕后由代理人向委托人报账，多退少补。此外，如由于委托人的责任，使代理人造成经济上损失，一般应由委托人给予补偿。例如，代理人根据货主要求向船公司订妥舱位，由于货主备货不足，造成空舱损失，货主应予补偿。

4. 运输代理人种类

按照代理业务的性质和范围的不同，有各种各样的代理行业，名称繁多、类型各异，但归纳起来主要有租船代理、船务代理、货运代理和咨询代理四大类。

1) 租船代理

租船代理又称租船经纪人，是以船舶为商业活动对象而进行船舶租赁业务的人，它的主要业务是在市场上为租船人寻找合适的运输船舶或为船东寻找货运对象，它以中间人身份使船租双方达成租赁交易，从中赚取佣金。因此，根据它所代表的委托人身份的不同又分为船东代理人和租船代理人。有些租船代理人还兼办船舶买卖、船舶代理业务。

租船代理人主要办理以下业务。

(1) 按照委托人(船东或租船人)的指示要求，为委托人提供最合适的对象和最有利的条件，并促成租赁交易的成文，这是租船代理最主要的业务。

(2) 根据双方洽谈确认的条件制成租船合同，并按委托方的授权代签合同。

(3) 提供委托人航运市场行情，国际航运动态以及有关资料信息等。

(4) 为当事人双方斡旋调解纠纷，取得公平合理的解决。在执行合同中，往往会发生一些纠纷，租船代理人以中间人身份从中进行调解，对解决纠纷能起到一定作用，这也是考核和衡量一个租船代理是否得力和称职的一个重要标准之一。

租船代理佣金按照惯例由运费或租金收入方支付，也就是由船东支付。代理佣金一般按租金 1%～2.5%在租船租约中加以规定。

2) 船务代理人

船务代理人是指接受承运人的委托，代办与船舶有关的范围一切业务的人。船务代理业务范围很广，主要包括以下几个方面的业务。

(1) 船舶进出港业务方面。

① 办理船舶进出港口各项手续，包括引水、拖轮、靠泊、报关等手续。

② 办理船舶检验、修理、洗舱、熏舱以及海事处理等。

(2) 货运业务方面。

① 安排组织货物装卸、检验、交接、储存、转运、理货等。

② 办理揽货、订舱和代收运费等。

③ 编制有关运输单据。

(3) 供应工作方面。

① 代办船用燃料、淡水、物料以及食品供应等。

② 代办绳索、垫料等。

(4) 其他服务性业务方面。

① 办理船员登岸或出境手续。

② 安排船员医疗、住宿、交通、参观游览等。

除上述一般业务外，其他临时发生的事情，经委托代理人均可代为办理。船务代理人一般按规定的收费标准向委托人收取船舶和货物的代理费，船舶代理费一般规定以船舶登记净吨计收。货物代理费一般规定按船舶装卸货物吨数和货物大类计收。

3) 货运代理人

货运代理是指接受货主的委托代表货主，办理有关货物报关、交接、仓储、调拨、检验、包装、转运、订舱等业务的人，它与货主的关系是委托与被委托关系，在办理代理业务中，它是以货主的代理人身份对货主负责并按代理业务项目和提供的劳务向货主收取代理费。

货运代理按业务过程可分为以下几种。

(1) 订舱揽货代理。这类代理商有的代表承运人向货主报货，有的代表货主向承运人订舱，它与国内外货方及海陆空运输公司有广泛的联系。

(2) 货物报关代理。有些国家对这类代理要求条件很严。如美国规定，必须向有关部门申请登记，必须是美国公民，并经过考试合格才能担任货物报关代理。

(3) 货物装卸代理。主要代理港口、码头、机场、车站等地货物装卸事务。

(4) 集装箱代理。包括装箱、拆箱、分拨、转运以及集装箱租赁、维修等业务。

此外，还可以有转运代理、理货代理、储存代理等货运代理形式。

按货运方式不同，货运代理又可分为海运代理、空运代理、陆运代理等。以空运代理为例，其主要包括以下业务。

(1) 提供设备把货物从发货人那里接受和收集起来，按时安排运输将货物交到机场并向航空公司订舱。

(2) 检查进出口许可证是否完善，办理其他有关政府的规定。

(3) 准备填写航空运单，并计算好运单上列明的各项费用，保证发票及其他商业单据符合航空运输的需要。

(4) 为发货人安排保险。

(5) 发生纠纷时，帮助或代表委托方处理纠纷。

空运代理中的当事人主要有发货人、空运代理人、航空公司与收货人4方。发货人是委托方，空运代理人是代理方，航空公司与收货人是空运代理中的第三方。当然收货人也可以是委托人，这时，发货人便成为第三方了。空运代理中当事人之间的责任划分如图8.12所示。

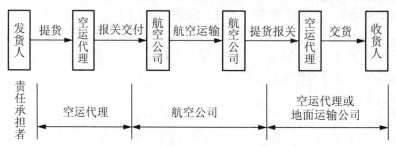

图 8.12 空运代理中责任承包示意图

4) 运输咨询代理

咨询代理是专门从事咨询工作，按委托人的需要，以提供有关咨询情况、情报、资料、数据和信息服务而收取一定报酬的人，这类代理人不仅拥有研究人员和机构，而且与世界各贸易运输研究中心有广泛的联系，所以消息十分灵通。诸如设计经营方案、选择合理经济运输方式和路线、核算运输成本、研究解释规章法律以及调查有关企业财政信誉等，均可根据委托，提供专题报告和资料情报。

从事运输咨询代理行业需要该代理商有灵敏的信息、现代化的信息网络与高质量的研究人员。这一行业的竞争十分激烈，大批新的运输咨询代理企业不断产生，又不断地竞争，逐步形成了几个较大的运输咨询代理公司，也只有大的咨询代理公司才能拥有较高的信誉，从而赢得较为稳定的业务量。

以上所列代理人类别，仅仅是从它们各自业务的侧重面加以区别，实际上，它们之间的业务范围并不划分得很清楚，往往互有交错。例如，不少船务代理也兼营货运代理，有些货运代理也兼营船务代理工作。

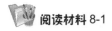

阅读材料 8-1

中国远洋海运集团有限公司

中国远洋海运集团有限公司由中国远洋运输(集团)总公司与中国海运(集团)总公司重组而成,是中央人民政府直接管理的特大型中央企业,总部设在上海。注册所在地为上海浦东自贸区陆家嘴金融片区内,注册资本110亿元。拥有总资产6 100亿元人民币,员工11.8万人。

中国远洋海运集团经营船队综合运力8 532万载重吨/1 114艘,排名世界第一。其中,集装箱船队规模158万TEU,居世界第四;干散货自有船队运力3 352万载重吨/365艘,油轮船队运力1 785万载重吨/120艘,杂货特种船队300万载重吨,均居世界第一。

中国远洋海运集团完善的全球化服务筑就了网络服务优势与品牌优势。码头、物流、航运金融、修造船等上下游产业链形成了较为完整的产业结构体系。集团在全球集装箱码头将超过46个,泊位数超过190个,集装箱吞吐量9 000万TEU,居世界第二。全球船舶燃料销量超过2 500万吨,居世界第一。集装箱租赁规模超过270万TEU,居世界第三。海洋工程装备制造接单规模以及船舶代理业务也稳居世界前列。

中国远洋海运集团发展愿景是,承载中国经济全球化使命,整合优势资源,打造以航运、综合物流及相关金融服务为支柱,多产业集群、全球领先的综合性物流供应链服务集团。

围绕"规模增长、盈利能力、抗周期性和全球公司"四个战略维度,中国远洋海运集团着力布局航运、物流、金融、装备制造、航运服务、社会化产业和基于商业模式创新的"互联网+"相关业务"6+1"产业集群,进一步促进航运要素的整合,全力打造全球领先的综合物流供应链服务商。

资料来源:中国远洋海运集团有限公司[EB/OL].[2016-06-04]. http://www.cosco.com/.

8.2 集装箱运输

8.2.1 集装箱运输概述

1. 集装箱运输的产生与发展

1) 集装箱运输产生的原因

第二次世界大战以后,世界经济得到了迅猛发展,跨国经营以及国际贸易量不断上升,国际的市场竞争愈演愈烈,致使企业不得不采用大规模的专业化生产,以降低成本,提高技术水平和生产效率,争取在国际市场竞争中处于有利地位,以便获取更大的利润。

国际贸易量的上升以及跨国经营的增加,对国际货物运输提出了更高的要求。传统的货物运输由于采用件杂货的方式,货物品种多,包装形式多样,单件重量相差较大,很难实现全过程的机械化和自动化的运输生产,也不适应现代大规模专业化生产的要求。为了克服件杂货运输所带来的问题,扩大运输单元是必然的趋势。在这一变化过程中,首先出现的是以网络和托盘等成组工具来实现货物运输和装卸的成组化,但是这种成组方式的集成化程度有限,外形仍不规整,由于包装强度所限,也使得堆码困难。所以,更大单元的、外形尺寸标准的、包装具有一定强度的集成化运输方式的出现已势在必行,而集装箱运输方式的诞生正顺应了这种发展趋势。

2) 集装箱运输的发展

集装箱运输的发展可分为以下几个阶段。

(1) 集装箱运输发展的初始阶段(19世纪初—1966年)。

集装箱运输起源于英国。早在1801年，英国的詹姆斯·安德森博士已提出将货物装入集装箱进行运输的构想。1845年英国铁路曾使用载货车厢互相交换的方式，视车厢为集装箱，使集装箱运输的构想得到初步应用。19世纪中叶，在英国的兰开夏已出现运输棉纱、棉布的一种带活动框架的载货工具，这是集装箱的雏形。

正式使用集装箱来运输货物是在20世纪初期。1900年，在英国铁路上首次试行了集装箱运输，后来相继传到美国(1917年)、德国(1920年)、法国(1928年)及其他欧美国家。

1966年以前，虽然集装箱运输取得了一定的发展，但在该阶段集装箱运输权限于欧美一些先进国家，主要从事铁路、公路运输和国内沿海运输；船型以改装的半集装箱船为主，其典型船舶的装载量不过500TEU(20ft集装箱换算单位，简称"换算箱")左右，速度也较慢；箱型主要采用断面为8ft×8ft，长度分别为24ft、27ft、35ft的非标准集装箱，部分使用了长度为20ft和40ft的标准集装箱；箱的材质开始以钢质为主，到后期铝质箱开始出现；船舶装卸以船用装卸桥为主，只有极少数专用码头上有岸边装卸桥；码头装卸工艺主要采用海陆联运公司开创的底盘车方式，跨运车刚刚出现；集装箱运输的经营方式是仅提供港到港的服务。以上这些特征说明，在1966年以前集装箱运输还处于初始阶段，但其优越性已经得以显示，这为以后集装箱运输的大规模发展打下了良好的基础。

(2) 集装箱运输的发展阶段(1967—1983年)。

1966—1983年，集装箱运输的优越性越来越被人们承认，以海上运输为主导的国际集装箱运输发展迅速，是世界交通运输进入集装箱化时代的关键时期。

1970年约有23万TEU，1983年达到208万TEU。集装箱船舶的行踪已遍布全球范围。随着海上集装箱运输的发展，各港纷纷建设专用集装箱泊位，世界集装箱专用泊位到1983年已增至983个。世界主要港口的集装箱吞吐量在20世纪70年代的年增长率达到15%。专用泊位的前沿均装备了装卸桥，并在鹿特丹港的集装箱码头上出现了第二代集装箱装卸桥，每小时可装卸50TEU。码头堆场上轮胎式龙门起重机、跨运车等机械得到了普遍应用，底盘车工艺则逐渐趋于没落。在此时期，传统的件杂货运输管理方法得到了全面改革，与先进运输方式相适应的管理体系逐步形成，电子计算机也得到了更广泛的应用，尤其是1980年5月在日内瓦召开了有84个贸发会议成员国参加的国际多式联运会议，通过了《联合国国际货物多式联运公约》。该公约对国际货物多式联运的定义、多式联运单证的内容、多式联运经营人的赔偿责任等问题均有所规定。公约虽未生效，但其主要内容已为许多国家所援引和应用。

虽然在20世纪70年代中期，由于石油危机的影响，集装箱运输发展速度减慢，但是这一阶段发展时期较长，特别是许多新工艺、新机械、新箱型、新船型以及现代化管理，都是在这一阶段涌现出来的，世界集装箱向多式联运方向发展也孕育于此阶段之中，故可称之为集装箱运输的发展阶段。

(3) 集装箱运输的成熟阶段(1984年以后)。

1984年以后，世界航运市场摆脱了石油危机所带来的影响，开始走出低谷，集装箱运输又重新走上稳定发展的道路。有资料显示，发达国家件杂货运输的集装箱化程度已超过

80%。据统计,到1998年世界上约有各类集装箱船舶6 800多艘,总载箱量达579万TEU。集装箱运输已遍及世界上所有的海运国家,随着集装箱运输进入成熟阶段。世界海运货物的集装箱化已成为不可阻挡的发展趋势。

集装箱运输进入成熟阶段的特征主要表现在以下两个方面。

① 硬件与软件的成套技术趋于完善。干线全集装箱船向全自动化、大型化发展,出现了2 500~4 000TEU的第三代和第四代集装箱船。一些大航运公司纷纷使用大型船舶组织了环球航线。为了适应大型船停泊和装卸作业的需要,港口大型、高速。自动化装卸桥也得到了进一步发展。为了使集装箱从港口向内陆延伸,一些先进国家对内陆集疏运的公路、铁路和中转场站以及车辆、船舶进行了大量的配套建设。在运输管理方面,随着国际法规的日益完善和国际管理的逐步形成,实现了管理方法的科学化,管理手段的现代化。一些先进国家已从原仅限于港区管理发展为与口岸相关各部门联网的综合信息管理,一些大公司已能通过通信卫星在全世界范围内对集装箱实行跟踪管理。先进国家的集装箱运输成套技术为发展多式联运打下了良好的基础。

② 开始进入多式联运和"门到门"运输阶段。实现多种运输方式的联合运输是现代交通运输的发展方向,集装箱运输在这方面具有独特优势。先进国家由于建立和完善了集装箱的综合运输系统,使集装箱运输突破了传统运输方式的"港到港"概念,综合利用各种运输方式的优点,为货主提供"门到门"的优质运输服务,从而使集装箱运输的优势得到充分发挥。"门到门"运输是一项复杂的国际性综合运输系统工程,先进国家为了发展集装箱运输,将此作为专门学科,培养了大批集装箱运输高级管理人员、业务人员及操作人员,使集装箱运输在理论和实务方面都得到逐步完善。

2. 集装箱运输的发展趋势

随着集装箱运输走向成熟以及经营管理的现代化,集装箱运输将朝着物流中心化、管理电脑化、港口高效化、船舶大型化、运输综合化的方向发展,以降低运输成本、缩短运输周期,真正为客户提供优质、快速、准时、便捷、价廉的服务。

1) 干线船向大型化、高速化发展

20世纪90年代以来,集装箱船的大型化十分明显。据统计,1998年箱位数2 000TEU以上的大型船和4 500TEU以上的超巴拿马型船的合计载箱量以占集装箱船总载箱量的45%。一些著名船厂纷纷对箱位数8 000TEU以上的超大型集装箱船进行研究和方案设计,并具备了建造条件。截至2010年,全球最大集装箱船"地中海·利沃尔诺"可装载14 036个标准集装箱。在集装箱船进一步向大型化发展的同时,集装箱船的高速化也将引起关注。美国、日本、韩国、西欧等一些发达国家和地区,正在开发研究航速在35kn(1kn=1海里/时)以上的超高速集装箱船。

2) 世界主要集装箱港口向大型、高效、综合服务方向发展

世界主要集装箱港口应拥有长度至少300m以上,前水深-12m以上、陆地纵深500~1 000m的集装箱泊位,采用大跨距、重负荷、自动化的装卸机械,全面实现电脑化管理,能够向船东和货主提供全方位的优质服务。

3) 港口的中转作用日益重要

船公司在主要航线上配置大型集装箱船。这些大型集装箱船只在少数货

【拓展视频】

源稳定可靠的拥有深水泊位的港口之间航行，这些港口则将其他港口的货源通过支线船吸引过来加以中转。这种情况导致了一些集装箱港口地位的变化。过去在集装箱吞吐量名次中位居前列的一些港口被其他一些港口超越而退居其后。如鹿特丹、纽约等港，原来都拥有广阔的腹地和充足的货源，集装箱吞吐量曾保持领先地位，但由于周围港口的竞争及中转量有限，集装箱吞吐量难以有较大幅度增加。而另一些港口则由于其优越的地理位置和其他有利条件，吸引了大量中转箱，从而使集装箱吞吐量飞速上升。1990年以后，在世界集装箱港口吞吐量排名中，中国香港、新加坡一直排在前两位，其原因是中转箱量占其总吞吐量的比例高达 50%～60%，国外有专家称这样的港口为大中心港。而一般的干线港虽然在吸引本港腹地货源及在自己的集疏运网络内起枢纽港的作用，但对大中心港来说，它不免仍有支线港的作用。

4) 多式联运日益完善

集装箱运输的优势之一是便于组织多式联运。一些发达国家除了大力发展港口基础设施和海运船队外，还重视海运船队、专用码头和内陆集疏运网络的建设与相互匹配，形成日益完善的多式联运综合运输系统。同时重视在国际组织中积极活动，拟定相关的国际公约，并通过国内立法，完善集装箱运输的规章制度，在全球建立货运代理和多式联运经营网络，力图通过改善经营管理，提高运输服务质量和市场竞争能力。

5) 信息管理实现现代化

现代管理已进入信息时代，集装箱运输也不例外。尤其是电子数据交换(EDI)已开始在航运界发挥日益重要的作用。集装箱运输有关部门单位之间，依靠电子计算机和通信网络，实现信息自动交换和自动处理，将可使集装箱运输一套复杂的纸面单证逐步为电子单证所取代，各种业务手续可大大简化，并对集装箱动态信息进行有效跟踪，从而大大提高运输效率和运输服务质量。

6) 箱型大型化、专用化的发展趋势

一些发达国家为了充分利用运输工具的载运能力，近年来在国际标准化组织的多次会议上提出了修改集装箱标准的建议，包括增大集装箱的尺寸和总质量。近年来，40ft 及其以上集装箱在总箱量中的比重逐年增加，冷藏、罐式、开箱等专用箱也呈增长趋势。

7) 经营规模化

随着集装箱运输一体化的迅速发展，各大班轮公司通过兼并和组织联营集团，实现了规模经营，成为全球承运人，并以货物集拼、仓储、运输等全方位服务，进一步完善干支网络，高效、快捷地组织"门到门"运输服务；广泛采用电子数据交换系统，对运输全过程实现信息化管理，合理安排航线，缩短航班周期，加快货运速度，降低运输成本，提高运输服务质量。

3. 集装箱运输的特点及基本条件

1) 集装箱运输的特点

现代集装箱运输具有以下特点。

(1) 集装箱运输是一种高效率的运输方式。

集装箱是一种具有标准规格的大型"容器"。件杂货物装入集装箱后，以集装箱为单元进行运输，从根本上改变了原来的货物品种繁多，外包装尺寸、形状不一，单件重量差别很大而不能使用大型机械的不利状况。具有标准化的外形尺寸和重量,为运输过程中大型专用设备和工具的使用与自动化生产创造了最基本的条件。集装箱运输的高效率主要体现在以下几个方面:装卸速度高,运载工具周转快;提高了港口(场站)设施、设备的利用率;货物的运达速度较快,货方资金周转较快。

(2) 集装箱运输是一种高质量的运输方式。

集装箱具有坚固、密封的特点,在运输过程中箱内货物不易发生被盗事故,并足以有效地防止恶劣天气和环境对箱内货物的损害。在运输和装卸过程中,与外界接触的是箱子而不是货物,因此货物破损事故大为减少。同时,货物本身的包装可比传统散运形式有所简化,节省了包装费用。集装箱是一种大型货箱,可以把几十件甚至上百件货物集中作为一个整体,在运输各环节中始终把箱作为运输单元,在多次作业、理货中大大减少了货差和丢失现象。

减少货物丢失、损害和差错事故、节省包装费用,加上前面提到的提高运达速度等,都说明了集装箱运输是一种高质量的运输形式。

(3) 集装箱运输是一种资金高度密集型的运输产业。

集装箱运输中的集装箱,各类运输工具,各种港站设施、机械设备及整个集疏运系统都需要投入大量的资金。随着运输工具的现代化、大型化,装卸机械的大型化、专业化和管理的现代化,集装箱运输需要的人力资源将会进一步减少,但对人员素质提出更高的要求。

(4) 集装运输是一种专业化、标准化的运输方式。

集装箱运输的标准化主要体现在以下几个方面。

① 由于箱型的标准化及货物装在箱内运输带来的货物重量和外形尺寸的标准化。
② 各种运输方式中运输工具的专业化和标准比。
③ 各类港、站设施的专业化和结构、布局及设计要求的标准化。
④ 各类装卸、搬运机械设备的标准化。
⑤ 运输管理组织、运输装卸技术工艺标准化。
⑥ 运输法规、运输单据的统一化标准化等。

(5) 集装箱运输是一项复杂的系统工程。

集装箱运输是把高效装卸的专业化码头,快速周转的运输船队,四通八达的集疏运网络,功能齐全的中转站,各种类型的运输经营人和实际承运人,遍及世界的代理网络,科学准确的信息传递和单证流转,协调工作的口岸各部门(海关、三检、理货、保险及其他服务部门等)有机结合在一起的大规模运输工程。

集装箱运输系统整体功能的发挥,要依赖于上述各方面的协调发展和密切配合。现代集装箱运输从产生时起就把不同的运输方式紧密结合在一起,实现了多种运输方式的联合运输,从而在运输经营上打破了传统运输港站交接货物和分段运输的习惯,实现了门到门的运输。同时在运输组织上,实现了不同运输方式或单一运输方式多程运输的综合组织,打破了长期以来各种运输方式独立发展,独立经营和独立组织的局面,把不同运输方式和货物运输中的不同环节连成了一个不可分割的整体。这些特点使集装箱运输在系统规划、企业经营、运输组织管理等方面的基本思想和方法技术都具有明显的系统性。

由于集装箱运输具有以上特点和优点,使集装箱运输在世界范围内迅速发展,并使物流全过程的诸环节(如包装、装卸、运输、保管及信息传递等)都发生革命性的变化。

然而,另外,采用集装箱运输后也会产生一些不利的因素。

(1) 集装箱运输需要大量的初始投资。集装箱运输是一种现代化的运输系统,开展集装箱运输需要有专门的设施和新的技术装备。例如公路和铁路要有特别的专用车辆,港口需要有专用码头和特殊要求的技术设施,而且要有巨大的码头面积来设置堆场。由于集装箱的体积和重量较大,一般的常规机械无法进行搬运和装卸,故要有专用的机械设备。航空公司还要增添集装箱专用船和大量价格昂贵的集装箱,特别是在内陆运输时,为了适应现代化集装箱运输的要求,必须对公路和铁路的路线进行改造。这些都并非容易办到的事。如果为了节约投资,利用不适当的装备和设施,如公路运输时用普通卡车装集装箱,铁路运输时用一般的平板车,船舶运输时用普通货船装运,则不仅不能发挥集装箱运输的优越性,而且还可能导致营运失败。

(2) 要改变原有的运输组织机构和建立新的规章制度。集装箱运输系统与传统的运输系统有很大的差别,集装箱运输是现代化大规模生产的方式,因此要求有更高的作业效率,再加上使用了不同的运输设备,就需要制定一套使用和管理这些新装备的制度和方法。因此,无论是公路、铁路、水路、空运以及港口等运输机构,甚至包括代理公司、装卸公司和储运公司等,都必须针对集装箱运输的要求,做好作业上的改革和调整。

至于在劳动力方面,由于集装箱运输中使用的是高度先进的机械化装备,因此劳动力的文化水平和素质要求比传统的运输系统大大提高,一般都要经过专门训练才能上工作岗位。这是要顺利开展集装箱运输的必备条件。

(3) 增加了箱务管理业务。集装箱运输是以国际标准的大型集装箱为媒介的。集装箱运输中需要使用大量的集装箱,由于每个集装箱的价格很高,所以集装箱的投资很大。如何提高集装箱的利用率、加速集装箱的周转、减少空箱回空,这是箱务管理的任务,箱务管理的好坏,对降低集装箱运输的成本、提高集装箱的经济效益有重大的影响。

由于集装箱数量多,而且在四面八方流散,要及时地掌握大量集装箱的动态是一项十分复杂的业务管理,通常需要借助于电子计算机。经常遇到由于箱务管理混乱,致使大量集装箱流失而无从寻找,这不仅在经济上造成重大损失,有时会造成有货投有箱而无法实现运输。箱务管理不善就意味着需要使用更多的集装箱,这是提高集装箱运输成本的最主要因素。

(4) 要求海关、商检、动植检、卫检等机构密切配合。国际集装箱运输是完成进出口货物的外贸运输,按照国家的规定,货物的进出口要求进行各种检验和办理一定的手续,这就需要耗费大量的时间。如果集装箱运输也与传统的杂货运输那样,需开箱检查,而且开箱时必须各方到场,如果有一方不到,集装箱就不能行动,这就失去了集装箱运输迅速的优点。

因此,为了适应集装箱运输的要求,有关各方必须改革以前传统的做法,使之紧密合作,密切配合以保持集装箱在运输过程中的流畅无阻,但在实际工作中要做到这一点,也非易事,必须克服许多阻力和困难。

(5) 增加潜在的危险性。

2) 集装箱的定义

关于集装箱的定义，国内外专家学者尚存在一定的分歧。国际标准化组织在制定《集装箱名词术语》中，对集装箱的定义是：集装箱是一种运输设备，它应具备以下条件。

(1) 具有耐久性和足够的强度，适合反复使用。
(2) 经专门设计，便于以一种或多种运输方式运输货物，无须中途换装。
(3) 具有快速装卸和搬运的装置，特别便于从一种运输方式转移到另一种运输方式。
(4) 便于货物装满和卸空。
(5) 具有 $1m^3$ 及其以上的容积。

目前许多国家的国家标准中都引用了上述定义。

3) 集装箱的标准化

(1) 标准化在集装箱化中的意义和作用。标准化是组织现代化生产的重要手段，是科学管理的重要组成部分，同时也是提高经济效益不可缺少的技术基础。

在社会主义建设中推行标准化，是国家的一项重要技术经济政策。没有标准化，就没有专业化，就没有高质量，就没有高速度。

以集装箱运输的发展来看，也完全证明了这一点。世界集装箱运输在短短 30 多年中之所以能风靡全球，在交通运输中引起了一场革命，其中集装箱标准化起了巨大的作用。试想如果集装箱没有标准化，则集装箱就有各种各样的尺寸、重量和形状，集装箱的机械和运输工具就没有了发展方向。集装箱的标准化给集装箱的运输设备提供了选型的依据。因此，也可以说，没有集装箱的标准化，就没有集装箱运输的专业化，就没有集装箱运输这么大的经济效益，同时，集装箱运输的发展速度也不会这么快。

集装箱标准化的目的是从生产者到消费者之间，利用公路、铁路、水路和航空运输，达到最大的经济性、通用性和互换性。

现代化生产是建立在技术先进、分工严密和大协作基础上的社会大生产，许多产品，在生产过程中，往往牵涉许多部门和生产环节，这就要通过标准化，从技术上把各个环节组织起来。

集装箱运输牵涉的面很广，如果没有集装箱标准化，则在整个流通领域内就不能形成一个整体。所以我们说集装箱运输的成功，取决于集装箱标准化。集装箱运输是在以集装箱标准化为动力的推动下发展起来的。

(2) 集装箱标准的种类。集装箱按标准的范围来分，有国际标准、国家标准、地区标准和公司标准 4 种。

① 国际标准集装箱是由国际标准化组织(ISO)第 104 技术委员会制订的集装箱。
② 地区标准集装箱是由国际铁路联盟(UIC)制订的，是欧洲地区铁路上使用的集装箱。
③ 国家标准集装箱，通常各国政府按国际标准的参数，考虑到本国的具体技术条件而制订的。例如我国的 GB 标准集装箱。
④ 某些大的船公司，它使用自己的集装箱标准，例如美国海陆联运公司(SeaLand)的 35ft 长的，和麦逊公司(Matson Navigation Co.)的 24ft 长的集装箱。这些都是公司标准的集装箱。

目前世界上通用的是国际标准集装箱，共有 13 种，见表 8-1。

表 8-1 国际标准集装箱规格、尺寸、公差和总重表

集装箱箱型	长 度			宽 度			高 度			总 重	
	mm	ft	in	mm	ft	in	mm	ft	in	kg	lb
1AAA	12 192	40	0	2 438	8	0	2 896	9	6	30 480	67 200
1AA	12 192	40	0	2 438	8	0	2 591	8	6	30 480	67 200
1A	12 192	40	0	2 438	8	0	2 438	8	0	30 480	67 200
1BBB	9 125	29	11.25	2 438	8	0	2 896	9	6	25 400	56 000
1BB	9 125	29	11.25	2 438	8	0	2 591	8	6	25 400	56 000
1B	9 125	29	11.25	2 438	8	0	2 438	8	0	25 400	56 000
1CC	6 058	19	10.50	2 438	8	0	2 591	8	6	24 000	52 920
1C	6 058	19	10.50	2 438	8	0	2 438	8	0	24 000	52 920
1D	2 991	9	9.75	2 438	8	0	2 438	8	0	10 160	22 400
1AX	12 192	40	0	2 438	8	0	<2 438	<8		30 480	67 200
1BX	9 125	29	11.25	2 438	8	0	<2 438	<8		25 400	56 000
1CX	6 085	19	10.50	2 438	8	0	<2 438	<8		24 000	52 920
1DX	2 991	9	9.75	2 438	8	0	<2 438	<8		10 160	22 400

8.2.2 集装箱运输的经营

1. 集装箱的运输方式

集装箱的运输方式有船舶、铁路、公路、航空 4 种。

1) 船舶集装箱运输

(1) 船舶的种类。按船舶装运集装箱化程度的不同，可将集装箱运输所使用船舶分为以下几种。

① 全集装箱船。这类船舶的设计目的在于使全船所有载货空间可以适合集装箱装载。因其装载方式的不同，全集装箱又可分为舱格式全集装箱船与拖车式全集装箱船。前者将船舱划分为格状以起重机吊上吊下方式装卸集装箱；后者则是利用船上的跳板将载有集装箱的托车驶上船舱固定停放，到达目的港后再将拖车驶出船舱。

② 半集装箱船。这类船舶除在船上既有专供集装箱使用的舱格之外，并保留有空间，以供装载散装杂货。

③ 混合式集装箱船。这类集装箱船是将舱格式与拖车式集装箱船混合成一体，除可使用起重机担任装卸工作外又可以承载载箱拖车。

④ 可变集装箱船。这类船舶的货舱通常以装载集装箱为主，必要时可以改变成装载散装杂货的货轮。

⑤ 子母船。这类船舶是一种独特的集装箱船，系将整艘集装箱轮分为子母两部分，子船负责进港装载集装箱，母船则在港外接运子船，然后以母船担任越洋长途远送。这类船舶适于在浅水码头或内陆河道中使用，可不受港口拥挤的影响，以提高船舶的运转率。但其缺点是船舶的保养及维修费用相当昂贵。

(2) 装卸方法。海上集装箱运输的装卸方法因集装箱船而异,可有下列几种方式。

① 吊上吊下型。这类装卸方式主要使用于舱格式集装箱船,以码头或船上自备的桥式起重机为装卸工具,对集装箱作垂直方式的装卸。

② 驶进驶出型。这类装卸方式主要使用于拖车式集装箱船上,拖车驶进船舱,待抵达目的港后再直接以拖车将集装箱送达收货人处。

③ 浮上浮下型。这类装卸方式主要使用于子母船,子船对于母船而言就好比是一个超大型集装箱,母船可在船上设重型起重机直接装卸子船;也有利于大型升降台以升降方法装卸子船的;更有母船采取将子船直接驶进驶出船舱的方式。

(3) 作业方式。

① 直达作业。是传统的运输方式,运送人只担当主要港口之间的集装箱运输服务。

② 接驳作业。是以小船来往于主要港口附近的小港口,担当集装箱的集中任务,将集装箱集中于主要港口,以大型集装箱船负责越洋长途运输任务。

③ 复合作业。是为了实现"门到门"服务的目标,由海运企业负责将各种运输工具协调结合在一起,共同担当集装箱运输任务的作业方式。

2) 铁路集装箱运输

利用铁路平车装载集装箱担当路上较长运距的集装箱运输服务,是一种所谓驼背运输(图 8.13)的作业方式。开展铁路集装箱运输应具备以下条件。

(1) 有适于铁路集装箱运输的货物。

(2) 集装箱应符合标准。

(3) 符合一批办理的条件。

(4) 在集装箱办理站间运输。

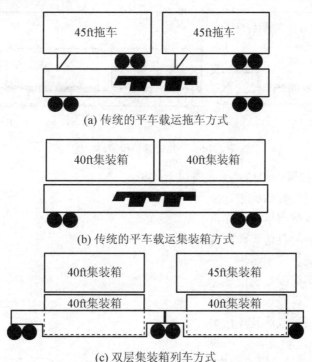

图 8.13 驼背运输的作业方式图

根据集装箱的装载情况不同，铁路集装箱运输可分为以下几类。

(1) 平车载运拖车。将集装箱同载运拖车一起固定于铁路平车上，作长距离运输服务，到达目的站以后，则用该拖车将集装箱直接送往收货人处。

(2) 平车载运集装箱。利用机具将集装箱固定于铁路平车上，待运抵目的地后，再以机具将集装箱卸放到当地拖车的车架上，由当地拖车送抵收货人仓库。

3) 公路集装箱运输

在铁路无法到达或运程较短的运输中，公路运输以其机动灵活、快速直达的优势，在集装箱多式联运中成为典型工艺流程的第一个和最后一个环节。公路运输既能独立构成运输系统，完成货物运输的全过程，又是衔接铁路、水运、航空等运输方式，为后者集散货物的重要环节。无论采用哪种运输方式，都需要用汽车将集装箱或货物从托运人地点运至机场、码头、铁路车站，同时还要将集装箱或货物从机场、码头、铁路车站再运送到收货人地点。所以，公路集装箱运输在集装箱内陆运输系统和海陆联运中，都占有重要的地位。运输方式一般有以下 4 种，如图 8.14 所示。

(1) 汽车货运方式。以一般货车来运送集装箱。

(2) 全拖车方式。除了以一般货车装载集装箱外，货车尾端再以托杆牵带一辆车架运送另一集装箱。

(3) 半拖车方式。以拖车拖－车架－转运集装箱，拖车可脱离车架而灵活调度使用。

(4) 双拖车合并方式。在半拖车之后用一台引车连接另一车架用以装运第二集装箱。

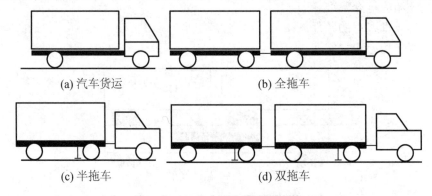

图 8.14　公路集装箱运输种类图

公路集装箱货物运输的形式主要有以下几种。

(1) 整箱的港到门直达运输。

(2) 整箱的港到站或堆场运输。

(3) 整箱的门到港直达运输。

(4) 整箱的门到场或站运输。

(5) 空箱的场到门或站到门运输。

(6) 空箱的站到场或场到站运输。

(7) 空箱的站到站或场到场运输。

4) 航空集装箱运输

由于航空运输所运送的货物均属高价值且具有时间性的物品，因此集装箱化运输的引进至少可以为航空运输企业创造下列两项竞争优势：一项是安全，另一项是快速性。就安全性而言，在航空运输未使用集装箱之前，航空运输企业往往无法有效防止所运载的高价值商品发生盗窃及碰撞，因此，托运人与运送人间常因所运货物的遗失而发生争执；其次，就快速性而言，由于目前国际贸易的发达，产品或原料的成本计算方式已向考虑总成本方向发展，因此虽然航空运费在所有运输工具中仍属最昂贵者，但是由于其在运送速度上所带来的高品质及时间效用，却为商业企业在仓储成本的节省及商品配送速度方面，创造了另一项竞争优势。

航空集装箱与一般集装箱在外形上有所差异，而这些差异的主要目的是让集装箱更适用于飞机，而且机场上的集装箱搬运机具，亦与海运的集装箱搬运机具有所差异。

航空集装箱货物运输的方式主要有以下几种：班机运输、包机运输、集中托运、急件传递。

2. 集装箱运输的关系人

为了适应国际集装箱运输业务的开展，一些与集装箱有关的新的运输机构随之产生。它们在整个集装箱运输过程中，起着各自不同的作用。

1) 无船公共承运人

集装箱运输大多是海陆空多种运输方式的联合运输。从一个国家内陆起运至另一个国家内陆交货，中途需要使用多种不同运输方式和经过多次换装，这样庞大和复杂工作，如单独由海运承运人或铁路、公路承运人负全程运输责任，显然是困难的。但客观上为了保证集装箱在各个环节上迅速顺利流通，又必须有一个机构全面负责集装箱运输的全过程，无船公共承运人就是在这种情况下产生的。它本身一般不掌握运输工具，它一方面以承运人身份向货主揽载；另一方面，又以托运人名义向实际承运人托运。在国外，经营这种业务，必须在政府有关部门登记注册，领有营业执照才能开业经营。它在实际承运人的授权下，可签发联运提单。无船公共承运人首先在航运界出现而得此名，但目前陆上经营这种业务的人也称为无船承运人或称运输经营人。

2) 集装箱码头经营人

集装箱码头经营人是集装箱装卸、交接、保管的具体经办部门，它受承运人或其代理人的委托进行下列各项业务。

(1) 对整箱货运的交接、存储和保管。

(2) 与集装箱货运站办理拼箱货运的交接。

(3) 办理集装箱的装卸配载以及有关货运单证编签。

(4) 办理集装箱的维修以及空箱的清扫、熏蒸等工作。

集装箱码头经营人一般均有自己的集装箱专用码头和集装箱堆场以及有关设备。根据提供的服务项目，收取一定的费用。

3) 集装箱货运站

集装箱货运站一般均设在港口车站附近的内陆大城市中交通比较方便的地方。承运人在一个地区只能委托一个集装箱货运站，货运站代表承运人办理以下工作。

(1) 拼箱货的理货、检验、交接。

(2) 拼箱货的配载和装箱。

(3) 进口货箱的拆箱、卸货、保管、交接。

(4) 集装箱的铅封并签发站场收据。
(5) 办理各项单证的编签工作。

有些陆上交通比较发达的国家，在内陆点还设有内陆集装箱货运站，专门办整箱或拼箱货的交接工作。

4) 集装箱租赁公司

集装箱租赁公司是随着集装箱运输发展而产生的另一种新行业，专门经营集装箱租赁业务，包括出租、回收、存放、保管以及维修等，其出租对象主要是承运人和无船承运人以及货主。集装箱的租赁方式一般有以下3种。

(1) 定程，如从甲地至乙地租用一个航程，也可以是来回程，租费按时间(每天)或包干租费计算。

(2) 定期，即约定租用时间，有长有短，长的有数年，短的只有6个月。

(3) 包租，即租赁公司与租箱人之间订有较长期的协议，任定限额内，租箱人可根据需要随时增减。

5) 全程联运保赔协会

全程联运保赔协会是1968年6月在伦敦建立起来的一种由船公司互保的保险组织，由英国三大保赔协会，即联合王国保赔协会、西英格兰保赔协会和标准保赔协会组成，对集装箱运输可能遭受的一切责任、损害、费用等进行全面统一的保险。参加的成员可以是海运集装箱承运人，也可以是海运以外的陆运、空运、沿海或内河的集装箱承运人，这是集装箱运输发展后所产生的新的保险组织。

3. 集装箱运输业务

1) 集装箱货物的装箱方式

集装箱货物装箱方式分为整箱和拼箱两种。整箱是指货方自行装箱，并以箱为单位托运的集装箱。通常在货主有足够货源装载一个或数个整箱时采用。除有些货主自备集装箱外，一般都向承运人或集装箱租赁公司租用集装箱。空箱运到工厂或仓库后，货主在海关人员监管下装箱、加锁、铅封后交承运人并取得站场收据，最后凭收据换取提单或运单。拼箱是指承运人接受货主托运的数量不足整箱的小票后，根据货物性质和目的地进行分类整理，把同一目的地的货物集结到一定数量，拼装入箱。由于一个箱内有不同货主的货拼装在一起，所以叫拼箱。这种方式在货主托运的货物数量不足装满整箱时采用。拼箱货的分类、整理、集中、装箱(拆箱)、交货等工作均在承运人码头集装箱货运站或内陆集装箱转运站进行。

2) 集装箱货物交接方式

集装箱货运分为整箱和拼箱两种。因此，在交接方式上大致有以下4种。

(1) 整箱交、整箱接。货主在工厂或仓库把装满货后的整箱交承运人，收货人在目的地以同样整箱接货。亦及承运人以整箱为单位负责交接。货物装箱和拆箱均由货方负责。

(2) 拼箱交、拆箱接。货主将不足整箱的小票托运货物在集装箱货运站或内陆货运站交承运人，由承运人负责拼箱和装箱，运到目的地货运站或内陆货运站，由承运人负责拆箱，收货人凭单接货。货物的装箱拆箱均由承运人负责。

(3) 整箱交、拆箱接。货主在工厂或仓库把装满货后的整箱交承运人，在目的地集装箱货运站或内陆货运站由承运人负责拆箱后，收货人凭单接货。

(4) 拼箱交、整箱接。货主将不足整箱的小票托运货物在集装箱货运站或内陆货运站交承运人。由承运人分类调整，把同一收货人的货集中拼装成整箱，运到目的地后，承运人以整箱交、收货人以整箱收。

3) 集装箱货物的交接地点

根据承运人从发货人手中接收货物和向收货人交付货物的地点不同组合，集装箱货物的交接方式可分为以下9种。

(1) "门到门"交接方式，一般理解为发货人负责装箱(在自己的工厂或仓库)办理通关和加封，承运人在发货人处接收货物后，对货物运输的全程负责直到运至收货人处交付货物时止，货物的交接形态均为整箱货。

(2) "门"至堆场交接方式，一般理解为发货人负责装箱、办理通关和加封，承运人在发货人处接收货物后，对货物运输全程负责，直到运至运输合同中指定的码头或内陆堆场向收货人交付货物为止，货物交接形态均为整箱货。

(3) "门"至集装箱货运站交接方式，一般理解为发货人负责装箱、办理通关和加封，承运人在发货人处接收货物后，对货物全程运输负责，直到运至运输合同中指定的码头或码头附近或内陆地区的集装箱货运站，并负责拆箱，直至向收货人(可能是一个也可能是多个)交付为止。在这种交接方式下，承运人接受的是整箱货，交付时为拼箱形态。

(4) 堆场至"门"交接方式，一般理解为发货人负责装箱，办理通关及加封手续，并自行负责将集装箱由装箱地运至运输合同中指定的码头或内陆堆场，承运人在该堆场接收货物后负责至收货人处的全程运输，并在收货人处交付货物。其货物交接形态均为整箱货。

(5) 堆场至堆场交接方式，一般理解为发货人负责装箱，办理通关及加封手续，并自行负责将集装箱由装箱地运至运输合同中指定的码头或内陆堆场，承运人在该堆场接收货物后，负责将货物运至合同中指定的目的地堆场的全程运输，并在目的地堆场向收货人交付货物，收货人负责至拆箱地运输和拆箱、还箱工作。货物的交接形态均为整箱货。

(6) 堆场至集装箱货运站交接方式，一般理解为发货人负责装箱，办理通关及加封手续，并自行负责将集装箱由装箱地运至运输合同中指定的堆场交给承运人。承运人负责将货物运至合同中指定的目的地堆场的全程运输，并负责拆箱后向收货人(一个或多个)交付货物。承运人以整箱形态接收货物，以拼箱形态交付货物。

(7) 集装箱货运站至"门"交接方式，一般理解为发货人(一个或多个)以原来的形态把货物运至运输合同指定的集装箱货运站，承运人集装箱货运站接收货物负责装箱、加封后，负责将货物运至收货人处交付货物。承运人以拼箱形态接收货物，以整箱形态交付货物。这种交接方式一般对应于多个发货人，一个收货人的情况。

(8) 集装箱货运站至堆场交接方式，这种方式与第(7)种方式类似，差别仅是承运人在集装箱货运站接收货物后负责将货物运至合同指定的目的地堆场的货物运输，并向收货人交付货物。

(9) 集装箱货运站至集装箱货运站交接方式，这种方式承运人接收货物与(7)、(8)相似，但在集装箱货运站接收货物后，要负责将货物运至运输合同指定的目的地集装箱货运站，并负责拆箱后向收货人(一个或多个)交付货物，货物交接形态均为拼箱货，一般对应于多个发货人，多个收货人的情况。

以上9种交接方式,进一步可归纳为以下4种方式。

(1) "门到门"。这种运输方式的特征是,在整个运输过程中,完全是集装箱运输,并无货物运输,故最适宜于整箱交、整箱接。

(2) "门"到场站。这种运输方式的特征是,由"门"到场站为集装箱运输,出场站到"门"的是货物运输,故适宜于整箱交、拆箱接。

(3) 场站到"门"。这种运输方式的特征是,由"门"至场站为货物运输,由场站至"门"是集装箱运输,故适宜于拼箱交、整箱接。

(4) 场站到场站。这种运输方式的特征是,除中间一段为集装箱运输外,两端的内陆运输均为货物运输,故适宜于拼箱交、拼箱接。

4) 集装箱货运进出口程序

集装箱运输出口一般包括以下程序。

(1) 订舱。出口公司根据贸易合同装运期事先向船公司(或其代理)办理订舱手续。

(2) 装货单。船公司确认订舱后,签发装货单,分送集装箱堆场和集装箱货运站,据以安排空箱及办理货运交接。

(3) 发送空箱。整箱货运所需的空箱,由船公司送交或发货人领取。拼箱货运所需的空箱,一般由货运站领取。

(4) 拼箱货装箱。集装箱货运站根据订舱单核收托运货物并签发场站货物收据,经分类整理,然后在站内装箱。

(5) 整箱货装箱。发货人收到空箱后,自行装箱并按时运至集装箱堆场。集装箱堆场根据订舱单、装箱单验收并签发场站货物收据。

(6) 集装箱货运交接。上述(4)和(5)签发的场站收据是发货人交货和船公司收货的凭证。

(7) 换取提单。发货人凭场站收据向船公司(或代理)换取提单,然后向银行结汇。如果信用证规定需要装船提单,则应在集装箱装船后,才能换取装船提单。

(8) 装船。集装箱堆场根据船舶积载计划,进行装船。

集装箱运输进口一般包括以下程序。

(1) 按货运单证安排工作。凭出口港寄来的有关货运单证着手安排工作。

(2) 分发单证。将单证分别送代理,集装箱货运站和集装箱堆场。

(3) 发出到货通知。通知收货人有关船舶到港时间,便于准备接货,并于船舶到港以后出到货通知。

(4) 换取提货单。收货人按到货通知持正本提单向船公司(或代理)换取提货单。

(5) 签发提货单。船公司(代理)核对正本提单无误后,即签发提货单。

(6) 提货。收货人凭提货单连同进口许可证至集装箱堆场办理提箱或提货手续。

(7) 整箱交。集装箱堆场根据提货单交收货人集装箱并与货方代表办理设备交接单手续。

(8) 拼箱交。集装箱货运站凭提货单交货。

4. 集装箱调配与箱务管理

1) 集装箱空箱调运产生的原因及解决方法

集装箱空箱调运及其管理关系到集装箱的利用程度、空箱调运费的开支、货物的及时装箱和发送以及企业的经济效益。在集装箱运输航线货源不平衡的情况下,必须进行空箱调运。通过合理的空箱调运，可以降低船公司航线集装箱需备量和租箱量，从而降低运输成本，提高船公司的竞争能力和经济效益。产生空箱调运包括以下原因。

(1) 由于管理方面的原因。如单证交接不全，流转不畅，影响空箱的调配和周转。

(2) 进出口货源不平衡，造成进出口集装箱比例失调。

(3) 贸易逆差导致集装箱航线货流不平衡。

(4) 进出口货物种类和性质不同，需要使用不同规格的集装箱，产生不同规格集装箱短缺现象，需要按箱种规格调运空箱。

(5) 其他原因。如出于对修箱费用和修箱要求的考虑，船公司将空箱调运到修费低、修箱质量高的地方。

因此，产生一定数量的空箱是必然的，而通过加强箱务管理，实现箱务管理现代化，减少集装箱空箱调运是可以实现的。减少空箱包括以下途径。

(1) 组建联营体，实现船公司之间集装箱的共享。

(2) 强化集装箱疏运系统，缩短集装箱周转时间。

(3) 强化集装箱跟踪管理体系，实现箱务管理现代化。

2) 集装箱箱务管理

集装箱箱务管理是集装箱运输系统中极其重要的环节，其内容包括集装箱的调运、备用、租赁、保管、交接、发放、检验及修理等工作。做好集装箱箱务管理，对降低集装箱运输成本，减少置箱投资，加快集装箱周转，提高集装箱货物的装载质量和货运质量，提高企业经济效益和国际航运市场的竞争能力均有重要意义。

(1) 集装箱运营体制。为加强对集装箱使用的管理，需设置集装箱营运管理体制。通常集装箱营运管理实行一级调度、分级管理的体制，在集装箱运输公司设立箱管部，下设分部箱管部和箱管中心、各航线经营人及港口箱管代理。对接受航线经营人提还箱的港口制定为"开放"港口，对不接受航线经营人提还箱的港口指定为"封闭"港口。公司箱管部对整个公司实行同一管理、集中控制、同一调度，由各航线经营人共同使用。箱管部设有营运管理、信息管理等业务职能部门。

(2) 集装箱调运管理。总公司箱管部统一管理整个公司的集装箱，并与各航线经营人密切配合、合理调配集装箱。根据开放港口的进出口箱量及其管理水平，由箱管中心确定开放港口的集装箱合理保有量，并可根据市场变化及时调整。分部箱管部负责检查所管辖地区内的港口集装箱保有量，制订区域内港口间集装箱平衡及调运计划，并报箱管部统筹调度解决。

(3) 有关空箱调运的各种费用。空箱调运中的费用支出主要有：空箱调运费、空箱卸港及还箱手续费、开放港口提箱控制及提箱费、派船费等。

(4) 集装箱分配及使用。集装箱分配及使用一般应遵循的原则是：当港口集装箱充裕时，按船舶开离时间顺序分配用箱；当港口集装箱不足时，应首先保证空箱量大的航运经营人所属船舶用箱，再考虑运距长的货物用箱；对于集装箱严重积压的港口要控制放箱；要保证高质、有重要运输协议、有特殊运输时限要求的货物用箱；要保证特种货物对特种用箱的要求。

另外，对集装箱的发放、交接、修理维护都有一定的要求。

随着全球国际集装箱运输的快速发展，每年均需投入大量的集装箱。由于集装箱流动范围极广，很难进行有效的控制，而且集装箱灭失造成的经济损失很大。为了最大限度地减少经济损失，世界各国都在研制和设置集装箱跟踪管理系统，实现箱务管理现代化。

【拓展视频】

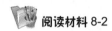
阅读材料 8-2

马士基集团

马士基(全名：A.P.穆勒-马士基集团)世界十大著名船公司之首，全球最大的集装箱航运公司。马士基集团成立于 1904 年，总部位于丹麦哥本哈根，在全球 135 个国家设有办事机构，拥有约 89 000 名员工，在集装箱运输、物流、码头运营、石油和天然气开采与生产，以及与航运和零售行业相关其他活动中，为客户提供了一流的服务。集团旗下的马士基航运是全球最大的集装箱承运输公司，服务网络遍及全球。2014 年马士基集团位列世界 500 强第 172 名。

马士基集团主要业务领域——集装箱运输及相关业务及二级公司如下所述。

(1) 马士基航运公司(Maersk Line)。世界上最大的集装箱航运公司，由 Maersk Sealand 合并铁行渣华 P&O Nedlloyd 后改组而成，占世界集装箱航运市场的 17%。拥有和经营 500 多艘集装箱船以及 150 万个集装箱。

(2) 丹马士物流(DAMCO Logistics)。在整合了原马士基物流和德高物流形成的世界一流物流公司，可以为客户提供高效的供应链。

(3) 马士基集装箱码头公司(APM Terminals)。业务范围为集装箱码头建设和运营。

(4) 马士基集装箱工业公司(Maersk Container Industry)。生产冷藏集装箱及其他各种集装箱。

(5) 南非海运 Safmarine。主要经营南北航线及非洲航线。

(6) 穆勒亚洲航运(MCC Transport)。A.P.穆勒-马士基集团航运业务旗下专注经营亚洲区内集装箱航运的子公司。

(7) SeaLand 公司。专门为美洲地区的港口服务的区域性集装箱货运公司。

资料来源：马士基[EB/OL].[2016-06-04].http://baike.baidu.com/view/572242.htm.

【拓展视频】

8.3 多式联运

8.3.1 多式联运概述

1. 多式联运的概念

多式联运是联运经营人根据单一的联运合同，使用两种或两种以上的运输方式，负责将货物从指定地点运至交付地点的运输。如铁—公联运、铁—海—公(铁)联运等。一般来讲，多式联运应具备以下主要条件。

(1) 必须具有一份多式联运合同。

(2) 必须使用一份全程的多式联运单据(多式联运提单和多式联运运单等)。

(3) 全程运输过程中必须至少使用两种不同的运输方式，而且是两种以上运输方式的连续运输。

(4) 必须使用全程单一费率。

(5) 必须有一个多式联运经营人对货物的运输全程负责。

(6) 如果是国际多式联运，则多式联运经营人接收货物的地点与交付货物的地点必须属于两个国家。

国际货物多式联运是多式联运发展的最高形式。国际货物多式联运早在20世纪初就产生了，由于实现了不同运输方式的综合组织和提供全程运输服务，因此受到货主的欢迎。但由于运输全程包括多个运输区段，使用多种运输方式，货物运输途中经过多次装卸作业，容易造成货物的灭失损害和延误。对于件杂货运输，经营多式联运的企业风险很大，因此限制了企业经营多式联运的积极性。集装箱运输普遍使用后，降低了这种风险。目前，国际多式联运，基本上是国际集装箱货物多式联运。

2. 多式联运的发展历程

1) 初级发展阶段(20世纪60年代初—70年代末)

这段时期的一个重要特点是产业结构和工业内部结构剧烈变化。汽车、精密仪器、电子电器产品等高加工产品的附加价值比初级产品大幅提高，使经济增长对原料的依赖减少了。反映在运输方面，大宗散装货物在总运量中的比例下降，而高附加值产品的多批量的件杂货物运输增加了。这段时期，满足货物位移已不是主要问题，经济增长对运输的需求更多地转向效率，要求更方便、更及时、更节省；同时由于国内统一市场和国际贸易的发展，货物运输工程的复杂性增加了。运输地域的扩大使得货物的运输不可能由单一的某种运输方式独立完成。于是，如何在基础设施和技术基础以及组织管理方面有效地实现接力运输便逐渐变得紧迫起来。集装箱在运输业中的应用导致了运输业的一场革命。因为集装箱使运输全过程的各主要环节都发生了根本性的变革。根本改变了件杂货物运输的落后面貌，实现了成组运输的现代化。

发达国家的运输业就是在这种经济环境中，在各种因素相互作用下进入了联运发展的初级发展阶段。这一阶段是过渡的、建设的阶段，其主要特点是：一是联运代理网络的初步形成或尚未形成；二是集装箱和配套基础设施的发展处于"港间区"，总体上讲内陆与海洋尚未形成一个统一的集装箱联运体系，集装箱运输在港口中断的比例还较大；三是联运发展的软环境相对薄弱。

2) 成熟阶段(20世纪80年代初—90年代初)

20世纪80年代，已步入后工业化社会的发达国家的产业结构进一步软化，信息工业占了主导地位，商品结构进一步呈现出多品种、小批量的趋势以及转向更多地依赖深度加工、依赖技术、依赖信息，使得经济增长对交通运输数量的需求有所下降，反映在货运运输总量地"吨"或"吨公里"已基本停止增长，有一些国家甚至出现负增长，但信息化经济对运输质量的要求却愈加严格，运输业必须满足多品种、小批量、灵活多变的生产方式，满足减少库存的要求，满足更快、更安全、更经济的"门到门"运输的要求。与此同时，世界经济进入了区域集团化及在此基础上的世界经济一体化的进程，这就要求作为基础设施的交通运输首先实现一体化，而运输一体化最主要的表现便是方便、快捷、安全地实现国际的"门到门"运输，即需要建立世界范围内的多式联运网络。

信息化经济对运输质量的高要求和世界经济一体化对运输网络的需求形成了推动多式联运向高层次发展的双股动力。进入20世纪80年代以后，世界发达国家的多式联运进入了成熟发展的阶段。这一阶段的主要特点是：一是形成了全国和世界范围内的货运代理和多式联运经营网络，造就了一批具有国际竞争能力的著名的货运代理公司和多式联运经营人，发达国家国内市场已与国际市场融为一体，国内物流业与国际物流融为一体；二是集装箱运输体系的发展进入了内陆发展和成熟期，形成了日益完善的多式联运综合运输系统，多式联运的硬件部门臻于完善；三是联运发展的软环境已发展成熟，联运的经营管理实现了正规化、现代化和国际化，另外还产生了国际货物多式联运公约和各国相应的国内立法，保证了联运的健康发展。

3) 综合物流阶段(20世纪90年代以后)

进入20世纪90年代以后，在企业国际化浪潮的推动下，一些庞大的跨国海运公司不仅利用规模经济等多方面的经济效益采取"船公司登陆"战略，介入了陆上运输、代理、仓储和流通领域，从而使多式联运进入了一个新的综合物流阶段。

速度经济这一范畴是由哈佛大学教授钱德勒于1977年首先提出的。原意是指追求从生产到流通的速度而带来的经济性。在战略管理学中，速度经济被进一步明确表示为快速反应能力，它是指企业在竞争环境的突变中，能否迅速作出反应的能力。多式联运业对速度经济的适应体现在准点供货以满足生产企业"零库存"生产的要求；由于"门到门"的运输工程涉及包装、装卸、运输、仓储等一系列的物流环节，如果这个"门到门"的链条上某个环节出现不协调，就有可能使全部或大部分链条运转停滞，准点供货和零库存的追求都无法实现，损失将是巨大的。因此，对速度经济的追求促使多式联运业介入其他物流环节，向综合物流业的方向发展。

另外，多式联运企业本身经过成熟阶段的发展后，许多大公司认为，它的功能已达到极限，边际利润严重递减以至消失，多式联运公司要想生存，就必须打破限制，扩展经营范围，以获得范围经济效益。因此，对面临功能极限的多式联运业来讲，只有从扩展规模、进行多角化经营，从范围经济上寻找出路。根据范围经济获得的充要条件，多式联运业的扩展只能是"延伸性"的，即在物流链上扩展，将运输、包装、搬运装卸、库存、保管和信息等融为一体。而这正是多式联运业向综合物流方向发展的内在动因。

3. 多式联运的有关术语及定义

1) 多式联运经营人

多式联运经营人一般是指经营多式联运业务的企业或机构。

《联合国国际多式联运公约》中对国际多式联运经营人所做的定义是：指其本人或通过其代表订立多式联运合同的任何人。他是事主，而不是发货人的代理人或代表，也不是参加多式联运的承运人的代理人或代表，并具有履行合同的责任。

2) 多式联运合同

多式联运合同一般是指货物托运人(或旅客)与多式联运经营人就运输对象全程联运达成的协议。在国际多式联运公约中，对国际多式联运合同的规定是："多式联运是经营人凭以收取运费，负责完成或组织完成国际多式联运的合同"。在国际上这种合同一般是不要式(即没有书面文本)，是以多式联运单据(即多式联运提单)来证明的。

3) 多式联运单据(票据)

在国际多式联运中，多式联运单据是指"证明多式联运合同，以及证明多式联运经营人接收货物并按合同条款交付货物的单证"，一般称为多式联运提单。

4) 发货人

一般是指本人或以其名义或其代表与多式联运经营人订立多式联运合同的任何人，或指本人或以其名义或其代表按多式联运合同将货物交给多式联运经营人的任何人。

5) 收货人

一般指有权提取货物的人，在国际多式联运中一般是指多式联运提单持有人。在国内多式联运中一般是指合同票据中记名的收货人。

6) 契约承运人与实际承运人

根据目前国际运输公约规定，承运人是指与货方订立运输合同的人，或者实际完成运输的人。契约承运人一般是指与货方订立运输合同的人。在多式联运中是指与发货人订立多式联运合同的人(即多式联运经营人)。根据合同他是全程运输的总承运人，对货物全程运输负有责任，而实际承运人一般是指实际完成运输的承运人。在多式联运中，是指与多式联运经营人订立组成全程运输的各区段运输合同(分运合同或分包合同)，并实际完成承担区段运输的人，他们是联运全程运输中的分运人或分包人，仅对自己承担区段的货物运输负责。

7) 货物

在国际多式联运中，货物主要是指集装箱(均指国际标准箱)货物，以集装箱为基本运输单元，有时也包括工程货物(大多是项目工程的成套设备等)。

在国内的多式联运中，货物可以是各种类别，分别可以按整批(车)、零担(星)或集装箱方式组织运输。在可能使用的不同运输方式中对整批(车)或零担货各有不同的要求。

4. 多式联运的特点

(1) 根据多式联运的合同进行操作，运输全程中至少使用两种运输方式，而且是不同方式的连续运输。

【拓展视频】

(2) 多式联运的货物主要是集装箱货物，具有集装箱运输的特点。

(3) 多式联运是一票到底，实行单一费率的运输。发货人只要订立一份合同一次付费，一次保险，通过一张单证即可完成全程运输。

(4) 多式联运是不同方式的综合组织，全程运输均是由多式联运经营人完成或组织完成的，无论涉及几种运输方式，分为几个运输区段。多式联运经营人要对全程负责。

(5) 货物全程运输是通过多式联运经营人与各种运输方式、各区段的实际承运人订立分运(或分包)合同来完成的，各区段承运人对自己承担区域的货物运输负责。

(6) 在起运地接管货物，在最终目的地交付货物及全程运输中各区段的衔接工作。由多式联运经营人的分支机构(或代表)或委托的代理人完成。这些代理人及承担各项业务的第三者对自己承担的业务负责。

(7) 多式联运经营人可以在全世界运输网中选择适当的运输路线、运输方式和各区段的实际承运人，以降低运输成本，提高运达速率，实现合理运输。

5. 多式联运的作用

多式联运是交通运输的一个组成部分。它在各种运输方式和港站集、疏、运的衔接配合中，处于"结合部"的地位，是推动运输横向经济联合，组织发挥各种运输方式的特点和优势，提高综合运输效率的有效途径。它符合千家万户在产、供、运、销方面对运输的共同利益和要求，对促进工农业生产，发展商品经济，发展国际贸易往来，方便人民旅行，发展旅游事业，有着重要的作用。具体来讲，可以概括为以下几点。

1) 有利于发挥综合运输的优势

通过联运公司开办、代办业务。合理组织各种运输方式的衔接和配合，可以做出选择最佳运输方式和运输路线，使公路、铁路、水运合理分流。使车船库场充分利用，从而加速货物和资金周转，缩短车船停靠时间和库场使用周期，更好地组织宜水则水、宜陆则陆、宜空则空、效益优化的合理运输，充分发挥综合运输的整体功能。

2) 有利于提高经济效益和社会效益

联运公司"一手托两家"，既为货主、旅客服务，又为运输企业服务。通过实行代办、代理运输，简化了货主自办托运的手续，减少中间环节，提高运输效率，取得了良好的经济效益和社会效益。如江苏省江都县联运总公司开展联运"乡邮化"，推行运输代理制，货主运输货物就像邮寄包裹一样方便，同时，联运公司还为运输企业招揽货源，促进了乡镇企业的发展，活跃了城乡经济。由联运公司实行货运代理，不仅方便了货主，而且降低了运输费用和其他各项开支。

3) 有利于挖掘运输潜力，加速货位周转，提高运输效率

就铁水干线联运而言，铁路组织直达列车和成组运输，水运组织专用船舶定线、定班运输，港口定专用码头进行装卸，彼此之间及时预确报，使车、港、船紧密地协调衔接，把全程运输组成统一的作业体系，可以大大地提高运输效率。

4) 有利于形成以城市为中心、港站为枢纽的综合运输网络

城市是交通运输的枢纽，港站是联运网络的集结点，是客货集散的中转地。许多联运公司是以中心城市和港站为依托建立起来的。通过联运，发展联运企业之间、联运企业与运输、仓储企业之间的横向联合，发展跨地区的联营与协作，并向乡镇辐射，不仅有利于搞活流通，发展商品经济，促进乡镇企业的进一步发展，而且使联运企业之间建立起各种形式的伙伴关系，扩大了联运服务范围，为逐步形成互相适应的综合运输体系创造条件。

5) 有利于无港站的县、市办理客货运输业务

全国还有不少县、市，由于没有港口、火车站，严重影响了货物的集散和人民群众的旅行，影响经济的发展。通过联运公司积极开展联运业务，为货主代理运输，以及开展客票代售或联售业务，把乡镇企业和厂矿分散的物资集零为整，运到车站和港口中转全国各地，同时把外地运入的物资化整为零，分送乡镇企业和厂矿以及居民家庭，并使旅客人便其行，使这些地方成了"没有铁路的火车站""没有码头的港口"，方便了货主和旅客，促进了城乡经济的繁荣。

6) 有利于交通运输管理体制的改革

由于多式联运通过组织协调，运用合同、协议等经济办法，加强了产、供、运、销，运输与仓储以及各种运输方式之间的配合与衔接，不但改变了人民的传统观念和习惯势力；而且也打破了部门与部门、部门与地区、地区与地区的界限。有力地冲击了条块分割、自成体系的管理体制。发展多式联运是交通运输企业横向经济联合的基本形式之一。随着联营联运的发展，必将成为交通运输管理体制改革的重大突破口，并向纵深发展。

6. 多式联运的优点

国际多式联运产生和发展是国际货物运输组织的革命性变化。随着集装箱运输的发展，以多式联运形式运输的货物越来越多。到目前为止，发达国家大部分国际贸易的货

物运输已采用多式联运的形式，各发展中国家采用多式联运的形式运输货物比例也以较大的速度增长。可以说集装箱货物多式联运已成为国际货物运输的主要方向。多式联运之所以能如此迅速发展，是由于它与传统运输相比较具有许多优点，这些优点主要体现在以下几个方面。

1) 统一化、简单化

国际多式联运的统一化和简单化主要表现在不论运输全程有多远，不论由几种方式共同完成货物运输，也不论全程分为几个运输区段，经过多少次转换，所有一切运输事项均由多式联运经营人负责办理，货主只需办理一次托运、订立一份运输合同、一次保险。一旦在运输过程中发生货物的灭失和损害时，由多式联运经营人打交道就可以了。在国际多式联运下是通过一张单证，采用单一费率，因而也大大简化了运输与结算手续。

2) 减少中间环节，提高运输质量

多式联运以集装箱为运输单元，可以实现"门—门"的运输，尽管运输途中可能有多次换装、过关，但由于不须掏箱、装箱、逐件理货，只要保证集装箱外表状况良好，铅封完整即可免检放行，从而大大减少了中间环节；尽管货物运输全程中要进行多次装卸作业，但由于使用专用机械设备，且又不直接涉及箱内货物，货损、货差事故、货物被盗的可能性大大减少；再者由于全程运输由专业人员组织可做到各环节与各种运输工具之间衔接紧凑、中转及时、停留时间短，从而使货物的运达速度大大加快，有效地提高了运输质量，保证了货物安全、迅速、准确、及时地运抵目的地。

3) 降低运输成本，节约运输费用

多式联运经营人通过对运输路线的合理选择和运输方式的合理使用，可以降低全程运输成本，提高利润。对于货主来讲，可以得到优惠的运价；一般将货物交给第一承运人后即可取得运输单证并以此结汇，结汇时间比分段运输提前，有利于货物占用资金的周转；此外，由于采用集装箱运输，可节省货物的运输费用和保险费用。

4) 实行单一费率

采用单一费率是多式联运的基本特征和必要条件。多式联运全程运输成本的计算必须考虑国内不同运输方式的运价体系，了解国际海运、空运和国外内陆运输的运价体系以及各种市场竞争因素。由于多式联运全程运输采用一张单证，实行单一费率，从而简化了制单和结算手续，节约了货方的人力、运力。

5) 扩大运输经营人业务范围，提高运输组织水平，实现合理运输

多式联运突破了各种运输方式自成体系、独立运营、经营范围和运输规模的局限，多式联运经营人或作为多式联运的参与者的经营业务范围大大扩展。多式联运经营人对世界运输网、各类承运人、代理人、相关行业和机构及有关业务都有较深的了解和较为密切的关系，可以选择最佳的运输路线，使用合理的运输方式，选择合适的承运人，实现最佳的运输衔接与配合，实现合理运输。

8.3.2 多式联运组织

货物多式联运的全过程就其工作性质的不同，可分为实际运输过程和全程运输组织业务过程两部分。实际运输过程是由参加多式联运的各种运输方式的实际承运人完成的，其运输组织工作属于各种方式运输企业内部的技术、业务组织；全程运输组织业务过程是由多式联运全程运输的组织者——多式联运企业或机构完成的，主要包括全程运输所涉及的

所有商务性事务和衔接服务性工作的组织实施。其运输组织方法可以有很多种,但就其组织体制来说,基本上可分为协作式联运和衔接式联运两大类。

1. 协作式联运的运输组织方式

协作式多式联运的组织者是在各级政府主管部门协调下,由参加多式联运的各种方式运输企业和中转港站共同组成的联运办公室(或其他名称)。货物全程运输计划由该机构制订,这种联运组织下的货物运输过程如图 8.15 所示。

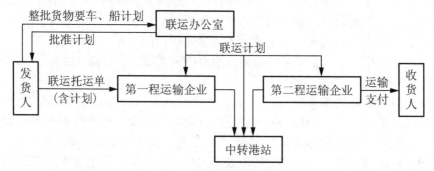

图 8.15　协作式多式联运过程

在这种机制下,需要使用多式联运形式运输整批货物的发货人根据运输货物的实际需要,向联运办公室提出托运申请并按月申报整批货物要车、要船计划,联运办公室根据多式联运线路及各运输企业的实际情况制订该托运人托运货物的运输计划,并把该计划批复给托运人及转发给各运输企业和中转港站。发货人根据计划安排向多式联运第一程的运输企业提出托运申请并填写联运货物托运委托书(包含运输计划),第一程运输企业接收货物后经双方签字,联运合同即告成立。第一程运输企业组织并完成自己承担区段的货物运输至后一区段衔接地,直接将货物交给中转港站,经换装由后一程运输企业继续运输,直至最终目的地由最后一程运输企业向收货人直接交付。在前、后程运输企业之间和港站与运输企业交接货物时,需填写货物运输交接单和中转交接单(交接与费用结算依据)。联运办公室(或第一程企业)负责按全程费率向托运人收取运费,然后按各企业之间商定的比例向各运输企业及港站分配。

2. 衔接式多式联运的运输方式

衔接式多式联运的全程运输组织业务是由多式联运经营人完成的,这种联运组织下的货物运输过程可用图 8.16 来说明。

在这种组织体制下,需要使用多式联运形式运输成批或零星货物的发货人首先向多式联运经营人提出托运申请,多式联运经营人根据自己的条件考虑是否接受,如接受双方订立货物全程运输的多式联运合同,并在合同指定的地点(可以是发货人的工厂或仓库,也可是指定的货运站中转站、堆场或仓库)双方办理货物的交接,联运经营人签发多式联运单据。接受托运后,多式联运经营人首先要选择货物的运输路线。划分运输区段,确定中转、换装地点。选择各区段的实际承运人,确定零星货物集运方案,制订货物全程运输计划并把计划转发给各中转衔接地点的分支机构或委托的代理人,然后根据计划与第一程、第二程……的实际承运人分别订立各区段的货物运输合同。通过这些实际承运人来完成货物全程位移。全程各区段之间的衔接，由多式联运经营人(或其代表或其代理人)采用从前程实际承运人手中接收货物再向后程承运人交接货物，在最终目的地从最后一程实际承运人手中接收货物后再向收货人交付货物。

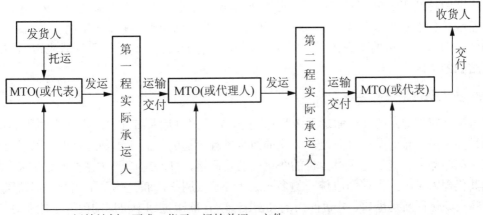

图8.16　衔接式多式联运过程示意图

这种联运组织体制，在有些资料中称为"运输承包发运制"。目前在国际货物多式联运中主要采用这种组织体制，在国内多式联运中采用这种体制的也越来越多。随着我国经济体制的改革，这种组织体制将成为国内多式联运的主要组织体制。

8.3.3　我国多式联运的现状

我国的多式联运发展相比较于其他发达国家而言，还是相当落后，并且发展缓慢，这主要包括以下几个原因。

1. 缺乏多式联运法规建设

主要有集装箱运输的管理、内陆集装箱中转站、货物安全标准、国际船代、国际货代、海商法、国际集装箱多式联运管理规则、海关法规、海上国际集装箱电子数据交换管理办法、海上国际集装箱电子数据交换协议规则、海上国际集装箱电子数据交换电子报文替代协议规则、海上国际集装箱电子数据交换报文和进出口业务流程规定等。但我国还没有具体的有关多式联运的专门规定。

2. 多式联运基础设施的不足

涉及多式联运的主要运输手段有：航运、水运、铁路和公路。我国水运内河航道基本处于自然状态，高等级深水航道比重小，目前能通过300t级以上船舶的五级航道里程仅为12.3%，港口除部分新建的专业化泊位外，大部分内河港口的装卸设备、工艺效率落后低下，还有一些海港通航航道水深不足，阻碍了码头泊位能力的发挥，不能适应集装箱船舶大型化发展的需要。目前，我国民航主要空港客货运输设施不足，空管通信导航技术设备落后。我国铁路网密度分别是美国的1/3、日本的1/5、俄罗斯的1/3。而且我国铁路复线率和电气化仍然较低，列车运输速度慢，集装箱、冷藏箱等现代化运输手段落后，货运重载、客运高速、运营管理自动化等方面尚处于起步阶段。公路总体技术等级偏低，混合交通严重，通行能力较差，抗灾能力薄弱，三级及以下标准的公路达 90%，其中等外公路高达 20%，而且我国公路网密度也较小。当然，我国的国际集装箱多式联运系统已初具规模。已建成内陆中转站 200 多座，专用集装箱卡车 15 万余台，2 万余箱位；铁路中转站 128 座，专门用于国际办理集装箱运输。开通铁路集装箱专列 13 条。但是随着经济的发展和集装箱化的提高，从总体上看我国交通运输设施的技术装备水平仍然偏低，对国民经济的支撑度仍比较薄弱，特别是后备能力不足，不能适应运输需求大幅度增长的需求。

3. 多式联运系统的协调不够

与国外较为成熟的多式联运系统相比，我国的多式联运系统在"联"的方面还很欠缺。我国目前大量的箱流是通过海运—公路的组合进行续运的，而在这种组合中，除了上海、浙江、江苏和京津塘等地区有少量的海运—公路联运，其联运单证的签发也是掌握在船公司或其代理人手中，没有形成统一的多式联运经营人网络，联运体系不完善。但铁路集装箱运输也缺乏同航运港口、外贸部门的紧密配合，在联运过程中出现的问题不能即时解决。存在集疏运系统不完善，货运站装卸设备不足、单据及资料信息不能及时传递等问题。港口发往内地的集装箱不能按时返回，影响装卸效率。

4. 信息系统的不完善

随着无纸化贸易形式的发展，EDI 系统的建立和完善将成为开展多式联运不可缺少的基础设施，它可以大量节省多式联运在单据制作过程中的人力、物力及时间上的耗费，并在有关作业上保证其准确性，具有快速、准确、安全、简便等特点。20 世纪 90 年代，我国开始运用 EDI 系统进行航运操作，但是只有上海、青岛、天津和广州等地使用 EDI 系统，并且发展比较缓慢。虽然从 1993 年起，交通部在上海、青岛、天津、宁波和中远集团(四线一点)之间开展了 EDI 系统的运作和示范工程，标志着我国集装箱运输信息将从纸面传递开始向电子数据传输转换，但是我国的 EDI 系统还处于发展的初级阶段，尚未形成多式联运各方(如海关、动植检)联网的统一信息网络，与发达国家相比，还有待于进一步开发利用。

5. 经济发展水平较低

目前，广大内陆地区的经济发展水平还比较低，运输的货物以煤、铁、矿石等大宗原材料为主，适箱货源如高科技产品、高附加值产品所占比重较低，用集装箱进行运输成本较高，对集装箱运输的需求尚不迫切。同时，由于经济发展的极不平衡，造成在我国国内货物流动的不平衡。东南沿海地区以及东南沿海地区向内陆地区，乃至西部地区延伸的货物运输量较大，而由西部地区延伸到东南沿海地区货物运输量相对很少，使得运输环节的空驶率较大，使得运输成本一直居高不下。

6. 政策管制过紧

在我国，对运输的管制政策并不宽松，一些具体的运输政策与发展多式联运还不相适应，如运价定价权和管理权的相对集中，导致了运价与市场供求的不一致性；铁路自备车的存在；造成价格双轨制和运输组织管理的困难；公路经营性运输和自营性运输管理费征收的不平等；阻碍了第三方物流的形成，这些问题都亟待解决。

7. 观念落后

国有企业长期以来形成的"大而全，小而全"的经营观念没有彻底改变，企业的经营者和管理者对现代物流认识不足，生产企业更喜欢把物流和运输业务留给自己来做，第三方物流和运输的外协比例不高，未能建立起专业化、规模化的经营体制。

总之，这种在运作水平上的差距将通过正确的政策引导，改革操作程序和在最需要的领域内实施投资而迅速缩短。借鉴国外多式联运的成功经验，摸清我国的现状并提出切实可行的发展战略，对于促进缩小我国与世界先进水平的差距进而与国际运输模式接轨，具有非常现实的意义。

8.3.4 国际多式联运

1. 国际多式联运概述

1) 国际多式联运的含义

国际货物的多式联运早在20世纪初就产生了，由于这种不同运输方式的综合组织和多式联运企业提供全程所有的运输服务，因此受到货主的欢迎。但由于运输全程包括多个运输区段，使用以两种以上的运输方式，货物运输途中要经过多次换装作业，如包括起运和到达，则全程中货物要经过多次(有时共达十余次)装卸作业。很容易造成货物的灭失损害和延误。在件杂货运输下，给经营多式联运的企业带来极大的风险。这种状况大大限制了企业经营多式联运业务的积极性。国际多式联运方式(International Multimodal Transport，美国称之为 International Intermodal Transport)，在20世纪60年代首先在美国出现，很快受到贸易界的欢迎，并迅速发展到美洲、欧洲、亚洲等地区。它是在集装箱运输基础上发展起来的，以集装箱为媒介，把海运、铁路运输、公路运输、航空运输以及内河运输连接起来，成为采用"门到门"货物交接的最理想的方式。集装箱运输产生并在各种运输方式中普遍使用后，其特有的优势大大减少了这种风险，国际多式联运才迅速发展起来。目前的国际多式联运，基本上是集装箱货物国际多式联运。

为了适应并促进国际贸易和运输的顺利发展，联合国于1980年5月8日至10日在日内瓦召开的国际多式联运公约会议上，经与会84个贸发会议成员国一致讨论通过，并产生了当今世界上第一个国际多式联运公约，其全称为《联合国国际货物多式联运公约》(以下简称《公约》)。《公约》的总则部分第一条对国际多式联运作了以下的定义，即"国际多式联运是按照多式联运合同，以至少两种不同的运输方式，由多式联运经营人将货物从一国境内接收货物的地点运至另一国境内指定交付货物的地点。"

2) 国际多式联运的条件

根据上述定义，可以总结出开展国际多式联运应具备以下条件。

(1) 无论货物全程运输使用几种运输方式，开展多式联运必须订立多式联运合同。因为，该运输合同是多式联运经营人与发货人之间权利、义务、责任、豁免的合同关系和运输性质的确定，也是区别多式联运与一般货物运输方式的主要依据。

(2) 多式联运经营人(经营多式联运的企业或机构)必须对货物全程运输负责。因为，多式联运经营人不仅是订立多式联运合同的当事人，也是多式联运单证的签发人。自然，在多式联运经营人履行多式联运合同所规定的运输责任的同时，可将全部或部分运输委托他人(分运承运人)完成，并订立分运合同，但分运合同的承运人与发货人之间不存在任何合同关系。

(3) 必须是国际货物运输，即在一国境内接收货物，在另一国境内交付货物。这不仅有别于国内货物运输，主要还涉及国际运输法规的适用问题。

(4) 必须至少使用两种运输方式，而且必须是两种以上方式的连续运输。

(5) 在国际多式联运下必须使用一张满足全程运输中不同运输方式需要的货运单证，而且必须按全程单一(统一)费率来收取运费。

2. 国际多式联运的经营人

1) 国际多式联运经营人的性质

国际多式联运经营人是指经营国际多式联运的企业或机构。《公约》对其所做的定义是：国际多式联运经营人是指本人或通过其代理订立多式联运合同的任何人，他是事主，不是发货人的代理人或代表，也不是参加多式联运的承运人的代理人或代表，并负有履行合同的责任。这就是说，多式联运经营人不是发货人的代理人或代表，也不是参加联运的承运人的代理人或代表，而是多式联运的当事人，是一个独立的法律实体。对货主来说，它是货物的承运人，但对分承运人来说，它又是货物的托运人。它一方面同货主签订多式联运合同，另一方面它自己又以托运人身份与分承运人签订运输合同，所以它具有双重身份。但在多式联运方式下，根据合同规定联运经营人始终是货物运输的总承运人，对货物负有全程运输的责任。

2) 国际多式联运经营人的分类

按是否拥有运输工具并实际完成多式联运货物全程运输部分运输活动，国际多式联运经营人可分为两种类型：承运人型和无船承运人型。

(1) 承运人型的多式联运经营人。该类多式联运经营人拥有(或掌握)一种或一种以上的运输工具，直接承担并完成全程运输中一个或一个区段以上的货物运输。因此，不仅是多式联运的契约承运人，对货物全程运输负责，同时也是实际承运人，对自己承担区段货物运输负责。这类经营人一般是由各种单一运输方式的承运人发展而来的。

(2) 无船承运人型的多式联运经营人。该类经营人不拥有(或掌握)任何一种运输工具，因此只是组织完成合同规定货物的全程运输，仅是多式联运的契约承运人，对货物全程运输负责。这类经营人一般由传统意义上的运输代理人或无船承运人或其他行业企业或机构发展而成。

在我国主管部门发布的有关规定中要求各种方式的运输企业开展多式联运业务时，经营的多式联运部分应从原企业中分离出来成为独立法人，因此我国的多式联运经营人均属于第二类，这也是我国规定联运企业属于代理企业的原因。

3) 多式联运经营人应具备的条件

(1) 多式联运经营人(即开展多式联运业务的企业、机构)必须具有经营管理的组织机构、业务章程和具有企业法人资格的负责人，以使之能够与发货人或其代表订立多式联运合同。而且该合同至少要使用两种运输方式完成全程运输，合同中的货物应是国际的货物。

(2) 从发货人或其代表手中接收货物后，即能签发自己的多式联运单证以证明合同的订立并开始对货物负责任。为确保该单证作为有价证券的流通性,多式联运经营人必须在国际运输中具有一定的资信或令人信服的担保。

(3) 必须具有与经营业务相适应的自有资金。多式联运经营人要完成或组织完成全程运输,并对运输全过程中的货物灭失、损害和延误运输负责,因此必须具有开展业务所需的流动资金和足够的赔偿能力。

(4) 多式联运经营人必须能承担多式联运合同中规定的与运输和其他服务有关的责任,并保证把货物交给多式联运单证的持有人或单证中指定的收货人。因此,必须具备与合同要求相适应的,能承担上述责任的技术能力。包括:必须建立自己的多式联运线路;要有一支具有国际运输知识、经验和能力的专业队伍;在各条联运线路上要有完整的服务网络;要能够制定各路线的多式联运单一费率;要有必要的设备和设施;要做好宣传、咨询服务等工作。

4) 国际多式联运企业经营的基本方式

多式联运是国际货物的联合运输,根据多式联运和联运经营人必须具备的条件,联运线路的两端必须在两个不同的国家,在线路的两端及中间各转接点上要有由功能齐全的派出机构、代理机构组成的网络,以完成货物交接、运输衔接及服务事宜,提供必要的信息,完成单证传递等业务。在这种情况下,承担多式联运业务的企业(即多式联运经营人)的经营方式通常有以下3种。

(1) 企业独立经营方式。企业独立经营方式即企业在各线路两端及中间各转接点处均设有自己的子公司或办事处等形式的派出机构或分支机构,作为全权代表处理揽货、交接货、订立运输合同协议,办理有关服务业务等运输和衔接中所需的一系列事务。一些较有实力的多式联运经营人在世界的重要地区、主要城市都设有办事处,联运过程中的所有工作(除各区段实际运输外)全部由自己的办事处或分支机构承担并完成。承运人型的多式联运经营人多是这种形式(在成为多式联运经营人之前,这类企业已经设立了许多办事处和分支机构)。

(2) 企业联营方式。企业联营方式分别由位于联运线路两端国家的两个(或几个)类似的企业联合经营,联营的双方互为合作人,分别在各自的国家内开展业务活动,揽到货物后,按货物的流向及运输区段划分双方应承担的工作。在本国,自身是启运货物的总承运人,而对方企业是该项运输业务在对方国的代理,接续完成至交付货物为止的全部工作。企业联合经营的紧密程度由双方协议确定,可有互为代理、互付佣金直到双方分享利润、分摊亏损等不同形式。

(3) 代理方式。代理方式,即在线路的两端和中间各衔接地点委托国外(内)同行业作为多式联运代理,办理或代安排全程运输中的分承运工作和交接货物,签发或回收多式联运单证,制作有关单证,处理和交换信息,代收、代支费用和处理货运事故或纠纷等。这种代理关系可以是相互的,也是以是单方面的。在这种情况下,一般由多式联运经营人向代理人支付代理费用,不存在分享利润、分摊亏损问题。

第一种方式一般适用于货源数量较大,较为稳定的线路。一般要求企业具有较强的经济实力和业务基础。这种方式由于全部工作由自己雇佣的人员完成,工作效率较高,利润也可能较高。第二种和第三种(特别是第三种)方式多适用于公司的经济实力不足以设立众多的海外办事处和分支机构,或线路的货源不够大,不太稳定,设立分支机构在经济上不合理，或企业开展多式联运业务的初期等情况。这种方式具有投资少、见效快、建立线路准备工作较少，业务扩大较快等优点。但与第一种方式比较工作效率及利润率要低一些。大多数无船承运人型的多式联运企业均采用后两种形式。

上述介绍的是目前国际上通行的 3 种最基本的多式联运企业经营方式，但在实际经营过程中，各多式联运企业并不只按上述 3 种方式的某一种经营，而是 3 种方式结合运用。即使是经济实力很强的多式联运经营人，也只是在一些货源量较大、中转业务较多的地区、城市或不同线路交汇处设立自己的办事处或分支机构(必须以经济上合算为前提)，而在其他地点采用联营与委托代理方式满足各环节业务的实际需要。各多式联运企业必须根据自己的经济实力、业务量的大小决定采用哪一种形式和各种方式结合的程度，以保证自己多式联运业务的开展及迅速发展。

5) 国际多式联运经营人的赔偿责任

(1) 赔偿责任期间。国际多式联运经营人的责任期间是从接收货物之时起到交付货物之时为止。在此期间内，对货主负全程运输责任。

(2) 赔偿责任基础。《联合国国际货物多式联运公约》中规定："多式联运经营人对于发生在其掌管货物期间货物的灭失损害和延误交货的损失应负赔偿责任。除非多式联运经营人能证明其本人、受雇人或其代理人或其他人为避免事故发生和其后果已采取了一切符合要求的措施。"这种规定与汉堡规则中的完全过失责任制类似，与目前国际上铁路等运输方式的规定有很大差别。

(3) 赔偿责任形式。目前在国际多式联运中，国际多式联运经营人已采用或有可能采用的责任形式有 4 种。

① 责任分担制。国际多式联运经营人与各区段的实际承运人仅对该区段的货物运输负责，各区段的责任原则按该区段适用的法律予以确定。这种责任形式没有全程统一的责任人。目前一些承运人型的国际多式联运人仍采用这种责任形式。

② 统一责任制。国际多式联运人对货物全程运输负责，各区段实际承运人对各区段的货物运输负责。不论损害发生在哪一区段，国际多式联运人或实际承运人承担的赔偿责任都相同，是与多式联运的基本特征最为一致的责任形式。由于实际承运人难以接受等原因，目前未被采用。但《联合国国际货物多式联运公约》主张采用这种形式。

③ 网状责任制。国际多式联运经营人对货物的全程运输负责，各区段的实际承运人仅对该区段的运输负责。各区段适用的责任按该区段适用的法律予以确定。这种责任形式与多式联运的基本特征较为一致，是目前大多数多式联运合同中采用的形式。

④ 统一的赔偿责任限制。责任分担制或网状责任制下，国际多式联运经营人的责任限制(额)由损害发生区段适用的法规规定。因此，这两种责任形式的国际多式联运经营人的责任限制与各种单一方式国际运输相同。在统一责任制形式下，无论事故发生在哪一区段都给予相同的赔偿额。

3. 国际多式联运业务

1) 国际多式联运合同

(1) 国际多式联运合同的特点。

① 为双务合同，合同双方均负有义务和享有权利。

② 为有偿合同。

③ 为不要式的合同，尽管可用多式联运提单证明，但提单不是运输合同，没有具体体现形式。

④ 有约束第三者性质，收货人不参加合同订立，但可直接获得合同规定的利益并自动受合同约束。

⑤ 合同有时包括接受委托、提供服务等内容，这些内容由双方议定。

(2) 国际多式联运合同的订立。国际多式联运合同是处于平等法律地位的国际多式联运经营人与发货人双方的民事法律行为，只有在双方表示一致时才能成立。合同是双方的协议，其订立过程是双方协商的过程。

发货人或他的代理人需向国际多式联运经营人或其营业所或代理机构提出货物(一般是集装箱货物)运输申请(或填写订舱单)，说明货物的品种、数量、起运地、目的地、运输期限要求等其班期等情况，决定是否接受托运。如果认为可以接受，则在双方商定运费及支付形式，货物交接方式、形态、时间，集装箱提取地点、时间等情况后，由国际多式联运经营人在交给发货人(或代理)的场站收据的副本联上签章，以证明接受委托。这时多式联运合同即告成立。发货人与国际多式联运经营人的合同关系已确定并开始执行。

2) 国际多式联运中使用的主要单证

国际多式联运中使用的单证和文件较多，但根据其用途可以分为两大类。一类是进出口运输所需要和办理运输有关业务的单证。如多式联运提单、各区段的运单、提单、提箱单、设备交接单、装箱单、场站收据、交货记录等。另一类是向各口岸监管部门申报所使用的单证。如商业发单，进、出口许可证，商检、卫生检疫证明，合同副本，信用证副本，危险品清、准单等。下面仅对使用集装箱运输下的几种主要单证和多式联运提单做简要说明。

(1) 集装箱运输的几种单证。

① 设备交接单——是集装箱进出港区、场站时，用箱人、运箱人与管箱人或其代理人之间交接集装箱及设备的凭证、兼有管箱人发放集装箱凭证的作用。分进场和出场两种。

② 装箱单——是集装箱货物运输下，记载箱内所装货物详细情况的唯一单证。该单证由负责装箱的人填写并签字。如需理货时，由装箱人和理货员共同制定、签字，每箱一份。

③ 场站收据——是多式联运经营人或其代理人签发的，证明已经收到托运货物并对货物开始负有责任的凭证。发货人可据此向多式联运经营人或代理人换取多式联运提单。该单证是一份复合单证，在我国有7、10、11联3种。是集装箱货物托运的主要单证。

④ 交货记录——是承运人把箱、货交付给收货人，双方共同签署证明货物已经交付，承运人对货物责任已告终止的单证。该单证也是复合单证，共有5联，是集装箱在目的地交付时的主要单证。

(2) 多式联运提单。《公约》对多式联运单证所下的定义："是指证明多式联运合同及证明多式联运经营人接管货物并负责按合同条款交付货物的单据。"在实践中一般称为多式联运提单。

国际多式联运提单具有以下性质和作用。

① 国际海上运输提单是发货人与多式联运经营人订立出国际货物多式联运合同的证明。

② 国际海上运输提单是多式联运经营人接管货物的证明和收据。

③ 国际海上运输提单是收货人提取货物和多式联运经营人交付货物的凭证。

④ 国际海上运输提单是货物所有权的证明，可以用来结汇，流通和抵押等。

多式联运提单的种类，按《公约》规定和在实际运作中，多式联运提单可以分为可转让提单与不可转让提单两大类。而可转让提单又可分为指示交付提单和向提票人交付(或称不记名)提单两类。不可转让提单一般为记名提单。

多式联运提单的签发，多式联运经营人在收到货物后，凭发货人提交的收货收据(在集装箱运输时一般是场站收据正本)签发多式联运提单，根据发货人的要求，可签发可转让或不可转让提单中的任何一种。签发提单前应向发货人收取合同规定和应由其负担的全部费用。

(3) 联合国国际多式联运公约的要求和规定。

① 多式联运单证必须由多式联运经营人或经其他授权的人签发。如不违反签发地的法律，可以手签，手签笔迹的复印，打绣花字，盖章，符号或用任何其他机械或电子仪器打出。

② 多式联运单证可以是不可转让的或者可转让的，如果签发可转让多式联运单证时，应列明按指示或向持票人交付；如列明按指示交付，须经背书后转让；如列明向持票人交付，无须背书即可转让；如签发一套一份以上的正本，应注明正本份数；如签发任何副本，每份副本均应注明"不可转让副本"字样。

③ 只有交出可转让多式联运单证，并在必要时经正式背书，才能向多式联运经营人或其代表提取货物。如签发多张正本的多式联运单证，只要其中一张已提取货物，其他正本均失效。

④ 多式联运单证的内容：货物品类；货物外表状况；多式联运经营人的名称和主要营业所；发货人名称；经发货人指定收货人，收货人的名称；多式联运经营人接收货物的地点和日期；交货地点；如经双方明确协议，在交付地点交货的日期或期间；表示该多式联运单据为可转让或不可转让的声明；多式联运单据的签发地点和日期；多式联运经营人或经其授权的人的签字；如经双方明确协议，每种运输方式运费；或者应由收货人支付的运费，包括用以支付的货币；或者其他说明；如在签发多式联运单据时已经确知，预期经过的路线、运输方式和转运地点等。

3) 国际多式联运业务程序

多式联运经营人是全程运输的组织者。在国际多式联运中，其主要业务从程序有以下几个环节。

(1) 接受托运申请，订立多式联运合同。多式联运经营人根据货主提出的托运申请和自己的运输路线等情况，判断是否接受该托运申请。如果能够接受，则双方议定有关事项后，在交给发货人或其代理人的场站收据(空白)副本上签章(必须是海关能接受的)，证明接受托运申请，多式联运合同已经订立并开始执行。

发货人或其代理人根据双方就货物交接方式、时间、地点、付费方式等达成的协议填写场站收据(货物情况可暂空)，并把其送至多式联运经营人处编号，多式联运经营人编号后留下货物托运联，将其他联交给发货人或其代理人。

(2) 空箱的发放、提取及运送。多式联运中使用的集装箱一般应由经营人提供。这些集装箱来源可能有 3 个途径：一是经营人自己购置使用的集装箱；二是向租箱公司租用的集装箱，这类箱一般在货物的起运地附近提箱，而在交付货物地点附近还箱；三是由全程运输中的某一分运人提供，这类箱一般需要在多式联运经营人为完成合同运输与该分运人(一般是海上区段承运人)订立分运合同后获得使用权。

如果双方协议由发货人自行装箱，则多式联运经营人应签发提箱单或者把租箱公司或分运人签发的提箱单交给发货人或其代理人，由他们在规定日期到指定的堆场提箱并自行将空箱拖运到货物装箱地点，准备装货。如发货人委托亦可由经营人办理从堆场到装箱地点的空箱拖运(这种情况需加收空转拖运费)。

如是拼箱货或是整箱货但发货人无装箱条件不能自装时，则由多式联运经营人将所用空箱调运至接收货物的集装箱货运站，做好装箱准备。

(3) 出口报关。若联运从港口开始，则在港口报关；若从内陆地区开始，应在附近的内地海关办理报关。出口报关事宜一般由发货人或其代理人办理，也可委托多式联运经营人代为办理(这种情况需加收报关服务费及报关手续费，并由发货人负责海关派员所产生的全部费用)。报关时，应提供场站收据、装箱单、出口许可证等有关单据和文件。

(4) 货物装箱及接收货物。若是发货人自行装箱，发货人或其代理人提取空箱后在自己的工厂和仓库组织装箱，装箱工作一般要在报关后进行，并请海关派员到装箱地点监装和办理加封事宜。如需理货，还应请理货员现场理货并与之共同制作装箱单。若是发货人不具备装箱条件，可委托多式联运经营人或货运站装箱(指整箱货情况)，发货人应将货物以原来形态运至指定的货运站由其代为装箱。如是拼箱货物，发货人应负责将货物运至指定的集装箱货运站，由货运站按多式联运经营人的指示装箱。无论装箱工作由谁负责，装箱人均需制作装箱单，并办理海关监装与加封事宜。

对于由货主自装箱的整箱货物，发货人应负责将货物运至双方协议规定的地点，多式联运经营人或其代理人(包括委托的堆场业务员)在指定的地点接收货物。如是拼箱货，经营人在指定的货运站接收货物。验收货物后，代表联运经营人接收货物的人应在场站收据正本上签章并将其交给发货人或其代理人。

(5) 订舱及安排货物运送。经营人在合同订立之后，即应制订该合同涉及的集装箱货物的运输计划。该计划应包括货物的运输路线、区段的划分、各区段实际承运人的选择确定及各区段间衔接地点的到达、起运时间等内容。这里所说的订舱泛指多式联运经营人要按照运输计划安排洽定各区段的运输工具，与选定的各实际承运人订立各区段的分运合同。这些合同的订立由经营人本人(派出机构或代表)或委托的代理人(在各转接地)办理，也可请前一区段的实际承运人作为代表向后一区段的实际承运人订舱。

(6) 办理保险。在发货人方面，应投保货物运输险。该保险由发货人自行办理，或由发货人承担费用由经营人代为办理。货物运输保险可以是全程，也可分段投保。在多式联运经营人方面，应投保货物责任险和集装箱保险，由经营人或其代理人向保险公司或以其他形式办理。

(7) 签发多式联运提单，组织完成货物的全程运输。多式联运经营人的代表收取货物后，经营人应向发货人签发多式联运提单。在把提单交给发货人前，应注意按双方议定的付费分工及内容、数量向发货人收取全部应付费用。

多式联运经营人有完成和组织完成全程运输的责任和义务。在接收货物后，要组织各区段实际承运人和各派出机构及代表人共同协调工作，完成全程各区段的运输以及各区段之间的衔接工作，运输过程中所涉及的各种服务工作和运输单据、文件及有关信息传递等组织和协调工作。

(8) 运输过程中的海关业务。按惯例国际多式联运的全程运输(包括进出口国内陆段运输)均应视为国际货物运输。因此，该环节工作主要包括货物及集装箱进口国的通关手续，进口国内陆段保税(海关监管)运输手续及结关等内容。如果陆上运输要通过其他国家海关和内陆运输线路时，还应包括这些海关的通关及保税运输手续。这些涉及海关的手续一般由多式联运经营人的派出机构或代理人办理，也可由各区段的实际承运人作为多式联运经营人的代表代为办理，由此产生的全部费用应由发货人或收货人负担。如果货物在目的港交付，则结关应在港口所在地海关进行。如在内地交货，则应在口岸办理保税(海关监管)运输手续，海关加封后方可运往内陆目的地，在内陆海关办理结关手续。

(9) 货物交付。货物运至目的地后，由目的地代理通知收货人提货。收货人需凭多式联运提单提货，经营人或其代理人需按合同规定，收取收货人应付的全部费用。收回提货单后签发提单(交货记录)，提货人凭提货单到指定堆场(整箱货)和集装箱货运站(拼箱货)提取货物。如果是整箱提货，则收货人要负责至掏箱地点的运输，并在货物掏出后将集装箱运回指定的堆场，至此运输合同终止。

(10) 货运事故处理。如果全程运输中发生了货物灭失、损害和运输延误，无论是否能确定损害发生区段，发(收)货人均可向多式联运经营人提出索赔。多式联运经营人根据提单条款及双方协议确定责任并做出赔偿。如能确知事故发生的区段和实际责任者时，可向其进一步进行索赔。如不能确定事故发生的区段时，一般按在海运段发生处理。如果已对货物及责任投保，则存在要求保险公司赔偿和保险公司进一步追索问题。如果受损人和责任人之间不能取得一致意见，则需通过在诉讼时效内提起诉讼和仲裁来解决。

4. 我国开展国际多式联运的现状

20 世纪 80 年代初，我国对某些国家和地区的外贸进出口货物开始采用国际多式联运方式，目前已开展国际多式联运路线有十多条，新的路线还在不断发展中。

当前我国对外贸易进出口采用多式联运方式运输的已越来越多，形式也更为灵活多样，有陆海联运、陆空联运、陆空陆联运和海空联运等。其中使用较多的主要是陆海联运和陆空联运。其交接方式既有门到门、门到港站，又有港站到港站、港站到门。国内可以办理此项业务的地区也不断有所扩大，目前不仅沿海港口城市及周围地区，而且内地很多省市都已开办，现在我国出口商品可以从一些发货地或加工工厂通过多式联运，直接运到客户指定的港口或国外内陆城市；进口商品可以通过多式联运从国外的工厂或港口直接运到我国港口或一些内地城市，从而为发展我国国际贸易提供了方便。

但是，应清醒看到，我国开展国际多式联运起步较晚，与发达国家相比，仍存在很大差距，主要存在以下问题。

(1) 部门分割、政出多门、业务交叉。与国际多式联运管理和业务工作有关的国家一级的部门有：外经贸部、交通部、铁道部、海关总署、商检局、卫检局、动植物检疫局、国家技术监督局、外汇管理局、保险等部门，这还不包括各省市相关部门的管理。有些政策是指导性的，可操作性不强。

(2) 海关手续复杂，海关监管点不足，导致很多内地验关业务需要货主到口岸地区或去大城市请验关人员，延长了运输时间，增加了费用。虽然目前部分地区采取了 EDI 报关，但比例太少。

(3) 没有制定国际集装箱多式联运运价和运费率，导致不合理收费且缺乏透明度。全程联运运费偏高，铁路运费结构复杂，难以计算，也难于公开。集装箱运输需缴纳"自备箱管理费"以及装卸费、堆场费、搬移费、装拆费等各种费用。由于集装箱运价不合理，致使大多数货主仍采用传统的铁路普通车辆运输，在港口码头卸车装箱或拆箱装车，从而大大地制约了铁路集装箱运输的发展，影响国际多式联运的发展。

(4) 法规体系不完善，不同部门的规定重复、矛盾及有些规定缺乏可操作性等。

(5) 信息系统不完善，导致地区与地区海关、部门与部门、各运输环节之间信息传递不及时，同时，信息技术应用发展不平衡。目前，中远系统、中外系统、海关系统均已建有 EDI 系统，交通部的"四点一线"(天津港、青岛港、上海港、宁波港和中远航线)也建立了 EDI 分局中心，但与铁路系统尚未联网，且 EDI 联网范围较窄，服务项目较少。

(6) 基础设施比较薄弱，主要指内地国际集装箱运输基础设施，其主要表现在沿海支线运输系统不完善、现有集装箱码头泊位的能力不能适应集装箱的中转要求，铁路部分区段运力仍然紧张，尚无较完备的现代化货场，导致国际海运集装箱在内陆长距离集疏运很少。

(7) 国际多式联运中环节多、单证多、单证流程复杂。各港口口岸、铁路、公路、海关、检验部门、理货部门、保险部门等单证多达百种，这些单证分别由各主管部门根据需要自行设计。其中有的参照了联合国或者其他国际组织的有关标准和要求，大多数为非标单证。就铁路系统而言，一批 20ft 集装箱的单证使用"货物运单"时有 39 张之多，使用"联运单据"时有 44 张之多，过境箱单证 22 张以上。

因此，在新形势下，我国应尽快研究制订出与市场经济发展相适应的交通发展政策，充分利用计划、经济、科技、法律和行政等宏观调控手段，为我国开展国际多式联运创造一个良好、宽松的环境。

阅读材料 8-3

中集成立多式联运公司推动中国传统物流模式变革

2016 年 3 月，中集集团正式成立中集多式联运发展有限公司(以下简称：中集多式联运)。凭借 30 多年来中集在全球物流领域积累的装备制造与服务能力，中集多式联运将集聚中集的优势资源，积极推进中集在多式联运领域的创新战略，为中国及"一带一路"沿线国家的物流模式变革提供专业服务。

随着集装箱运输的高速发展，发达国家的集装箱运输链已贯穿海洋与陆地，催生出结合铁路、公路和水路多种运输形式的集装箱多式联运模式，大大提升了物流效率，显著降低了物流成本。然而，目前中国货物运输仍以散货卡车和箱式货车运输为主，集装箱化程度较低，集装箱内陆运输仍处于分段运输阶段，多式联运还存在巨大的发展空间。当前中国社会物流总费用约占 GDP 的 16%，比发达国家平均 10% 的水平多出近 5 万亿元人民币。为改变这一现状，中集多式联运将致力于以铁路为核心，围绕"上装备、开班列、进场站、搭平台"的发展战略，满足未来中国市场的多式联运需求。另外，中国目前正在积极推进"一带一路"战略，为集装箱多式联运的发展带来了历史性的契机。中集多式联运将加快布局铁路场站与公路、港口的配套衔接，打造具有中集特色的海铁、公铁联运物流模式，助推中国与"一带一路"沿线国家的互联互通。

"我们希望发挥中集在品牌、装备、金融、服务等方面的综合优势，搭建中国多式联运平台，为行业客户提供效率更高、成本更优的多式联运解决方案。"中集多式联运发展有限公司董事总经理丘春有说道，"在多式联运领域，我们具有三大核心竞争优势：第一，中集在国际多式联运的装备制造和服务这两方面拥有超过 30 年的经验沉淀；第二，中集深耕中国市场，对目前中国物流环境存在的问题及挑战具有深刻的理解，能够准确把握行业客户的痛点；第三，自 2006 年开始，中集已经开始进入铁路运输领域，通过参股建设及运营铁路中心站，已具备公铁联运的专业优势。"未来，中集多式联运将致力于推动"互联网+多式联运"的战略构想，以中集现有的集装箱、道路运输车辆、能源化工及食品装备、金融及物流等产业为基础，发展成为行业领先的多式联运平台运营商，创造性地为客户提供丰富的物流解决方案，并推动中集多式联运装备的广泛应用。此外，中集多式联运将大力发展装备智能化，通过货运过程的可视化、信息化监控，提升运输的品质及安全性，为客户创造全新的物流服务体验。

多式联运是改善物流效率和行业生态的有效手段，中国已经形成支撑多式联运发展的多种条件。中国制造业重心西移衍生的长距离货物运输需求，以及绿色低碳的铁路运输方式，正吸引着社会多方力量积极进入该领域，中国多式联运将迎来快速发展的黄金十年。中集多式联运将携手政府、国际物流巨头、铁路、场站等核心资源方，融合中集物流装备，积极推动中国由低效、昂贵的传统物流模式迈向高效、低成本的多式联运模式，形成与发达国家相媲美的先进物流体系，助推中国产业的转型升级。预计，中集多式联运将在未来 3～5 年达到 100 亿元人民币的产业规模。

资料来源：中集成立多式联运公司 推动中国传统物流模式变革[EB/OL].(2016-03-28).[2016-06-04].http://economy.gmw.cn/2016/03/28/content_19476317.htm.

本 章 小 结

货物流通过程是货物生产过程的重要组成部分，货物只有完成其流通过程，才能实现它的使用价值。其中集装箱运输是现代化发展的必然产物，集装箱运输的发展又必须进行集装箱的联运，单独靠一种运输方式开展集装箱运输已经不能充分发挥集装箱运输的优越性，达不到预期的效果。因此，组织铁路、水运、公路等多种运输的集装箱联运已成为现代化运输的必然产物。集装箱运输具有高效益、高效率、高投资、高协作、多式联运等特点。本章主要介绍了货物流通过程、货物运输过程、货物运输业务组织机制、运输承包公司的业务及作业过程、运输代理、集装箱运输的特点、集装箱运输业务、集装箱调配和箱务管理、多式联运、国际多式联运等知识。

我国多式联运蓄势待发瓶颈待解

在 2016 年 3 月 22 日至 24 日于上海召开的 2016 集装箱多式联运亚洲展会上，"中欧班列""中亚班列""铁水联运班列"等一系列集装箱多式联运产品亮相。

据了解，集装箱多式联运是物流运输的高级发展阶段，被各国看做本国货运现代化进程的重要标志。目前，全球多式联运重心向中国转移，我国的多式联运发展也蓄势待发，但业界人士认为，目前尚有一些瓶颈待解。

"湖北沿长江有 17 个主要港口,但其中与铁路接轨的港口仅有 6 个。"武汉铁路局局长汪亚平此前在今年全国两会时表示,因铁路未接入港口,导致武汉物流成本大幅增加。如武汉阳逻港至铁路最近货运站仅 20 公里,但集装箱汽车短驳费用却高达 800 元,超过上海至武汉水运费用的一半。

武汉接运面临的问题是我国物流业发展的一个缩影。目前,多式联运受到的限制较多,比如基础设施之间缺乏有效衔接、缺乏多式联运集成服务商群体、缺乏信息化对接以及缺乏统一的标准化等。

单一的物流运输方式是我国目前物流费用居高不下的主要原因。一方面,多种运输过程中的接驳效率低下且接驳较为困难;另一方面,大数据平台欠缺,以致运输运量难以全面调配。"目前国内一些企业加工制造时间占生产周期的 10%,其他 90%的时间耗在仓储、运输、搬运、包装、配送、等待等方面。如成都至上海,如果走水路运输,用时在 10~12 天,如果采取铁水联运的方式,只需要 6~7 天。"

因此,发展多式联运,加快构建综合交通运输体系十分重要而紧迫。

中国物流与采购联合会研究室主任周志成也表示,虽然我国各种运输方式的货物运输价格比较低,但由于我国多种运输方式之间缺乏合理分工,综合运输费用依然较高。大量本应通过铁路和水路运输的中长距离运输由公路运输承担,抬高了综合运输成本。而且,多种运输方式之间缺乏有效衔接,短驳、搬倒、装卸、配送成本较高。调研显示,如果加上铁路两端的短驳、搬倒、装卸、配送等费用,与公路运输相比,铁路运输成本已没有竞争力。

此外,由于产业结构布局不合理,导致大宗商品进行长距离、大规模运输,如煤炭、铁矿石由中西部向东部长途运输。还有,随着沿海制造业成本上升,相关产业向中西部梯度转移,如电子产品生产从沿海向内陆转移等,增加了中长距离运输的需求。这些产业结构问题都大大抬高了社会物流成本。

如今,在我国的多种运输方式中,公路运输凭借四通八达的网络和快速、高效、灵活的服务,已经取代铁路运输成为内陆运输的主要运输方式,铁路运输的低成本优势没有充分发挥。据悉,从 2000—2014 年,公路货运周转量占货运周转量的比例大幅上升 19.1 个百分点,而同期铁路货运周转量占比大幅下降 16.3 个百分点,铁路运输失去的市场份额被公路运输所获得。

发展多式联运、构建综合交通运输体系要纳入国家、区域经济发展战略规划和城市总体规划;另外,建立国家和区域性的多式联运中心,完善各项功能的配套;加快制定统一的规则和标准,建立国家和区域性的多式联运中心,建立多式联运标准体系。同时,加快推动铁路、公路、水路信息系统互通,实现信息共享,为多式联运创造条件。

事实上,发改委近日下发的《关于加强物流短板建设促进有效投资和居民消费的若干意见》就指出,加强多式联运转运设施建设,提升货物中转效率。意见表示,依托物流大通道,在重要节点规划布局和建设一批具有多式联运服务功能的物流枢纽,完善不同运输方式之间的连接和转运设施,推进公、铁、水、民航等基础设施"最后一公里"的衔接。

根据案例所提供的材料,试分析:我国多式联运存在哪些问题?如何改进?

资料来源:我国多式联运蓄势待发瓶颈待解[EB/OL].
(2016-04-05).[2016-06-04].http://business.sohu.com/20160405/n443300439.shtml.

关键术语

货物流通过程(cargo circulation process)　　货物运输过程(cargo transport process)
发货人(consignor)　　收货人(consignee)
契约承运人(contract carrier)　　实际承运人(actual carrier)
运输承包公司(transportation contracting company)
运输代理人(forwarding agent)
集装箱运输(container traffic)
多式联运(multimodal transport)
多式联运经营人(multimodal transport operator,MTO)
国际多式联运(international multimodal transport)

习　题

1. 填空题

(1) 货物运输业务的具体组织方法，就其组织体制来说，基本上可以划分为两大类：_____和_____。

(2) 货物多式联运的全过程就其工作性质的不同，可分为_____和_____两部分。

(3) 货物多式联运运输组织方法可以有很多种，就其组织体制来说，基本上可分为_____和_____两大类。

(4) 运输代理人按照代理业务的性质和范围的不同，主要有_____、_____、_____和_____四大类。

(5) 集装箱按标准的范围来分，有_____、_____、_____和_____四种。

(6) 集装箱的运输方式有_____、_____、_____、_____四种。

(7) 海上集装箱运输的装卸方法因集装箱船而异，可有下列三种方式：_____、_____和_____。

(8) 公路集装箱运输方式一般有以下四种：_____、_____、_____和_____。

(9) 集装箱货物交接方式大致有以下四种：_____、_____、_____和_____。

(10) 按是否拥有运输工具并实际完成多式联运货物全程运输部分运输活动，国际多式联运经营入可分为两种类型：_____和_____。

2. 简答题

(1) 运输承包发运制及运输经营人工作的意义主要反映在哪几个方面？
(2) 运输承包公司中转业务组织方法有哪两种基本方式？
(3) 简述集装箱运输的优缺点。
(4) 简述集装箱空箱调运产生的原因及减少空箱的途径。
(5) 简述集装箱箱务管理的内容。
(6) 为什么说集装箱运输是运输方法上的一次革命？
(7) 多式联运应具备哪几个主要条件？
(8) 简述多式联运的契约承运人和实际承运人的区别。
(9) 简述多式联运的优点。
(10) 简述国际多式联运的含义及特点。
(11) 多式联运经营人应具备哪些条件？
(12) 简述国际多式联运合同的特点。
(13) 简述国际多式联运的主要业务程序。

第 9 章 城市交通运输系统

【教学目标】
- 掌握城市轨道交通及其分类
- 熟悉轨道交通路网结构分析
- 掌握城市道路、交叉口及其分类
- 了解城市交通信号及其设备、城市道路交通载运工具
- 了解城市道路交通系统规划
- 掌握城市道路交通管理模式和管理方法

【拓展视频】

导入案例

伦敦交通发展的经验对"十三五"时期我国城市交通治堵的启示

截至2015年年底国内汽车保有量达1.72亿辆,据专家预测,到2020年,国内汽车保有量将突破2亿辆,治理交通拥堵,完善交通系统,除了国内大城市推行的限行、限牌外,国际上有哪些经验值得借鉴?"十三五"时期,交通治堵"药方"如何开?针对这些问题,我们对国际大都市——伦敦的交通发展经验进行了初步研究和梳理。

1. 收取交通拥堵费

2003年,伦敦中心区平均行车时速仅为每小时16公里。2003年,前市长利文斯顿推出了交通拥堵费政策,即在固定时间段内,对在伦敦内环中心区出入车辆收取8英镑/车次·天的拥堵费。收取交通拥挤费产生了立竿见影的效果,在拥挤费收取不到两个月的时间内,伦敦中心区的交通情况明显改善,交通拥堵减少了30%,减少了交通事故,改善了空气质量。

2. 鼓励使用公共交通

鼓励民众使用公共交通的前提是拥有发达完善的公交设施。伦敦的公共交通设施十分发达,目前,公交出行分担率达70%。1863年世界上第一条地铁在伦敦投入运营,伦敦现已有地铁运营线路12条、275个车站,总里程408公里,高峰期地铁运营车辆525辆,每天客运量约380万人次。市内共有公共汽电车线路700余条,市区公交专用道里程280公里,1.7万个公交车站,6 800多辆运营车,日均客流约600万人次,公共汽电车运营企业9家。

3. 完善体制机制和法律法规

(1) 承包制和质量监督考评。英国城市公共交通运营管理经历了政府主导—市场化—有限竞争的发展历程。由一个统一的交通机构,即伦敦交通署,负责所有公交和道路的交通规划与决策,而交通服务的实际运营则由承包的私营公司进行(伦敦地铁除外),商业竞争机制使他们既能保持低成本运营,又可为乘客提供优良的服务。

(2) 以人为本和行人优先的制度设计。在道路设计上伦敦遵循以人为本与行人优先的原则。在行人较多的城市街道上,人行横道的设置密度较高,通常每隔不到100米就有一处。在人行横道处都设置有行人过街控制器,过街的行人可以直接控制,请求信号灯切换。虽然伦敦的街道都比较窄,但是在道路中间通常都设置有安全岛,为过街的行人提供安全避让空间,体现了交通设计中的人性化元素和对行人等弱势群体的关注。

(3) 标志标线清晰。英国的标志标线非常清晰,在路段和路口都设有交通标识、指示或信号灯,交通语言比较完善。地面标线除了有指示性标志外,通常都有文字说明,便于道路使用者理解,路口标识在夜晚也清晰可辨。在车流容易交叉的地方,都有禁行或让路的标志,司机必须严格遵守。

4. 对国内城市"十三五"时期"治堵"和交通发展的启示

伦敦交通发展经验表明,要缓解城市交通拥堵、实现城市交通可持续发展,可以从发挥经济的杠杆作用,提高公共交通的服务水平,完善体制机制和法律法规等方面入手。

(1) 通过发挥经济杠杆的调节作用来降低城市交通需求压力。

(2) 应加速公交一体化建设,促进公共交通无缝连接。

(3) 应加快推进公共服务市场化,通过采取以服务质量为主的招投标方式配置公交线路。

(4) 应在具体设施上借鉴伦敦的经验,加大政府投资力度。

(5) 完善规范交通道路法律法规。

思考题:从该案例能得到什么启示?

资料来源:伦敦交通发展的经验对"十三五"时期我国城市交通治堵的启示[EB/OL]. (2015-10-29).[2016-05-31]. http://www.jt12345.com/article-5341-1.html.

9.1 城市和城市交通的发展

自 18 世纪 60 年代英国产业革命以来，全球范围内的城市化迅速发展，世界各国先后开始由以农业为主的传统乡村社会向以工业和服务业为主的现代城市社会转变。1800 年，全世界城市人口的比重只有 3%，而到 1990 年地球上已有 50% 的人生活在城市。预计到 2030 年，这一比例将达到 60%。

城市交通是城市内部及城市与外部之间的人员和物资实现空间位移的载体，它包括城市内部交通和对外交通，涉及城市中地面、地下、空中交通等各种运输方式。城市交通是随着城市的出现和扩张而发展起来的，同时城市交通的发展又促进了城市的形成和演变。随着经济发展和工业化的进程，城市和城市交通的发展呈现出一定的阶段性。

1. 早期城市阶段

工业革命以前的城市发展可称为早期城市阶段，其社会经济基础是自然经济和小农经济。这一时期的城市多为政治中心或军事要地，工商业不占主导地位。城市建立在政治、军事及手工业和商业基础之上，因而城市数目少、规模小、发展缓慢。这一时期，城市交通主要为城市间交通和城乡交通，城市内部交通尚未形成规模。主要交通工具由人力或畜力、自然力来驱动，如人肩挑手提，牛车、马车及帆船等。在工业革命以前的欧洲城市，马车曾作为一种重要的交通工具盛行一时。1600 年公共四轮马车在伦敦出现，业主们可往来于街道之间招揽顾客。1662 年巴黎出现了在固定线路上运行的公共马车。1798 年能运送 20 人的长途公共马车产生，由于它轻快、安全、费用合理，因此得到迅速发展。

2. 近代城市阶段

近代城市发展阶段从工业革命到 20 世纪初期。18 世纪中叶的工业革命，带来了生产方式和产业结构的深刻变革，也促使城市发展进入了新的阶段。主要表现在：城市性质转变为工业性、生产性，工商业开始成为城市的主导部门，商品经济高速发展，工商业迅速向城市地区集中，并形成了巨大的集聚规模效益，城市职能演化为经济和行政中心，城市发展速度加快。到 1900 年，英国城市人口占其总人口的 75%，成为世界上第一个实现城市化的地区。19 世纪以后，法、德、美等国也相继完成工业革命，与此相应，城市化步伐也在这些西方国家迅速推进。

工业化和城市化极大地推动了世界城市的发展，城市规模和城市结构都发生了空前变化，相应地对城市交通提出了新的要求，促使城市交通发展进入一个新阶段，主要表现在以下几个方面。

1) 城市对外交通迅速发展

城市化意味着非农经济活动向城市的大量集中，由此导致城市与乡村间产生大量的人口流动和物资流动，促进了城市外部交通的迅速发展。事实上，火车及动力船的发明与使用使城市对外交通水平达到新高度，城市与区域及城市之间的交通运输网络进一步得到完善。

2) 城市内部交通开始形成

工业化与城市化不仅使城市人口和经济规模空前扩大，而且给城市带来了大量新产业、新机构，城市中的行政区、商业区、娱乐区、工业区等相继出现，这些都对城市内部交通提出新的要求，促使城市内部交通逐步形成。从工业革命以后，城市内部交通才成为维持城市社会经济活动系统运转的必要前提，城市内部交通问题才开始为人们所关注。

3) 城市交通工具开始采用现代先进技术，现代化城市交通系统形成

在城市对外交通中，交通工具已由帆船、马车进化到轮船、火车、汽车、飞机。1825年，蒸汽机车出现，铁路运输开始发展，这给城市对外交通带来一场革命。此后，相当长的一段时期内，铁路运输成为城市对外交通的主导方式。1885年，德国人本茨(BENZ)发明了第一辆内燃机汽车。以后不久，有轨电车、无轨电车、公共汽车及城市快速轨道运输方式相继投入使用，逐步取代了马车。1881年，有轨电车在柏林出现。1899年，世界上最早的公共汽车在伦敦开始运营。1901年，第一条无轨电车线路在法国投入使用。1838年和1863年，郊区铁路和地下铁路分别在伦敦建成使用。从19世纪中期开始，机动车逐渐成为城市内部交通的主导方式。

3. 现代城市阶段

工业革命后期至今是现代城市发展阶段。20世纪以来，西方发达国家纷纷进入工业化后期并开始了现代化的历程，而许多发展中国家则相继进入工业化阶段，世界城市和城市化发展又呈现出新的特点。城市向高质量、多功能、综合性方向发展，城市产业结构进一步高级化。发达国家城市中的金融、保险和服务等第三产业比重迅速上升，许多国际大都市中第三产业的就业和产值比重已占绝对优势。城市空间结构也发生了很大变化，发达国家人口和经济活动不再一味涌向大的中心城市，而是围绕中心城市形成若干个专业化城镇，如工业卫星城、科技城等。这些小城镇与所依附的大城市彼此紧密联系，使城市比由单中心的点式集聚向多中心的面式集聚发展。城市内部功能分区也开始明确，工业区、住宅区、商业区等布局日趋合理，大城市的中心商务区逐步形成和完善，城市化进一步发展。第二次世界大战前，发达国家农村人口和非农经济不断向城市聚集，城市人口比重迅速提高，至2000年，世界城市人口已超过50%，标志着世界范围内已基本实现城市化。

随着城市化逐步走向成熟。发达国家城市交通系统日臻完善，城市交通日益高速化、舒适化。具体表现为，首先，由于城市郊区化和郊区城市化的发展，使城市在空间形态日益呈分散化倾向，人流和物流向城市集中的速度减缓，强度变弱，城市中心区的运输供给与运输需求矛盾开始缓解，城市内部交通问题趋于缓和。城市对外交通开始由大容量化向快速化和舒适化演变。其次，城市交通体系构成全方位、立体化的格局。交通运输工具和交通运输方式多元化，城市内部交通与对外交通的衔接逐渐由无序走向有序。人与物在城际间的空间位移可通过水上、空中、地面甚至地下的4~5种运输方式联合完成；而人员在市内的空间位移也可借用地面、高架、地下等近10种方式(地铁、轻轨、城市铁路、公共汽车、无轨电车、有轨电车、私人汽车、磁悬浮列车、轮渡、直升机等)得以实现。

4. 未来信息社会的城市

【拓展视频】

20世纪70年代以来，以信息技术为突破口的新技术革命正以前所未有的气势，冲击着人类社会生产和生活的各个方面。1993年，美国政府率先提出兴建信息高速公路，其他国家纷纷响应，分别提出了本国或本地区的信息高速公路计划，这标志着人类跨进了信息社会的"门槛"。信息化的浪潮将

给人口和产业高密度的城市带来深远影响,未来信息社会的城市将有以下基本特征。首先,城市社会生产生活联系更多地借助通信手段,未来的城市将变成智能城市,即高度信息化和全面网络化的城市。借助于联网的计算机多媒体系统,人们足不出户,就能进行工作、交友、购物、娱乐等活动。届时,以旅游、观光和享受大自然等为目的的出行比例将显著提高。其次,城市产业结构进一步高级化,包括信息技术产业(开发、制造和出售机器、软件以及提供媒介的产业)和信息服务产业(使用信息机器进行信息收集、加工、分类等信息服务)的信息产业地位大幅度上升,它将从第三产业中独立出来成为第四产业。城市由传统的制造中心、贸易中心转变为信息流通中心、信息管理中心和信息服务中心。最后,城市空间结构进一步演变。由于信息传递不再受地理和气候条件限制,空间距离在约束城市发展中的诸多"门槛"中降低为次要因素,使得生产要素的高度集聚效益弱化,超级城市不再必要而走向裂解。小城镇及其组成的城市群显示出多方面的优越性。

与信息社会城市的基本特征相适应,城市交通将呈现出新的发展趋势。首先,城市交通与信息通信业将高度结合,通信将和交通运输一样成为城市社会经济、生活联系的主要手段。信息社会中,人们之间的一些交往已不再需要空间的位移。由于信息的充分性,产品的不合理运输也大为减少。其次,城市交通强度有所降低。由于办公家庭化的实现,使得上下班出勤人数与次数大为减少,困扰目前城市的工作出行量集中的难题会明显缓解。产业结构高级化和空间结构合理化,又会减少城市货物的运输强度。不仅城市产品更加轻薄短小,而且产品运输量在空间上得到更加有效的分散。另外,城市交通将实现智能化。计算机和自动控制技术将广泛应用于城市道路、车辆及其管理部门,使得城市交通技术水平和管理水平进一步提高,迈向智能化的新阶段。

由上述对城市和城市交通发展阶段的分析可以看出,在进入现代城市发展阶段后,城市交通已基本形成了以城市轨道交通和城市道路交通为主体的城市公共交通体系。

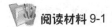
阅读材料 9-1

智慧交通:让城市"血脉"通畅

交通被形象地称之为城市的"血脉"。仅靠多建道路、增添"血管"已不能解决城市交通拥堵的痼疾,还要增加"血流"的速度,提高交通的效率,这就需要加快建设智慧交通。作为"互联网+交通"的产物,智慧交通被视为交通业实现跨越式发展、缓解资源和环境压力的有效途径。智慧交通将给现有的交通系统和人们的出行效率带来怎样的改变?

1. 盘活道路资源

路是交通的基础,<u>盘活道路资源的智能交通系统,是智慧交通的"地基"</u>,交通信息采集、处理和发布,则是智能交通技术的核心内容。以苏州工业园为例,智能交通系统已经覆盖了4条主干道的70个路口,园区道路通行能力因此提升了16%,主干道事故下降了5%。

智能交通系统,其实正是物联网应用的重要体现。新加坡陆路交通管理局局长周明亮介绍说,近年来,新加坡在路侧布设了大量传感器,可以提供实时信息进行实时的路况分析,并可以对一些事故进行及时反应。在国内,最为成熟的智能交通物联网应用当属高速公路电子不停车收费系统(ETC)。

2. 让出行"更靠谱"

在交通运输部公路科学研究院总工程师王笑京看来,无论是手机打车,还是互联网专车,或者现在红红火火的网上拼车,其实都是通过技术手段打破信息不对称,使出行资源更有效率地实现供需对接，"通过技术实现了扁平化，体现出智慧交通对交通行业产业结构和服务方式带来的重大变化"。

互联网企业切入智慧交通信息服务的另一个突破口是与用户位置信息结合的信息推送服务。百度地图事业部应用技术总监李志堂表示，百度正在尝试向用户推送公交电子站牌和交通阻断等出行信息，"基于这些信息产生的第三方应用，也会让普通人的出行更'靠谱'"。

3. 车联网的远大前程

在 2015 年年初举行的国际消费电子展上，种种神奇汽车大出风头。奔驰发布了自己的无人驾驶概念车，这一车型不但能明确地向前后车辆传递停止、慢行等信息，还可以识别行人的状况。宝马推出了远程泊车系统，驾驶员只要把车辆放在停车场中，通过智能手表下一个简单指令，车辆就能自动泊进停车位。沃尔沃则发布了自行车防撞预警系统，使用这一系统，就可以把潜藏碰撞危险的车辆情况自动推送给自行车骑行者，并让其头盔发出警报声。

在道路管理和出行方式的智能化后面，汽车本身的智能化也被视为智慧交通的有机组成部分。尽管从目前来看，还并未出现革命性的创新，但车联网正在一步一步地从蓝图走向现实。通过互联网技术，人与车、车与车之间的互动正在逐步深入。

资料来源：智慧交通：让城市"血脉"通畅[EB/OL].(2015-05-19).[2016-05-31].
http://www.ce.cn/xwzx/gnsz/gdxw/201505/19/t20150519_5395190.shtml.

【拓展视频】

9.2 城市轨道交通系统

9.2.1 城市轨道交通及其分类

城市轨道交通系统是指服务于城市旅客运输，通常以电力为动力，轮轨运行方式为特征的车辆或列车与轨道等各种相关设施的总和。或者说，一般将城市中使用车辆在固定导轨上运行并主要用于城市客运的交通系统称为城市轨道交通。

自 19 世纪中叶，世界上先后出现城市地下铁道与有轨电车以来，经过 100 多年的研究、开发、建设与运营，城市快速轨道交通系统已经形成多种类型并存与发展的状态。

1. 按基本技术特征不同分类

根据轨道交通系统基本技术特征的不同，轨道交通系统主要有市郊铁路、地下铁道、轻轨铁路、独轨铁路和有轨电车等类型。

1）市郊铁路

市郊铁路是连接城市市区与郊区，以及连接城市周围几十公里甚至更大范围的卫星城镇或城市圈的铁路，但它往往又是连接大中城市干线铁路的一部分，因此它具有干线铁路的技术特征，如轨道通常是重型的。与城市轨道交通系统中的地下铁道等其他类型不同，在市郊铁路上通常是市郊旅客列车与干线旅客列车和货物列车混跑。

2）地下铁道

一般来说，地下铁道是指修建在地下隧道中的铁路。这样理解，也许在地下铁道修建的初期没有什么不妥，但现在定义一个系统为地下铁道，并不要求该系统的线路必须全部修建在地下隧道内。对世界各国地下铁道系统进行分类研究可以发现，地下铁道还可分为重型地铁、轻型地铁与微型地铁 3 种类型。重型地铁就是传统的普通地铁，轨道基本采用干线铁路技术标准，线路以地下隧道和高架线路为主，仅在郊区地段采用地面线路，路权专用，运能最大；轻型地铁是一种在轻轨线路、车辆等技术设备工艺基础上发展起来的地铁类型，路权专用，运能较大，通常采用高站台；微型地铁，又称小断面地铁，隧道断面、车辆轮径和电动机尺寸均小于普通地铁，路权专用，运能中等，行车自动化程度较高。

3) 轻轨铁路

轻轨的含义是指就车辆对轨道施加的荷载而言，轻轨车辆与市郊列车或地下铁道车辆比较相对较轻。早期的轻轨系统一般直接对旧式有轨电车系统改建而成。20世纪70年代后期，一些国家才开始修建全新的现代轻轨系统。现代轻轨系统与旧式有轨电车系统相比，具有行车速度快、乘坐舒适、噪声较低等优点。对世界各国轻轨系统进行分类研究表明，轻轨也存在多种技术标准并存发展的情况。高技术标准的轻轨接近于轻型地铁，而低技术标准的轻轨则接近于有轨电车。

4) 独轨铁路

独轨是车辆或列车在单一轨道梁上运行的城市客运交通系统。独轨的线路采用高架结构，车辆则大多采用橡胶轮胎。从构造形式上可分为跨骑式独轨与悬挂式独轨两种。跨骑式独轨是列车跨坐在轨道梁上运行的形式，而悬挂式独轨则是列车悬挂在轨道梁下运行的形式。

5) 有轨电车

有轨电车通常采用地面线，有时也有隔离的专用路基和轨道。隧道或高架区间仅在交通拥挤的地带才被采用。旧式的有轨电车由于其与公共汽车及行人共用街道路权，且平交道口多，因而其运行所受的干扰多，速度慢。现代有轨电车与性能较差的轻轨交通已很接近，只是车辆尺寸稍小些，运营速度接近20km/h。

2. 按路权及列车运行控制方式不同分类

根据城市轨道交通系统是否专用及列车运行控制方式的不同，轨道交通系统可分为路权专用、按信号指挥运行；路权专用、按视线可见距离运行和路权混用、按视线可见距离运行等类型。

1) 路权专用、按信号指挥运行

路权专用、按信号指挥运行类型系统的特点是线路专用，与其他城市交通线路没有平面交叉。由于路权专用及按信号指挥运行，行车速度高且行车安全性好。属于这种类型的轨道交通系统包括市郊铁路、地下铁道和高技术标准的轻轨等。

2) 路权专用、按视线可见距离运行

路权专用、按视线可见距离运行类型系统的特点是线路专用，与其他城市交通线路没有平面交叉。行车安全性较好，但由于无信号、按可视距离间隔运行，行车速度稍低。属于这种类型的轨道交通系统主要是中等技术标准的轻轨。

3) 路权混用、按视线可见距离运行

路权混用、按视线可见距离运行类型系统的特点是线路与其他运输车辆和行人共用，与其他城市交通线路有平面交叉。除在交叉口设置信号控制外，其余线路段按可视距离间隔运行，行车速度与行车安全稍差。属于这种类型的轨道交通系统主要是低技术标准的轻轨和有轨电车。

3. 按高峰小时单向运输能力大小分类

根据城市轨道交通系统高峰小时单向运输能力的大小，轨道交通系统可分为高运量、中运量和低运量等类型。高运量轨道交通系统的高峰小时单向运输能力达到 30 000 人以上。属于这种类型的轨道交通系统主要有重型地铁和轻型地铁等；中运量轨道交通系统的高峰小时单向运输能力为 15 000～30 000 人。属于这种类型的轨道交通系统主要有微型地铁、高技术标准的轻轨和独轨铁路；低运量轨道交通系统的高峰小时单向运输能力为 5 000～15 000 人。属于这种类型的轨道交通系统主要有低技术标准的轻轨和有轨电车。

9.2.2 轨道交通路网结构分析

【拓展视频】

1. 路网线路间的基本关系分析

线路是路网的基本组成要素，分析两条线路之间的关系，可以从局部了解路网的特征。

从线路的布置方式不同划分，路网可分为两种基本类型。

(1) 各条线路在不同标高的平面上相交，在交叉处采用分离的立体交叉，路网中各条线路独立运营，不同线路的列车不能互通，乘客必须通过交叉点处的换乘站中转才能到达位于其他线路上的目的地车站，这类路网称为分离式路网，如图 9.1(a) 所示。

(2) 各条线路在同一平面交叉，在交叉处用道岔连接，因而各条线路之间可以互通列车，在整个路网上可以像城间铁路那样实行联运，乘客可以直接到达位于另一条线路上的目的地车站，这类路网称为联合式路网，如图 9.1(b) 所示。

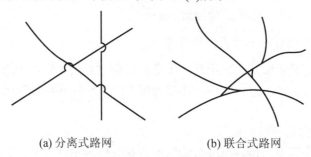

(a) 分离式路网　　　　　　(b) 联合式路网

图 9.1　按路线布置方式不同划分的路网类型图

分离式路网的优点是能确保在安全的条件下最好地组织大频率和高速度的交通，其缺点是必须换乘和路线系统不可能发展。世界上多数大城市的轨道交通线路是按分离式路网修建的，但也有少数城市是按联合式路网修建的，如纽约和伦敦。还有部分城市，如马德里，将这两者组合起来，即在主要线路方向上是相互分离的，而其他线路之间是相互联系的，试图兼备上述两种路网的优点。

我国已建地铁的城市，如北京、上海、广州以及正在规划轨道交通路网的城市，如深圳、南京、武汉等，都是按分离式路网规划和建设的。因此，在这里也主要针对分离式路网进行轨道交通线路之间的形态关系分析。

2. 路网线路之间的基本形态关系分析

从两条线路所构成的形态来看，按其交叉点的多少，可分为 3 类，即线路之间无交叉、线路之间交叉一次、线路之间交叉两次及两次以上。

1) 线路之间无交叉(Ⅰ类)

轨道交通路网中，两条线路之间不交叉的情形大致有 3 种。

(1) 两条线路平行或近似平行布置。

(2) 两条线路虽不平行但相距较远，如在一些特大城市中由于城市建成区面积较大，两条主要的交通走廊走向大致相同但相距较远。

(3) 由于河流等地理因素两条线路之间无法或尚未连通。在这种情况下，两条线路之间无法实现直接换乘，而必须通过与这两条线路都交叉的线路进行两次或两次以上的换乘才能实现，或是通过其他出行方式来实现，因而这两线之间的客流转线很不方便。

2) 线路之间交叉一次(Ⅱ类)

轨道交通线路之间交叉一次，即两线之间存在一个换乘站。线路交叉的形态呈十字形、X 形、T 形及 Y 形 4 种。十字形交叉常见于方格式路网中，如北京地铁路网；X 形交叉出现于含有三角形的放射式路网中。T 形或 Y 形交叉则多见于一些树状网络中，如布宜诺斯艾利斯、阿拉斯加、阿姆斯特丹等城市轨道交通路网中。线路之间交叉一次，使得两条线路之间可以实现直接换乘，但是当换乘客流很大时容易引起换乘客流的相互干扰和混乱。

3) 线路之间交叉两次及两次以上(Ⅲ类)

两条线路之间相互交叉两次，便构成两个交叉点，两者间的距离可以较远，也可较近，甚至是紧邻的两个站。在交叉点相距较近的情况下，交点间的线路多为平行或近似平行的布置，只是在两交点外侧才开始分开。在一些大城市的客流量很大的交通走廊上会采用这种布置。交叉点相距较远时，有两种常见的结构形态。一种是两条线路在市中心区的两端相交，交点之间的线路形成一包围 CBD(中央商务区)的小环，形同鱼状，即所谓的鱼形结构，如图 9.2 所示。这种结构将两条线路汇集的客流分别引向市中心区的两端，环绕 CBD 的小环上密布的站点也有利于 CBD 客流的分散，有力地减轻了市中心区的交通压力，保持了 CBD 的稳定，同时两条线路上的换乘客流得以在两个换乘站上换乘，这也减轻了换乘站的压力，方便了乘客的换乘，已成为许多城市轨道交通系统中的基本构成。在米兰、里约热内卢、里尔、多伦多、罗马等城市轨道交通路网中均包含这种结构。另一种是一条穿越市中心区的辐射线与一条环绕市中心区的环线相交，如图 9.3 所示。这种结构的换乘站一般位于闹市区外围，主要由环线的位置决定，其作用不仅在于让乘客方便地换乘，而且更重要的是可以有效地减轻中心区的过境客流，通过环线使得辐射线上的客流便捷地转换到其他辐射线上，是构成环线—放射式路网的基本部分。

图 9.2　鱼形换乘结构图

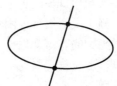

图 9.3　弧弦换乘结构图

当两条线路之间交叉两次以上或多条线路交叉时，除星形结构外，一般都会构成两个以上的交叉点，其形态特征是上述 3 种基本关系的组合。

3. 路网形态结构的特征分析

一个城市的轨道交通线路一般都在 3 条以上，这些线路相互组合，并受各个城市具体的人文地理环境等条件制约，便形成了千姿百态的路网形态。轨道交通路网的线路越长及条数越多，所构成的路网形态就越复杂。将这些路网形态抽象、归类，可归结为多路路网形态结构，其形态结构的一个共同特点是：在城市的外围区轨道交通线路呈放射状，密度较低，形成主要的交通轴向，而在内城市轨道交通线路密度较高，形成以三角形、四边形为基本单元的形态多样的网络结构。

在路网形态结构中，最常见、最基本的路网形态结构是网格式、无环放射式及有环放射式 3 种。

1) 网格式

网格式路网的各条线路纵横交叉，形成方格网，呈格栅状或棋盘状，如图 9.4 所示。

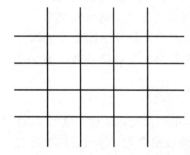

图 9.4 网格式路网结构示意图

网格式路网中的线路走向比较单一，其基本线路关系多为平行与十字形交叉两种，如大阪及墨西哥城市地铁路网就是这种类型。这种结构的路网线路分布比较均匀，客流吸引范围比例较高；线路按纵横两个走向，多为相互平行或垂直的线路，乘客容易辨别方向；换乘站较多，纵横线路间的换乘方便，路网连通性好。这类路网的缺点：一是线路走向比较单一，对角线方向的出行需要绕行，市中心区与郊区之间的出行常需换乘，有时可能要换乘多次；二是平行线路间的换乘比较麻烦，一般要换乘两次或两次以上，当路网密度较小，平行线之间间距较大时，平行线间的换乘很费时间。

2) 无环放射式

无环放射式路网是由若干穿过市中心的直径线或从市中心发出的放射线构成，如图 9.5 所示。这种类型的路网可使整个区域至中心点的绕弯程度最小，即全市各地至中心点的距离较短，因此其路网中心的可达性很好，市中心与市郊之间的联系非常方便，有利于市中心客流的疏散，也方便了市郊居民到市中心工作、购物和娱乐出行，有助于保证市中心的活力，维持一个强大的市中心。由于各条线路之间都相互交叉，任意两条线路之间均可实现直接换乘，因此路网连通性很好，路网任意两车站之间最多只需换乘一次。但由于没有环行线，圆周方向的市郊之间缺少直接的轨道交通联系，市郊之间的居民出行需要经过市中心区的换乘站中转，绕行很长距离，或者需要通过地面道路交通方式来实现，交通联系很不方便。这种不方便程度随着城市规模的扩大而增大。当 3 条及以上轨道交通线路在同一点交汇时，其换乘站的设计、施工及运用都很困难。这种车站一般会在 4 层高以上，旅客换乘不便。日常费用也高，同时庞大的客流量也难以疏散。因此，一般将市中心的一点交叉改为在市中心区范围内多点交叉，形成若干 X 形、三角形线路关系，这样既有利于换乘站的设计与施工，又有利于乘客的集散。

3) 有环放射式

有环放射式路网由穿越中心区的径向线及环绕市区的环行线共同构成，如图 9.6 所示。径向线的条数较多，走向多样，但都经过市中心区。在一些轨道交通路网规模不是很大或建设时期较短的城市，如北京、新德里等，环线一般只有一条，而在一些轨道交通路网规模较大、轨道交通发展比较成熟的城市，如莫斯科、东京等，会出现两条或两条以上的轨道交通环线。有环放射式路网结构是无环放射式线路网结构的基础上加上环形线形成的，对无环放射式的改进，因而既具有无环放射式路网的优点，又克服了其周边方向交通联系不便的缺点。

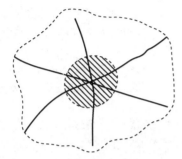 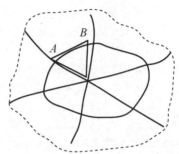

图 9.5　无环放射式路网结构的基本图　　　　图 9.6　有环放射式路网结构的基本图

9.2.3　轨道交通线路走向选择

线路走向选择具有以下要点。

（1）城市轨道交通的基本功能是城市区内客运，城市轨道交通线路基本走向应沿主要客流方向布设。主要客流方向应根据城市客流现状及预测结果综合考虑。

（2）线路应力求通过或尽量靠近沿途附近的大型客流集散点，如工业区、大型住宅区、商业文化中心、公交枢纽、铁路车站、港口码头、长途汽车站等，以便乘客直达目的地，减少换乘，争取客流。

（3）在满足地质条件、历史文物保护、地面建筑和地下建筑物等制约条件下，线路尽可能按短直方向定线，以缩短线路长度，节省运营费及运营时间。

（4）对于浅埋隧道、地面铁路或高架铁路，其线路位置通常是沿着较宽的城市干道布设，或是通过建筑物稀少的地区，这样可以减少线路穿越建筑群区域因避让桩基或拆迁房屋而增加的麻烦及费用，也为线路施工创造了良好的明挖条件，还为车站位置的选择增加了自由度。对于深埋隧道，其线路位置由车站位置决定，一般在其间取短直方向。

（5）线路在道路的十字路口拐弯时，通过十字路口拐角处往往会侵入现存的建筑区域，应使用小半径曲线尽量缩短线路通过建筑群区域的范围。此时如果改大半径曲线通过，虽然对运行速度、能源消耗、轨道养护、乘客舒适性等方面都有利，但会造成通过建筑群地带的长度增大，征地困难，用地费用增加，同时因隧道的设置，地面建筑物重量将受限制，还会伴随基础工程加固等困难同时出现。

（6）先期建设的线路应考虑与远期规划线路交叉点处的衔接，虽然暂时费用支出有所增加，但为未来路网中乘客的换乘方便创造了条件，这要比未来改建线路增设换乘设施节省投资。

（7）选择线路走向要考虑车辆段、停车场的位置和连接两相邻轨道交通线路间的联络线。

城市轨道交通系统的基础设施及运输组织原理与铁路运输系统相近，可参照铁路运输系统部分。

阅读材料 9-2

我国首列"空中列车"——永磁单轨下线

轨道不是两条而是一条，车辆采用橡胶轮胎，骑跨在高架轨道梁上行驶，跨座式单轨这种极为精妙的轨道交通方式素有"空中列车"之称。2016 年 5 月 19 日，我国自主研制的首列永磁跨座式单轨列车在中车四方股份公司正式下线。该车在国内首次采用永磁牵引，节能 10%以上，达到国际领先水平。

据了解，中车四方股份公司研制的首列永磁跨座式单轨列车，为具有国际领先水平的、新一代基于永磁牵引的双轴转向架大运量跨座式单轨，具有"爬坡能力强、转弯半径小、载客量大、安全可靠、噪音低、节能环保"等突出优势。

该车可根据运营需求实现 4 节、6 节、8 节灵活编组，车体宽 2.9 米，6 节编组时全长 90.8 米，可载客 1 448 人，堪称跨座式单轨列车中的"大力士"。车辆的最高运行时速为 80 公里，整车使用寿命长达 30 年。

据中车四方股份公司主任设计师钟元木介绍，该跨坐式单轨列车最大的亮点是首次采用了永磁同步电机驱动，节能优势显著。经测算，与采用异步电机的单轨车辆相比，该车可节能 10%以上。同时，车辆爬坡能力强大，转弯半径小，可以通过 65‰的坡道和曲线半径为 50 米的线路，对复杂地形地质的适应性强；运行低噪，当列车以 70km/h 行驶时，距轨道中心线 5 米处的噪声仅为 70dB，"比路面上行驶的汽车产生的噪声还低"。

安全方面，该车采用了大量先进的安全技术，安全性能达到国际领先水平。车辆采用新型高强度铝合金车体，结构强度比现行标准提高了近 1 倍，更加安全可靠。防火上，列车满足世界上最严格的 BS6853 防火标准，高温耐火时间达 30 分钟以上。为了提高防火能力，还首次加装了高压细水雾灭火系统，该系统可在需要时迅速喷出细水雾，消除火灾隐患，保护乘客安全。另外，列车配备了先进的无线 TPMS 胎压监测装置，能对车辆运行中轮胎的胎压、胎温、漏气等状态进行实时监测，保障运行安全。车辆还配备了先进的防滑保护系统，可以全天候安全运行。

除了领先的技术，该车还拥有靓丽的外型。低阻力流线型车头，配以贯穿车身的紫色飘带，带来强烈的速度感与视觉冲击力。每节车设有 3 对车门，缩短了上下车时间。车厢连接处设计为无障碍式贯通道，通行更方便。另外，车辆还首次采用新型纳米陶瓷膜车窗，能隔绝紫外线、隔断 97%的红外线，乘坐起来更为舒适。空调风道喷覆了抗菌、抗病毒的纳米材料，为乘客提供更健康的空气环境。客室采用新型 TPU 地板布，具有耐磨、自清洁、环保的优点。

据了解，该跨座式单轨列车由中车四方股份公司历经 3 年时间自主研制，整车国产化率达到 95%以上，而且与车辆配套的轨道梁和道岔等线路系统也都实现了国产化。

钟元木说，跨座式单轨不仅具有爬陡坡、拐急弯，噪声低，乘坐舒适等优点，而且工程造价仅约为地铁的 1/3，运行速度则与地铁相当，运量接近 B 型地铁列车，因而特别适合中运量、地形地质复杂、希望控制城轨建设费用及景观的城市。

随着技术的不断成熟和完善，跨座式单轨在世界各国盛行，广泛用于城市骨干线、辅助线、机场连接线、观光线等。据不完全统计，目前全球已开通了 50 多条跨座式单轨线路。在国内，重庆是最早引入跨座式单轨的城市，其全长 55 公里的重庆轨道交通 3 号线为世界上最长的单轨线路。国内多个城市也已规划或有规划意向。因此，跨座式单轨的应用前景广阔。

资料来源：我国首列"空中列车"——永磁单轨下线[EB/OL].(2016-05-19).[2016-05-31].
http://www.chinametro.net/index.php?m=newscon&id=410&aid=40738.

9.3 城市道路交通设施

9.3.1 城市道路、交叉口及其分类

1. 城市道路及其分类

城市道路是城市中组织生产、安排生活所必需的车辆、行车交通往来的道路，是连接城市各个组成部分、中心区、生活居住区、对外交通枢纽以及文化教育、风景游览、体育活动场所等，并与郊区公路、铁路场站、港口码头、航空机场相贯通的交通纽带。城市道路不仅是组织城市交通运输的基础，而且也是布置城市公用管线、街道绿化，组织沿街建筑和划分街区的基础。因此，城市道路是城市市政设施的重要组成部分。

根据国家《城市道路交通规划设计规范》的规定，我国城市道路分为快速路、主干路、次干路和支路4类。快速路完全为交通功能服务，是解决城市长距离快速交通的主要道路。快速路进出口应采用全控制或部分控制，同时快速路与快速路相交或与高速公路相交必须采用立体交叉；主干路以交通功能为主。主干路上的机动车与非机动车应分道行驶，平面交叉口间距以 800~1 200m 为宜，主干路不宜设置公共建筑物出入口；次干路是城市区域性的交通干道，为区域交通集散服务，配合主干路组成道路网，起广泛连接城市各部分与交通集散作用；支路为联系各居住小区的道路，解决地区交通、直接与两侧建筑物出入口相接，以服务功能为主。支路应满足公共交通线路车辆行驶的要求。

2. 交叉口及其分类

城市中道路与道路相交的部位称为城市道路的交叉口。由于城市内的车辆是通过由不同等级和不同方向的道路所组成的网络系统运行并到达目的地的，因而道路交叉口就成为城市交通能否快速畅通的关键部位。

【拓展视频】

城市道路交叉口分为平面交叉和立体交叉两类。

1) 平面交叉

平面交叉是指各相交道路中心线在同一高度相交的道口。平面交叉的形式决定了道路系统规划、交通量、交通性质和交通组织，以及交叉口用地和其周围建筑的布局。常见的形式有十字形、X 形、T 形、Y 形、错位交叉和复合交叉等几种。进入交叉口的车辆，由于行驶方向不同，车辆与车辆相交的方式亦不相同。当行车方向互相交叉时可能产生碰撞的地点称为冲突点。当车辆从不同方向驶向同一方向或成锐角相交时可能产生碰撞的地点称为交织点。选择和设计交叉口时，应尽量设法减少冲突点和交织点。交叉口的行车安全和通行能力，在很大程度上决定于交叉口的交通组织。消除冲突点的交通组织有以下几种方式。

(1) 环形交叉。在交叉口中央设置圆形或椭圆形交通岛，使进入交叉口的车辆一律绕岛单向逆时针方向行驶。

(2) 渠化交通。在交叉口合理布置交通岛，组织车流分道行驶，减少车辆行驶时的相互干扰。

(3) 交通管制。在交叉口设置信号灯或由交通警手势指挥，使通过交叉口的直行、左转弯和右转弯的车辆的通行时间错开，即在同一时间内只允许某一方向的车流通过交叉口。

2) 立体交叉

立体交叉是指交叉道路的中心线在不同标高相交时的道路交叉口，其特点是各相交道路上的车流互相不干扰，可以各自保持原有的行车速度通过交叉口。立体交叉主要由跨路桥、匝道、出入口和变速车道等部分组成。高速或快速路从桥上通过，相交道路从桥下通过的跨路桥称为上跨式，反之，称为下穿式；匝道是为连接两相交道路而设置的互通式交换道，分为单向匝道、双向匝道和设分隔带的双向匝道；出入口的出和入是针对快速道路本身而言的，由快速道路驶出、进入匝道的道口称为出口，由匝道驶出、进入快速道路的道口称为入口；由匝道驶入快速道的车辆需加速，由快速道驶入匝道的车辆需要减速。设置在快速道右侧，用于出入匝道车辆加速或减速使用的附加车道称为变速车道。

根据相交道路上行驶的车辆是否能相互转换，立体交叉又可分为分离式和互通式两种。分离式立体交叉，在交叉处设跨路桥，上下道路之间不设匝道，因此在上、下道路上行驶的车辆不能相互转换。当快速干道与城市次要道路相交时，可采用分离式立交，保证干道交通快速畅通。互通式立体交叉，相交道路上行驶的车辆可以相互转换，在交叉处设置跨路桥，与匝道一起供车辆转换使用。

3. 停车场

为了满足城市交通发展的需要，除了设置足够数量的道路之外，还应设置足够数量的停车场。城市中供机动车使用的停车场按服务对象不同分为专用停车场和公用停车场两类。专用停车场专为机关或单位使用；公用停车场为社会各种车辆停车服务，如分布在城市出入口为外地来城的车辆，或为过境车辆停放的停车场，或设置在商场、影剧院、体育场馆等公共建筑附近的停车场，以及城市道路路段上的停车场等称为公用停车场。

9.3.2 城市交通信号及其设备

1. 交通信号灯

城市道路上常用的交通信号有灯光信号和手势信号。灯光信号通过信号灯的灯色来指挥交通；手势信号则由交通管理人员通过法定的手臂动作、姿势或指挥棒的指向来指挥交通。交通信号是在空间上无法实现分离原则的场所，主要是在平面交叉口上，用来在时间上给交通流分配通行权的一种交通指挥措施。

交通信号灯最初的信号仅红、绿两色。绿灯表示允许通行，红灯表示不准通行。后来出现了红、黄、绿三色信号灯，黄色灯作为红色灯与绿色灯之间的过渡信号。现代信号灯除原来红、黄、绿三色基本信号灯之外，又增加了箭头信号灯和闪烁灯。箭头信号灯是在灯头上加一个指示方向的箭头，分设左、直、右 3 个方向，它是专为分离各种不同方向交通流，并对其提供专用通行时间的信号灯。在一组灯具上，具备左、直、右 3 个箭头信号灯时，就可取代普通的绿色信号灯。闪烁灯在各色信号灯启亮时，按一定的频率闪烁，以补充其他灯色所不能表达的交通指挥意义。

除交叉口交通信号灯外，还有人行横道信号灯和车道信号灯。车道信号灯悬挂在多车道道路上空，有绿色箭头灯，箭头指向所对的车道，此灯亮时，指示该车道可通行；还有红色信号灯，此灯亮时，指示该车道前方不能通行。车道信号灯一般多用在快速道路、大桥、隧道及有可逆方向车道的道路上。

2. 交通流检测器

交通流检测器的功能是在道路上实时检测交通量、车速或占有率等各种交通参数，这些参数是交通流控制系统中所必需的计算参数。交通流检测器的种类很多，根据其工作原理，主要有以下几种。

(1) 压力式检测器。当汽车从检测器上通过时，汽车的重量使密封的橡皮压力板里的接触极闭合，从而发出车辆通过时产生的信号。

(2) 地磁检测器。在路面上埋设一个具有高导磁率铁芯的线圈，车辆通过时，通过线圈的磁通量发生变化，在线圈中产生一个电动势，通过放大器去推动继电器，发出车辆通过的信息。

(3) 环形线圈检测器。由环形线圈、检测单元及馈线3部分组成，它既可检测交通量，又可检测占有率及车速等多种交通参数。

(4) 超声波检测器。仪器由超声波发射器发出波束，再接收从车辆或地面的反射波，根据反射时间的差别，判断车辆通行状况。

3. 交通流控制设备

交通流控制设备的用途，一是操纵一个或同时操纵几个交叉口的信号灯；二是把几个交叉口的控制机连接到一个主控机或主控计算机上，从而形成干道线控制或区域控制系统。现代交通流控制机具有以下几项基本功能。

(1) 根据预先设定的配时方案或感应控制方案，操纵信号灯的变换。

(2) 接收交通流检测器送来的信号，作信息处理，并根据这些信息按预先设定的方案操纵信号灯。

(3) 接收从主机或主控计算机发来的指令，并根据指令按预先设定的方案操纵信号灯。

(4) 配置小型计算机或微处理机的交通流控制机，可以收集检测器的交通信息，处理并存储这些数据，或根据指令把数据送给主控计算机。

9.3.3 城市道路交通载运工具

1. 城市公共交通车辆

1) 公共汽车

我国公共汽车车辆类型很多，按载客量不同分类，有小型(载客60～90人)、中型(载客90～130人)和大型铰接车(130～180人)。铰接车对解决上下班客运高峰时间的乘客拥挤情况发挥了重要作用。

2) 无轨电车

无轨电车以直流电为动力，它除了有公共车辆的设备外，还要有架空的触线网、整流站等设备。初次投资较大，行驶时因受架空触线的限制，机动性不如公共汽车，行驶时能偏移触线两侧各 4.5m 左右，可以靠人行道边停站，必要时也可超越其他的城市车辆。无轨电车的特点是噪声低、不排放废气、起动加速快、变速方便，宜用于市区。

3) 有轨电车

有轨电车具有运载能力大，客运成本低的优点，其设备同无轨电车，但它还有轨道(其架空触线为一根)和专设的停靠站台。有轨电车的缺点是机动性差，行驶时噪声大，当它与车行道铺设在一起时，路面很容易损坏，影响道路的使用质量。它适用于单向小时客流量 6 000～12 000 人的干道线路，运送速度可达 16km/h 以上。

4) 城市快速铁道及城市快速列车

城市快速铁道及城市快速列车适用于单向小时客流量 4 万人以上的客运，年客运强度在 1 000 万人次/km 的市区或市郊干线线路采用，其运送速度一般达 35～45km/h。

5) 地下铁道及地下铁道列车

地下铁道及地下铁道列车适用于单向小时客流 4 万～6 万人的客运量，年客运强度在 1 000 万人次/km 的城市市区线路采用。地下铁道的运送速度一般在 30～40km/h，对环境影响小。地下铁道以其运量大、速度快、安全准点、占地面积小、污染少等优点为人们所重视，但地铁基建费用大，营运亏损也大。

6) 快速有轨电车

快速有轨电车适用于单向小时客流 1.5 万～3 万人的客运量，年客运强度 800 万人次/km 以上的市区或市郊干线线路采用。快速有轨电车的因地制宜性强，大城市、中等城市都可采用。其运送速度在 20～35km/h 范围内变化。快速有轨电车是在革新传统的有轨电车的基础上形成的。主要是使车辆现代化，对线路实行隔离，在市中心繁忙地段进入地下，从而提高运行速度。快速有轨电车基建费用较低，约为地铁的 1/3；建设工期短，建成后运行费用低，因此受到人们的普遍重视。

7) 出租汽车

出租汽车在城市客运交通中起着辅助作用，因而称之为辅助交通。出租汽车的车型有大、中、小型和微型之分，根据租用者的不同需要而提供。出租汽车是可以随时提供户到户的交通方式，它对城市居民提供的服务比其他定线公共交通更迅速、更方便。

8) 轮渡

轮渡是城市被江、河分割的特定条件下的城市客运交通，一般起连接两岸摆渡交通的作用，从而使陆上不能直接相通的被分割区域可以沟通。这在没有现代化桥梁、水底隧道的城市显得尤为重要。

2. 自行车

自行车交通具有灵活方便、经济耐用、节能保健，不污染环境及适合大众需求的特点，但同时又有安全性差、舒适性差、稳定性差、干扰性大及老人、儿童、残疾人、病人或体弱之人难以利用的缺点。

3. 摩托车

我国将摩托车分为轻便摩托车和摩托车两类。发动机工作容积小于 50mL，最大时速小于 50km 的摩托车属轻便摩托车；重量小于 400kg，最大时速超过 50km 或发动机工作容积大于 50mL 的两轮或三轮机动车属摩托车。

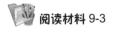

阅读材料 9-3

交通设施中的"千里眼""顺风耳"

在科幻电影里，我们经常会看到这样的场景：主角呼叫一辆交通工具，直接上车，然后可以无人驾驶到达目的地，在途中车辆还可以自行变道或等候红绿灯。这样的科幻场景，可能很快会成为现实。

2016年1月18日，来自工信部、北京市政府和河北省政府的代表签署了"基于宽带移动互联网的智能汽车与智慧交通应用示范"三方合作框架协议，并发布了北京市 2016—2020 年行动计划。根据该计划，北京经济技术开发区将率先试点"智能汽车与智慧交通产业创新示范区"。根据合作框架协议和示范区总体建设方案要求，工业和信息化部、北京市、河北省三方将共同推动构建 4.5G/5G、智能汽车与智慧交通融合发展的产业生态，研发一批智能汽车与智慧交通关键技术和产品，带动电子信息、宽带移动通信、移动互联网、汽车制造等相关产业的发展。

"前方路口左转行车拥堵严重，下个车站约有8人上车，前方400米处有冰，请减速慢行……"这是 5G 技术带来的智能交通体验，可以预知路况，让司机在驾驶过程中有了"千里眼"和"顺风耳"。

北京市经济信息化委员会主任张伯旭介绍："应用示范将以汽车和交通产业为应用领域，以电动汽车、智能汽车为平台，以智能驾驶、智慧路网、车路协同等关键技术研发应用为牵引，部署 4.5G/5G 宽带移动互联网通信基础设施，协同构建安全、节能、高效、便捷的汽车服务新生活。"

据介绍，智能驾驶示范是基于车载传感器探测的自主式智能驾驶系统，通过示范运行，带动智能驾驶相关的技术难题取得突破，最终实现规模化生产和应用。针对停车难的问题，示范区也将在便捷停车方面进行试验，研发具有联网功能的智能停车设备，以及具有多种服务功能的停车云平台与停车终端应用。

据了解，示范区的最大特点是智能汽车与智慧交通同步进行。车辆之间、车辆与车位、道路信号之间不再各唱各戏，都会借助 4G/5G 网络优势，实现交通大数据的实时收集、处理、存储和挖掘，科学调配道路资源和车辆通行。在此基础上，北京也将成为智慧路网示范工程和智慧管理示范中心。

资料来源：交通设施中的"千里眼""顺风耳"[EB/OL].
(2016-03-13).[2016-05-31].http://www.tcjtgc.cn/news_view.asp?id=27.

9.4 城市道路交通系统规划

9.4.1 城市道路交通规划的总体设计

【拓展视频】

为了优化城市用地布局，提高城市的运转效能，提供安全、高效、经济、舒适和低公害的交通条件，对城市道路交通设施的建设，必须经过科学、合理的规划。

城市道路交通规划应以市区内的交通规划为主，并处理好市区交通与市内交通的衔接、市域范围内的城镇与中心城市的交通联系。

城市道路交通规划必须以城市总体规划为基础。满足土地使用对交通运输的要求，发挥城市道路交通对土地开发的促进和制约作用。

城市道路交通规划一般分城市道路发展战略规划、城市道路交通综合网络规划及城市道路近期治理规划 3 类。规划年限分别为 20～50 年、5～20 年、3～5 年。特大城市、大城市一般应完成 3 类规划，中小城市只需进行后两类规划。

城市道路交通规划应包括以下主要内容。
(1) 城市道路交通规划工作总体设计。
(2) 现状交通系统调查及分析。
(3) 城市交通需求发展预测。
(4) 城市道路交通网络规划方案设计。
(5) 城市道路网规划方案评价。
(6) 城市道路网规划方案调整与优化。
(7) 城市道路网规划方案实施计划。

城市道路交通规划工作涉及面广、工作量大，在规划工作开展前，必须进行总体设计。总体设计包括以下内容。
(1) 建立工作机构。一般应包括规划领导小组、规划办公室及规划工作课题组3个层次。
(2) 确定该城市道路交通规划的指导思想及规划原则。
(3) 确定规划地域范围、规划层次、规划年限。
(4) 规划区(直接影响区及间接影响区)交通小区划分。
(5) 确定规划目标。
(6) 规划过程总体流程设计。

9.4.2 城市交通基础信息调查

服务于城市道路交通规划的交通调查包括以下内容。

1. 城市社会经济基础资料调查

需收集的城市社会经济基础资料包括：人口资料、国民经济指标、运输量和各方式、各车种的交通工具拥有量。

2. 城市土地使用调查

城市土地使用与城市道路交通有着密切的关系，不同性质的土地使用，可产生或吸引不同性质的交通，交通与土地使用的关系是进行交通需求预测的基础。土地使用调查内容主要包括各交通小区的土地使用性质、就业、就学岗位数、商品销售额等。

3. 城市居民出行O—D调查

城市居民出行O—D调查即居民出行起讫点调查。通过O—D调查能较全面了解居民出行的内在规律，并获得一系列的重要参数，O—D调查在城市道路交通规划中占有非常重要的地位。

居民出行O—D调查的内容包括居民的职业、年龄、性别、收入等基础情况，以及各次出行的起点、讫点、时间、距离、出行目的、所采用的交通工具等出行情况。居民出行O—D调查采用的方法有家庭访问法、电话询问法、明信片调查法、工作出行调查法、职工询问法及月票调查法等。

4. 城市流动人口出行O—D调查

流动人口是城市总人口中特殊的组成部分，流动人口的出行规律如出行次数、出行方式等与城市居民出行规律一般有较大的差异，在我国更是如此。

流动人口的组成十分复杂,按其在城市中停留的时间可分常住、暂住、当日进出 3 种情况。按其来城市的目的又可分为出差、旅游、探亲、看病、经商、转车等。因此,流动人口出行 O—D 调查难度较大,对不同类别的流动人口应采取相应的调查方法。常住、暂住流动人口一般可采用与居民出行 O—D 调查类似的旅馆访问、电话询问等方法,对当日进出的流动人口则可采用在城市的出口,如车站、码头等直接询问的方法等。

5. 机动车出行 O—D 调查

机动车出行 O—D 调查包括公交车出行 O—D 调查及非公交车出行 O—D 调查两类。

城市公交车出行 O—D 调查的内容包括行车路线、行车次数、行车时间等,可直接由公交公司的行车记录查得。

城市境内除公交车外的其他机动车辆境内出行 O—D 调查的内容,包括车辆的种类、起迄地点、行车时间、距离、载客载货情况等。

除城市公交车外的其他机动车出行 O—D 调查的方法,一般有发(收)表格法、路边询问法、登记车辆牌照法、车辆年检法、明信片调查法等。

6. 城市道路流量调查

城市道路流量资料是进行现状交通网络评价、交通阻抗函数标定及未来路网方案确定的重要依据。城市道路流量调查内容包括道路机动车流量、交叉口机动车流量、道路自行车流量、交叉口自行车流量、核查线流量调查等。

7. 道路交通设施调查

道路交通设施调查内容主要包括各道路路段的等级、机动车道及非机动车道路面宽度、机非分隔方式、长度、坡度、交通管理方式(如单行线、公交专用线……)等;各交叉口类型、坐标、控制方式等;停车场位置、形式、停车容量等。

9.4.3 城市交通需求发展预测

城市交通需求发展预测包括城市社会经济发展预测、城市客运交通发展预测及城市货运交通发展预测三大部分。

1. 城市社会经济发展预测

城市社会经济发展指标是城市客运交通、货运交通预测的基础。城市社会经济发展预测主要包括城市经济发展预测、城市人口发展预测、劳动力资源与就业岗位预测、学生人数及就学岗位预测等。

2. 城市客运交通需求发展预测

城市客运交通需求发展预测一般包括城市居民出行生成(出行发生、出行吸引)预测、城市居民出行分布预测、城市居民出行方式结构预测及出行线路交通量预测(即交通分配)四部分,常称"四阶段"预测法或"四步法"。

1) 城市居民出行产生预测

城市居民出行产生预测按出行目的主要分为上班、上学、公务、购物、文体、访友、看病、回程和其他。一般来讲,在城市居民出行目的结构中,上班、上学、回程占了绝大部分，称这类出行为"生存出行"，这类出行是居民为生存必须进行的，其他出行比例较少，称这类出行为"弹性出行"。一般来说，弹性出行占的比例越高，生存出行占的比例越低，则这个城市的生活水准就越高。

在出行产生预测时，把出行目的分成上班、上学、回程、弹性 4 类分别进行。这 4 类出行目的出行量预测基本模型，可采用下列形式的一种或几种。

$$Y_{ij}=a+bX_{ij}$$
$$Y_{ij}=aX_{ij}^b$$
$$Y_{ij}=ae^bX_{ij} \tag{9-1}$$

式中：Y_{ij}——i 交通区 j 类出行目的的出行发生量；

X_{ij}——i 交通区相应于 j 类出行目的的出行发生量影响因素，工作出行为劳动力资源数，上学出行为居住学生数，弹性出行为居住人口数，回程出行为非回程出行吸引量；

a、b——回归系数，根据现状居民出行调查资料及经济调查资料标定(可采用 MSExcel 系统回归)。

2) 城市居民出行吸引预测

与居民出行产生预测一样，城市居民出行吸引量预测也是按上班、上学、回程、弹性 4 类出行目的分别建模，并采用相同的基本模型。

3) 城市居民出行生成预测

将各类出行目的的城市居民出行发生量、吸引量相加，便形成城市居民全日的出行生成，它们分别是出行 O—D 矩阵中的行和(发生量)及列和(吸引量)。

4) 城市居民出行分布预测

城市居民出行分布预测就是要根据前面预测的各交通区发生量及吸引量，确定各交通区之间的出行量分布，即计算未来特征年居民出行量在 O—D 表中的各元素值，所以，出行分布模型是一种空间相互作用模型。城市居民出行分布预测模型主要分两大类：增长系数法及重力模型法。在增长系数法分布预测中经常采用的两个模型是 Fratar 模型和 Furness 模型。重力模型有多种形式，目前在规划中应用最广泛、精度最好的是以行程时间为交通阻抗的双约束重力模型。

5) 城市居民出行方式结构预测

城市居民出行方式结构预测即将前面预测的居民全日的出行量分解成各种交通方式的出行量，并转换成各种交通工具的出行量。在城市道路交通规划中，交通方式(或出行方式)分为步行、自行车、公交、出租车、摩托车、单位车、私家车及其他几类。

在进行居民出行方式划分的预测中，应该以定性和定量分析相结合，在宏观上依据未来国家经济政策、交通政策及相关城市的比较来对未来城市交通结构作出估计，然后在此基础上进行微观预测。

3. 城市货运交通需求预测

城市货运是城市交通运输的组成部分之一。城市货运交通需求预测包括城市货物出行总量预测、货物出行发生预测、货物出行吸引预测及货物分布预测 4 个方面。用于城市货运分布预测的预测方法与客运一致，但货运分布预测中最常用的模型为双约束重力模型，客货运分布预测的模型参数需分别标定，两者差异较大。

9.4.4 城市道路网络布局规划

1. 城市道路交通网络规划的一般原理

城市道路交通网络的规划，必须建立在各出行方式出行 O—D 量的基础之上，并以满足出行要求为主要目标。

一般来说，城市道路交通网络规划方案按以下步骤产生。

(1) 在现状交通网络交通质量评价的基础上，参考城市总体规划及分区规划中的路网系统方案，根据城市形态及发展趋势确定一个初始的道路网络方案。

(2) 将预测的各方式出行 O—D 量分配至路网方案上，预测每一交叉口、每一路段的分配交通量及路段平均车速、交叉口平均延误。

(3) 分析、评价每一路段、每一交叉口的交通负荷、服务水平及网络总体评价指标。

(4) 根据交通质量评价及网络总体性能评价结果，调整路网规划方案，返回步骤(2)，直到规划方案可行、合理。

2. 道路网络规划的一般原则

城市道路系统首先应满足人流、客货车流的安全畅通，同时应反映出城市风貌，历史和文化传统，为地上地下工程管线和其他设施提供空间，并满足城市日照通风与城市救灾避难要求。在进行城市道路网络系统的规划时，应对上述功能综合考虑、相互协调。

满足城市交通运输要求是道路网络系统规划的首要目标，为达到此目标，规划的道路网络系统必须"功能分清，系统分明"，为组成一个合理的交通运输网创造条件，使城市各交通区之间有"方便、迅速、安全、经济"的交通联系。这种道路网络系统由交通性与生活性两种道路组成。按道路在城市中的地位、作用、交通性质、交通速度及交通流量等指标，可将道路分为快速路、主干路、次干路及支路 4 类。快速路及主干路为交通性道路，次干路兼有交通性和生活性两重功能，并以交通功能为主，支路一般为生活性道路，在居住区、商业区、工业区内起着广泛的联系作用。

城市道路系统应能适应今后城市用地的扩展、交通结构的变化和快速交通的要求，城市道路网络中快速干道及主干道是路网的骨架，应便捷地联系城市各主要功能区，形成客货运机动车的重要交通走廊。次干道和支路是对交通走廊的补充，以通行公交汽车、自行车及分区内部交通为主。为了构成一个协调的运输系统，各类干道及支路的路网密度，在不同的规划阶段必须予以保证。

3. 城市道路网络布局规划

城市道路网络系统是由于城市的发展，为满足城市交通、土地利用及其他要求而形成的。城市道路网络系统的布局与形态取决于该城市的结构形态、地形地理条件、交通条件、不同功能的用地分布等。

目前常用的道路网络系统可归纳为 4 种形式，即方格(棋盘)式、放射环形式、自由式及混合式。各类城市在进行交通规划时，应根据该城市的城市形态、地理条件、主要客货流方向及强度确定其道路网络系统的布局与形态，不应套用固定的模式。

4. 各类城市道路规划原则

1) 快速路规划

快速路是为车速高、行程长的汽车交通连续通行设置的重要道路。它一般设置在大城市、带形城市或组团式城市，并与城市出入口道路和市际高等级公路有便捷的联系。

快速路应设置中央分隔带，以分离对向车流，并限制非机动车进入，部分控制快速路两侧出入的道路。快速路上出入道路的间距以不小于 1.5km 为宜。快速路与快速路、主干路及交通量较大的次干路相交时，采用立体交叉方式，与交通量较小的次干道相交时，可采用进口拓宽式信号控制，但应保留修建立交的可能。原则上支路不能与快速路直接相接。

快速路两侧不应设置吸引大量人流和车流的公共建筑物出入口。

2) 主干路规划

主干路是城市道路网络的骨架，是连接城市各主要分区的交通干线。它以交通功能为主，与快速路共同承担城市的主要客、货运输。

主干路上机动车与非机动车应实行分流，主干路两侧不宜设置吸引大量人流、车流的公共建筑物出入口。主干路与主干路相交时，一般应采用立交方式，近期采用信号控制时，应为以后修建立交留出足够的用地和空间。主干路与次干路、支路相交时，可采用信号控制或交通渠化方式。

3) 次干路规划

次干路是介于城市主干路与支路间的车流、人流主要交通集散道路。它应设置大量的公交线路，广泛联系城内各区。次干路两侧可以设置吸引人流、车流的公共建筑、机动车和非机动车的停车场地、公交车站和出租车服务站。次干路与次干路、支路相交时，可采用平面交叉口。

4) 支路规划

支路是次干路与街坊内部道路的连接线，其上可设置公交线路。支路在城市道路中占有很大的比重，在城市分区规划时必须保证支路的路网密度。支路与支路相交可不设管制或信号控制。

5) 环路规划

当穿越市中心的流量过多，造成市中心区道路超负荷时应在道路网络中设置环路。环路的设置应根据交通流量与流向而定，可为全环也可为半环，不应套用固定的模式。为了吸引车流，环路的等级不宜低于主干路，环路规划应与对外放射的干线规划相结合。

6) 城市出入口道路规划

城市出入口道路具有城市道路与公路双重功能。考虑到城市用地发展，城市出入口道路两侧的永久性建筑物至少退离道路红线 20~25m。城市每个方向应有两条以上出入口道路，有地震设防的城市，尤其要重视出入口的数量。

5. 道路网络交通分配

交通分配是城市交通规划的一个重要环节，也是 O—D 量推算的基础。所谓交通分配就是把各种出行方式的空间 O—D 分配到具体的交通网络上。通过交通分配所得的路段、交叉口交通量资料是检验道路规划网络是否合理的主要依据之一。常用的交通分配方法有最短路(全有全无)分配、容量限制分配、多路径分配、容量限制多路径分配 4 种。

6. 道路交通负荷及服务水平分析

1) 交通负荷分析

交通负荷分析是指分析网络中交叉口、路段的机动车及非机动车饱和度。饱和度被定义为分配交通量与设计通行能力之比。

(1) 路段饱和度分析。

$$S_r = N_b/N_a \tag{9-2}$$

式中：S_r——路段饱和度；

N_b——已换算成标准车型的路段分配交通量；

N_a——已经过各种修正的路段设计通行能力。

(2) 交叉口饱和度分析。

交叉口进口车流一般由左转、直行、右转 3 种车流组成，不同流向的车辆对交叉口的交通压力是不一样的，如左转车辆对交通的影响远远大于右转车辆。因此，在进行交叉口交通负荷分析时，必须先确定交叉口的流向。在交通规划中，由于规划交叉口在现实的交通网络中不一定存在，因此无法进行流向观测，但经过交通分配后，可以很方便地获得交叉口的进出口交通量，故交叉口流向可以根据交叉口进出口流量采用 Fratar 或 Furness 模型进行推算。

2) 服务水平分析

所谓服务水平是指道路使用者根据交通状态，从速度、舒适度、方便、经济和安全等方面所能得到的服务程度。影响服务水平的因素很多，如 V/C(即饱和度)、平均车速、交叉口延误、安全性、经济性及便利性等。其中，最主要的是 V/C，其次是平均车速(用于路段分析)或平均延误(用于交叉口分析)。

对于城市道路来说，衡量交通服务质量的最主要指标为路段、交叉口的拥挤程度(即 V/C)，其次是车速(路段)或延误(交叉口)。由于车速、延误与 V/C 有关。因此如果 V/C 增大，则必有车速降低，延误增加；如果 V/C 减小，则必有车速增加，延误降低。故只有 V/C 是独立的。为方便研究，可采用 V/C 作为城市道路路段与交叉口的服务水平划分依据。参考国内外的经验，可采用表 9-1 的服务水平划分标准。

表 9-1 路段、交叉口服务水平划分标准

服务水平	A	B	C	D	E	F
V/C	<0.4	0.4~0.6	0.6~0.75	0.75~0.9	0.9~1.0	>1.0

各级服务水平的交通状况为：A——畅行车流，基本上无延误；B——稳定车流，有少量的延误；C——稳定车流，有一定的延误，但司机可以接受；D——接近不稳定车流，有较大延误，但司机还能忍受；E——不稳定车流，交通拥挤，延误很大，司机无法忍受；F——强制车流，交通严重阻塞，车辆时停时开。

表 9-1 的划分标准用于城市道路网络规划时(按高峰小时分析)，对于路段，可用 C 级服务水平，即要求路段 V/C 不大于 0.75；对于交叉口，可采用 D 级服务水平，即要求交叉口 V/C 不大于 0.90。

原则上要求规划网络中的每一路段、每一交叉口的服务水平均能满足设计要求。

9.4.5 城市道路交通规划方案综合评价

1. 城市道路交通规划评价原则

城市道路交通规划评价应遵循以下原则。

(1) 科学性原则。建立的评价指标必须科学地、合理地、客观地反映城市交通系统性能及其影响。

(2) 可比性原则。评价必须在平等的可比性价值体系下才能进行，否则就无法判断不同城市交通网络的相对优劣。同时，可比性必然要求具有可测性。没有可测性的指标是难于进行比较的。因此，评价指标要尽量建立在定量分析基础之上。

(3) 综合性原则。城市交通规划评价指标体系应全面地、客观地、综合地反映城市交通规划方案的性能和效果。

(4) 可行性原则。评价指标必须定义确切，意义明确，并且力求简明实用。现有的一些城市交通规划评价指标中有些意义含糊，难于确定，缺乏实用性、可行性。

2. 城市道路交通规划经济效益评价

对交通规划方案的经济效益评价要通过两方面的核算才能完成，即成本和效益，无论是成本还是效益都有直接和间接之分。

从成本(或投资费用)来看，直接费用包括初次投资费用以及有关的交通设施、交通服务的运营和维修费用等；间接费用包括其他政府机构所需的经费开支(如公安机关为加强限制车速及停车规定，或公共交通终点站的保护防护所增加的费用)，由于增加大气和噪声污染、拥挤加剧等而引起的社会费用，交通事故费用，能源、轮胎消耗费用等。

从效益来看，直接经济效益如出行时间节省、降低运输成本、减少交通事故等；间接效益如改善大气质量、减少噪声污染以及改善投资环境、生活质量、增加地区旅游吸引力等。

3. 城市道路交通规划技术性能评价

根据交通规划层次和要求不同，对规划方案的技术性能评价可以从两个层次上来分析。第一层次是城市交通网络总体性能评价，即从城市交通网络整体出发，从城市总体规划、城市交通远景战略规划的角度来分析评价交通网的总体建设水平、交通网络布局质量、交通网总体容量等；第二个层次是城市交通线路节点性能的评价，即从单条线路或单个交叉口出发，分析交通线路(道路、地铁、公交线路等)或交叉口的容量、服务水平、延误、事故等。它适用于中长期综合交通和近期治理规划。

4. 城市道路交通规划社会环境影响评价

交通问题不仅是一个技术经济问题，而且是一个影响广泛的社会问题。评价一个规划方案的好坏不仅要用技术性能和可见的货币价值来衡量，而且还要看其能否带来良好的社会环境效益。

交通系统对社会环境的影响体现在正负两方面。负面效应包括噪声、废气、振动、安全、恐惧、视线阻挡、拥挤疲劳、社区阻隔等；正面效应包括可达性提高、促进生产、扩大市场、地价升高、改善景观等。

目前国内已经在交通噪声监测评价、汽车尾气扩散模式、城市交通综合效益分析评价模式等方面取得了一些理论成果，今后应致力于在城市交通规划实践中推广应用，并对理论模式作进一步深化完善。

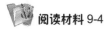
阅读材料 9-4

TransCAD——世界上最流行和强有力的交通规划和需求预测软件

TransCAD 是第一个供交通专业人员使用而设计的地理信息系统(GIS)，用来储存，显示，管理和分析交通数据。TransCAD 把 GIS 和交通模型的功能组合成一个单独的平台，以提供其他软件无法与之匹敌的各种功能。TransCAD 可用于任何交通模式、任何地理比例尺寸和任何细节程度。

TransCAD 将地理信息系统与交通需求预测模型和方法有机结合，是世界上最流行和强有力的交通规划和需求预测软件。TransCAD 在 70 多个国家有超过 7 500 余用户，在美国 25 个以上的州是标准的或占主导地位的交通规划软件，被 175 个美国大都市规划组织(MPO)所使用。

TransCAD 的特点是易学易用，其主要具有以下技术特点。
(1) 菜单驱动、直观明了的用户界面。
(2) 一整套建模技术和方法。
(3) 全面的二次开发和脚本宏语言。
(4) 支持 .NET。
(5) 构建于自主开发的强大的交通地理信息系统平台之上，同时支持几乎所有的其他地理信息系统。
(6) 容易从其他规划软件转换。
(7) 互联网查询和发布功能。

TransCAD 代表最先进的 GIS 技术，可用来制作和改制地图，建立和维护地理数据集，或进行各种不同方式的空间分析。TransCAD 含各种复杂的 GIS 功能，包括多边形迭加、影响区分析和地理编码等，并具有开放式的系统结构，支持局部网和广域网上的数据共享。

TransCAD 是唯一的一个把 GIS 与需求模型及物流功能完全组合的软件包。把 GIS 作为规划和物流软件包的一个组成部分是有充分理由的。

首先，GIS 使模型更为准确。网络距离和出行时间是基于路网的实际形状和路口的正确表达。此外，用网络能定义复杂的道路属性，如卡车禁行处、路口延迟、单行道和施工区。

其次，整个建模过程更有效率。数据准备更方便，数据库和可视化功能使错误在造成问题前就被发现。如今，TransCAD 已经广泛地被用于建立大规模的城市交通模型。

再次，GIS 本身就是优势。在 TransCAD 中，针对不同地理表面，不同的模型公式可以很容易地被推导并运用。同样，TransCAD 所具备的衡量地区便利性的功能也为用户所急需。

最后，GIS 提供的图形解决方案明了易懂。用户能用非常直接而易于理解的方式向非专业人士传达高技术信息。

TransCAD 具有以下功能。
(1) 强力 GIS 引擎，具备用于交通的特殊扩展功能。
(2) 各种地图制作，地图寻址，可视化和分析工具，专为交通应用而设计。
(3) 各种应用程序，用于寻找路径，交通需求预测，公共交通，物流，选址及销售区域管理。
(4) TransCAD 可用于所有交通数据形式和所有交通模式，是建立交通信息和决策支持系统的理想工具。
(5) TransCAD 在带微软视窗的常用计算机硬件上都能运行，支持几乎所有桌面计算系统标准。

资料来源:TransCAD[EB/OL].[2016-05-31]. http://baike.baidu.com/view/1519094.htm.

9.5 城市道路交通系统管理

9.5.1 城市道路交通管理模式

城市道路交通管理是通过一系列的交通规划或硬件管制来调整、均衡交通流时空分布，提高交通网络运输效率的管理模式。

1. 节点交通管理

节点交通管理是指以交通节点(往往是交叉点)为管理范围，通过采取一系列的管理规则及硬件设备控制来优化利用交通节点时空资源，提高交通节点通过能力的交通管理措施。节点交通管理是城市交通系统管理中的最基本形式，它也是干线交通管理、区域交通管理的基础。在我国，目前常用的节点管理方式有以下几种。

1) 交叉口控制方式

在我国城市道路网络中，常采用的交叉口控制方式有信号控制交叉口、无控制交叉口、环形交叉口、立体交叉口等形式。由于立体交叉口占地较大，较多情况下设置在城市边缘地区(城市出入口道路与环城公路交叉处)或城市快速路与其他干道交叉处，城市内部的交通节点绝大部分为前3类平面交叉口。

2) 交叉口管理方式

在城市交通网络中，由于交叉口的某行车方向车流平均通行时间不足 50%(路段为100%)，因此交叉口是交通网络的瓶颈口。为了提高交叉口的通行能力，使之与路段通行能力相协调，以提高全网络运输效率，通常采用以下交叉口管理方式。

(1) 进口拓宽。增加交叉口进口车道数，提高交叉口单位时间通行能力，以此来弥补通行时间的不足。

(2) 进口渠化。根据交通量及转向流量大小设置不同转向的专用进口道，以优化利用交叉口空间及通行时间。

(3) 信号配时优化。根据交叉口交通量、转向流量大小优化信号灯配时，使有限的绿灯时间放行尽可能多的车辆数。

3) 交叉口转向限制

由于在交叉口存在转向交通行为，交叉口的交通状况要比路段复杂得多，交通流冲突点的存在使交叉口通行能力大大降低。在各转向车流中，左转车流引起的车流冲突点最多，在四路交叉口，禁止左转后车流冲突点数能从原来的 16 个减少到 4 个，交通状况能大大改善。因此，在交通流量较大的交叉口，可采用定时段(高峰小时)或全天禁止左转(全交叉口或某一些进口)的管理措施，以提高交叉口通行能力。

2. 干线交通管理

干线交通管理是指以某条交通干线为管理范围而采取一系列管理措施，优化利用交通干线时空资源，提高交通干线运行效率的交通管理方法。

干线交通管理不同于节点交通管理，它以干线交通运输效率最大为管理目标。干线交通管理应以道路网络布局为基础，并根据道路功能确定干线交通管理的方式。在我国，常用的干线交通管理方式有单行线、公共交通专用线、货运禁止线、自行车专用线(或禁止线)、"绿波"交通线等。

3. 区域交通管理

区域交通管理是城市交通系统管理的最高形式。它以全区域所有车辆的运输效率最大(总延误最小、停车次数最少、总体出行时间最短等)为管理目标。区域交通管理是一种现代化的交通管理模式，它需要以城市交通信息系统作为基础，以通信技术、控制技术、计算机技术作为技术支撑。目前，区域交通管理有两类形式。

(1) 区域信号控制系统。这种系统20世纪80年代开始在英美等国应用，后来得到了不断发展，有定时脱机式区域信号控制系统、响应式联机信号控制系统两种控制模式。我国已有许多大城市引进并正在运用这两种区域控制系统。

(2) 智能化区域管理系统。智能化区域管理系统是智能化交通系统的主体部分，20世纪90年代初欧美发达国家开始进行研究，目前尚处于开发阶段，离推广应用还有一段距离。其中，车辆线路诱导系统已在部分发达国家试运行，而智能化车辆卫星导航技术，一些发达国家正在研制中。

9.5.2 城市道路交通管理方法

1. 城市公共交通优先发展及其保障体系

在城市交通系统中，与其他交通方式相比，公交方式的人均占用道路面积最小、人均消耗的能源最低、人均产生的噪声、废气污染最轻。因此，优先发展公共交通不仅有利于缓解城市交通紧张压力，而且符合城市交通系统的可持续发展战略。

大力发展公共交通，必须从提高公交吸引力及提高公交企业效率两方面建立切实可行的保障体系。公交优先发展保障体系应包括以下几个方面。

1) 优化的公交线网、合理的站点布局及科学的调度管理

规划一个优化的公交线网，使它与主要客流走向基本一致，能大大减少公交空白区，减少公交出行换乘次数及出行起终点的车外步行时间。布设一个合理的站点系统，能大大减少车外步行时间(特别是换乘时的车外步行时间)。建立一个科学的调度管理系统，合理调整发车间隔，可缩短乘客的站点等车时间。

2) 公交优先通行保障系统设计

公交优先通行保障系统指道路路段的公交车专用线(或专用车道)及道路交叉口专用相位设计。它的作用在于尽可能减少(甚至消除)公交车的路段延误及交叉口排队延误，即使在高峰小时其他车辆发生交通拥挤时，公交车仍能通行无阻。公交优先通行设计是提高公交车到站准时率、增加公交吸引力的可靠保障。

3) 强化公交运行管理，提高公交服务质量

加强公交企业内部改造，提高司乘人员业务素质及主人翁意识，实行规范化报站制度，改善车辆硬件条件，以提高公交吸引力。

2. 平面交叉口交通管理

1) 平面交叉口交通管理的主要目的及分类

城市道路平面交叉口交通管理是城市交通系统管理中最基本、最简单的形式。平面交

叉口交通管理的主要目的是减少冲突点，提高安全性，控制车辆行驶的相对速度，并为公共交通提供优先通行权。

平面交叉口也可以按有无信号灯控制分成信号控制交叉口及无信号控制交叉口两类，其中无信号控制交叉口又可分为全无控制交叉口及优先权交叉口两种。

2) 全无控制交叉口交通管理

全无控制交叉口是指具有相同或基本相同交通地位，从而具有同等通行权的两条相交道路，因其流量较小，在交叉口上不采取任何管理手段的交叉口。

(1) 交叉口视距三角形。无控制交叉口通常没有明确的停车线，在车辆到达交叉口时，驾驶员将在距冲突点一定距离处作出决策，或减速让路，或直接通过。驾驶员所作出的决策很大程度上取决于交叉口上的视距，故无控制交叉口的交通安全是靠交叉口上良好的视距来保证的。视距三角形是常用来分析交叉口上视距是否足够的一种图解分析方法，如图9.7所示。视距三角形中的直角边与行驶车速、道路坡度、路面状况等因素有关。

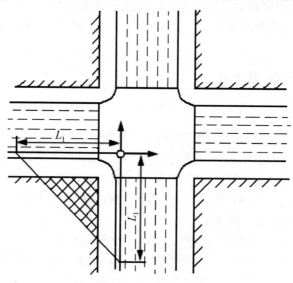

图9.7 交叉口的视距三角形图

(2) 无控制交叉口的冲突点及通行规则。由于交叉口存在许多冲突点，使得有些冲突车流的车辆不能同时通过交叉口。因此，需要有一个通行规则，确定各入口车辆以怎样的次序进入交叉口。

如果相交道路不分主次及不考虑优先，则先到达交叉口的车辆应先通过是理所当然的，但实际并非如此简单。一般通行规则是：车辆通过没有交通信号或交通标志控制的交叉路口，必须遵守依次让行的规则，即支、干路不分的，非机动车让机动车先行，非公交车让公交车先行。如果相交道路有主次之分，则支路车让干路车先行。让行车辆须停车或减速瞭望，确认安全后，方准通过。

3) 优先控制交叉口交通管理

无控制交叉口的延误是较小的，但鉴于安全性考虑，使得无控制交叉口在低流量时就要求加以管制。由于从无控制变为信号灯控制，交叉口延误将明显增加。因此，必须考虑一种过渡的控制形式，既能解决安全性问题，且延误又不至于增加很多。优先控制就能满足这种要求。优先控制可分为停车标志控制和可不停车(减速)的让路标志控制。

(1) 停车标志控制。相交的两条道路中，常将交通量大的道路称主路或干路，交通量小的称次路或支路(包括胡同和里弄)。规定主路车辆通过交叉口有优先通行权，次路车辆必须让主路车辆先行。这种控制方式称为优先控制。停车标志控制按相交道路条件的不同分为单向停车控制和多向停车控制。

(2) 让路标志控制。让路控制交叉口又称减速让行控制，是指进入交叉口的次路车辆，不一定需要停车等候，但必须放慢车速瞭望观察，让主路车辆优先通行，寻找可穿越或汇入主路车流的安全"空当"机会通过交叉口。让路控制与停车控制差别在于后者对停车有强制性。

4) 信号控制交叉口的交通管理

交叉口交通信号控制简称点控制，它以单个交叉口为控制对象，它是交通信号灯控制的最基本形式。点控制又可分为固定周期信号控制和感应式信号控制两类。

(1) 固定周期信号控制。固定周期信号是最基本的交叉口信号控制方式。这种控制方式设备简单、投资最省、维护方便。同时，这种信号控制机还可以升级，与邻近信号灯联机后可上升为干线控制或区域控制。其控制原理为：按事先设计好的控制程序，在每个方向上通过红、绿、黄三色灯循环显示来指挥交通流，在时间上实施隔离。交通规则规定：红灯——停止通行；绿灯——放行；黄灯——清尾，即允许已过停车线的车辆继续通行，通过交叉口。

固定周期信号灯基本控制参数包括周期长度和绿信比两项。周期长度是指各个行车方向完成一组色灯变换所需的时间，它等于红灯时间加绿灯时间再加黄灯时间。周期长度及红灯、绿灯时间根据交叉口总交通量、两相交道路交通量确定。黄灯时间根据交叉口大小确定，一般为2～4s。在一个较小的时间内(如1h)，周期长度及各色灯时间是固定的。但在一天中，周期长度及各色灯时间是可变的。绿信比是某一方向通行效率的指标，它等于一个相位内有效通行时间与周期长度之比。

(2) 感应式信号控制。感应式信号控制没有固定周期长度，它的工作原理是：在感应式信号控制的进口设有车辆到达检测器，相位起始绿灯，感应信号控制内设有一个初始绿灯时间，到初始绿灯时间结束时，如果在一个预先设置的时间间隔内没有后续车辆到达，则变换相位；如果有车辆到达，则绿灯延长一个预设的单位绿灯延长时间，只要不断有车到达，绿灯时间可继续延长，直到预设的最长绿灯时间，则变换相位。

感应式信号灯基本控制参数包括初始绿灯时间、单位绿灯延长时间和最长绿灯时间 3 项。初始绿灯时间是指给每个相位预先设置的最短绿灯时间，在此时间内，不管有否来车本相位必须绿灯。初始绿灯时间的长短，取决于检测器的位置及检测器到停车线可停放的车辆数。单位绿灯延长时间是指初始绿灯时间结束后，在一定时间间隔内测得后续车辆时所延长的绿灯时间。最长绿灯时间是为了保持交叉口信号灯具有较佳的绿信比而设置的时间，一般为30~60s。当某相位的初始绿灯时间加上后来增加的多个单位绿灯延长时间达到最长绿灯时间时，信号机会强行改变相位，让另一方向车辆通行。

3. 道路交通行车管理

道路交通行车管理是城市交通系统管理中线路交通管理的最基本、最简单形式，道路交通行车管理往往可有以下几种形式。

1) 单向交通管理

单向交通又称单行线，是指道路上的车辆只能按一个方向行驶的交通线路。当城市道路上的交通量超出其自身的通行能力，将造成城市交通拥塞、延误及交通事故增多等问题时，在道路交通系统中，若对某条道路或几条道路，甚至对某些路面较宽的巷、弄考虑组织单向交通，则将会使上述交通问题明显地得到缓解和改善。故单向交通是在城市道路交通系统中，解决城市交通拥挤，充分利用现有城市道路网容量的一种经济、有效的交通管制措施。

单向交通管理有固定式单向交通、定时式单向交通、可逆性单向交通及车种性单向交通4种管理形式。

2) 变向交通管理

变向交通是指在不同的时间内变换某些车道的行车方向或行车种类的交通。变向交通又称潮汐交通。

变向交通按其作用可分为方向性变向交通和非方向性变向交通两类。在不同时间内变换某些车道上行车方向的交通称为方向性变向交通，这类变向交通可使车流量方向分布不均匀现象得到缓和，从而提高道路的利用率。在不同时间内变换某些车道上行车种类的交通称为非方向性变向交通，它可分为车辆与行人、机动车与非机动车之间相互变换使用的变向交通。这类变向交通对缓和各种类型的交通在时间分布上不均匀性的矛盾有较好的效果。例如在早晨自行车高峰时间，变换机动车外侧车道为自行车道，到了机动车高峰时间，则变换非机动车道为机动车道。此外，在中心商业区变换车行道为人行道及设置定时步行街等，这些都是非方向性的变向交通。

3) 专用车道管理

规划专用车道(或专用道路系统)是缓解城市交通问题的途径之一。专用车道包括公共交通车辆专用车道和自行车专用车道。公交专用车道往往又与单向交通联合使用，如在单行线上，逆向开辟公交专用车道。

4) 禁行交通管理

为了减轻道路上的交通负荷，或将一部分交通流量均分到其他负荷较低的道路上去，根据道路条件和交通条件，实行对机动车和非机动车的某种限制管理，称为禁行管理。禁行管理一般有时段禁行、错日禁行、车种禁行、转弯禁行及重量(高度、超速等)禁行5种形式。

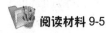
阅读材料 9-5

移动互联网如何改善中国城市交通

诺贝尔经济学奖获得者斯蒂格利茨曾经说：在21世纪初期，影响世界的最大两件事：一是新技术革命；二是中国的城市化。中国的经济在过去十年经历了跨越式的发展，城市化进程不断推进，带来了城市面貌的巨大变化。作为城市发展的主要动力，交通对生产要素的流动、城镇体系的发展有决定性的影响。在移动互联网时代，中国交通生态将受到哪些冲击和挑战？

罗兰贝格管理咨询公司发布最新研究报告《移动互联下的城市综合出行变革》，全面解读中国城市交通现状以及移动互联技术带来的出行变革。"城市交通出行领域无疑是共享经济在中国发展的最佳切入点之一，我们看到的专车、拼车、代驾、共享租车、分时租赁等创新业态都是该领域的尝试。"

罗兰贝格管理咨询公司合伙人张君毅指出,"但目前的移动出行方案还有不少亟待完善的地方,包括市场培育、管控风险等,这就需要运营企业明确城市交通出行领域的成功要素,并据此进行有针对性的发展。"

1. 中国城市交通发展痛点

在中国城市发展的过程中,逐步形成了私人交通(如步行、自行车、私家车)、公共交通(如出租车、地铁、轻轨、公交车)和共享交通(如租赁车、专车)等交通出行方式互相配合的综合交通服务网络。在快速城市化的发展进程中,绝大多数的城市,包括那些基础设施相对完善的大型城市都深受拥堵、污染等种种交通发展的痛点的困扰。具体来说,主要体现为"量""效""质""果"四大方面:"量"表现为消费者出行需求未被满足;"效"表现为消费者出行效率低;"质"表现为消费者出行升级需求难被满足;而"果"则表现为种种问题对经济、环境和治安所产生的严重的负面影响。

2. 移动互联网技术带来的出行变革

随着经济与技术的进步,智能手机和移动互联网不断普及。据相关统计,截至 2014 年年底,中国智能手机的保有量已经突破 5 亿台,移动互联网用户数已经突破 7 亿人。智能手机和移动互联网与消费者的衣食住行、工作娱乐等方面高度联结,让各种商品和服务资源的消费共享变得简易可行,"共享经济"模式开始在中国生根发芽。实际上,"共享经济"模式在欧美发达国家兴盛已久,并在市场激励机制的推动下得到了飞速发展。根据相关预测,"共享经济"到 2025 年在全球可以达到 3 350 亿美元左右的市场规模,并已经产生了明显的资源节约、环境保护以及拉动经济与就业。

3. 未来城市综合出行方案的演绎

在 2014 年的全国交通运输工作会议上,交通运输部部长杨传堂提出,在当前和今后一段时期要全面深化改革,要集中力量加快推进"智慧交通""绿色交通""综合交通""平安交通"(简称"四个交通")的发展。罗兰贝格认为,为了实现这样一个宏伟的愿景,需要通过"创新业态,共享交通""以人为本,综合出行""顺应差异,合理规划"三大核心战略举措来推动未来城市交通的演绎发展,而共享交通将在三大举措中发挥关键作用。"共享交通"作为传统出行方式的有效补充,最早起源于德国,目前在欧美等发达国家发展得如火如荼,在中国也处于蓬勃发展的阶段,必然将在未来的城市综合出行蓝图中占据重要的地位。

资料来源:移动互联网如何改善中国城市交通[EB/OL].
(2015-07-22).[2016-06-02].http://www.cnbridge.cn/2015/0722/241379.html.

本 章 小 结

现代城市交通系统主要包括城市道路交通系统和城市轨道交通系统。城市道路交通系统是通过拓宽路面,优化路网,渠化交叉口,优化配时,加强路口、路段的管理与控制来提高道路的通行能力。城市轨道交通系统凭借其高效、快捷、安全、大容量、无污染等特点,来缓解城市交通问题。这两种交通系统均能有效地改善城市交通。本章主要介绍了这两种系统,以及城市道路交通系统规划和城市道路交通系统管理。

解决城市道路交通问题的对策

针对城市道路交通问题,北京、上海、杭州、济南、深圳、南宁等地采取了一系列措施来依法治理城市道路严重交通违法行为。

1. 北京：七招打击涉牌违法

围绕"一牌、两闯、三乱"（涉牌、闯红灯、闯禁行、乱行、乱停、乱放）等突出违法，创新机制方法。比如通过分析涉牌违法规律，提出七种技战方法，包括正面突破、攻教结合、公密结合、动态甄别、核录摸排、人力情报、订单式布控。

2. 上海：高压清理"马路毒瘤"

乱停车、乱变道、乱占道、逆向行驶、闯红灯等现象被称为"马路毒瘤"，上海交警"重拳出击"，采取高压之势进行清理。除了"全警力、全覆盖、零容忍"的严格路面执法，2016年5月4日起，上海交通违法视频举报平台正式开通，上海民众用行车记录仪拍下的交通违法行为可通过该平台向上海警方举报。

3. 杭州：治堵向精细管理要空间

杭州交警在主城区范围53条严管道路上，区分周期性和偶发性拥堵的线和点，因地制宜、因情施策地采取交叉口渠化、路口禁左、优化人行横道、封闭出入口、可变车道、潮汐车道、公交线路改造等交通组织优化措施，提升道路通行效率，共计优化105条斑马线，实施"禁左"点位79个，封闭缺口55个，组织实施单行线4条。对通行矛盾突出、社会反响强烈的10个交通堵点段和31个乱点，明确大队治理责任，强化现场管理，优化交通组织，深化社会联动，综合施策、挂牌治理。

4. 济南：反酒驾联盟发挥作用

2016年4月，济南成立首个全国官方主导的反酒驾联盟，今后交警查酒驾时，要对喝酒的司机落实饮酒场地的名称，食药监和市场监督局等部门据此对酒店考核，对于反酒驾文明行动里不积极不作为的单位进行约谈，对酒司机"产量高"的餐饮企业进行通报批评和公开曝光。同时，这些"醉猫"们的信息将被通报给派出所，纳入重点人口管理。违法成本大大增加，从内因上不得不说是对每个人的警醒。

5. 深圳："一键举报"支撑大数据运用

深圳交警进入交通管理3.0时代，即大数据应用到交通管理及队伍建设方方面面，在秩序整治、事故预防、交通疏导、为民服务等工作中有了发展空间。2015年12月全国首个智能交通违法举报平台正式上线。深圳市民驾车在路上发现交通违法行为，只需按下设置在方向盘上的智能行车记录仪"一键举报"，就能将交通安全违法行为发生的时间、地点、违法内容、车牌号码以及能记录机动车发生道路交通安全违法行为完整过程的图片或视频等信息实时上传至"随手拍举报平台"，实现智能行车记录仪与交警举报平台的对接，单人单手即可操作。

6. 南宁："以学促管"管好电动自行车

电动自行车管理的"南宁经验"，就是"以学促管"，对电动自行车违法当事人一律责令参加现场交通安全学习。南宁市区主要路口设置了30个固定学习点、38个简易学习点和若干个临时学习点，每天可组织安排电动自行车安全学习6 000次左右。"六个学"即看录像学、抄法规学、现场讲解学、执勤体验学、机动灵活学、登记上牌学。

各城市道路交通治理的尝试和经验说明，树立并强化依法治理交通的执法理念的重要性，并站在"依法治理"和"以人为本"的角度研究城市交通发展政策，城市交通发展在城市发展建设的整体格局之中，如何打赢城市交通管理这场战争，一些城市也开始探寻新路径、新思路。

根据案例所提供的材料，试分析：改善城市交通的措施有哪些？

资料来源：对策|解决城市道路交通问题 八地这么做[EB/OL]. (2016-05-25).[2016-06-02].http://auto.sohu.com/20160525/n451462517.shtml.

关键术语

城市轨道交通(urban railway system)　　　　地下铁道(subway)

轻轨铁路(light railway)　　　　交叉口(intersection)

交通信号灯(traffic lights)　　　　交通流检测器(traffic flow detector)

习 题

1. 填空题

(1) 根据轨道交通系统基本技术特征的不同，轨道交通系统主要有_____、_____、_____、_____和_____等类型。

(2) 根据城市轨道交通系统是否专用及列车运行控制方式的不同，轨道交通系统可分为_____、_____和_____等类型。

(3) 根据城市轨道交通系统高峰小时单向运输能力的大小，轨道交通系统可分为_____、_____和_____等类型。

(4) 在路网形态结构中，最常见、最基本的路网形态结构是_____、_____和_____3种。

(5) 城市道路交叉口分为_____和_____两类。

(6) 消除冲突点的交通组织有以下3种方式：_____、_____、_____。

(7) 城市交通需求发展预测包括_____、_____和_____三大部分。

(8) 在我国城市道路网络中，常采用的交叉口控制方式有_____、_____、_____、_____等形式。

2. 简答题

(1) 简述城市交通的发展。
(2) 简述城市轨道交通的分类、运行速度及运行能力。
(3) 简述城市道路的分类及功能，城市交叉口的分类。
(4) 交叉口控制方式有哪几种？
(5) 解释交叉口视距三角形。
(6) 车辆通过没有交通信号或交通标志控制的交叉路口时的通行规则是什么？
(7) 城市客运交通需求发展预测包含哪些内容？

第10章 交通运输系统的发展趋势

【教学目标】
- 了解智能运输系统
- 掌握解决交通问题的方法
- 了解交通地理信息系统
- 了解电子数据交换技术
- 了解 GPS 技术
- 了解交通运输信息系统
- 了解交通运输综合信息平台
- 了解交通运输的可持续发展

第 10 章 交通运输系统的发展趋势

导入案例

智能交通行业发展趋势

随着国民经济的高速发展和城市化进程的加快,我国机动车拥有量急剧上升,道路交通问题层出不穷。智能交通系统是未来交通系统的发展方向,它将先进的信息技术、数据通信传输技术、电子传感技术、控制技术及计算机技术等有效地集成运用于整个地面交通管理系统。

1. 智能交通发展前景分析

2015—2020 年,智能交通要在公路电子收费、交通信息服务、交通运行监管、集装箱运输、公交车辆、营运车辆及船舶动态监管等领域,实现规模应用和产业化,到 2020 年总产值规模超过 1 000 亿元。

为实现达到这一目标,政府将开放一部分地理信息资源与企业开展合作,鼓励社会力量参与内容加工和增值服务,形成可持续的商业模式,增强多层次服务供给能力;同时,要加快研究建立技术、应用和资本共同引领的智能交通产业发展模式。

到 2020 年,中国智能交通发展的总体目标是:基本形成适应现代交通运输业发展要求的智能交通体系,实现跨区域、大规模的智能交通集成应用和协同运行,提供便利的出行服务和高效的物流服务,为 21 世纪中叶实现交通运输现代化打下坚实基础。

2. 智能交通发展趋势展望

1) 综合交通智能化协同与服务

国外发达国家从基础设施与装备一体化、多种运输装备集成设计、运营调度与服务一体化等多个方面,充分实现综合货物运输方式间的信息共享,不断提高智能化信息服务水平。近年来我国各种运输方式都得到了快速发展,但多种运输方式间的信息交互服务滞后,制约了综合交通协同与高效服务。未来随着综合交通的发展和便捷出行的要求,信息共享和智能化服务技术将得到充分发展和应用。

2) 交通运输系统安全运行智能化保障

交通安全是我国交通领域长期面临的严峻问题,交通运输系统安全运行的智能化保障将是未来智能交通发展的重要方向。交通安全涉及交通系统的多个要素,仅仅从单一因素不能从根本上改善交通安全水平,未来交通运输系统安全运行的智能化保障将重点集中于运用现代信息技术来分析事故成因、演化规律、管控策略以及设计主动安全技术和管理方法,从人—车—路协调的角度实现交通安全运行防控一体化。

3) 智能交通系统技术体系和标准化体系的完善

我国现有的智能交通系统体系框架和标准化体系是 20 世纪末借鉴国际智能交通系统发展的经验,结合我国实际国情制定的。应该说,这个体系框架和标准体系对引领我国智能交通系统的建设发展发挥了重要的积极作用,主要内容是符合技术发展走向和我国的应用实际的。同时,我国智能交通系统建设发展中,立足国情创新发展了许多智能交通新的应用和技术,成效突出。总结发展成果,立足国情,跟踪国际新技术发展动态,适时完善和丰富我国智能交通系统体系框架,将是未来我国智能交通系统领域的重要工作。

随着新技术的发展和应用,为出行者提供更加精细、准确、完善和智能的服务,将是智能交通系统面向公众服务的重要方向。这些服务的提供将加速交通产业生态圈的跨界融合,汽车制造业、汽车服务业、交通运营服务、互联网、信息服务、智能交通等行业的融合发展将是大趋势。

思考题:谈谈你对智能交通行业发展趋势的理解。

资料来源:智能交通飞速发展 解读行业发展走势[EB/OL].
(2016-02-23).[2016-06-04].http://www.afzhan.com/news/detail/43912.html.

10.1 智能运输系统

【拓展视频】

10.1.1 智能运输系统概述

1. 智能运输系统的概念、地位和作用

广义地说，交通是指人、物以及信息的空间的移动；实际上人们一般把人和物的移动划分到交通领域，而把信息的传递划分到通信领域。

智能运输系统(Intelligent Transportation System，ITS)就是通过对关键基础理论模型的研究，从而将信息技术、通信技术、电子控制技术和系统集成技术等有效地应用于交通运输系统，从而建立起大范围内发挥作用的实时、准确、高效的交通运输管理系统。智能运输系统利用现代科学技术在道路、车辆和驾驶员(乘客)之间建立起智能的联系。借助系统的智能，车辆可以在道路上安全、自由地行驶，靠智能化手段将车辆运行状态调整到最佳，保障人、车、路的和谐统一，在极大地提高运输效率的同时，充分保障交通安全、改善环境质量、提高能源利用率。

由于智能交通系统可以使汽车与道路的功能智能化，所以目前它是国际公认的解决城市以及公路交通拥挤、改善行车安全、提高运行效率、减少空气污染等的最佳途径，也是全世界交通运输领域研究的前沿课题。

2. 智能运输系统的产生和发展

1) ITS 是科技发展的必然产物

19 世纪末到 20 世纪初，是汽车交通发展的早期阶段，1889 年，戴姆勒和他的助手制造出世界上第一辆汽车，标志着汽车运输时代的开始。由于当时是世界铁路大发展的时期，汽车数量不多，公路运输仅是铁路、水路运输的辅助手段。

20 世纪中叶，是公路发展的中期阶段，这一时期公路运输不仅是短途运输的主力军，而且在中、长距离运输中开始崭露头角，与铁路、水路竞争，并且出现了早期的高速公路。

自 1945 年至今近 70 多年间，公路发展十分迅速，欧洲各国、美国、日本先后建成了比较完善的全国公路网，逐渐打破了一个多世纪以来以铁路为中心的交通运输格局，公路运输开始在综合交通运输体系中起着主导作用。

实践证明，交通运输史是科学技术发展史的缩影，从人类步行到马车，从蒸汽机到内燃机，交通运输业发展的每一步都凝结着科学技术的成果，交通运输业的每一次革命，不论是交通工具的更新换代，还是运输方式的拓展变革，都与科学技术成果直接相连。科学技术的发展推动了交通运输的发展。

2) ITS 是信息化社会发展的必然要求

一般认为，人类社会的发展要经历原始社会—农业社会—工业社会—信息社会。由于经济技术的发展，发达国家已步入了信息化社会。信息化是当今世界经济和社会发展的大趋势，是产业升级和实现工业化、现代化的关键环节。信息化水平也是城市竞争力和实现可持续发展的重要标志。以微电子技术、计算机技术等为核心而引发的数字化、网络化、智能化科学技术发展迅速，极大地改变了人们的思维方式、生活方式和交流方式，有力地推动着社会生产力的发展。伴随着人类向信息化社会的迈进，交通运输业也面临着一次重大的变革。为实现信息化社会发展的需要，交通运输必须信息化。

ITS 是高科技发展的必然结果，也是信息化社会发展的必然要求。

3) ITS 是解决交通问题的根本途径

(1) 交通问题的概念和现状。

一般认为，交通问题是指对社会或经济未能产生正效益，交通本身的机能也未充分发挥的状态。从这个意义上看，20 世纪六七十年代，世界各国经济发展进入了高速增长时期，汽车数量急剧增加，导致已有的道路难以满足经济发展的需要，进而带来了负面影响，产生一系列的问题就是交通问题。最近的一项研究表明，仅美国的主要城市每年由于交通拥挤而造成的浪费就超过 475 亿美元，每年因交通拥挤浪费了多达 143.5 亿 L 的燃料和 27 亿工作小时。在国土狭小的日本，人口密度比较大，每天昼夜行驶的汽车有 7 000 万辆，每年交通事故死伤人数达 100 余万人。汽车交通的大量需求，在各地区均造成了交通拥挤，每年仅时间损失就达 53 亿 h，经济损失达 12 兆日元，给社会和经济带来沉重的负担；如此的交通状况导致沿路环境恶化、能源消耗增加等严重问题。另据介绍，日本交通事故的死亡人数从 1988 年以后连续 8 年每年达到 1 万人以上。我国道路交通死亡人数每年达 10 万人左右，直接经济损失近 20 亿。所有交通问题的现状说明：现代的交通运输已经对人类生命、财产和生存环境构成威胁。

(2) 解决交通问题的方法。

交通问题的存在就是人、车与路之间的矛盾问题，解决这一对矛盾有以下几类办法。

(1) 控制需求，最直接的方法就是控制车辆的增加或者改变车型，使车辆数量减少，但在相当长的时期内，舍弃车辆是不可能的。

(2) 增加供给，也就是修路。修建道路是解决交通问题的一个途径，城市之间的交通拥挤往往可以在建设了足够的城市间的(高速)公路后得到解决，所以相当一段时期内，很多国家无一例外地采取了增加供给，即靠大量修筑道路基础设施，来缓解当前的交通问题。

(3) 加强城市交通管理。加强城市交通系统的管理在很长一段时间内被认为是解决城市交通问题的有效途径。管理主要包括以下手段。

① 加强交通法规建设，制定限制性交通法规。例如：单行线、禁止左转弯、限制某些型号的车辆在某些路段或特定日期和时间上行驶等。这种办法通常是强制性的。

② 加强宣传教育，提高交通参与者遵守交通法规和现代交通意识。

③ 确定合理完善的城市交通规划。发达国家从 20 世纪 60 年代以来进行了城市交通规划研究，以解决交通设施的供给与交通需求的矛盾，使城市道路网络布局合理化。城市交通规划是现代城市规划的一部分，可以用来提高运输网络的使用效率、解决交通拥挤和交通安全问题。这种方法需要进行大量的交通调查，耗资巨大，但是规划方案需要一定时间才能实施，而且规划的结果难以评价。

④ 进行城市交通信号控制是改善城市交通运行状况的另一途径。城市交通控制主要指城市交叉路口的交通控制。从 1914 年在美国城市出现交通信号控制以来，城市交通控制技术已由开始的"点控""线控"向"面控"过渡。"点控"就是对单个交叉路口的交通信号实施单点定时控制；"线控"就是对交通主干道的交通信号进行协调控制，从而在一条或多条道路上形成"绿波带"，保证大多数汽车在行驶到各路口都会遇到绿灯；"面控"

是一种通过采用计算机(路口计算机、区域主计算机和控制中心中央计算机)联网控制，根据交叉路口的实时交通流状况，通过研制的交通模型和软件确定交叉路口红绿灯配时方案，实现整个交通路网配时优化的交通控制系统。

⑤ 优先发展公共交通。随着汽车保有量的增加，特别是私人汽车数量的逐渐增加，使得交通供给严重不足，交通拥挤现象更为严重。于是各国政府都纷纷出台了"优先发展公共交通"的政策，鼓励出行者乘坐公共交通出行，并且大力发展安全、快捷、大运量的轨道交通(含地铁和轻轨)，收到了良好的效果。

(4) 实施智能运输系统。城市交通系统是一个复杂的大系统，城市交通规划和城市交通信号控制仅仅是城市交通网络建设和道路交通管理的重要环节，单独从车辆方面考虑或单独从道路方面考虑都是片面的，凭借它们尚不足以经济而高效地解决交通拥挤和交通安全问题。所以把人、车、路综合起来考虑，充分应用现代科学技术的智能运输系统为解决城市交通问题提供了全新的方法。

智能运输系统这一崭新概念伴随着科学技术的进步而出现、发展，并为解决交通问题带来了新的前景。随着我国智能运输系统研究和开发进程的不断推进，必然会出现一些和我国经济、社会、交通等特点相伴随的特有理论和技术问题。因此，开展与我国国情相适应的、具有中国特色的智能运输系统理论和应用技术的研究具有迫切性和必要性。

10.1.2 道路智能运输系统

1. 先进的交通管理系统

先进的交通管理系统(Advanced Traffic Management System，ATMS)用于检测控制和管理公路交通，在道路、车辆和驾驶员之间提供通信联系。它依靠交通监测技术和计算机信息处理技术，获得有关交通状况的信息，并进行处理，及时地向道路使用者发出诱导信号，从而达到有效管理交通的目的。该系统是由一系列的监视公路状况、支持交通管理与出行建议系统等组成，如图 10.1 所示。

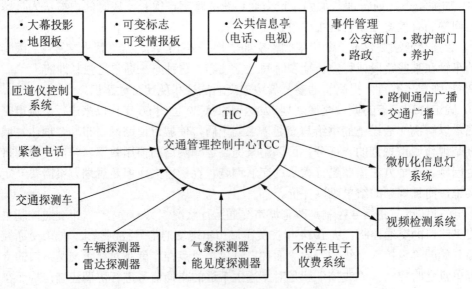

图 10.1 ATMS 构成示意图

如果把整个先进的交通管理系统按信息流程不同划分时，可归纳成信息采集系统、信息传输和信息处理系统、信息提供系统等，如图10.2所示。

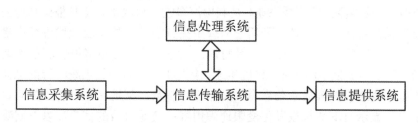

图 10.2　ATMS 的信息系统示意图

(1) 信息采集系统由车辆检测器、紧急电路、交通探测车、气象检测器、视频监测系统、轴重计及超重录像系统、电子收费等部分组成。

① 车辆检测器装置在公路的出入口与主线交叉口上，用来采集交通量、车道占有率、车速等参数，作为交通管理与控制的基本依据。

② 紧急电路设置在高速公路两侧的土路肩上，当发生交通事故请求支援时专门用来与交道控制中心通话。

③ 交通探测车上装备定位导航系统，在路网中不断巡回，自动向控制中心汇报实时的路段通行时间、车辆位置，它还有助于及时发现事故及道路设施损坏的情况。

④ 气象检测器用来测量不同深度下的路标温度及浓雾、风向、风力、雨量、路面积雪及冰冻状态等，并及时显示在可变限速标志上，以诱导驾驶员减速行驶、保持车距，保证在雾天行驶安全。

⑤ 视频监测系统是把电视摄像机安装在车辆密度大的区域或立交区附近、隧道口、收费口、大桥等地段。摄像机镜头可覆盖整个地段，可监视全线交通运行情况。

⑥ 轴重计及超重录像系统设置在收费处或匝道入口处，查出超重车或处罚、或限制上路。高速公路设置自动测重摄像机可将超重车辆自动录像。

信息采集系统主要是实时采集路段、匝道口和收费口的交通参数、道路状况、气象参数等。定时报送交通控制中心。

(2) 信息传输系统(通信系统)由综合业分交换、通信传输、移动通信三个部分组成。为了确保系统内部数据、语音、图像信息准确、及时地传输，以满足运营管理通信的需求，通常需要建立高速公路内部通信专用网；也可使用市话电缆或长途电缆、数字光纤、数字微波等通信传输手段。

信息处理系统(交通控制中心)通过各级计算机硬件或软件主要对数据、语音、图像等信息进行处理和分析，生成并不断更新交通信息数据库，提出交通控制方案，并通过相应设备对有关路段内的交通流做出相应的管理与调度。

(3) 信息提供系统由可变道路情报板、可变限速标志、交通广播及路侧通信广播、道路模拟屏、信号灯等部分组成。

① 可变道路情报板通常设置在城市高速公路的主线和城间高速公路立交的出入口、隧道口、收费处等，向司机提供关于交通阻塞、交通事故、道路维修施工或气象等各种信息，及时发出行车指示。

② 可变限速标志是报报控制中心命令,当前制定的车速动态地显示,用来调节路段的车辆密度和平均速度,可受限速标志一般视距大于100m。

③ 交通广播及路侧通信广播系统,是利用汽车收音机收听,定时播送高速公路及附近公路的交通广播。路侧通信广播是利用路肩或中央分隔带上的感应天线进行广播,播送的信息量大,内容随时间、地点而变,有针对性,也是对可变道路情报板信息的重要补充。

④ 道路模拟屏与控制中心的计算机相连,接收其提供的有关系统远行的总体信息并显示在模拟屏上。道路模拟屏显示信息有:某路交通参数;某地区的气温、风向、风力、降水等气象信息;显示可变情报板及可变限速牌内容;交通事故的信息,以不同颜色显示不同路段交通等状况。使控制中心对道路状况了如指掌,以利于统一调度和管理。

⑤ 信号灯通过交通控制中心根据需要控制路口的开闭,来调节交通量,诱导车辆运行。

总之,信息提供系统是交通控制方案得以实施的工具,主要是向出行者或管理人员提供有关交通运输情报,主动调节交通流。

2. 先进的车辆系统

先进的车辆系统(Advanced Vehicle System,AVCS)组成如图10.3所示。

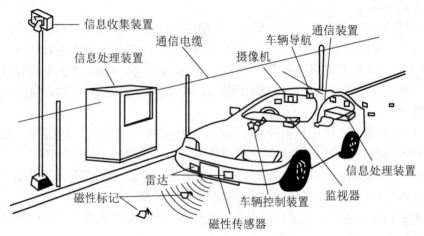

图10.3 先进的车辆系统组成

图10.3中的同轴通信电缆沿线路连续设置,磁性标记埋于车道中央路表,它们与路面一起构成专用车道。在每个车辆上装有数个磁性传感器;探测路表传感器;用以测定车辆自身与前方行驶车辆或障碍物间距的测距传感器和防止纵向碰撞、侧向擦撞、检测车速的车辆自身行驶状态的传感器等。摄像机是用来辨别和区分道路和障碍物,以及通信和信息处理装置等。每辆车上还配备了多种传动装置以完成自动控制功能。先进的车辆系统实质是专用车道与先进汽车完整的结合,它的工作原理如图10.4所示。

3. 其他系统

(1) 公共交通系统。为了改善公共交通运输管理,促进公共运输业的发展,主要通过计算机、闭路电视等向公众就出行时间和方式、路线及车次选择等提供咨询,在公交车站利用显示器向候车乘客提供车辆的实时运行信息。对车辆及设施的技术状况和服务水平进行实时分析,实现公交系统营运、规划及管理功能的自动化。

(2) 电子收费系统。电子收费系统是为用户支付通行费、车票费、存车费等提供一种通用的电子支付手段。电子收费系统实现了公路的不停车收费，消除了在收费口产生拥堵的现象，车辆只需按照限速要求直接驶过系统的收费通道口，收费过程就可以通过无线通信和机器操纵自动完成，实现收费和支付的自动化。

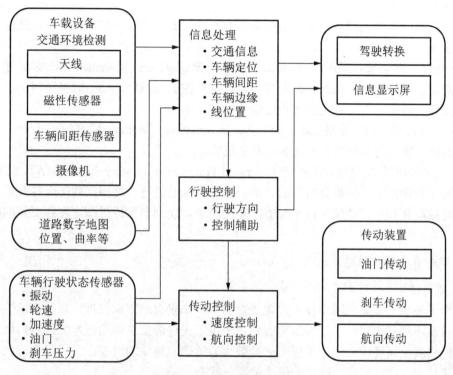

图 10.4 车辆控制示意图

10.1.3 铁路智能运输系统

随着信息传输、处理和决策等科学技术的发展，一些专家把高新技术成果应用于列车运行管理、列车运行调度、列车运行控制为一体的先进列车控制技术。先进列车控制系统基于客户机—服务器结构、基于分步式数据通信网和分布式数据库、基于现代人工智能技术，系统自动收集列车运行的数据，协助调度人员进行列车运行调度，控制列车运行。

1. 先进列车控制系统的基本思想

(1) 列车运行管理系统：采用分布式计算机收集与列车运行有关的信息，监视列车运行；采用分布式数据库，保持对线路、列车最新的、最准确的描述；自动编制列车运行计划；自动编制与实现人员和物质调配计划、设备维修计划。

(2) 列车运行调度系统：实时修改和实施列车运行调度计划；系统以控制(道岔和信号)、授权、通告的形式输出其结果到各个车站和列车，调度列车按计划运行；列车运行调度系统还具有为旅客服务、旅客向导的功能。

(3) 列车运行控制系统：先进列车运行控制系统的基本思想是列车的车载系统精确地掌握本列车和前行列车的位置、速度和加速度等信息；掌握列车前方线路、施工等信息，车载系统依据这些数据控制列车运行。

2. 新一代智能化先进铁路运输系统基本概念

新一代智能化先进铁路运输系统又被称为新一代列车控制系统。其主要特征是：由传统单一功能的信号设备发展成为以运输能力为中心，综合各种高新科学技术，实现多功能的智能化复杂系统。

由于铁路 ITS 涉及领域广泛，根据系统的不同功能，与道路 ITS 相对应，铁路 ITS 至少包含 3 个分系统。

(1) 先进的运输管理系统(Advanced Transport Management Systems，ATMS)。通过自动编制各级运输计划，对车辆装、卸和列车运行进行控制与指挥，动态调整路网车流分布，智能生成预防策略，保证运输畅通和运输任务的完成。

(2) 先进的用户信息系统(Advanced User Information Systems，AUIS)。它包括先进的货运服务系统、客运预售票系统和旅客诱导系统等。

(3) 先进的列车控制与安全系统(Advanced Train Control Safety Systems，ATCSS)。它包括智能列车控制系统、司机导航系统、道旁接口单元系统等，能根据列车运行外界环境变化、实行自动化和半自动化的行车与道岔径路控制，使列车保持更高速度和更短的间隔安全行驶。

3. 新一代智能化铁路系统

1) 高科技化

采用了先进的计算机网络技术实现了对列车、车辆自动跟踪管理，以改善运输效能，更好地与铁路用户沟通，以改善运输服务；采用了先进的信息传输技术来代替传统的轨道电路，能够满足调度中心和列车群之间高效大容量信息传输的需要；采用了先进的列车定位、测速技术，能够确定出列车的精确位置与状态。

2) 智能化

由传统控制和管理型向知识工程型转化，能够模拟人的行为来实施对列车和列车群的管理。前者为智能列车，通过车载微机实现列车辅助和自动驾驶，后者通过调度中心智能工作站完成行车计划、运营管理和信息服务等功能。

3) 综合集成化

传统的铁路系统一般功能间没有或很少有直接的联系和不同管理层的垂直联系。在新系统中，各种联系得到了增强，这突出地体现在用先进的定位、测速和无线通信技术综合发展的列车速度联控行车制代替传统的固定闭塞行车制，实现了列车控制与行车指挥的一体化以及建设高度集中的调度中心，实现了车、机、工、电、辆和运输服务的综合化。

4) 强调运输系统的整体功能

新系统较传统铁路更加强调整个铁路作为一个系统运作的功能，如 ATMS 进一步提高了功能的质量和效率，AUIS 的建设就更加考虑到了铁路用户、旅客的利益，以增强铁路与其他运输方式的竞争力。

新系统通过将人工智能、实时控制、计划优化和信息管理等高新科技成果综合应用于铁路运营的许多复杂方面，彻底改变了铁路的面貌，与传统的铁路运输相比，其优势主要体现在以下几个方面。

(1) 安全。新系统革新了传统铁路的采用列车指令程序、路旁及机车信号两者来控制和保障列车运行的开环控制模式，通过先进的运输管理系统和先进的列车控制与安全系统来构成一个闭环自动控制系统，能够防止人为失误造成的事故，保证整个运输系统的安全。

(2) 运输能力。新系统可采用列车速度联控方式组织列车安全行车，缩短列车追踪间隔，提高线路的通过能力。

(3) 运输组织和管理。可制订生成低成本的运输计划，实现了列车编组、运行管理的自动化，提高安全性和效率。

(4) 线路及设备维护和管理。提供更准确的列车到达时间，有利于做出最佳的维修计划安排，提高线路维修人员的效率，从而减少线路维修人员和列车运行工作的冲突，特别是在铁路行车密度大和有小间隔、高频率维修要求情况下尤其重要。在列车速度联控行车制条件厂，由于减少了区间设备，更便于维护和管理。

(5) 智能化的辅助驾驶系统和机车分析报告系统。可改善列车准点性能、节能和减少司机的加班时间，并可能使机车维修发展为一种按状态维修的系统，提高机车的生产率。

(6) 先进的用户信息系统。可改善铁路运输服务质量和效率，提高铁路系统的综合能力和竞争力。

综上所述，铁路 ITS 是以高科技手段全面提高铁路运输效能的综合化系统，涉及运输组织管理、运输自动化与控制、列车牵引计算学、机车运用与管理、数据通信技术、计算机网络技术、运输经济学、系统可靠性理论和计算机仿真等多个领域，极大改变了传统铁路的面貌。

4. 铁路列车安全

按设备分布的地点不同，系统设备分为调度中心系统、车站系统和车载控制系统。

1) 调度中心系统

调度中心系统是整个先进列车控制系统的神经中枢，是最上层的决策机构；调度中心负责制订运输计划和担负列车运行调度指挥工作。调度中心的核心设备是运输管理系统服务器、列车运行管理系统服务器、列车运行控制系统服务器，每套服务器都是高速可靠的多机系统，采用高速网络连接所有的服务器和客户机，并通过远程网络与车站、地区的管理维护中心局域网相连。调度中心服务器支持各调度台的客户机系统，提供信息共享以及声音、图像等多媒体支持。行车、机车等调度台通过局域网络、分布数据库实现数据共享。

(1) 运输管理系统。它负责制订基本列车运行计划，根据这些计划再制订出当天的列车运行计划以及相关调度台的日计划。系统还将这些计划传递给列车调度员以及调度中心和车站各部门，以此指挥列车运行。

(2) 列车运行管理系统。在列车运行指挥中，直接指挥列车运行的是行车调度员，依照列车运行计划控制道岔、开放信号、指挥列车运行。列车运行正常时，这一切都有序进行。当列车运行秩序紊乱时，行车调度人员要一边指挥列车运行，一边制订列车运行调整计划。

(3) 列车运行调度抑制系统。在列车运行过程中，列车通过的道岔和信号由调度中心集中控制，调度中心根据列车运行计划和列车实际运行情况，自动控制道岔和开放信号，指挥列车运行。改变长期以来铁路行车调度工作以人为主决策的传统，实现以系统为主决策。对信号和道岔的控制通常有两种方式：一种是调度人员操纵控制台直接发送控制命令控制道岔和信号，称为人工控制；另一种是根据列车运行计划自动生成控制命令，控制道岔和信号，称为自动控制。自动控制方式又分为集中控制和分散控制。集中控制是中心的调度控制系统将计划转换成控制命令，远距离控制道岔和信号。

2）车站信息系统

车站信息系统的核心是服务器支持的局域网络，并通过远程网络与调度中心相连。车站信息系统的核心任务是采集列车位置、信号设备的状态等列车运行信息，并将其传送到调度中心；接受调度中心的列车运行计划并转换成命令驱动道岔和信号，为列车准备进路。车站系统接受调度中心内列车运行计划产生的旅客向导信息，以自然语言和文字引导旅客，并可以为旅客提供咨询、娱乐等服务。

3）车载及地面控制系统

列车运行控制系统主要由车载系统和地面控制系统组成，它们直接控制列车运行。在火车问世的第二年，为了保证列车运行安全便发明了轨道电路，同时出现了故障—安全的概念。所谓故障—安全(Fail—Safe)是指安全控制系统在发生失效的情况下，使对象系统能够维持在安全状态或转移到安全状态的特性。车载系统和地面控制系统直接控制列车运行，这就是一个故障—安全系统。

现代先进列车控制系统采用精确的列车定位技术，精确地测定列车位置，同时也测定列车的速度以及加速度等。列车通过车载计算机系统接收前方列车的位置和状态的信息，接收信号、道路信息；车载数据库存有列车所运行区段路线的纵、横断面信息，车载系统存有本列车的性能和驾驶方法。根据这些信息车载系统计算出本列车应有的工作方式，必要时采取制动，甚至是紧急制动措施。

车载系统除了车载的计算机系统外，还有车载的通信系统，在机车上设置数据—通话兼容的无线通信设备。通过车上的数据通信设备将列车的位置、速度、加速度、列车工况等数据传递到调度中心；列车将调度员和调度系统的有关指示，通过无线通信方式传递给司机。尽管对无线系统采取了严格的差错控制措施，达到了极高的漏检误码率，仍不能认为是个故障—安全系统。在先进列车控制系统研究中有两种思路：一种是研究应用故障—安全的无线通信系统；另一种是合理地利用无线通信设备。采用无线通信设备为列车发行许可证的方法不会因无线信号的丢失造成事故。无线系统传递的是许可而不是限制，传递允许列车通过某个区段，如果列车接收不到无线信号，列车将停止。

10.1.4　水路智能运输系统

自20世纪80年代以来，智能交通系统(ITS)在重点发展智能公路运输系统的基础上，也开始向水路运输扩展。从目前情况来看，水路运输系统的智能化主要应做三方面的工作：船舶智能化、岸上支持系统智能化、水上运输系统整体智能化。

水路智能运输系统是指运用先进的卫星导航技术、无线通信技术、有线通信技术、信息技术、控制技术、人工智能技术、水路运输技术以及系统工程技术等进行综合集成，实现水路运输优化、水运安全、高效、可靠、港站作业及客货运输信息服务一体化的客货运输系统。

从组成结构来看，水运智能化运输系统如图10.5所示，主要包括：货运系统、客运系统、港口系统、航道系统、疏运系统、船舶及乘务系统、客货服务和运营系统等。根据自身实际，分别制定了不同的开发重点和优先领域。以欧洲 Telematics 水运研究为例，目前水运 ITS 研究开发主要集中在以下几个方面：船舶导航与通信服务、船舶安全与管理信息系统、内部运营的海运船舶交通信息和环境服务以及与航运链整合的一体化运输这四个方面。

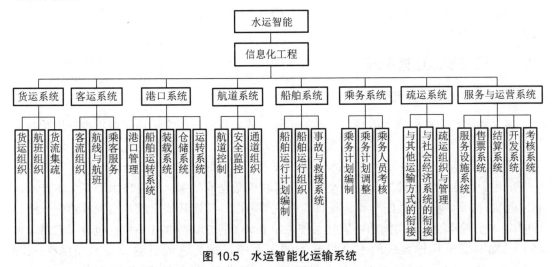

图 10.5 水运智能化运输系统

1. 船舶导航与通信服务

船舶导航手段有无线电导航和空间导航等，其中无线电导航包括无线电灯塔、LORAN、DECCA、RACONS、OMEGA 以及一些局部 HI FIX 系统；空间导航包括全球卫星定位系统 GPS、GLASNOS 和 GNSS 等，如在欧洲即将运用的 EGNOS，利用 INMARSAT 转发器转送类似 GPS 信号，通过地面站和网络处理包括导航在内的各种实时信息，用户利用接受机可获得及时的导航服务。在通信方面，除灯光信号及旗语仍然在船舶间的短距离通信以及船舶与海岸间的通信中保留与使用外，水运 ITS 方面应满足商业、安全、环境、VTMIS 及船舶运营对数据交换自动管理的要求，这对现代通信系统提出更高的要求，采用现代通信手段的目的是提供船舶的型号、大小和行为，以引起其他船舶的注意并采取适宜的行动，防止船舶的碰撞，进一步保证航运安全。

2. 船舶安全与管理信息系统

系统包括预测维修和监视推进器的决策支持工具、整合船舷系统的控制建筑与标准、供船舶及相关用户使用的 ECDIS 数据(源于航海 GPS)的校对与分发工具、基于 ISM 标准的数据管理软件工具。

3. 内部运营的海运船舶交通信息和环境服务

其关键技术包括识别、发现和跟踪船舶的高速工艺，常规和紧急条件下的环境和安全信息，从 HAZMAT 信息向 NCA 信息的传播，意外情况下的信息传播，船与船间以及船与岸间的通信系统(SS&SSCS)，语言障碍的强制限制等。

4. 与航运链整合

包括港口使用，设备、车辆从驾驶员的自动识别，运输链中资源管理、跟踪和监视的协调，乘客信息系统以及货运参照系统的结构和标准等。

总之，水运 ITS 提供了支持水运用户的系统、服务及技术，也提供了使信息管理与决策支持成为可能的解决方案，从而达到减少人为错误，提供更及时和精确的信息，以达到保证海上安全和保护环境的目的。另外，它在实现组织者、管理者以及信息系统、运输模式等的数据共享、过程共享方面提供了更好的联系，在提高水运服务的安全、质量与效率方面将发挥积极的作用。

10.1.5　航空智能运输系统

1. 航空智能运输的概念

航空运输是一种科技含量高而密集的运输方式。虽然在航空运输领域很少使用智能运输系统(ITS)这个词，但是航空运输领域存有关基础理论、系统模型研究等方面，将先进的信息技术、通信技术、电子控制技术、传感技术、系统综合技术和安全保障技术有效地继承并应用于交通运输系统方面，以及利用计算机的数据库技术、网络技术和多面体技术，建立起实时、准确、高效的交通运输管理系统等方面，都比其他交通运输领域领先一些。1993 年，全球开始逐步实施的新航行系统，即 ICAO 的 CAN/ATM 系统，包含了铁路、水路、公路等智能运输系统的三个最基本的子系统，即先进的运输管理系统(Advanced Transportation Management System，ATMS)、先进的用户信息系统(Advanced User Information System，AUIS)和先进的控制与安全系统(Advanced Control and Safety System，ACSS)。

(1) 先进的运输管理系统(ATMS)。ATMS 通过自动编制各级运输计划，对载运工具装、卸和载运工具运行进行控制与指挥，动态调整网络流分布，生成预防策略，保证运输畅通和运输任务的完成。

(2) 先进的用户信息系统(AUIS)。AUIS 包括先进的货运服务系统、客运预售票系统和旅客诱导系统等。

(3) 先进的控制与安全系统(ACSS)。ACSS 包括载运工具安制系统、司机导航系统、陆(道)旁接口单元系统等，能根据外界环境变化，实行自动化和半自动化的运行，使载运工具保持更高的速度和更短的间隔(时间间隔或距离间隔)而安全行驶。

然而，新航行系统总论中，没有出现航空智能运输这个词。因此，航空智能运输系统中智能的内涵仅仅是各种先进技术和计算机技术的结合。本节是以航空智能运输的概念来叙述航空智能运输系统的。

2. 航空智能运输系统框架结构

航空运输体系包括飞机、机场、空中交通管理系统和飞行航线四个部分。这四个部分有机的结合，在空中交通管理系统的控制和管理下，完成航空运输的各项业务活动。除四个基本组成部分外，航空运输体系还有商务运行、机务维护、航材供应、油料供应和地面辅助保障等系统。

航空 ITS 是指运用先进的卫星导航技术、无线通信技术、有线通信技术、信息技术、控制技术、人工智能技术、航空运输技术以及系统工程技术等进行综合集成，实现航空运输航线优化，飞机起降运行可靠，机场作业及客货运输信息服务一体化的安全、准点、高效的客货运输系统。航空运输智能化系统主要包括：货运系统、客运系统、机场设施、空中管制、机群组织、乘务组织、客货服务和运营系统等。系统框架结构如图10.6所示。

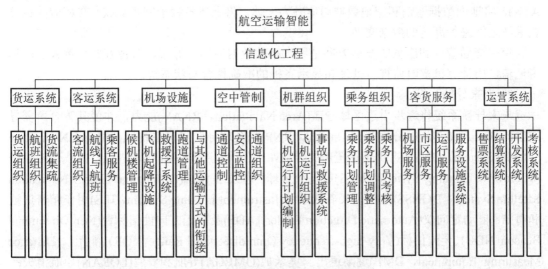

图10.6 航空智能运输系统框架结构

为了实现航空ITS框架结构目标，需要研制新一代航空运输载运工具，在解决音爆、高升阻比、耐高温材料、一体化飞行推力控制系统等问题的基础上，推出一批新型机；研制出相适应的，具有某些智能的机械设备；实施一系列航空ITS工程，其主要内容包括：航空运输智能化发展战略、航空运输信息化工程、航空客货运输智能化服务、航空运输调度指挥智能化工程、航空运输事故与救援智能化工程、航空港智能化管理工程等。

3. 新航行系统

随着世界民航空中运输量的日益增长，国际民航组织(International Civil Aviation Organization，ICAO)认识到现行的航行系统存在明显的缺陷和局限性，将难以适应未来发展的需要。另外，随着航空航天和计算机技术的突破性进展，为建立全球的新型航行系统提供了技术基础。ICAO于1983年年底成立了一个未来空中航行系统(Future Air Navigation System，FANS)特别委员会，其任务是研究、确定和评估一些新方案和新技术，并为以后25年航行系统的协调发展提出建议。经过近5年的努力，FANS委员会于1988年5月提交了一份总结报告，建议国际民航组织采纳基于卫星技术的全球新通信导航监视/空中交通管理系统(CAN/ATM系统，即FANS系统)并提出了一个未来25年内在全国协调逐步实施的基本方案。1993年全球进入逐步实施未来航行系统的新阶段。同时，改称未来航行系统为ICAO的CNS/ATM系统，简称新航行系统。

新航行系统由通信(C)、导航(N)、监视(S)和空中交通管理(Air Traffic Management，ATM)四个部分组成。通信、导航和监视系统是基础设施，空中交通管理是管理体制、配套设施及其应用软件的组合。

1) 未来通信系统

未来通信系统保留并发展甚高频(Very High Frequency，VHF)作语音及某些数据通信，用于陆地和终端区；引进卫星通信，至少先在世界大部分地区实现数据和语音的卫星通信能力，在卫星通信能覆盖地球极区以前，保留高频(HF)通信；采用二次雷达(Secondary

Surveillance Radar,SSR)的 S 模式数据链,在空中交通高密度空域和终端区供空中交通服务(Air Traffic Service,ATS)使用;建立航空电信网(Aeronautical Telecommunication Network,ATN),将地面数据通信和空地数据通信融为一体。将上述各种子网相交联,在相应的计算机系统之间进行高速的数据交换。

空中交通管理和服务的发展方向是用自动的数据通信、导航、监视方式代替人工的话音通信,用计算机实时监视、处理和显示飞机的准确位置与状态等。

2) 未来导航系统

未来导航系统将逐步引进区域导航(Area Navigation,RNAV)能力,并使其符合所需导航性能(Required Navigation Performance,RNP)。全球导航卫星系统(the Global Navigation Satellite System,GNSS)提供全球覆盖的导航,用作飞机导航和非精密进近;微波着陆系统(Microwave Landing System,MLS)或差分全球导航卫星系统(Differential Global Navigation Satellite System,DGNSS)取代仪表着陆系统(Instrument Landing System,ILS)用作精密进近和着陆;自动定向仪(Automatic Direction Finder,ADF)及其无方向性信标台(Non Directional Beacon,NDB)、全向信标(Very-high-frequency Omnidirectional Range,VOR)、测距仪(Distance Measuring Equipment,DME)逐渐退出;奥米加(OMEGA)导航和罗兰(LORAN)导航消失;惯性导航被保留,并作为组合导航系统中的主导航继续发展。

3) 未来监视系统

未来监视系统将随着一次监视雷达(Primary Surveillance Radar,PSR)的逐渐消失,在终端区和高密度陆地空域,采用 A/C 模式或 S 模式的二次监视雷达(SSR)监视,在其他空域采用自动相关监视(Automatic Dependent Surveillance,ADS)或自相关与二次雷达重叠监视。

4) 空中交通管理

空中交通管理包括空域管理、空中交通管制和流量管理。

(1) 空域管理。在既定的空域结构条件下,实现对空域的充分利用,避免空域长时间隔离(闲置)。实现方式是:在实际需要基础上,通过对空域"时分共用"或经常性地按各种短期需求,对空域作必要的调配,以满足不同用户的需要。

(2) 空中交通管制。其主要目的是:为防止飞机与飞机、飞机与障碍物之间的相撞,加速空中活动,维持空中交通秩序。

(3) 流量管理。在空中交通超出或可能超出空域和机场现有能力时,保持空域和机场的最佳容量,帮助空中交通管制提高其利用率。

4. 航空安全

航空安全是航空 ITS 首要目标,它主要包括以下内容。

1) 航空器的自动化与安全保障性

现代航空技术的发展,在提高航空器本身的可靠性和安全性的同时,另一个最显著的特征就是自动化程度越来越高。信息技术的革命,又使这种自动化进一步朝着"以人为中心的自动化"方向发展。英国国家研究委员会、工程与系统委员会、航空与航天工业局、航空技术委员会等联合提出的"21 世纪航空技术"报告中明确提出:到 2020 年的新世纪初叶,航空运输系统要基于"以人为中心的自动化"。如果现代航空器已经是"玻璃驾驶舱"和"电传操纵"的第三代自动化,那么,21 世纪初的航空器将是基于以下内容的"以人为中心的自动化"系统。

(1) 利用综合卫星/机载系统，实现机上导航、定位、避撞以及常规运行。
(2) 利用机械自动监测系统、卫星和空地数据链，实现航空器运行状态的适时监控。
(3) 有很强的风险探测能力，如增强的近地警告、前视式风切变探测等。
(4) 具有自诊断能力的内部各系统的自检和综合管理系统。
(5) 与地面空中交通管理系统配套的全面综合化驾驶舱。

"以人为中心的自动化"系统，将极大地提高航空器的安全保障性，从而将进一步降低技术因素导致的飞行事故率。

2) 飞行安全的地面保障技术

随着基于人造卫星的通信、导航和监视技术的发展应用，传统的空中交通管制将过渡到空中交通管理。航线与航线分隔的概念将改变为航空器与航空器分隔，并最终实现自由飞行。以此为基础，未来的地面安全保障系统将达到以下4个目标。

(1) 通过空地数据链和飞机状态监控系统，适时传递与航空器运行状态有关的信息，实现适时监控。
(2) 利用全球导航卫星系统等手段，实现飞机定位和导航。
(3) 实现自动化相关监视。
(4) 实现自动化的四维交通管理和中央流量管理。

3) 飞行安全管理

按照现代企业管理的理论，民航飞行安全管理主要由管理对象(也称为物流)、管理机构(也称指挥)和管理信息(也称信息流)三部分组成。航空器的运行信息是保障飞行安全的重要依据。因此，航空器运行信息管理系统的建设是现代民航安全管理的主要手段。该信息系统主要包括航行资料信息网络、航空气象信息网络、航空器适航信息网络、飞行安全信息网络、飞行情报(动态)信息网络等。

5. 航空运输管理

随着社会经济迅速发展，航空运输业的激烈竞争，促使航空运输业采用先进的信息技术、更新生产和管理手段。航空运输管理已成为航空ITS发展的重要组成部分。随着企业信息化程度的不断提高，航空运输业呈现出以下特点。

(1) 航空运输市场全球化。随着航空公司之间的"代码共享"与航空公司联盟的普遍实行，航空公司的客货运输市场已经突破本公司的单一市场限制，通过合作伙伴向国际市场渗透。

(2) 生产和经营规模化。实行联盟的航空公司之间采取共享资源、共享机场设施、相互客货代理、相互提供航线维修支持和集团采购等合作方式，降低生产成本，扩大规模效益。

(3) 商务电子化。航空公司通过先进的商务电子服务手段和优良的服务质量吸引更多的旅客与货源。

(4) 管理决策智能化。大量的市场销售信息和旅客信息、企业的收益和成本信息、生产和资金信息等，都需要从计算机订座系统(Computer Reservation System, CRS)、全球分销系统(Global Distribution System, GDS)、客户关系系统(Customer Relationship System, CRS)、收益管理系统(Revenue Management System, RMS)和财务管理信息系统等信息系统中进行不断地汇集统计和分析，通过计算机专家系统辅助决策。

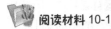

"互联网+交通"：大数据时代下智能交通

在"互联网+"背景下，智能交通大数据技术的应用，不仅将"先知"逐渐变成现实，更建立起车、路、人之间的网络，通过整合信息，最终为人(车内的人和关注车内人的人)提供服务，使得交通更加智能、精细和人性；对管理者而言，则大大提高管理者获取数据的能力，提高他们的决策能力和管理交通的能力。

1. "互联网+交通"的表现形式

早在 2011 年年底，"互联网+交通"已初见端倪。铁路推出了网络订购火车票的新举措，让百姓利用电脑、手机，通过网络，足不出户就能买到火车票；民航行动更快，很早就实现了网络订票，现在通过大数据分析，通过手机 APP 可实现手机购票值机、查看航班动态等功能；而大力推进高速公路 ETC 联网发展，则是公路方面推进网络化的措施。此外，人们平日出行开车也越来越离不开导航系统、打车软件。

1) 事前预判

以出行高峰时段的交通拥堵为例，智能交通能够提高人们出行的计划性，通过他人的出行数据，预备出行者可以提早知晓不久后的某时段交通预计的流量情况，以此妥善安排自身的出行。其次，智能交通可以提高出行的可靠性，即例如甲要从 A 地去 B 地，必经路线的堵车已经无法避免，提高出行可靠性就在于可以通过智能交通的技术手段，根据以往同一时段该路线的交通状况，预估同样出行方式下将可能多耗费的时间。再者，智能交通应用在汽车上的自动避让和制动等功能还可以在一定程度上提高出行的安全性。

总而言之，以智能交通的技术手段提高信息采集强度及采集量，并提高其数据处理水平，继而把所得信息通过各种不同渠道传送给每个有需要的人，智能交通正在提高整个交通系统的应变性和个人出行的应变性。

2) 调整更改

在传统的规划过程中，设计部门根据对现状的判断和经验的积累，容易对交通项目进行个人意志和团队意志的主观操作，更有某些小型设计单位采用闭门造车的方式进行拿来主义的设计，这与规划的本职形成严重对峙，更不符合互联网+时代下对大数据应用的渴求。

对于城市管理者或是城市交通管理者、公路交通管理者，智能交通是帮助提高其管理的技术手段，大大提高管理者获取数据的能力，提高他们的决策能力和管理交通的能力。

3) 分析应用

对交通出行的大数据进行分析总结可以得出不同城市的相互联系强度、城市流动人口的来源，指导城市对外交通建设；能够分析出城市交通现象与重要事件之间的关系，有效预防下次突发事件造成的交通压力；大数据能够形象地反映居民的出行路径、偏好，总结出居民的出行习惯从而为第三方服务平台提供参考，加快推进交通运输由传统产业向现代服务业转型升级。

智能交通综合管控平台存储了大量的交通数据信息，如何有效充分地利用这些信息将非常重要。通过对平台存储的数据进行智能研判分析，获得一些潜在有价值的数据和信息，为交通管理、刑侦稽查提供重要的线索和数据信息。

2. "互联网+交通"的发展趋势

首先，要大力发展绿色、便捷、高效、经济的公共交通。通过智能交通技术手段提高公共交通系统的服务水平，引导城市居民出行方式的转变。

其次，以智能交通技术提升道路交通管理水平，提高城市道路体系的综合利用效率。

再次，优化区域交通组织，以先进的交通管理手段如先进的交通信号系统、交通诱导系统、交通违法自动考量系统，减少路口延误、排队等候，使得道路通畅、规范停车场管理等关键环节。

资料来源："互联网+交通"：大数据时代下智能交通[EB/OL].(2015-12-30).[2016-06-02].http://tech.hexun.com/2015-12-30/181497804.html.

10.2 交通运输中的信息技术

【拓展视频】

信息技术是当代社会最具潜力的新的生产力,信息化水平已成为现代化水平和综合国力的重要标志。交通运输业作为工业文明的组成部分,必须充分运用现代化信息技术,提高信息化水平,才能使运输事业得到更大发展。

10.2.1 交通运输管理中的地理信息技术

1. 地理信息系统(GIS)的功能

地理信息系统(Geographic Information System,GIS)是由信息演绎而来的,是以地理坐标为骨干的信息系统,是对以采集、存储、管理、分析与空间、地理位置有关的信息系统的统称。GIS 主要由三大部分组成:计算机及其附属设备;地理数据库及其数据操作、分析功能的数据库管理系统;各种制图输出工具及其他输出设备。其通过利用数据的空间属性,实现了图形与数据的结合。它通过可视化平台多维地显示数据,揭示数据之间的关联和隐藏在数据背后的信息。用户可以在地图界面上直接对空间对象进行查询和分析。它以数据可视化、思维可视化的形式,提供了一种新的决策支持方式,使管理者对各方面进行的研究不再是孤立的,而将自己置身于自然和社会环境当中,直观地掌握全面情况,从而大大提高管理的现代化水平,为实现计算机管理提供更好的手段。

地理信息系统始于 20 世纪 60 年代,之后随着电子技术和计算机技术的迅速发展,使得依赖于计算机硬件的 GIS 技术得到了空前的发展和应用。地理信息系统在其发展和应用过程中不断吸取数据库与信息系统技术、系统工程方法、决策科学、专家系统技术、地图学和计算机图形学等相邻学科的先进技术与方法。GIS 正是在这些相关学科与计算机科学结合的基础上发展起来而形成的一门边缘学科。它并不局限于地图学、系统工程等学科,而是作为一种研究和解决问题多的方法与相应学科结合反过来服务于城市管理、土地利用、环境与资源管理、交通规划和交通管理等多个领域,它为科学管理公路工程建设、道路交通、引导机动车进行动态合理分布等提供了一个很好的工具。

交通地理信息系统(Geographic Information System for Transportation,GIS-T),是收集、存储、管理、综合分析和处理空间信息与交通信息的计算机软硬件系统。它是 GIS 技术在交通领域的延伸,是 GIS 与多种交通信息分析和处理技术的集成。

交通地理信息系统的主要功能有:基本、叠加、动态分段、地形分析、栅格显示、路径优化等功能。

(1) 基本功能用于编辑、显示和测量图层,主要包括对空间和属性数据的输入、存储、编辑,以及制图和空间分析等功能。编辑功能允许用户添加和删除点、线、面或改变它们的属性;综合制图功能可以灵活多样地制作和显示地图,分层输出专题地图,如交通规划图、国道图等,显示地理要素、技术数据,并可放大缩小以显示不同的细节层次;测量功能用于测定地图上线段的长度或指定区域的面积。

(2) 叠加功能允许两幅或更多图层在空间上比较地图要素和属性,分为合成叠加和统计叠加。合成叠加得到一个新图层,它将显示原图层的全部特征,交叉的特征区域仅显示共同特征；统计叠加的目的是统计一种要素在另一种要素中的分布特征。

(3) 动态分段功能将地图网络中的连线根据其属性将特征相近的连线分段。分段是动态进行的，因为它与当前连线的属性相对应，如果属性改变了，动态分段将创建一组新的分段。

动态分段引入 GIS-T 的软件是为了分析以线为基础的运输系统的属性，如路面管理中，路网图将以路面铺装采用沥青或混凝土来"自动分段"，以便每种类型的路面含在同一个组中。如果需要采用路面类型和车道数这两种属性进行分段，那么每类路面中车道数相同的又自动形成一组。

(4) 地形分析功能主要通过数字地形模型(Digital Terrain Model，DTM)，以离散分布的平面点来模拟连续分布的地形，为道路设计创建一个三维地表模型，这在道路设计中是十分需要的。实际的道路设计采用另一软件在导入 GIS 的三维地表模型后进行，然后将设计的结果再导出到 GIS 中，以供将来的分析。

(5) 栅格显示功能使得 GIS 可以包含图片和其他影像，并可将对应的属性数据进行叠加分析，对图层更新。例如，通过添加桥梁、交叉口以及修正线形等新特征，对原有道路图层进行更新；对带状(或多边)图层进行叠加可以标出土地用途和其他属性。

(6) 最短时间路径分析模型在运输需求模型中已经使用了很多年。集成化的 GIS-T 具有这一功能，而无须与其他软件创建链接。当然随着 GIS-T 功能的完善，将来与其他软件如运输需求规划模型和道路设计软件的链接将是必需的。

空间分析是地理信息系统软件的核心，叠加分析、地形分析和最短时间路径优化功能为交通地理信息系统软件空间分析提供了强大的工具和广阔的应用空间。随着这些功能的完善和发展，交通地理信息系统为交通各部门提供了一个强大的空间信息服务和管理工具，将成为交通各部门日常工作不可或缺的工作手段。

2. GIS-T 在交通中的应用

GIS 自诞生至今，其应用领域已由自动制图、资源管理、土地利用发展到与地理位置相关的邮电通信、水利电力、金融保险、地质矿产、交通运输等多个领域。交通工程人员利用地理信息系统与相应的城市交通地图相结合，将城市交通地理图及其有关数据数字化，建立规定比例的可视数字地图和相应的城市交通地图相结合，将城市交通地理图及其有关数据数字化，建立规定比例的可视数字地图和相应的地理信息数据库，来进行道路交通的管理工作；在运输企业的运营管理当中，可以利用建立的交通地理信息系统数据库，为管理部门或用户提供各种查询要求和分析方法。例如：浏览、区段、路局、站点、车次等的查询；直通图、管内图、站间交流图、客流密度等专题地图，以及统计图的分析方法等；为铁路、公路等的客运主管部门分析客流情况、制订行车计划等服务。

1) 交通规划设计中的应用

在交通规划与设计当中，首先建立一个地理数据库，然后可用地理信息系统进行路网的规划、选址、分析最佳路径等都有着很大的优势，而且地理信息系统还具有计算机辅助设计的功能，能为工程师提供道路、桥梁、交叉路口等的设计工具，为路网的优化设计提供方便，其大大提高了交通规划的工作效率，使规划研究人员从繁重的设计工作中解脱出来，将主要精力投入到路线方案的综合比选分析当中，并可为规划设计进入三维可视及动画模拟境界提供了方便。

2) 公路管理中的应用

目前，公路交通管理数据量大，且大部分存在于工程图纸上，信息仍然以普通的数据库属性信息为主。此外，庞大的信息量与单调的查询方式也构成了鲜明的对比。因此，把电子地图这一重要的信息源带到交通管理上来已是势在必行。利用地理信息系统的产品及其信息可视化技术，能集数据管理、数据分析、图形管理、图形编辑、彩色图形输出等功能于一体，可方便、有效、快速地存储、更新、操作、统计、分析和显示所有交通网络信息，能为公路的主管部门提供及时、准确、较全面的有关公路的信息，实现数据与图形、图像的综合处理，解决沿线定位和空间定位的互换，能提供一套较完整的系统建设与维修的技术文档资料，对公路交通的管理将起到积极的作用。

3) 交通设施管理中的应用

在交通运输中，基础设施起着重要的作用，它是交通运输的基本需要和先决条件。为了随时掌握交通基础设施的发展状况，就需要对基础设施信息有全面的了解，以便为交通运输的预测、规划找到可靠的依据。为了方便、快速、准确、全面地对交通基础设施信息进行查询和管理，就必须要选择一种科学有效的管理工具，而 GIS 由于具有地理图形和空间定位等的空间型数据库管理系统，因此它被用来对交通基础设施信息进行管理。GIS 是在计算机技术和空间技术高度发展的基础上建立起来的，它使可以采用地图、数字数据、照片、文本、录像、声音等数据记录手段，以记录信息的空间位置、时间分布和属性特征等，然后可以根据用户的需要，输出所要的各种信息。

4) 运营管理中的应用

由于地理信息系统具有地理、地形等数据的查询、分析统计功能，所以在运输企业的运营管理当中，可以利用建立交通地理信息系统数据库，为管理部门或用户提供各种查询和分析方法。例如：浏览、区段、路局、站点、车次等的查询。直通图、管内图、站间交流图、客流密度等专题地图，以及统计图的分析方法等。为铁路、公路等的客运主管部门分析客流情况、制订行车计划等服务。同时，利用现有图形上的交通线路结点信息，任意输入二点的地址，便可查询出二点之间所经过的交通线路、公里数、各站站点及名称。当改变线路时，可在图上实时进行修改，并输入新的站名，这些信息也可上载到中央数据库中。

5) 为智能运输系统提供数字化平台

智能运输系统是新近发展起来的交通管理系统，它将和交通地理信息系统、全球卫星定位系统一道成为未来交通领域快速发展的新技术。基于智能运输系统、地理信息系统、全球卫星定位系统将能够为道路用户提供实时动态的交通信息服务，也能够为道路管理者提供控制信息，大大提高现有道路的通行能力和安全性。

3. 交通地理信息的发展趋势

1) 数据采集的技术比选

当前交通决策要求 GIS-T 提供的数据范围在不断扩大，数据采集的技术也有了长足发展，这些技术包括 GPS、视频技术、数码摄像技术、高清晰卫星图像、高清晰度扫描技术以及实时系统和传感器。这些实时系统和传感器众多：气象雷达、车辆身份证条码、交通量计数器、路面温度传感器、ITS 中的车辆导航系统。ITS 不仅需求大量的空间及其相关数据，同时也成为其他诸多用途的数据源，这无疑又激励更新数据采集技术的开发，所有这些技术均对 GIS-T 的设计实施产生影响。重点发展的技术包括以下几个方面。

(1) 对各种数据采集技术现状和特性的评估，了解它们相互作用和集成的可能性。

(2) 从运输部门的需求来设计技术上可行的数据采集方案。

(3) 在 GIS-T 的发展规划中制定策略来研究比选使用这些新技术。

2) GIS-T 和 ITS 之间协调发展

可以预计未来数年内 GIS-T、GPS 和 ITS 这 3 种快速发展的技术将有效地集成起来，发挥良好的社会经济效益，大大提高现有道路的通行能力和安全性。当前这些技术之间合适的切入点还没有很好地研究清楚，要发展以下技术。

(1) 分析和评估这 3 类技术的发展现状和方向。

(2) 研究如何将这 3 种技术有效集成，并分析这种联合发展的可行性。

(3) 开发适应全球不同地区需求的技术集成模式。

(4) 建造示范中心以便观测和测试技术集成的效果。

(5) 制定上述模式所需空间数据的标准。

(6) 调查并修正这些数据标准以最终满足 ITS 的需要。

3) 数据库维护技术

随着 GIS-T 的发展和推广，数据库的维护对许多用户来说还颇显陌生，发展以下相关技术。

(1) 新的数据采集技术，如 GPS 将对数据库维护的影响。

(2) 利用新的采集技术所采集的数据和原有数据库存有的空间数据的合并与统一技术。

(3) 存放在不同图层的数据在不同比例尺下使用时最佳的连接技术。

(4) CAD 与 GIS-T 之间数据模型的连接技术的发展。

(5) 有效地利用遥感数据。

4. 我国发展 GIS-T 的策略探讨和建议

由于公路、铁路和航道等交通基础设施需要的往往只是带状空间数据，随着国外 GIS-T 技术的逐渐成熟和数据采集技术的快速发展，建立我国的交通地理信息系统的条件开始逐渐成熟，而且将成为我国发展 GIS 的重点领域。当前我国有关部门已经开始着手进行交通地理信息系统的开发，并进行了一些有益的尝试，但鉴于我国 GIS 基础工作薄弱，特别是基本的空间数据库尚未建立，因此 GIS-T 的开发费用十分巨大；加上 GIS-T 的发展涉及众多部门和多种技术，因此有关部门应当重视和开展我国 GIS-T 的发展策略研究。

我国发展 GIS-T 应当采用"把握机遇、统一规划、完善基础、及时跟进、高起点开发、协调发展"的发展策略。

1) 把握机遇

GIS-T 是交通信息化发展的一个重要领域，因为它具有强大的交通信息处理功能，将像办公软件一样广泛普及，成为交通各部门日常处理信息不可缺少的新工具，因此 GIS-T 的产品有着广阔的市场前景和诱人的商业价值。在信息时代和无限商机面前我国的交通信息产业人士应当把握机遇。

2) 统一规划

由于 GIS-T 的发展不仅涉及众多交通部门,而且还包括与其他各级政府管理部门(如土地管理、环保、交通管理等部门)之间的信息交流;同时又涉及多种信息技术,而信息技术发展的速度十分迅速,为了降低空间数据资源采集和管理的成本,为了适应未来发展的需要,必须在多方部门的参与下,统一规划和构建我国 GIS-T 的发展框架。

3) 完善基础,协调发展

由于我国 GIS 发展基础薄弱,因此在统一规划的思路和明确的发展框架下,要不断完善基础数据库的建设,同时在技术上及时跟进国外先进的 GIS 技术,高起点开发,并与我国的信息产业发展速度相协调,共同发展适合我国国情的 GIS-T。

当前我国各地许多部门虽然已经开展了 GIS-T 的研究与开发,这些开发均是出于本部门的需要,很少考虑到将来部门之间的数据交流和共享,加上没有全国性的 GIS-T 发展框架和数据标准,数据的通用性将成为影响 GIS-T 开发的关键因素,建议交通有关部门及时组织开展 GIS-T 发展体系和框架标准的研究。

10.2.2 交通运输中的电子数据交换技术

电子数据交换即 EDI(Electronic Data Interchange)技术,根据联合国标准化组织的定义,是指将商业或行政事务处理按照一个公认的标准,形成结构化的事务处理或报文数据格式,从计算机到计算机的电子传输方法。

电子数据交换技术自问世以来,因其技术先进,可大大减少贸易文件及文件处理成本,因而受到世界各国普遍重视,发展迅速。现在,EDI 用户根据国际通用的标准格式编制电文,以机器可读的方式将结构化的信息(如发票、海关申报单、进出口许可证等"经济信息")按照协议经过通信网络传送。报文接受方按国际统一规定的语法规则对报文进行处理,通过相应的管理信息系统,完成综合的自动交换和处理。EDI 遵循一定的国际标准或行业规则,自动地进行数据发送、传送及处理,而不需人工介入,从而实现事务处理或贸易自动化。

联合国欧洲经济理事会(UN/ECE)经过多年来的大量工作,于 1987 年公布了一套 EDI 国际标准,命名为 UN/EDIFACT,而国际标准化组织 ISO 为该标准制定了一套语法规则(Syntax Rules,ISO 9735),UN/EDIFACT 是联合国推荐的用于行政、商业和运输业的电子交换标准报文格式。EDI 技术发展的重点任务之一是统一报文格式。目前,UN/EDIFACT 标准已占据全球 EDI 标准的主导地位。

1. EDI 系统组成

(1) 硬件设备。贸易伙伴的计算机和调制解调器以及通信设施等。

(2) 增值通信网络及网络软件。增值网(Value Added Network,VAN)利用现有的通信网,增加 EDI 服务功能而实现的计算机网络,即网络增值。通信网目前有以下几种:分组交换数据网(Packet Switched Data Network,PSDV)、公用电话交换网(Public Switched Telephone Network,PSTN)、数字数据网(Digital Data Network,DDN)、综合业务数据网(Integrated Service Digital Network,ISDN)、卫星数据网(Very Small Aperture Terminal,VSAT)、数字数据移动通信网。

(3) 报文格式标准。EDI 是以非人工干预方式将数据及时准确地录入应用系统数据库中，并把应用数据库中的数据自动地传送到贸易伙伴的电脑系统，因此必须有统一的报文格式和代码标准。

(4) 应用系统界面与标准报文格式之间相互转换的软件。该软件的主要功能包括代码和格式的转换等。

(5) 用户的应用系统。EDI 是 EDP(Electronic Data Process)电子数据处理的延伸，要求各通信伙伴事先做好本单位的计算机开发工作，建立共享数据库。

2. 数字通信网络

数字通信网络是 EDI 的基础。为了传递 EDI 文件，必须有一个覆盖面广且高效安全的数据通信网作为其技术支撑环境。由于 EDI 传输的是具有标准格式的商业或行政有价文件，因此除了要求通信网络具有一般的数据传输和交换的功能之外，还必须具有格式校验、确认、跟踪、防篡改、防被窃、电子签名、文件归档等一系列安全保密功能，并在用户间出现法律纠纷时，能够提供法律证据。

在网络规则中，首先遇到的是 EDI 通信网的选择，选择 EDI 通信网的主要原则是：业务量和网络性能。它包括网络吞吐量、网络延迟(最大延迟和平均延迟)和可靠性以及经济/技术的比较。在以上主要原则下，选择各种通信网即选择公用/专用 EDI 信网络，以合理地、有效地利用它们的 EDI 服务。

EDI 通信可基于以下各种通信网：分组交换数据网(PSDN)、电话交换网(PSTN)、数字数据网(DDN)、综合业务数字网(ISDN)、卫星数据网(VAST)、移动数据通信网等。

3. 电子数据处理(EDP)

电子数据处理是 EDI 的必要条件。EDI 是按照协议，对具有标准的结构化信息，经数据通信网络，在贸易伙伴的计算机系统之间进行电子传输。这种传输不需人工干预或人工干预程度极小。

一个完善的 EDI 专用系统，它本身也具有以下特征：数据的采集、信息的存储、信息的传输、信息的加工、信息的输出，它的基础是电子数据处理(EDP)。

4. 数据的标准化

数据的标准化是实现电子信息交换的保证。EDI 最根本的特征，就在于它是标准格式商业文件的传输。EDI 是计算机与计算机之间的对话，确切地说，是贸易伙伴间以及贸易管理部门之间通过计算机进行的对话。这种复杂的相关性，就决定了 EDI 在应用之前必须确定好各方面都能同意的统一格式和标准。

EDI 系统的标准由两类标准组成。一类是网络通信协议，目前世界上公认是国际标准化组织 ISO 的开放系统互联 OSI 的 7 层协议。具体实现的有 X.400 协议和消息处理系统 MHS。另一类标准就是 EDI 的数据标准化，即通信报文标准。在 MHS 中，实现其互通的关键是将电子票据格式标准化。由于电子票据是由计算机处理的，这比起传统的纸面贸易单据格式要求更严格。目前国际上有关报文的标准主要有两个。在北美地区使用的由美国国家标准局制定的 ANSIX.12 标准和早先在欧洲使用的继而发展为事实上的国际标准 EDIFACT(Electronic Data Interchange For Administration，Commerce and Transport)

5. 典型的 EDI 系统发展和应用现状

1) 美国的 EDI 系统

美国是提出电子数据交换技术最早的国家。早在 20 世纪 60 年代后期，为解决运输业中大量货物运输数据的电子传送问题，以减少交货、付款周期，美国率先提出了电子数据交换的概念，并首先在美国工业交通同盟和美国运输协会内实现电子数据传输。1968 年成立了美国交通运输数据协调委员会，开发制定了美国运输业的电子数据标准，1984 年美国国家标准局和美国交通运输数据协调委员会成立了联合电子数据委员会，推出了美国 EDI 国家标准。1985 年，欧洲和北美代表在纽约成立了联合国电子数据交换小组，合作开发 EDI 国际标准。

美国新奥尔良港(CRESCENT)以 230 万美元开发了全港统一的 CRESCENT 系统，其外部功能主要包括以下几种。

(1) 电子泊位申请系统。

(2) 自动登记货单系统。

(3) 危险货物查询系统。

(4) 货物状态系统。

(5) 进口代理商系统。

(6) 电子信箱系统等。

2) 新加坡的 EDI 系统

新加坡政府自 20 世纪 80 年代中后期，决心首先在港口和航运部门推行集装箱运输 EDI，提高集装箱装卸效率，缩短通关时间。在新加坡贸易工业部的领导下，国家电脑局、贸易发展局和新加坡国立大学 3 个单位组成项目组，对 EDI 应用进行研究，经过调研，编制了策略性报告和 EDI 总体设计方案，议会在对有关法律进行相应修改后，政府于 20 世纪 90 年代初正式在全国开始实施 EDI。

新加坡 PORTNET 系统。1984 年，PORTNET 开始时仅作为一个数据信箱，以后信息量逐渐增加，包括船舶到离、在港船舶和化学品数据库，随后又发展成双向通信。1987 年，与马士基公司首先实现了计算机到计算机的通信联系，进行电子数据交换。1988 年和香港国际码头公司建立了第一条海外通信线路，电子交换集装箱装载情况，提高了堆场和船舶调度工作，加快了船舶周转时间。1989 年，实施 PORTNET，其功能也大为扩展，PORTNET 采用 EDIFACT 报文标准，现在，该 EDI 网络系统已有 1 200 多家公司在使用，目前，新加坡港已与两个亚洲港口和 6 个非亚洲港口建立了电子通信线路。新加坡港务局(PSA)的未来发展计划如下：不断延伸和改进 PORTNET 功能，使其更加完善和自动化；建立更多的计算机通信线路，联通港口使用者、与航运相关的部门以及银行，加速船舶和货物流动速度。

PSA 和 TDB 联合开发了一个新的 EDI 系统 MAINS(Maritime Information System)，使航运公司、货运代理商、贸易伙伴和监管机构的有关运输文件以电子数据的格式统一起来，从而使新加坡成为世界上成功规范各种运输文件和数据的第一个国家。

新加坡港口 EDI 网络系统(PORTNET)与国家 EDI 贸易网系统(TRADENET)为互为独立的两个 EDI 网络，新加坡海关在 TRADENET 上进行运作，PORTNET 的用户可以通过 EDI 中心向 TRADENET 传输信息，但 PORTNET 用户若需要获得海关的其他服务，则需另行办理加入 TRADENET 的入网手续。

3) 德国汉堡港的 EDI 系统

汉堡港海运 EDI 中心始建于 1983 年，目前可传输海运行业中使用的各种业务信息以及处理 200 多种格式的与海运有关的电子单证。使用汉堡港 EDI 中心有 200 多家用户，其中货代 115 家，船代 54 家，理货 7 家，码头 15 家，其他(海关、铁路和港务局等)16 家。该 EDI 中心有 80 多条通信线路，包括分组网、专线及拨号线。汉堡港海运 EDI 中心有以下应用系统。

(1) 货代使用的单证系统。该系统主要提供基础数据管理、进出口单证、发票等功能，同时为用户提供多个版本的应用系统软件。

(2) 理货使用的单证系统。由该 EDI 中心提供的基础数据来生成各种类型的仓单。

(3) 海关通信系统。在用户终端上可生成海关需要的单证。

(4) 协助用户把单证送到海关报关系统，经过海关审核后送回用户。

(5) 船舶信息系统。所有船公司把船期表通知 EDI 中心，所有 EDI 中心用户可得到 4 个月内的船舶动态。

(6) 危险品信息系统。港区内危险品分布情况；一旦发生事故，指导用户如何进行紧急处理；用户可向 EDI 中心咨询某种危险品的运输及包装方法。

(7) 集装箱管理系统。为船公司提供集装箱动态报告。

(8) 船代集装箱多式联运网络，国际通信桥梁。EDI 中心为用户提供与其他国家地区 EDI 中心及国际通信网络公司互联的服务。

6. 我国交通系统 EDI 的发展现状

我国航运界在实施 EDI 方面起步较早的是中远集团，1989 年中远集团在中美航线上开始货运舱单 EDI 通信的试点工作，后来逐步向其他航线推广，1992 年中远又在我国至西北欧航线开始 EDI 通信试点，1993 年向主要航线推广使用 EDI 的国际通信标准 UN/EDIFACT。

1995 年，我国交通部对"国际集装箱运输电子信息传输和运作系统及示范工程"项目立项，在中国远洋运输集团、上海口岸、宁波口岸、天津口岸和青岛口岸建立具有互联性和分局管理功能的 EDI 服务中心，实现国际集装箱运输单证的电子数据交换，以后逐步延伸，最终形成覆盖我国主要外贸口岸与集装箱多式联运网络相配套的电子信息传输和运行系统。

集装箱运输 EDI 示范工程建成后，我国集装箱运输的电子信息交换获得了蓬勃发展。

1) 形成 EDI 用户群

上海、天津、青岛和宁波 4 个港口和中国远洋运输集团共 5 个示范工程点的 EDI 用户数已由 1997 年年底建成时的 140 余个扩展到现在的近 800 个，以后每年都在不断地增长。

2) 与国际集装箱运输接轨

国际集装箱运输是一种跨越国界的行为，运输单证信息必须符合国际上的通用要求。我国集装箱运输的 EDI 示范工程采用 UN/EDIFACT 报文标准，符合国内外港口对航运单证的交换要求，顺应了国际流行趋势，已经与国际同行业接轨。

3) 交换内容广泛

示范工程交换的 EDI 报文标准有 21 个，是从当时两个状态(①试用推荐草案；②推荐标准)的所有 UN/EDIFACT 报文标准中选用的,涉及船舶的航班信息、港口的船舶进出港信息、箱货跟踪信息以及定舱、港口装卸和到货通知的各个方面。有些港口的交换的 EDI 报文,除了 UN/EDIFACT 标准外,还有自定义标准,二者合计已超过 50 个,满足了当前港航业务的交换需求。

4) 电子商情已开始初步应用

利用示范点 EDI 系统硬软设备,分别建立了具有专业特色的港航信息网站,为用户提供船舶进出港动态、航线船期和运价等信息,点击率日渐提高,营销功能已经显现。港口地区的 EDI 用户已经用这些商情开展电子商务活动,使集装箱运输 EDI 服务系统进一步增值。

5) 开始向产业化发展

上海、天津港口的 EDI 系统两年前即开始有偿服务,已经获得了相当的收益,一些港口正准备收取服务费。我国港航 EDI 系统已开始向产业化发展。

6) 应用推广

5 个示范点 EDI 系统的应用经验,目前已推广到大连、厦门、福州、烟台、广州、深圳港、连云港、南京等沿海和长江水系港口,取得了初步成效。

但在发展 EDI 的过程中还存在不少问题,突出表现在,没有一个非营利性组织,能够从国家科技发展的整体利益出发,进行行业和部门之间的有效协调。交通运输电子数据交换技术的一个显著特点是涉及面广,包括海关、经贸系统、港口、航运经纪人和银行等诸多部门,只有进行统一规划、整体协调,才能充分发挥 EDI 的整体效益。如果每个部门都从自己的局部利益出发,都想把自己建成 EDI 中心,这样就会形成诸侯割据的局面,最后谁也成不了中心,并且错过发展 EDI 技术的大好时机。

10.2.3　交通运输中的 GPS 技术

1. GPS 概述

GPS 是英文 Navigation Satellite Timing and Ranging/Global Positioning System 的首子母缩写,其中含义为:导航卫星授时与测距/全球定位系统。

早在 1959 年,美国就开始研制卫星导航系统海军导航卫星系统 NNSS(Navy Navigation Satellite System),即所谓的"子午仪"系统。该系统于 1964 年 1 月研制成功,1967 年 7 月解密。子午仪系统的广泛应用体现了卫星导航的全球、全天候的优异特性。但是,由于"子午仪"系统只能提供两维定位信息,而且由于定位时间需要 9~10min,因而很难满足高速运动物体(如飞机)的定位要求。为了满足各类用户对导航定位精度越来越高的要求,继子午仪之后,美国于 1973 年正式批准研制、部署新一代全球定位系统。到 1993 年 6 月止,卫星的部署已经完成。它被美国列为重点空间计划,成为继阿波罗登月计划、航天飞机计划之后的第三项庞大的空间计划。它从根本上解决了人类在地球上的航行和定位问题。

GPS 系统与其他导航系统相比具有以下特点。

(1) 全球连续定位。该系统能为全球任何地点或近地用户提供连续的全球导航服务。

(2) 定位精度高。GPS 系统能为各种用户提供七维导航信息,即三维定位装置信息、三维速度信息和精确的时间信息。

(3) 抗干扰能力强。GPS 系统采用扩频调制技术和相关接收技术,从而使用户接收机系统具有抗干扰能力强、保密性好等特点。

(4) 被动性全天候导航。用户只要装备了接收装置就可以接收系统的信号进行导航和定位，不要求用户发射任何信号，因而体积小且灵活，这种被动式导航不仅隐蔽性好，而且可以容纳无限的用户。

GPS 系统由空间卫星系统、地面控制系统和用户接收系统 3 部分组成。

1) 空间卫星系统

如图 10.7 所示，空间卫星系统由均匀分布在 6 个轨道平面上的 24 颗高轨道工作卫星构成，各轨道平面相对于赤道平面的倾角为 55°，轨道间的夹角距 60°。在每一轨道平面内分布 4 颗卫星，相邻两轨道上的卫星相隔 40°，使得在地球上任何地方至少同时可看到 4 颗卫星。具有这样轨道参数的卫星，其发射信号能覆盖地球面积的 38%。卫星运行到轨道的任何位置上，它对地面的距离和波束覆盖的面积基本不变；同时波束覆盖区域内，用户接收到的卫星信号强度近似相等。这对提高定位精度十分有利。这样在全球任何地方、任何恶劣的气候条件下，都能为用户提供 24h 不间断免费服务。图 10.8 所示为不同类型的 GPS 卫星。

图 10.7　GPS 空间卫星系统

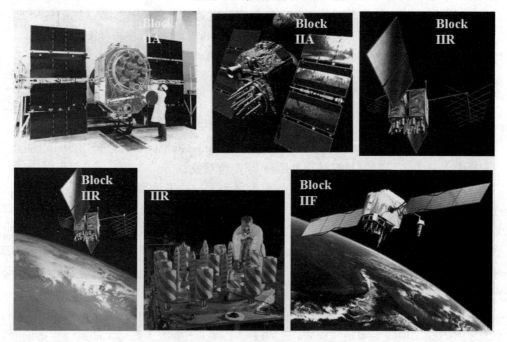

图 10.8　不同类型的 GPS 卫星

2) 地面监控系统

地面监控系统由均匀分布在美国本土和三大洋的美军基地上的 5 个监测站、一个主控站和 3 个注入站构成。该系统的功能是：对空间卫星系统进行监测与控制，并向每颗卫星注入更新的导航电文。地面监控系统由监测站、主控站和注入站组成，各站主要执行以下任务。

(1) 监测站。用 GPS 接收系统测量每颗卫星的伪距和距离差，采集气象数据，并将观测数据传送给主控站。5 个监测站均为无人值守的数据采集中心。

(2) 主控站。主控站接收各监测站的 GPS 卫星观测数据、卫星工作状态数据、各监测站和注入站自身的工作状态数据。根据上述各类数据，完成以下几项工作。

① 及时编算每颗卫星的导航电文并传送给注入站。

② 控制和协调监测站间、注入站间的工作，检验注入卫星的导航电文是否正确以及卫星是否将导航电文发给了 GPS 用户系统。

③ 诊断卫星工作状态，改变偏离轨道的卫星位置及姿态，调整备用卫星取代失效卫星。

(3) 注入站。接受主控站送达的各卫星导航电文并将之注入飞越其上空的每颗卫星。

3) 用户接收系统

用户接收系统主要由以无线电传感与计算机技术支撑的 GPS 卫星接收机和 GPS 数据处理软件构成。

(1) GPS 接收机。GPS 卫星接收机的基本结构是天线单元和接收单元两部分。天线单元的主要作用是：当 GPS 卫星从地平线上升起时，能捕获、跟踪卫星，接收放大 GPS 信号；接收单元的主要作用是：记录 GPS 信号并对信号进行解调和滤波处理，还原出 GPS 卫星发送的导航电文，解调信号在站星间的传播时间和载波相位差，实时地获得导航定位数据或采用测后处理的方式，获得定位、测速、定时等数据。

微处理器是 GPS 接收机的核心，承担整个系统的管理、控制和实时数据处理。视屏监控器是接收机与操作者进行人机交流的部件。目前，国际上已推出几十种测量用 GPS 接收机，各厂商的产品朝着实用、轻便、易于操作、美观价廉的方向发展，如图 10.9 所示。

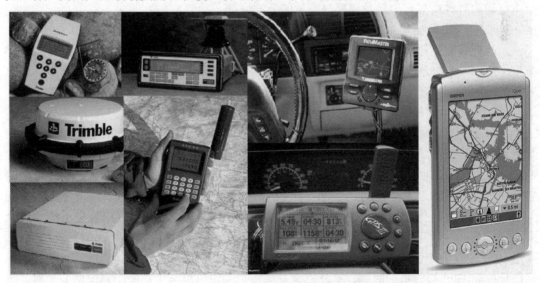

图 10.9　不同类型的 GPS 接收机

(2) GPS 数据处理软件。GPS 数据处理软件是 GPS 用户系统的重要部分，其主要功能是对 GPS 接收机获取的卫星测量记录数据进行"粗加工""预处理"，并对处理结果进行平差计算、坐标转换及分析综合处理。解得测站的三维坐标，测体的坐标、运动速度、方向及精确时刻。

2. GPS 的基本工作原理

GPS 的工作原理，简单地说来，是利用了熟知的几何与物理上一些基本原理。首先假定卫星的位置为已知，而又能准确测定所在地点 A 至卫星之间的距离，那么 A 点一定是位于以卫星为中心、所测得距离为半径的圆球上。进一步，又测得点 A 至另一卫星的距离，则 A 点一定处在前后两个圆球相交的圆环上。还可测得与第 3 个卫星的距离，就可以确定 A 点只能是在 3 个圆球相交的两个点上。根据一些地理知识，可以很容易排除其中一个不合理的位置。当然也可以再测量 A 点至另一个卫星的距离，也能精确进行定位。以上所说，要实现精确定位，要解决两个问题：其一是要确知卫星的准确位置；其二是要准确测定卫星至地球上所在地点的距离。

1) 怎样确知卫星的准确位置

要确知卫星所处的准确位置，首先要通过深思熟虑。优化设计卫星运行轨道，而且要由监测站通过各种手段连续不断监测卫星的运行状态，适时发送控制指令，使卫星保持在正确的运行轨道。将正确的运行轨迹编成星历，注入卫星，且经由卫星发送给 GPS 接收机。正确接收每个卫星的星历，就可确知卫星的准确位置。

2) 如何准确测定卫星至用户的距离

过去都学过这样的公式：时间×速度＝距离。也从物理学中知道，电波传播的速度是每秒钟 30 万 km，所以只要知道卫星信号传到这里的时间，就能利用速度乘时间等于距离这个公式，来求得距离。所以，问题就归结为测定信号传播的时间。

要准确测定信号传播时间，须解决两方面的问题：一个是时间基准问题，就是说要有一个精确的时钟；另一个就是要解决测量的方法问题。

3) 时间基准问题

系统在每颗卫星上装置有十分精密的原子钟，并由监测站经常进行校准。卫星发送导航信息，同时也发送精确时间信息。GPS 接收机接收此信息，使与自身的时钟同步，就可获得准确的时间。所以 GPS 接收机除了能准确定位之外，还可产生精确的时间信息。

4) 测定卫星信号传输时间的方法

为了避免采用过多的技术术语，先作一个不太恰当的比喻。在所处的地点和卫星上同时启动录音机来播放"东方红"乐曲，那么应该能听到一先一后两支"东方红"的曲子(实际上卫星上播放的曲子，不可能听见，只是假想能够听到)，但一定是不合拍的。为了使两者合拍，延迟启动地上录音机的时间。当听到两支曲子合拍时，启动录音机所延迟的时间就等于曲子从卫星传送到地上的时间。当然，电波比声波速度高得多，电波也不能用耳朵来接收。所以，实际上播送的不是"东方红"乐曲，而是一段叫做伪随机码的二进制电码。延迟 GPS 接收机产生的伪随机码，与接收到卫星传来的码字同步，测得的延迟时间就是卫星信号传到 GPS 接收机的时间。至此，也就解决了测定卫星至用户的距离问题。当然，上面说的都还是十分理想的情况。实际情况比上面说的要复杂得多，所以我们还要采取一些对策。例如：电波传播的速度并不总是一个常数。在通过电离层中电离子和对流层中水汽的时候，会产生一定的延迟。一般可以根据监测站收集的气象数据，再利用典型的电离层和对流层模型来进行修正。还有，在电波传送到接收机天线之前，还会由于各种障碍物与地面折射和反射产生多径效应。这在设计 GPS 接收机时，要采取相应措施。当然，这要以提高 GPS 接收机的成本为代价。原子钟虽然十分精确，但也不是一点误差也没有。GPS 接收机中的时钟，不可能像卫星上那样设置昂贵的原子钟，所以就利用测定第四颗卫星，来校准 GPS 接收机的时钟。前面提到，每测量 3 颗卫星可以定位一个点。利用第四颗卫星和前面三颗卫星的组合，可以测得另一些点。理想情况下，所有测得的点都应该重合。但实际上，并不完全重合。利用这一点，反过来可以校准 GPS 接收机的时钟。测定距离时选用卫星的相互几何位置对测定的误差也有一定的影响。为了精确的定位可以多测一些卫星，选取几何位置相距较远的卫星组合，测得误差要小。在测量误差时，还有一点要提到，就是美国的 SA 政策。美国政府在 GPS 设计中，计划提供两种服务：一种为标准定位服务(SPS)，利用粗码(C/A)定位，精度约为 100m，提供给民用；另一种为精密定位服务(PPS)，利用精码(P 码)定位，精度达到 10m，提供给军方和特许民间用户使用。多次试验表明，SPS 的定位精度已高于原设计。美国政府出于对自身安全的考虑，对民用码进行了一种称为"选择可用性 SA(Selective Availability)"的干扰，以确保其军用系统具有最佳的有效性。由于 SA 通过卫星在导航电文中随机加入了误差信息，使得民用信号 C/A 码的定位精度降至二维均方根误差在 100m 左右。

采用差分 GPS 技术(DGPS)可消除以上所提到大部分误差，以及由于 SA 所造成的干扰，从而提高卫星导航定位的总体精度，使系统误差达到 10~15m。

5) GPS 技术的误差

在 GPS 定位过程中，存在 3 部分误差。一部分是每一个用户接收机所共有的，例如卫星钟误差、星历误差、电离层误差、对流层误差等；第二部分为不能由用户测量或由校正模型来计算的传播延迟误差；第三部分为各用户接收机所固有的误差，例如内部噪声、通道延迟、多径效应等。利用差分技术第一部分误差可完全消除，第二部分误差大部分可以消除，这和基准接收机至用户接收机的距离有关。第三部分误差则无法消除，只能靠提高 GPS 接收机本身的技术指标。对美国 SA 政策带来的误差，实质上它是人为地增大前两部分误差，所以差分技术也能相应克服 SA 政策带来的影响。

6) 差分 GPS 技术消除公共误差原理

假如在距离用户 50km 之内，设置一部基准接收机，和用户接收机同时接收某一卫星的信号，那么可以认为信号传至两部接收机所途经电离层和对流层的情况基本相同，故所产生的延迟也相同。由于接收同一颗卫星，故星历误差、卫星时钟误差也相同。若通过其他方法确知所处的三维坐标(也可以用精度很高的 GPS 接收机来实现，其价格比一般 GPS 接收机高得多)，那就可从测得伪距中推算其中的误差。将此误差数据传送给用户，用户就可从测量所得的伪距中扣除误差，达到更精确的定位。

目前，全球定位系统已广泛应用于军事和民用等众多领域中。GPS 技术按待定点的状态分为静态定位和动态定位两大类。静态定位是指待定点的位置在观测过程中固定不变的，如 GPS 在大地测量中的应用；动态定位是指待定点在运动载体上，在观测过程中是变化的，如 GPS 在导航中的应用。静态相对定位的精度一般在几毫米到几厘米范围内；动态相对定位的精度一般在几厘米到几米范围内。对 GPS 信号的处理从时间上划分为实时处理及后处理。实时处理就是一边接收卫星信号一边进行计算，获得目前所处的位置、速度及时间等信息；后处理是指把卫星信号记录在一定的介质上，回到室内统一进行数据处理。一般来说，静态定位用户多采用后处理，动态定位用户采用实时处理或后处理。

3. GPS 在交通中的应用

1) GPS 在道路工程中的应用

GPS 在道路工程中的应用，目前主要是用于建立各种道路工程控制网及测定航测外控点等。随着高等级公路的迅速发展，对勘测技术提出了更高的要求，由于线路长，已知点少，因此，用常规测量手段不仅布网困难，而且难以满足高精度的要求。目前，国内已逐步采用 GPS 技术建立线路首级高精度控制网，如沪宁、沪杭高速公路的上海段就是利用 GPS 建立了首级控制网，然后用常规方法布设导线加密。实践证明，在几十公里范围内的点位误差只有 2cm 左右，达到了常规方法难以实现的精度，同时也大大提前了工期。GPS 技术也同样应用于特大桥梁的控制测量中。由于无须通视，可构成较强的网形，提高点位精度，同时对检测常规测量的支点也非常有效。如在江阴长江大桥的建设中，首先用常规方法建立了高精度边角网，然后利用 GPS 对该网进行检测，GPS 检测网达到了毫米级精度。GPS 技术在隧道测量中具有广泛的应用前景。

差分动态 GPS 在道路勘测方面主要应用于数字地面模型的数据采集、控制点的加密、中线放样、纵断面测量以及无需外控点的机载 GPS 航测等方面。GPS 测量包含有三维信息，可用于数字地面模型的数据采集、中线放样以及纵断面测量。在中线平面位置放样的同时，可获得纵断面，在中线放样中需实时把基准站的数据由数据链传到移动站，从而提供移动站的实时位置，由于 GPS 仪器不像经纬仪那样可以指示方向，因此需与计算机辅助设计系统相结合，从而可在计算机屏幕上看到目前位置与设计坐标的差异。机载动态差分 GPS 应用于航测在德国和加拿大已取得了成功，用载波相位差分测出每个摄影中心的三维坐标，而不再需要外控点测量，取得了良好的效果。

2) GPS 在汽车导航和交通管理中的应用

三维导航是 GPS 的首要功能，飞机、船舶、地面车辆以及步行者都可利用 GPS 导航接收器进行导航。汽车导航系统是在全球定位系统 GPS 基础上发展起来的一门新型技术。汽车导航系统由 GPS 导航、自律导航、微处理器、车速传感器、陀螺传感器、CD-ROM 驱动器、LCD 显示器组成。

GPS 导航是由 GPS 接收机接收 GPS 卫星信号(3 颗以上)，求出该点的经纬度坐标、速度、时间等信息。为提高汽车导航定位精度，通常采用差分 GPS 技术。当汽车行驶到地下隧道、高层楼群、高速公路等遮掩物而与捕获不到 GPS 卫星信号时，系统可自动导入自律导航系统，此时由车速传感器检测出汽车的行进速度，通过微处理单元的数据处理，从速度和时间中直接算出前进的距离，陀螺传感器直接检测出前进的方向，陀螺仪还能自动存储各种数据，即使在更换轮胎暂时停车时，系统也可以重新设定。

由 GPS 卫星导航所测到的汽车位置坐标数据、前进的方向都与实际行驶的路线轨迹存在一定误差，为修正这两者的误差，与地图上的路线统一，需采用地图匹配技术，加一个地图匹配电路，对汽车行驶的路线与电子地图上道路误差进行实时相关匹配作自动修正，此时地图匹配电路是通过微处理单元的整理程序进行快速处理，得到汽车在电子地图上的正确位置，以指示出正确行驶路线。CD-ROM 用于存储道路数据等信息，LCD 显示器用于显示导航的相关信息。

GPS 导航系统与电子地图、无线电通信网络及计算机车辆管理信息系统相结合，可以实现车辆跟踪和交通管理等许多功能，这些功能包括以下内容。

(1) 车辆跟踪。利用 GPS 和电子地图可以实时显示出车辆的实际位置，并任意放大、缩小、还原、换图；可以随目标移动，使目标始终保持在屏幕上；还可实现多窗口、多车辆、多屏幕同时跟踪。利用该功能可对重要车辆和货物进行跟踪运输。

(2) 提供出行路线规划和导航。提供出行路线规划是汽车导航系统的一项重要辅助功能，它包括自动线路规划和人工线路设计。自动线路规划是由驾驶者确定起点和目的地，由计算机软件按要求自动设计最佳行驶路线，包括最快的路线、最简单的路线、通过高速公路路段次数最少的路线等的计算。人工线路设计是由驾驶者根据自己的目的地设计起点、终点和途经点等，自动建立线路库。线路规划完毕后，显示器能够在电子地图上显示设计线路，并同时显示汽车运行路径和运行方法。

(3) 信息查询。为用户提供主要物标，如旅游景点、宾馆、医院等数据库，用户能够在电子地图上根据需要进行查询。查询资料可以文字、语言及图像的形式显示，并在电子地图上显示其位置。同时，监测中心可以利用监测控制台对区域内的任意目标所在位置进行查询，车辆信息将以数字形式在控制中心的电子地图上显示出来。

(4) 话务指挥。指挥中心可以监测区域内车辆运行状况，对被监控车辆进行合理调度。指挥中心也可随时与被跟踪目标通话，实行管理。

(5) 紧急援助。通过 GPS 定位和监控管理系统可以对遇有险情或发生事故的车辆进行紧急援助。监控台的电子地图显示求助信息和报警目标，规划最优援助方案，并以报警声光提醒值班人员进行应急处理。

GPS 技术在汽车导航和交通管理工程中的研究与应用目前在我国刚刚起步，而国外在这方面的研究早已开始并已取得了一定的成果。

10.2.4 交通运输综合信息平台

1. 交通运输综合信息平台框架

交通运输综合信息平台(Comprehensive Transport Information Platform，又称交通共用信息平台，信息平台或 CTIP)是整合交通运输系统信息资源，按一定标准规范完成多源异构数据的接入、存储、处理、交换、分发等功能，并面向应用服务，从而为实现部门间信息共享、各相关部门制定交通运输组织与控制方案和科学决策以及面向公众开展交通综合信息服务提供数据支持的大型综合性信息集成系统。

交通综合信息平台是智能交通系统多种数据与信息的交换枢纽及处理中心。现阶段，各交通系统在空间上是分布的，其操作平台、数据结构、数据标准等有所不同且信息量巨大，为实现系统的集成化和智能化，需要各系统相互之间的密切协作。交通综合信息平台主要包括以下几个方面的功能。

(1) 交通综合信息平台对来自异构数据源的数据进行处理，利用多种数据处理技术形成有效信息，并且利用数据仓库、数据挖掘、知识发现等技术获得单个系统所无法获得的信息和知识，促进各类交通信息的充分利用。

(2) 通过交通综合信息平台实现各个交通子系统之间的数据共享和交换，从而有效地对各交通子系统进行数据整合以及功能集成，实现系统的有效集成，提高系统效率。

(3) 交通综合信息平台可以基于所形成的大量有用知识建立交通辅助决策支持系统，对交通运输状况进行解释、预测、验证等，并且通过一系列的推理与计算，为交通管理者、交通参与者提供辅助决策支持功能。

通过建立交通综合信息平台，可以以数据流为纽带、利用信息化的手段并加以辅助决策支持功能，实现对各个交通子系统的有效整合与集成；交通综合信息平台可以将共享的数据、分析的信息和挖掘的知识提供给多个用户对象，包括个人用户和系统用户，从而实现交通信息的增值业务，延伸交通运输系统的服务内容。

信息平台在交通运输系统中起到下列重要作用：①信息共享交换枢纽；②数据分析处理中心；③数据应用支持平台；④公众信息服务窗口；⑤交通资源展示空间。

根据综合信息平台的不同功能可以将综合信息平台分解为以下 4 部分，如图 10.10 所示。

(1) 基于 GIS 的后台数据仓库。该部分是综合信息平台的基础，它包括静态交通数据、动态交通数据、图形数据及表格、统计资料等属性数据。

(2) 综合信息处理中心。该部分主要负责实时、动态的处理各类信息，如数据的抽取、融合、统计、分析、分类、计算及各种相关曲线的制作等。

(3) 知识库。该部分也可称为专家系统，其在分析总结专家经验的基础上，以智能化的决策，存储各类经验和知识，相关模型与计算方法。

(4) 各子系统之间的接口部分。其依据事先制定的规范、标准，实现各子系统之间数据的共享和传输操作，该部分主要由有线、无线、通信网络实现。

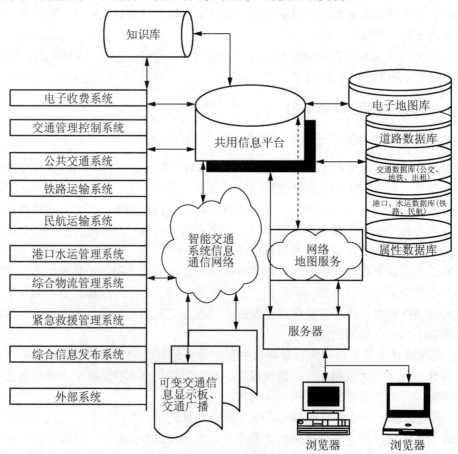

图 10.10　综合信息平台总体框架

智能化、集成化和模块化是交通运输信息综合平台具有的基本特征。具体表现在以下4个方面。

(1) 集成化的综合交通信息数据库。

(2) 离散的交通综合运输信息应用服务门户。

(3) 共用的数据交换平台。

(4) 模块化相关计算与各种优化模型。

此外，交通运输综合信息平台的建设应遵循以下几项原则。

(1) 统一性原则。应按国家或部门制定的统一格式对所涉及相关交通运输管理部门领域的所有的交通运输信息及其应用对象进行集成。

(2) 开放性原则。基于在社会和交通运输部门制定的标准的原则，使综合信息平台得到扩展，从而达到信息财富才能实现。

(3) 简便性原则。综合信息平台的开发、布置、管理、维护、使用的简便性，提高运用效率，降低成本。

(4) 可扩展性。综合信息平台方便地添加新的应用功能与新的信息仓库，支持新的技术的采用并能与相关子系统进行整合。

2. 交通运输综合信息平台信息来源和应用

综合信息平台的信息主要来源于以下几个方面。

(1) 道路(包括公路与轨道交通)动态交通信息和静态交通信息(包括车站、码头信息以及其他相关信息)。

(2) 道路动态交通信息主要是通过各种检测设备提供的道路实时采集信息和运营人员的报告。

(3) 观测的动态道路交通信息和静态交通信息主要是基础地理信息，道路交通地理信息、交通管理设施信息以及车辆、出行者、用户等的相关信息。

(4) 其他交通信息主要是民航航班、铁路列车时刻表的动态信息和票务信息，铁路列车到发及铁路客票信息，城市公共汽车、地铁、轻轨交通等的信息、高速公路交通信息，物流与货运等信息。

图10.11给出了交通综合信息平台的信息来源及应用服务需求体系示意图。

3. 交通综合信息平台的系统结构

1) 总体结构

交通运输信息系统是指城市交通、民航、铁路、高速公路等相应的业务管理部门的基础综合交通管理信息系统，一般来说，交通综合信息系统的结构如图10.12所示。

2) 集成化的信息平台

集成化信息平台总体结构组成包括了门户平台、数据平台、应用平台、安全平台这四大部分。

(1) 门户平台是指在Internet的环境下，把各种应用系统、数据资源和互联网资源统一集成到门户中，根据每个用户使用特点和角色的不同，形成个性化的用户界面，并通过对事件和消息的处理传输把用户有机地联系起来。在交通综合信息平台中的门户平台框架中的表现层，它通过及时地向用户提供准确可靠的信息实现对交通运输部门提供信息的服务。

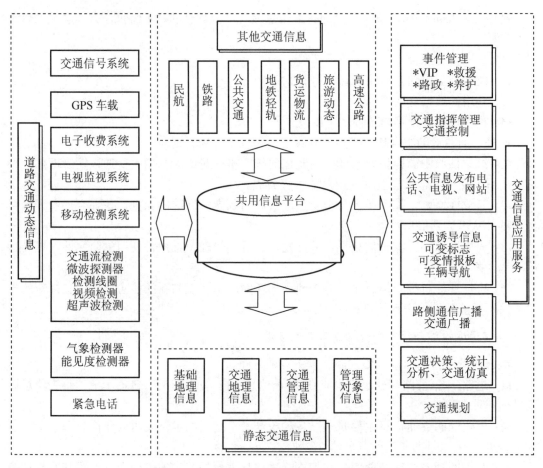

图 10.11 交通信息来源及应用服务需求体系

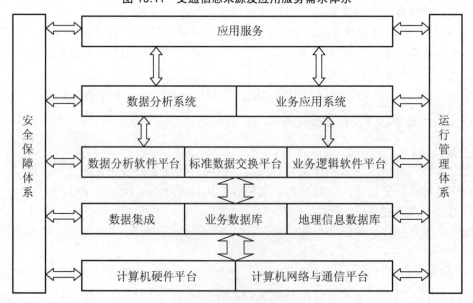

图 10.12 交通综合信息系统结构示意图

(2) 数据平台是对交通运输系统内部及外部的异构分散，数据进行整理、分类、搜索、分析和报表，形成用户所需的数据，并以多样化的手法展现出来。

(3) 应用平台是一个开放的、具有柔性的应用集成平台。它以中间件为核心，连接存在于交通管理中的应用系统，实现应用部门间信息交互。应用平台能以正确的顺序和适当的方式管理相关过程调用与信息传输，保证运用各系统中业务规章制度和条例，保证信息的合理流动，从而实现交通管理业务过程自动化运转，进行应用集成则要求很强的专业性技术支持。

(4) 安全平台是保障系统运行安全的软硬件体系。

4. 交通运输综合信息处理

根据不同的需求对数据进行规范化处理分析，并提供不同的信息是综合信息平台数据组织处理的一项重要内容。对不同数据类型采用以下不同的处理分析方法。

1) 数据抽取

数据抽取是数据进入综合信息平台前的数据处理，涉及从多个数据源综合集成一个基于共享的、统一模式存储格式的数据仓库，这多个数据原可能是同构的或异构的，目前在技术上主要涉及数据的互联、转换、调度及监控等。

2) 数据挖掘

数据挖掘技术是通过对综合信息平台中的数据进行知识开发的过程，因而有必要对综合信息平台中的数据进行再加工和处理，提炼出适用的信息，以满足不同用户的需求。

3) 信息融合

信息融合技术是协同，加工利用多源信息，以获得对同一事物或目标更为科学、更为有代表的信息的综合技术。

5. 综合信息平台的数据查询和分析

数据的查询、分析是根据不同服务对象的不同要求，对综合信息平台中大量的数据信息进行查询、分析，并输出所需信息。综合信息平台数据的查询、分析与综合信息平台中的专用信息平台的应用是紧密相联的。如地理信息定位平台的信息用于车辆和列车导航系统时，往往需要根据不同的优化目标，如路线最短，或行驶时间最短，或费用最少等来确定最佳路线；又如交通管理部门可以通过查询路网的交通流量、拥挤状况、路口的排队长度等了解实时交通状况，采取相应措施疏导交通。铁路信息可查询列车沿线运行状况，各站上下车旅客数量以及沿线发生的突发事件等。交通管理部门还可以利用交通事故的发生时间、地点、原因等信息，统计出交通事故发生规律，从而采取措施减少交通事故；再如交通规划部门可以对交通地理信息定位平台中的路网各条道路上的交通量进行分析，评价现有路网布局、结构是否合理，并进行今后道路交通的改造、发展和规划等。

6. 综合信息平台数据的输出与显示

综合信息平台中的数据输出和显示是将它所提供的信息通过各种方式传送到服务对象和信息的使用部门。综合信息平台输出的内容有专用图、表格、报告、数字、文字等多种形式。输出设备则有高分辨率彩色显示器、可变电子信息板、电子站牌、车载导航系统的显示设备、车载收音机、彩色绘图机、打印机等。例如，在城市交通管理中通过有线线路将道路交通信息输出到可变电子信息板上，为道路使用者提供前方道路的交通状况，从而使道路使用者采取相应措施，提高整个路网的使用率；在车辆导航系统中，通过红外线信标或利用无线电波,可以将整个网络的信息实时的提供给具有导航设备的车辆,并在车载电子地图下显示出来。

综合信息表现时应遵循"用户界面良好,可视化表现"的原则,根据不同的用户,对不同的数据模式提供不同的数据表现方式,以满足用户的需求。主要方法有:表格式的记录、信息图、报告、文字表现以及多媒体显示等。

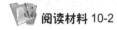

阅读材料 10-2

智能交通系统技术发展趋势

智能交通技术发展的总体趋势主要包括四个方面:交通运行态势精确感知和智能化调控,载运工具智能化与人车路协同控制,基于移动互联的综合交通智能化服务,主动式交通安全保障与交通应急联动。

1. 交通运行态势精确感知和智能化调控

从目前的交通运行态势来看,虽然人们可以在百度地图或者是高德地图上实时查到交通拥堵情况,但实时交通数据的融合和精确的感知还远远没有完成,包括手机通信数据、停车数据、收费数据、气象数据等都没有形成有效的大数据。而随着智能交通技术的进一步提升,会给交通数据的采集带来很大的变革,会逐步实现交通运行态势的精确感知和智能化控制。例如,公安部即将要推行的电子车牌,实际上就是在每辆车上装一个 FID 标签,这样在车辆的行驶过程中,就能够通过路测的浏览器清楚地了解车主的行车轨迹,采集有效的交通数据,实现数据的共享和流转。

2. 载运工具智能化与人车路的协同

随着汽车智能化程度的日益提升,适应智能汽车发展的交通应做哪些相应的变革是今后必须要思考的问题。就现阶段来说,部分车已经能够实现自动驾驶或者辅助驾驶,但这部分车在行驶过程中就不免受到其他非智能汽车的干扰,给行车过程造成危险。针对这样的问题,以后势必会在一些高速公路或者城市道路上专门为智能车设计专有的车道,缩短在行驶过程中,智能车和车之间的距离,这样道路的通过能力就会提高一倍。所以说为了适应汽车智能化的改变,就必须将整个人车路的体系配套起来去做相应的变更,这也是智能交通技术需要研究的重要方向。

3. 基于移动互联的综合交通智能化服务

随着移动互联网的应用的增多,目前出现了滴滴打车等出租车的招车软件,以及定制化公交等服务,人们的出行模式在逐渐发生着变化。如果未来自动驾驶汽车得到普及,或许买车就不再是一种必要,直接租赁方式将成为人们实现出行的重要方式,这样停车难的问题也能迎刃而解。根据国外的调查和实验,采用这种方式,可以节约 80%~90% 的停车用地。此外,以后的交通信息服务会发展成像众包模式的信息服务,只是提供一个平台,具体交通信息由大家共同来提供。当然随着交通方式的改变,支付方式也会相应作出一定的变化,在未来无论是公交刷卡、高速收费还是停车收费都会通过一个统一的支付体系,更方便快捷地完成支付。在交通控制系统领域,交通控制策略会从最开始的模型驱动、区域控制向自动驾驶汽车的自主控制发展,现有的红绿灯系统也会相应地被取消。

4. 物流交通会向协同方向发展

目前来说,物流在 GDP 中占的比重还很大,包括车辆集散、运输的协调以及动态信息的共享,都会向协同的方式发展。目前涉及最多的主动安全防控技术,已经实现了 GPS 的实时跟踪,接下来会向交通系统运行状态安全状态辨识、应急响应与快速联动技术几个趋势发展。另外交通状态的研判和主动安全保障技术也是未来的发展方向。这都是未来的一些技术,应该说在不久的将来会看到一些技术应用。目前来说,在科技部、发改委、交通部,包括工信部的支撑下,我们已经进行了项目的研究和标准化的工作,其中包括安全方面的,以及 V2X 通信方面的,以及我们在高速公路上也有一些实验的方式。

资料来源:智能交通系统技术发展趋势[EB/OL].
(2016-01-28).[2016-06-04].http://auto.sohu.com/20160128/n436194269.shtml.

10.3 交通运输的可持续发展

10.3.1 交通运输对环境的影响及治理

1987 年,联合同世界环境与发展委员会经过 4 年的研究和充分论证的报告——《我们共同的未来》(*Our Common Future*)提交给联合国大会,正式提出了可持续发展(Sustainable Development)的概念和模式。报告中把可持续发展定义为:"既满足当代人的需要,又不对后几代人满足其需求的能力构成危害的发展"。可持续发展的"发展""公平""合作""协调"的目标和原则已经被世界各国普遍认同,成为全球和国家发展战略的必然选择。

我国政府也将实施可持续发展战略作为我国现代化的基本发展战略之一,明确提出了中国在 21 世纪开始的发展中,要实现经济、社会和生态的可持续发展。为此由各个部门制定了《中国 21 世纪议程》。其中,在资源的可持续利用与环境保护方面制定了对策和行动方案。

来自交通领域的各类污染对全球升温的影响约达 20%,仅次于工业。交通运输对环境的影响已成为社会可持续发展问题的热点。因此,在交通运输业的发展和增长的同时,必须考虑生态和环境可持续发展的问题,这便对交通运输提出了新的要求。

1. 环境的作用及环境问题的实质

环境是人类生存的外部条件,它主要具有以下作用。

(1) 环境提供人类活动不可缺少的各种自然资源,是人类从事生产的物质基础,也是各种生物生存的基本条件。环境整体及其各个组成要素都是人类生存与发展的基础。地球上各种经济活动以环境提供的初级产品为原料或动力开始的。环境资源的多寡也决定着经济活动规模。

(2) 环境对人类经济活动产生的废物和废能量进行消纳和同化(即环境自净功能和环境容量)。经济活动在提供人们所需产品时,也会有一些副产品。限于经济条件和技术条件,这些副产品一时不能被利用而被排入环境,成为废弃物。环境通过各种各样的物理、化学、生物反应来消纳、稀释、转化这些废弃物的过程,称为环境的自净作用。如果环境不具备这种自净功能,千万年来,整个世界早就充斥了废弃物,人类将无法生存。

(3) 环境不仅能够为经济活动提供物质资源,还能满足人们对环境舒适性的要求。清洁的空气和水是工农业生产必需的要素,也是人们健康生活的基本需求。优美舒适的环境使人们心情轻松、精神愉快,有利于提高人体素质、更有效地工作。

环境问题的实质在于人类经济活动索取资源的速度超过了资源本身及其替代品的再生速度和向环境排放废气物的数量超过了环境本身的自净能力。为了更深刻理解环境问题,人们必须理解以下两个简单的事实:一是环境的容量是有限的,全球每年向环境排放大量的废水、废气和固体废物,这些废弃物排入环境以后,有的能够稳定地存在上百年,因而使地球环境发生显著的变化;二是在利用自然资源的同时也就影响和改变了环境,一旦超过了环境容量的极限,要恢复是困难的,有时甚至是不可逆的。

2. 交通运输的环境影响方式

交通运输的发展引起了诸多环境问题，可归纳为对周围环境自然成分的影响和对人类本身的影响两个方面。

交通运输对周围环境自然成分的影响表现在以下两个方面：交通运输工具(汽车、火车、飞机、水上交通工具)产生的影响；交通运输干线(地上和地下)的影响。

1) 交通运输工具对周围环境的影响

(1) 发动机(特别是内燃发动机)中燃料燃烧排放物的化学污染。交通工具如各种机动车辆、火车、飞机、船舶等均排放有害气体到大气中、由于交通运输工具主要以燃油为主，因此，主要的污染物是碳氢化合物、一氧化碳、氮氧化物、含铅污染物、苯并芘等。排放到大气中的这些污染物，在阳光的照射下，有些还可能经光化学反应，生成光化学烟雾，被称为二次污染，将更加有害。

(2) 热能逸散产生的环境热污染。交通运输工具热能散逸会产生环境热污染，它对地球温室效应加剧，造成气温上升，对全球气候变暖产生巨大的影响。

(3) 噪声污染。噪声污染同空气污染、水污染一起，被公认为当今世界三大公害，而交通运输工具是最主要的噪声污染源之一。城市环境噪声的 70% 来自于交通噪声。汽车、火车、飞机等行驶、震动、喇叭等都是活动噪声源，其影响范围极广。

(4) 非再生自然能源的消耗。

(5) 废弃物污染。燃料燃烧的排放物和废渣造成化学污染，对地球大气圈的结构和物理特性产生影响。首先是对大气圈，其次是对交通干线附近的土壤和植被、水运干线和港口水域都会产生影响。

2) 交通运输干线对周围环境的影响

(1) 为了修建道路、管道、航空站、港站等需要占有大量土地，其中包括大量的耕地。

(2) 如果考虑不周，或未采取有效的保护措施，会对工程沿线的文化、历史和古建筑等风景名胜造成不利影响。

(3) 对自然生态的破坏。例如，移山筑路、改造河道等会破坏几千年形成的地形、地貌、自然景观和植物分布，影响生物群落、种群的数目以及动物迁徙等。在宏观上看，使自然风貌失去原始状态；在微观上看，会破坏生态系统的功能结构，引起其内部自调节功能的紊乱，以致失去平衡。

交通运输对人类本身的影响，直接的影响表现为交通事故对人体的伤害等，间接的影响表现为空气污染、噪声等对人类健康、生活质量、环境质量等产生的影响。交通运输对人类最为残酷的影响为交通事故造成的伤亡，据世界卫生组织的资料，因交通道路事故每年死亡人数上百万，致伤残者更不计其数。

3. 交通运输污染的综合治理

交通环境保护，是整个社会环境保护的重要组成部分。交通运输，如火车、汽车、船舶、飞机的运行过程等是交通运输的污染源，且具有流动、分散、种类多样等特点，必须采取有效措施予以治理。

1) 铁路的污染与治理

(1) 机车排放的污染及其治理。机车排放的废气对当地和沿线大气污染严重，内燃机车因柴油在气缸内不可能达到完全燃烧,产生多种不完全的氧化物,排放有害气体和物质,如一氧化碳及碳氢化合物等,特别还含有致癌物。因此,各国铁路对柴油内燃机车排放废气进行各种方案的治理,如向柴油机中加入各种添加剂或惰性气体,或改进机车设计和运行维修,均取得了较好的效果。

采用电力机车牵引,其本身虽然不存在对大气的污染,但供应动力的发电站,仍然是大气的污染源。因此,为了防止电站排污的危险,也须做出相应的治理,并应根据自然条件大力开发水力发电。

(2) 铁路环境噪声、振动污染及其治理。铁路机车车辆运行、调车作业、机械化养路和施工作业,特别是在发展重载、高速运输和大型养路与施工机械的新设备条件下,会产生更大的、使人们身心难以承受的噪声和振动,轻者影响当地和沿线居民的休息和工作,重者危害身心健康和引起病症,如使听力受损,对心血管和神经系统有不良的影响。

对于来自机车车辆运行时车轮和钢轨的撞击、养路与施工机械的发电和气锤冲击等噪声,治理的方法一般都采用隔声、吸音和减震措施,如在高速铁路通过的人口稠密的城镇常设置隔声墙;沿线建造声屏障,使居民区和工商区将噪声分别控制在 70dB 和 75bB 以下。在机车排气口安装消声器,并规定机车在经过人口稠密地段不准鸣笛和排气;为减轻车轮与钢轨接头撞击,采用防噪声弹性车轮,或在客车转向架和车辆底架之间加装隔声材料,以及采用焊接无缝线路、重型钢轨、双弹性扣件和橡胶垫板,以提高轨道弹性等。

由电力机车受电弓引发的噪声,通称为集电系噪声。它包括:伴随受电弓脱弓时产生的电弧放电噪声以及整个受电弓由于空气动力引起而发出的风切音。集电系噪声对环境的影响在高速铁路上更为严重。电力机车在运行中,受电弓与接触网间的瞬间离线产生的电火花所辐射出的无线电噪声是电气化铁路电磁污染。在高架桥及高路堤线路上行驶的列车对附近的电视接收产生遮蔽及电视画面重影、抖动,影响正常收看。

经多年试验研究,对降低集电系噪声、电磁辐射和干扰方面有了许多有效的治理措施,如改进受电弓的结构、采用新型接触元件、屏蔽罩、母线导通技术等措施,以降低集电系噪声,同时对降低电磁辐射干扰也都有明显的效果,达到了环境保护的要求。

(3) 铁路污水污染及其治理。铁路的污水源,主要来自铁路工厂排放的工业废水和沿线站、段排放的污水。其中机务段、车辆段排放的污水含铬、铅、酸、碱等有害物质;货车洗刷污水,主要含有有机氯、有机磷、酸及其他有害物质;油罐车洗刷污水,主要台有铅、酚、硫化物等有害物质;牲畜车洗刷污水,则含有传染病菌等。总之上述这些污水如排入江河、湖泊、海洋或农田,则会污染水域和土壤,从而破坏生态平衡。必须采取措施进行防治。因此严格禁止工业废水和洗刷污水任意排放,并因地制宜地采用生物转盘、氧化塘、混凝——吸附法以及其他化学、物理方法,在各自范围内进行净化后,或重复使用,或排往指定场所等措施,使废、污水得到应有的治理。

(4) 列车垃圾及粪便处理。旅客列车垃圾在逐年增长,对沿线特别是城市"走廊"地区的污染尤为严重,已成为社会关注的焦点问题。旅客列车粪便直接排在车外,直接洒落在沿线的线路上,不但影响环境卫生和易于传染疾病,而且对铁路相关设备产生破坏作用。无污染新型饭盒的使用、在旅客列车上安装使用冲洗液可循外使用密闭式厕所、微机控制的真空厕所等,都是有效方法。我国将在提速干线和高速铁路上,为防止车体本身的污染和沿线环境的保持,将采用密闭厕所。

2) 公路的污染及治理

汽车排放的主要污染物质的总量，约占各种污染源总排量的60%。由于烟气中含有的铅对人体有害，对生物、城市环境、绿地等也都产生严重的危害。为此各国都采取了技术和管理方面的措施。首先是制定排放物法规。美国是制定排放物法规最早的国家，我国也正式颁布了《车辆废气排放标准》，为交通废气的污染治理提供了科学依据和法律依据。其次，通过改进汽车的技术性能以及安装空气净化装置等措施来减少排放量。

无污染交通工具已成为交通可持续发展的重要问题。特别是公路汽车废气零排放已成为有些国家和地区的法律，绿色汽车政策正在逐步执行。在绿色公路交通中，电动机车成为发展主流。电动汽车(EV)将汽车的燃油发动机换成电动发动机，电池作为驱动能源。目前关键是研制高容量、高输出的电他。一种具有电机原理，被称作飞轮的电池，对零排放绿色汽车有很大的吸引力，它与普通化学电池相比，具有更好的环保作用。

汽车噪声是城市环境噪声的主要吸声源，几乎占80%。主要是机动车的发动机、轮胎、排气、刹车、喇叭、机械摩擦和撞击所发出的声响。随着城市交通的发展，大量的汽车噪声汇成洪流，对人们的身心健康产生了极大危害。噪声导致听觉疲劳、听力减退，甚至耳聋，还可以使人产生烦躁不安的情绪，导致神经过度紧张，严重干扰人们的生活。为了解决这个问题，各国相继制定了噪声控制标准，为了达到噪声标准所规定的指标，各国采取的措施主要包括改进汽车结构，加强汽车保养，减少噪声生成，在道路旁设置隔音障，减少噪声传播的距离等。

3) 水运的污染及治理

船舶污染范围主要是水域。造成水域污染的来源可以归纳为：一是正常作业时排出的污染物(船舶发动机烧煤或烧油，其排量仅次于汽车，是重要的污染源之一)；二是沿海季风对港口的污染，季风到来时各种污染物向内陆飘移，对港湾环境影响很大；三是船舶在港口装卸粮食、煤炭、矿砂、水泥及化肥等散装货物中的细小颗粒物质飞扬所产生的粉尘污染，粒径在微米以下的飘尘对人体的危害极大；四是石油污染及特殊事故造成的跑冒滴漏污染。此外，水运污染还有化学品、毒品、放射性物品，以及船舶生活污水及粪便污染等。

解决水域污染问题，各国都采取以预防为主的方针，制定有关的法律和相应的国际公约，以达到共同控制污染的目的。除此还要采取各种技术措施进行治理，在船舶上安装防污设备；港口建造防污净化处理设施，如建油污水处理厂、安装油水分离器等；加强水域监测工作，安装排油监控装置等。

4) 航空污染及治理

飞机虽然飞行在空中，但其起飞、着陆是在机场和机场周围的低空中实施的。飞机在启动发动机、滑行、离地到爬升以及飞机在下降，最后到落地、滑跑、停机等过程中，发动机的排泄物必然污染空气。发动机喷流边界上的剪切效应产生的噪声巨大，影响周围居民的生活和工作。

国际民用航空组织制定了有关飞机噪声和航空发动机排泄物的标准，限定了各种飞机最大有效感觉噪声级。在保证安全的前提下，规定了减少飞机噪声的具体操作程序，并要求飞机在起飞和着陆时的航道尽可能地高些，以减小对周围环境的影响。

发动机的排泄物主要是指各种飞机用涡轮喷气及涡轮风扇发动机的排烟量，排出未燃烧的碳氢化合物、一氧化碳和氮氧化物等，国际民用航空公约中都作了原则规定。我国民航将积极采纳、制定我国飞机噪声标准和发动机排泄物的有关规定。此外，民航机场内各种废弃物的处理及民航各维修工厂、地面设备制造厂的三废处理，都要按国家有关规定执行，使航空运输过程中对环境的污染和对居民的影响减到最小。

10.3.2 交通运输对资源的合理利用

1. 能源结构的调整与节能

交通运输主要消耗的资源是能源、土地和原材料等，尤其是消耗能源更为严重。交通运输的能源利用也成为研究可持续发展的重要内容。

据统计，在发达国家中能源大约30%以上是被交通运输所消耗掉，而且能源消耗主要是石油资源。预计未来世界石油资源将逐渐枯竭，能源问题十分严峻。

交通运输消耗的能源按消耗后能否造成环境污染可分为污染型能源和清洁型能源，如煤炭、石油类是污染型资源；水能、太阳能、沼气能、风能、潮汐能等是清洁型能源。尽管可利用的能源种类很多，但由于技术成熟性和经济的低廉性，石油及其制品仍是交通运输中使用最为广泛的能源。铁路除用电力机车牵引外，其他各种运输方式几乎完全依靠石油作为能源。

近年来，世界各国对不同运输方式能源消耗量进行研究与比较，公路运输能源消耗量为最大，其次是航空运输，铁路与内河运输能耗最少。例如，在旅客运输中铁路能源消耗仅占8%，但承担了30%的客运量，表明铁路的能源利用率是比较高的。特别是铁路牵引动力改造后，电气化铁路运输更将减少对石油的依赖，从而可以减缓不可再生资源耗竭的速度。

交通运输可持续发展采取的措施，一是发展清洁能源技术，尽量减少化石能源的污染排放，大大减轻环境污染；二是发展新能源和可再生能源技术，建立可持续发展的能源体系，满足人类永续发展的能源供应；三是发展高能技术，提高能源效率，节约能源，实现能源供需协调发展。因此交通运输业鼓励改用耗能较少的运输方式，大力发展公共交通系统，减少小汽车的数量；改变使用燃料结构，如改烧汽油为乙醇、改烧石油为液化气的汽车、电池电动汽车或太阳能汽车；改汽车的动力系统为电车等。改善交通基础设施质量，大力修建高等级公路和高速公路，这不但解决交通拥堵状况，并减少汽车的尾气污染，还可以大量节约能源。

交通运输业是能源的消耗大户，应努力提高能源利用效率，采取各种高效节能的运输新技术，充分发挥水运、铁路和公共运输等能源利用效率高的运输方式的作用，建立能源节约型的运输结构。

2. 土地资源的合理利用

土地是地球陆地的表层，是人类赖以生存和发展的物质基础与环境条件，是社会生产中最基础性的生产资料。各行各业的发展都离不开土地，交通运输业也不例外。近年来，随着交通运输业的迅速发展以及本身的方式多、涉及范围广等行业特点，使得交通运输业的土地利用问题极为突出。

1) 铁路、公路建设用地数量

铁路、公路建设用地数量是巨大的。以我国为例，新建铁路工程用地，根据地形条件和线路等级，一般单线铁路区间正线使用土地为 $4.7 \sim 6 hm^2/km(1hm^2=1km \cdot m)$，双线铁路区间正线用土地为 $5.3 \sim 6.7 hm^2/km$；站场用地中，一般中间站为 $6.7 \sim 13.3 hm^2/站$，区段站为 $67 \sim 100 hm^2/站$，而编组站则依据其规模和编组能力，其占有土地可达 $133 \sim 200 hm^2/站$ 甚至以上。北京铁路局丰台西编组站占地已达 $333 hm^2$。铁路占有了相当多的宝贵的土地资源。以上这些土地除了一部分在山区外，相当大的一部分特别是站场都选择在地势较为平坦的耕地区。

高等级公路和高速公路则占地数量相对更大，根据已建成的高速公路统计数字，在平丘地区占地可达 $8 \sim 10.7 hm^2/km$ 以上，高于铁路双线区间的用地水平，而且目前在建的高速公路基本都位于平原丘陵地区，也就是说它占有耕地或占有经济价值的土地资源数量最大。同公路和铁路相比，水运、民航和管道这三种运输方式用地数量都较小。水运航道利用天然的江、河、湖、海，除港口设施占地外，几乎不占用土地；民航运输的航线在空中，只有机场等基础设施的建设需占用土地；管道埋在地下，除泵站、首末站占用一些土外，管道占用土地很少。据研究表明，为完成相同的运输量，建设公路比铁路需要占用的土地多3.5倍。这样，一条双向4车道的高速公路占地约为一条双向铁路的1.6倍，但其运输能力仅为铁路的20%～30%。

公路、铁路是交通运输业的两大重要的部门，随着经济的持续、快速和蓬勃的发展，我国铁路、公路建设的数量也有了巨大的增长，作为国民经济发展的基础设施，公路、铁路部门对土地的占有量也越来越大，如何避免大量宝贵的耕地被占有是个极为重要的问题。

2) 铁路、公路交通建设占用土地的承受力

国民经济的发展离不开交通基础设施的建设，因而必然要占有一定的土地资源，这部分土地资源的占用将促进国民经济的发展，但这里有一个需要建设多少铁路或公路、土地占用和经济发展以及被占用土地资源的承受能力问题，也就是必须要协调好土地的占有量与被占有土地的资源的承受力之间的关系，以保证交通运输业对国民经济发展的促进作用。

3) 提高交通基础设施用地效率

如前所述，交通业发展速度的加快使得交通基础设施占地数量迅速加大，但并不是所有占地都是必要的，必须节约用地和提高用地效率。

(1) 铁路在线路的设计中应尽量少占耕地，在线路的位置、站址的选择上，应尽可能做到利用荒地，在设计施工中应尽可能选用以挖代填、以旱桥代高填土方案等，这些方案的使用对于节约用地是行之有效的。在铁路沿线，可利用建设弃土在低洼荒漠土地上造田或沿路种植防护林带，实现全程绿化。这样既节约了用地，同时又通过绿化加强了对噪声、大气、水源、土质的环境保护，可谓一举两得。

(2) 公路是城市化不可缺少的。随着经济的发展，城市居民人均拥有小汽车的数量逐渐增大，这使得公路成为城市建设首当其冲的问题，但是，公路并非越多越好、越长越好，它的建设必须要有一个合适的标准，既能满足人们的正常生活需要，同时又不会造成土地资源的浪费。

10.3.3 交通运输可持续发展的战略和政策

1. 交通运输可持续发展的战略选择

1) 建设强大的交通运输体系

交通运输是国民经济发展必不可少的基础，是满足人们日常生活的需要，促进文化交流的前提，是联系生产和消费的纽带，是工业发展和资源开发的先驱。世界上的经济发达国家和地区，在其经济发展的早期，都有过交通运输快速优先发展的时期，而我国正处于由工业化初期向工业化中期转化的时期，参照国际的经验，必须大力发展交通运输业才能满足经济快速增长的要求。

就中国的实际情况而言，由于运输能力不足，运输业发展滞后，对国民经济正常运转和社会生活的正常进行产生了较大的不利影响，对能源、物资和外贸商品运输的影响尤其突出。进入 21 世纪，我国国民经济总量仍将继续以较高的速度增长，人民生活水平将由温饱型转入小康型，主要产品特别是煤炭、钢铁等大远量型产业的规模将会增加，货运量将进一步增长；我国的城市化进程加速，2007 年已达 43.7%，越来越多的人离开农村，进入城市工作、生活，城市化的一个直接结果就是运输量的增加。

交通运输对保证国民经济的发展，拉动经济增长，都起着无可比拟的作用，就我国的实际情况而言，发展交通运输业具有更加迫切的经济和战略意义。

2) 建设综合的交通运输体系

综合运输体系是在各种运输方式发展的基础上，按其经济技术特点组成分工协作、有机结合、连接贯通、布局合理的交通运输综合体系。综合运输是运输发展的产物，是随着运输业的发展，为满足经济发展对运输业日益增加的需求而逐步形成的。它代表了交通运输业发展的当代趋势。世界上的经济发达国家都建设了较为发达的综合运输体系，如美国按经济发展的需要，建设了极其强大的运输网，各种运输方式之间既有比较明确合理的分工，铁路和水运主要承担长大距离、远洋和笨重货物运输，公路尤其是高速公路主要运输一些短途货物和客运，以及一些时限较强的货物，航空则主要担负长途客运；同时，它们之间的联系也比较紧密，各种运输方式的线路和港、站、枢纽有机衔接，往往由运输企业和联运机构组织日常客货运输，统一运输过程，为社会提供便利而有多种选择的优质运输服务。

我国现有的交通运输系统，综合运输体系尚未真正形成。航空、水运和公路之间的整合刚刚起步，铁路尚未并入交通运输部。目前，我国还没有形成完整意义上的运输市场，也没有形成完全意义上的联运企业，所以，难以发挥综合运输的优越性。这已经成为我国运输发展中亟待解决的一个问题。

3) 建设公共交通系统

我国是一个发展中国家，经济实力不是太强，从技术、经济的角度，没有能力生产数目巨大的私人交通工具，也无力为此而修建规模惊人的公路网；我国人口众多，土地资源紧缺，也不可能建设大量占地的比较复杂的公路网，更无法为此建设相配套的停车场地；我国石油资源相对短缺，虽然国内石油生产量逐年增加，但仍赶不上对油品的消费需求，中国于 1993 年成为石油进口国，2015 年原油进口达 3.35 亿吨，对外依存度达到 45%；我国的环境污染日益加剧，由于工业的发展和汽车数量的增加，城市的环境污染有所加剧。

在一些城市如兰州等已经多次出现了光化学烟雾事件；我国的土地资源紧张，2014年，我国人均耕地面积为1.52亩，仅为世界平均水平的40%。人口居住的密集程度大，如果发展私人交通系统，所带来的人口居住分散所造成的城市基础设施占地扩大的结果将很难加以承受。这些因素决定了我国今后虽然私人小轿车将有较快的发展，但发展幅度和速度必须符合国情实际，并将私人小轿车的使用限制在一个比较合理的范围内。我国的交通无论区域交通还是城市交通都应坚定地以发展公共交通为主导方向。

4) 与区域经济发展相结合的路网布局

我国地域辽阔，各地的自然、经济条件差别大。从自然条件看，我国地形起伏较大，自西向东呈三个梯度逐步降低，南北跨的温度带和东西跨的湿度带比较多，地貌类型复杂，决定了我国必须因地制宜地发展适合各地自然条件的运输方式；从经济条件看，我国的总体经济水平不高，经济水平的地域差异还要大于自然条件的地域差异，就大的地域而言，我国可以分为东、中、西三大经济地带，经济水平逐渐降低，东部沿海地区是经济最发达的地区，工业密集，已经形成了一系列的工业基地和工业地区，也是人口最集中的地区，人口密度是西部的近20倍，全国近70%的人口居住在此，这里的人均土地面积不足1亩；中部和西部则经济水平逐步下降，人口密度逐步减小，人均土地面积逐步增加，但自然条件则逐渐恶劣。所以，交通布局也要适应这种地域特点。东部沿海地区建设发达的运输联系体系；中部地区建设一些大的区际通道和大宗货物运输通道；西部地区加大交通运输的基础建设，建设联系大的城镇和重要的工矿产地的交通干线，使之初步形成交通运输网，并具有多条与中部和沿海联系的干线通道，配合资源开发和工业发展，建设当地的交通网。

5) 交通运输系统的优先发展

我国经济发展地区分布不均，东西之间经济发展程度和自然条件差别明显。要使国家地区间经济平衡发展，缩小地区差距，加大对西部经济开发的力度，必须先行加快西部的交通设施建设，并与区域经济发展相结合，合理布局交通运输网。

对这一问题的认识，应同地区经济发展对交通的要求，交通运输设施是否满足这种要求以及满足的程度如何的角度来考虑。我国目前确实存在交通运输设施的东西差异，东部地区运网比较密集，运输能力较大，运输方式比较齐全，设备比较先进；西部则运输路线稀少，没有形成运网，很多地方尚无铁路，公路也比较落后。但同时还应该看到，东部地区经济联系紧密，地区之间的人员物质来往密切，运输量远远大于西部地区；虽然东部的运输能力还远大于西部，但东部的交通拥挤程度却仍然远远大于西部地区，而西部虽然运输落后，但由于运量小，运输压力也小，所以线路的拥挤相对于东部并不明显。所以，结合各地目前的经济发展水平来看，我国交通运输地区布局的不均衡应该说不是特别突出。当然，考虑到我国经济的进一步发展，对西部开发力度的加大，运量肯定会迅速增加，并超过现有的运输能力，为防备由于运量大增带来的运输紧张，必须先行加快西部的运输设施建设。

6) 先进技术的综合采用

我国的交通运输技术比较落后，环境和资源的限制条件比较多，适应于这种环境，必须采用一些相对于现行的技术而言比较先进的技术，如重点开发ITS系统、代用燃料汽车、发展高速公路和高速铁路等。

2. 可持续发展的交通政策

交通政策是指国家和地方政府根据交通运输和地区的特点，考虑到一定时期和一定地域的具体条件，为维持交通运输的正常运行，保证交通对国民经济的基础和支持作用正常发挥而制定与实施的一系列方针和措施。它是国家整体政策的一个有机组成部分，由国家的各级部门和专门的机构制定与执行，是政府对运输业进行宏观管理的重要手段。它往往是根据一定时期的具体情况，依据运输发展战略和规划，对运输业进行管制或者计划管理、投资管理而制定的行动准则。

交通政策的主要内容包括：国家有关交通运输的发展战略以及政策导向；交通运输行业的整体发展规划；交通运输的行政、经济管理；有关交通运输业的法律、法规等；交通运输的教育和人才培养。运输法制包括法律法规，与政策一样属于政府行为，是政策的延伸和对政策的进一步规范化，因此它比政策更具有权威性、强制性，对社会和公众的行为更具有约束力。

为了维持经济和社会的可持续发展，世界各国对交通运输可持续发展政策的制定都十分重视，制定了许多战略和具体政策。基于可持续发展的交通政策主要包括：环境污染的控制和治理；积极发展公共交通系统，限制私人交通工具的发展；采用先进技术，提高运输效益；城市交通的规划管理；交通安全和可持续发展的交通消费模式教育；运输业的投资政策；政府对运输业的资金筹措政策等。这些运输政策将逐步以法制化的形式体现出来，如美国颁布了《空气质量法》，日本制定了《噪声法》《振动法》等。我国正处在深化经济体制改革、完善市场经济机制的时期，必须更加重视法制建设在交通运输政策制定中的作用。

3. 一体化交通运输政策

为实现交通运输的可持续发展战略，发达国家提出并制定一体化交通运输(Integrated Transportation)政策。美国在20世纪90年代末率先提出以5I为目标的一体化交通运输政策，即国际通达(International in Reach)、多式联运(Inter Modal in Form)、智能运输(Intelligent in Character)、全面服务(Inclusive in Service)、创新视野(Innovative in Scope)。

一体化运输政策内涵相当丰富，可以概括为以下5个方面。

(1) 运输方式内部和运输方式之间的一体化。各种方式均能充分发挥自己的优势与潜能，便于旅客、货物运输，特别是加强现代化交通枢纽和中转换乘设备，在各种运输方式之间的换乘、接驳、中转，实现旅客"零距离"换乘、货物"无缝隙"中转高服务水平。

(2) 运输与能源环境一体化。运输系统的规划建设，运输方式的选择和使用，实现旅客和货物的运输过程，有利于能源节省和利用，有利于环境保护和环境改善。

(3) 运输与土地使用规划的一体化。从国家、区域和地方3个层面，使运输规划与土地使用规划紧密结合，保证土地资源合理、适度的开发利用；合理利用城市空间，提倡组团混合用地模式，避免产生过大人口积聚和交通吸引，引导维持可持续的出行方式选择。

(4) 运输与国家、社会安全的一体化。减少或降低运输系统的脆弱性与运输系统用户的犯罪与恐怖活动的可能性；增强运输机动能力，满足国防安全需要；全面管理和监控危险货物(易燃、易爆、有毒、放射性等)运输；建设社会化的交通事故应急和救援体系。

(5) 运输与教育、健康和财富创造政策的一体化。发展网络覆盖面广、票价优惠、服务体系完善的大众化公共交通运输体系；维护妇女、儿童、残疾人等社会弱势群体的交通权益，发展无障碍公共运输服务，适应老龄化社会、移民增加、居住分散化的运输需求，扶助不发达地区及乡村的开发建设；放宽运输管制，发展以先进技术为依托的交通产业，创造更多就业机会；提高国际竞争力、推进国际贸易和经济全球化，为现代交通运输系统发展增加机动性、安全性、可达性、可靠性；改善生活和居住条件，提供交通信息服务和各种延伸服务；改善需求管理和交通管理，缓解交通拥挤；适应经济结构、消费模式、货运特征变化提供新的物流和运输服务方式，使交通政策有助于创造更公平、包容、和谐的社会。

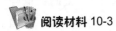

阅读材料 10-3

TOD 理念下城市交通可持续发展

20 世纪 80 年代，美国建筑设计师哈里森·弗雷克为解决第二次世界大战以后，美国城市无限制蔓延与扩大，提出了治理城市交通的理论，英文是 Transit-Oriented-Development，简称 TOD。TOD 是一种将公交系统与土地利用有机结合的城市发展理念，强调土地的合理开发与集约化发展，倡导以公交为主的出行方式，有效促进公共领域生活，为步行、公交与小汽车交通创造和谐的环境。TOD 的这种理念，使城市以依靠小汽车低密度蔓延，转变为以公交走廊为发展中轴，以公交站点为重要节点的模式。由于 TOD 在缓解拥堵、环境保护与土地利用等方面具有促进城市治理的强大优势，因而成为实现公交可持续发展的有效途径。

新加坡 TOD 模式的实践：综合规划与严格治理。新加坡作为一个城市国家，一直非常重视交通状况。政府通过对土地利用、新市镇发展与城市交通规划的三规合一，使城市各个活动中心通过公交网连接了起来。同时新加坡不断强化对私家车的严格控制，不仅使公交成为公众日常出行的选择，也使城市化在公交主导下得到可持续发展。新加坡的城市格局主要由中心城区与周围的 24 个新市镇组成，中心城区作为 CBD 是企业总部、商业集聚的区域，而居民主要居住在 24 个新市镇。大多数新市镇与中心城区之间通过 MRT(Mass Rapid Transit)实现了无缝隙连接，新市镇之间则主要通过 MRT 与巴士连接，并且 MRT 车站一般位于新市镇的中心位置。在新加坡，所有居住区、商业区与工业区都临近公交站点，人们在步行范围内就能找到公交站。新加坡的城市化正如 TOD 理念所设想的那样，公共交通系统就像一条项链，很好地把各居住区、商业区与工业区串联了起来，形成了一个公交导向的城市化空间格局。此外，政府通过区域牌照制度、拥车证制度以及电子道路收费系统等交通管理措施，很好地控制了私家车快速发展。目前，新加坡拥有私人汽车的家庭不到 30%，而超过 60%的新加坡人则主要是通过 MRT 出行。新加坡的 TOD 特征表现为，在规划中政府位于主导地位，其最大优点就是规划执行度最高，但需政府投入大量资金作为有效保障。

新加坡 TOD 发展实践与经验，可在政策引导、管理机制、开发模式等方面，对我国科学、合理地发展城市交通提供一些借鉴与启示，归纳起来主要有以下几点。

其一，坚持公交优先战略是城市发展必然的选择；其二，因地制宜选择快速公交工具；其三，从 TOD 的角度，对于那些未能很好发挥已建轨交站点功能的城市，应尽快规划站点周围的土地利用和项目建设，以避免轨交出现的单向大容量运行；其四，快速公交系统造价高昂，运营收益由于具有公益性，往往利润较少，因而未能建立良好的"溢价回收"机制，易造成城市对快速公交系统的资金投入压力过大；其五，解决城市公交系统设计中存在的缺憾问题，如 P+R 停车场严重不足，轨交与郊区新城连接不畅，站点与居住区短驳链接不充分等，这些问题的存在，易造成公交系统的使用不便，导致人们对私家车依赖性加大，引发城市的交通拥堵；其六，政府应出台一系列交通需求管理措施，在公交供给中发挥主导性作用，用宏观政策手段，有效控制私家车拥有量的过快增长，为市民提供更好、更高质量的公交服务；其七，在 TOD 规划中，项目所涉及的居民、业主与开发商必须共同参与决策，在听取各方意见的基础上，充分发挥全社会智慧，进行项目的实施与建设。

为了促进我国城市发展，有效解决新区与周边区域的交通问题，就必须积极探索具有中国特色的城市发展道路，用 TOD 理念处理好交通系统与土地利用关系，促进区域经济发展，改善公众出行问题，方便他们的生产与生活，减少交通拥堵带来的环境污染，提升公众的幸福指数。然而，要想达到这一社会发展目标，必须多措并举做好以下几点。

第一，牢固树立 TOD 的发展理念；第二，成立 TOD 综合机构，发挥政府在公交供给中的主导作用；第三，开展以 TOD 为指导的编制，完善土地利用与交通协调发展的机制，对 TOD 规划进行精细化管理；第四，设立专项财政资金，完善公交的财政扶持机制，加强金融服务创新；第五，大力宣传与鼓励公民出行选择公交，合理引导小汽车使用，让人们从观念上认同公交才是出行的首选；第六，强化城市发展的层次性和阶段性，健全 TOD 的相关配套政策，提高交通规划的实施效力。

资料来源：TOD 理念下城市交通可持续发展 [EB/OL].(2016-12-11). [2016-06-04]. http://paper.people.com.cn/rmlt/html/2016-02/11/content_1658737.htm.

本 章 小 结

随着我国国民经济与社会的健康快速发展，交通运输与经济发展和人民生活的内在联系日趋紧密。在经济社会发展水平整体提升和经济结构不断完善的背景下，及时、正确地了解和认识交通运输在基础设施建设、行业整体运行、行业技术进步、市场运行监管以及服务效率与水平等领域的发展要求与发展状况，已经成为交通运输以及相关行业发展的重要任务。本章主要介绍了智能运输系统和交通运输管理中的地理信息技术(包括交通地理信息系统、电子数据交换技术、GPS 技术、交通运输信息系统等)，以及交通运输的可持续发展等知识。

案例分析

北京智能交通现状及发展趋势

截至 2015 年年底，北京市机动车保有量达 540 万。虽然车路矛盾日益加剧，但北京的交通依然没有堵死。对此，北京市公安局交管局将其归功于获得国家科学技术进步一等奖的城市智能交通管理指挥控制系统。该系统利用遍布全市快速路、主干路网的上万个检测线圈、视频、超声波、微波设备，24 小时自动采集路面交通流量、流速、占有率等运行数据，一方面服务于城市交通管理决策，另一方面通过将采集到的交通流信息进行整合、分析、处理，以图形方式显示出实时动态路况信息，并自动与前四周的相关数据进行对此，如超出历史常量值，系统将给出警告提示，为路况信息对外发布和路面交通控制提供了可靠依据。同时，安装在二环、三环和四环路上的交通事件自动检测系统，通过视频图像识别技术、自动检测出交通事故、拥堵等交通事件，并进行报警、录像，极大地提高了对交通意外事件的快速反应能力和指挥调度效率。

北京市"十二五"期间规划投资 56 亿元，用于提升智能交通。按照规划，北京将建成交通运行协调指挥中心(Traffic Operation Coordination Command Center，TOCC)和路网运行、运营监管、公交安保三个分中心，形成一体化、智能化综合交通指挥支撑体系，成为数据共享交换中枢、综合运输协调运转中枢、信息发布中心，紧急情况下为交通安全应急指挥中心。这意味着，市民将可以通过网站、热线、手机、车载导航等多种形式，实时掌握路况信息，提前安排出行。同时，自行车租赁也有望实现网络化服务。

北京的智能交通建设起步于 1998 年，截至目前，已累计开展三期智能交通管理系统建设项目，总投资超过 20 亿元。目前，北京市智能交通已初步建成十大系统，包括现代化的交通指挥调度系统、交通事件的自动检测报警系统、自动识别"单双号"的交通综合监测系统、数字高清的综合监测系统、闭环管理的数字化交通执法系统、智能化的区域交通信号系统、灵活管控的快速路交通控制系统、公交优先的交通信号控制系统、连续诱导的大型路侧可变情报信息板和交通实时路况预测预报系统，实现了实时掌握道路交通状况、动态调整警力投入、科学预测路网流量变化、第一时间处置各种交通意外事件，为保证道路的通畅、创造良好的交通环境提供了强有力的技术支撑。

2012 年初发布的《北京市"十二五"时期城市信息化及重大信息基础设施建设规划》中提到，要加大智能交通系统建设力度，实行精细化管理等综合措施，努力缓解交通拥堵；坚持体制机制管理创新，理顺市区两级交通体制，创新和完善交通基础设施建设和投融资体制，特别要注重公交场站、公共停车场和道路微循环的建设，进一步完善停车管理体制机制。

北京"十二五"智能交通建设计划提出，逐步建立以交通运行协调指挥中心为核心的新一代智能交通管理与服务体系，基于新一代的通信平台、全流程数据采集、处理与决策支持的新方法，着重建立"一个中心、六大平台"，为交通运输规划管理决策、运营组织服务和公众出行提供城乡一体化的新应用与新服务，实现人、车、路及环境信息互通和谐运转。

根据案例所提供的材料，试分析：北京交通问题有哪些？可以通过哪些途径来改善北京交通？

资料来源：北京智能交通发展现状及发展趋势分析[EB/OL]. (2014-05-20). [2016-06-04]. http://www.cngaosu.com/a/2014/0520/502557.html.

 关键术语

智能运输系统(intelligent transportation system，ITS)
地理信息系统(geographic information system，GIS)
交通地理信息系统(geographic information system for transportation，GIS-T)
电子数据交换(electronic data interchange，EDI)
全球定位系统(global positioning system，GPS)

习 题

1. 填空题

(1) GIS 主要由三大部分组成：_____、_____、_____。

(2) EDI 系统组成：_____、_____、_____、_____、_____。

(3) GPS 系统由_____、_____和_____3 部分组成。

2. 简答题

(1) 为什么说 ITS 是解决交通问题的根本途径？

(2) 解决交通问题的方法有哪些？

(3) 智能运输系统由哪些部分构成？
(4) 道路智能运输系统包括哪些内容？
(5) 铁路智能运输系统包括哪些内容？
(6) 航空智能运输系统包括哪些内容？
(7) 简述 GPS 的组成和基本工作原理。
(8) 简述 GPS 在汽车导航和交通管理中的应用。
(9) 为促进交通可持续发展，可采取哪些交通政策措施？

参 考 文 献

[1] 胡思继. 交通运输学[M]. 北京：人民交通出版社，2001.
[2] 王鸿鹏，许路，邓丽娟. 国际集装箱运输与多式联运[M]. 大连：大连海事大学出版社，2006.
[3] 沈志云，邓学钧. 交通运输工程学[M]. 北京：人民交通出版社，2003.
[4] 陆化普. 智能运输系统[M]. 北京：人民交通出版社，2002.
[5] 姚祖康，顾保南. 交通运输工程导论[M]. 北京：人民交通出版社，2003.
[6] 郭晓汾，王国林. 交通运输工程学[M]. 北京：人民交通出版社，2006.
[7] 徐月芳，石丽娜. 航空客货运输[M]. 北京：国防工业出版社，2004.
[8] 胡思继. 铁路行车组织[M]. 北京：中国铁道出版社，2009.
[9] 鲍香台，何杰. 运输组织学[M]. 南京：东南大学出版社，2009.
[10] 顾奕镇. 国际航空运输实务[M]. 上海：上海科技文献出版社，1992.
[11] 徐静村，夏吉先，张梅生. 国际海上货物运输[M]. 成都：四川人民出版社，1989.
[12] 王耀南. 汽车运输组织学[M]. 北京：人民交通出版社，1989.
[13] 乐卫松. 航空客运营销实务[M]. 上海：东方出版中心，2000.
[14] 王仲峰. 计算机编制列车运行图方法的研究与运用[D]. 北京：铁道科学研究院，2005.
[15] 齐悦. 综合运输需求特征及其指标体系研究[D]. 北京：北京交通大学，2007.
[16] 袁新岭，徐海，成兵. 再论运输需求[J]. 铁道运输与经济，2008，30(7)：8-10.
[17] 章华平. 道路货运运输需求与交通量关系研究[D]. 西安：长安大学，2007.
[18] 张文尝，马清裕. 城市交通与城市发展[M]. 北京：商务印书馆，2010.
[19] 卢莉芳. 论交通运输业的优势"最大化"与劣势"最小化"[J]. 北京化工大学学报(社会科学版)，2007(1)：1-7.
[20] 交通运输部. 关于印发公路水路交通运输信息化"十二五"发展规划的通知[EB/OL]. (2011-05-16). [2011-05-25]. http://www.mot.gov.cn/zhuzhan/zhengwugonggao/jiaotongbu/guihuatongji/201105/ t20110516_943337.html.
[21] 2015年交通运输行业发展统计公报[EB/OL]. (2016-05-05). http://www.chinahighway.com/news/2016/1017727.php.
[22] 管道运输[EB/OL]. (2010-12-22). [2011-02-14]. http://baike.baidu.com/view/673842.htm.
[23] 内蒙古新闻网. 磁管道新型运输方式在内蒙古包头诞生[EB/OL]. (2009-10-18). [2011-05-28]. http://news.qq.com/a/20091018/000670.htm.
[24] 新华网. 福建将斥资7500亿打造现代综合交通运输体系升级版[EB/OL].(2016-07-13). [2016-07-20]. http://news.fznews.com.cn/fuzhou/20160713/578585ae1fc5c.shtml.
[25] 中国石油化工集团公司. 国家重大工程川气东送建成投产[EB/OL]. (2010-04-01). [2011-02-11]. http://www.sasac.gov.cn/n1180/n1226/n2410/n314274/8489190.html.
[26] 土地规划局. 郑东新区土地规划局关于解放思想大讨论整改措施的回复报告[EB/OL]. (2008-09-11). [2011-05-25]. http://www.zhengdong.gov.cn/zd/zwgk/jgsz/tdghj/gzzz/tztg/webinfo/2008/09/ 1221043521823227.htm.
[27] 攀枝花市人民政府. 攀枝花全面提升国省干线公路通行能力和服务水平[EB/OL].(2015-07-06). [2016-07-17].http://www.sc.gov.cn/10462/10464/10465/10595/2015/7/6/10341927.shtml.
[28] 崔忠付.加拿大多式联运和现代物流发展及启示[EB/OL]. (2008-02-20). [2011-02-11]. http://info.jctrans.com/wp/zjgd/2008220602341_2.shtml.
[29] 江苏省国资委. 太仓港成为长江集装箱运输第一大港[EB/OL]. (2011-01-14). [2011-05-25]. http://www.jiangsu.gov.cn/shouye/jjjs/gqxx/201101/t20110117_560870.html.

[30] 中国新闻网(北京). 6月中国公路物流运价指数降幅收窄[EB/OL].(2016-07-04).[2016-07-19]. http://money.163.com/16/0704/20/BR5HR6CL00254TI5.html.

[31] 李金磊. 中国物流费用占GDP达16%,多地实施高速公路降费[EB/OL]. (2016-06-04). [2016-07-19]. http://finance.qq.com/a/20160604/007374.htm.

[32] 马勇. 青藏高原多年冻土区首条高速公路开工建设[EB/OL].(2010-12-06).[2011-05-25].http://news.163.com/10/1206/23/6N8QN9CM00012Q9L.html.

[33] 中国物流与采购网.滴滴快的启发货运行业,智能物流方案解决货主司机互找难[EB/OL].(2015-09-02).[2016-07-20].http://www.chinawuliu.com.cn/information/201509/02/304855.shtml.

[34] 法制日报.五部门发文规范生产安全事故统计 统计直报归口安监部门[EB/OL]. (2016-07-11). [2016-07-20].http://society.people.com.cn/n1/2016/0711/c1008-28542260.html.

[35] 张勤. 基于Milk Run思想的汽车供应物流模式分析[J]. 海峡科学,2010(9): 51-52.

[36] 中华铁道网. 从铁路货运首增看中国经济发展新动力[EB/OL].(2016-07-18).[2016-07-20].http://www.chnrailway.com/html/20160718/1393179.shtml.

[37] 中国江苏网. 连云港火车站改造进入第二阶段[EB/OL].(2016-07-20).[2016-07-21].http://jsnews.jschina.com.cn/system/2016/07/20/029215690.shtml.

[38] 中国铁路总公司. 中国铁路总公司简介[EB/OL].(2014-03-23).[2016-07-20]. http://www.china-railway.com.cn/zgsgk/gsjj/200303/t20030323_41984.html.

[39] 中国青年网. 广州至南京首通高铁,为最大幅度调图[EB/OL].(2016-07-19).[2016-07-20].http://news.jschina.com.cn/system/2016/07/19/029210187.shtml.

[40] 新疆青年网. 新疆今年铁路部门将开行为企业"量身定制"的特需班列[EB/OL].(2016-07-14). [2016-07-20]. http://www.xjqnpx.com.cn/news/52850.html.

[41] 中国水运报.乌江全线航道升级改造二线通航设施[EB/OL].(2016-07-18). [2016-07-20]. http://www.moc.gov.cn/st2010/guizhou/gz_jiaotongxw/jtxw_wenzibd/201607/t20160718_2063781.html.

[42] 滨海高新网. 天津港最大国际集装箱班轮航线开通[EB/OL].(2016-07-19).[2016-07-20]. http://www.tj.gov.cn/jmjj/xmjj/yjjx/201607/t20160719_299655.htm.

[43] 航运界.全球集装箱班轮公司百强中文榜单(截至2015年11月2日)[EB/OL].(2015-11-03). [2016-07-20]. http://info.jctrans.com/news/cgs/20151132187249.shtml.

[44] 中远集团. 中远简介[EB/OL]. [2011-05-25]. http://www.cosco.com/cn/about/index.jsp? leftnav=/1/1.

[45] 福建省交通运输厅. 福建打造规模化集约化专业化港口群. [EB/OL].(2016-03-25).[2016-07-20]. http://www.moc.gov.cn/st2010/fujian/fj_jiaotongxw/jtxw_wenzibd/201603/t20160325_2004996.html.

[46] 吕雪. 通江达海 舟船作媒 江海联运的舟山时代大幕初开[EB/OL].(2016-05-13).[2016-07-20]. http://zjnews.zjol.com.cn/system/2016/05/13/021149207.shtml.

[47] 中国经营报.快递业竞逐航空货运,空战一触即发[EB/OL].(2016-02-20).[2016-07-21]. http://finance.sina.com.cn/roll/2016-02-20/doc-ifxprucu3028615.shtml.

[48] 柴凤伟. 首家民营快递自有货运航企将起飞[EB/OL]. (2010-12-06). [2009-11-29]. http://www.56885.net/lw_view.asp? id=178509.

[49] 中国民航局.2010年民航行业发展统计公报[EB/OL]. (2011-05-04). [2009-11-29]. http://www.caac.gov.cn/I1/K3/201105/t20110504_39489.html.

[50] 央视网. 京昆空中大通道变"双车道"[EB/OL].(2013-12-13).[2016-07-20]. http://rb.lzbs.com.cn/html/2013-12/13/content_500811.htm.

[51] 京华时报. 首都机场开启冬春季航班[EB/OL].(2015-10-28).[2016-07-21]. http://news.ifeng.com/a/20151028/46019095_0.shtml.

[52] 胡汉新. 拓展第五航权,澳门建设"世界旅游休闲中心" [EB/OL].(2016-05-12).[2016-07-21]. http://news.carnoc.com/list/345/345054.html.

[53] 中国民航网. 国际观察：航空货运市场机遇何在？[EB/OL].(2015-11-12).[2016-07-21]. http://www.mzyfz.com/html/1373/2015-11-12/content-1159602.html.

[54] 我国交通运输业发展现状及未来发展情况分析[EB/OL]．(2011-05-03)．[2011-05-26]. http://news.10jqka.com.cn/field/20110503/522521928.shtml.

[55] 孙捷，刘悦．我国公路运输发展历程及发展规律的研究[EB/OL]．(2010-03-20)．[2011-02-15]. http://www.studa.net/Traffic/100320/11415625.html.

[56] 交通部. 2010 年公路水路交通运输行业发展统计公报[EB/OL]. (2011-04-28). [2011-02-15]. http://www.chinahighway.com/news/2011/511711.php.

[57] 苏荣城．中国铁路营业里程世界第二 高铁运营里程排榜首[EB/OL]．(2011-03-04)．[2011-02-15]. http://www.chinanews.com/cj/2011/03-04/2884959.shtml.

[58] 西气东输[EB/OL].[2016-05-25]. http://baike.baidu.com.

[59] 2015 年我国管道运输行业发展趋势分析[EB/OL].(2015-11-27).[2016-05-25].http://www.chinabgao.com/k/guandaoyunshu/20865.html.

[60] 真空管道运输[EB/OL].(2014-07-14).[2016-05-25]. http://baike.baidu.com.

[61] 智慧管道[EB/OL].(2015-10-20).[2016-05-25]. http://www.niubb.net/article/321173-1/1/.

[62] 2015 年中国天然气长输管道进展概况[EB/OL].(2015-05-21).[2016-05-25]. http://gas.in-en.com/html/gas-2283939.shtml.

[63] 蒲明．2009 年我国油气管道新进展[J]．国际石油经济，2010(3)：14-20.

[64] 宋强太．铁路货运转化为现代物流的途径分析[J]．铁道经济研究，2003(1)：25-27.

[65] 隋亚刚．北京奥运智能交通管理系统建设与应用[J]．道路交通与安全，2008(5)：1-5.

[66] 交通运输部 国家发展改革委关于开展多式联运示范工程的通知[EB/OL]. (2015-07-21).[2016-06-04]. http://www.moc.gov.cn/zfxxgk/bnssj/dlyss/201507/t20150721_1851972.html.

[67] 中国远洋海运集团有限公司[EB/OL].[2016-06-04]. http://www.cosco.com/.

[68] 马士基[EB/OL].[2016-06-04].http://baike.baidu.com/view/572242.htm.

[69] 中集成立多式联运公司 推动中国传统物流模式变革[EB/OL].(2016-03-28).[2016-06-04]. http:/economy.gmw.cn/2016-03/28/content_19476317.htm.

[70] 我国多式联运蓄势待发瓶颈待解[EB/OL].(2016-04-5).[2016-06-04].http://business.sohu.com/20160405/n443300439.shtml.

[71] 伦敦交通发展的经验对"十三五"时期我国城市交通治堵的启示[EB/OL]．(2015-10-29).[2016-05-31]. http://www.jt12345.com/article-5341-1.html.

[72] 智慧交通：让城市"血脉"通畅[EB/OL].(2015-05-19).[2016-05-31]. http://www.ce.cn/xwzx/gnsz/gdxw/201505/19/t20150519_5395190.shtml.

[73] 苏红云．我国城市轨道交通建设迅猛发展[J]．建设机械技术与管理，2010(4)：46-47.

[74] 我国首列"空中列车"——永磁单轨下线[EB/OL].(2016-05-19).[2016-05-31].http://www.chinametro.net/index.php?m=newscon&id=410&aid=40738.

[75] 交通设施中的"千里眼""顺风耳"[EB/OL].(2016-03-13).[2016-05-31]. http://www.tcjtgc.cn/news_view.asp?id=27.

[76] 移动互联网如何改善中国城市交通[EB/OL].(2015-07-22). [2016-06-02]. http://www.cnbridge.cn/2015/0722/241379.html.

[77] TransCAD[EB/OL].[2016-05-31]. http://baike.baidu.com/view/1519094.htm.

[78] 对策?!?解决城市道路交通问题??八地这么做[EB/OL].(2015-05-25).[2016-06-02].http://auto.sohu.com/20160525/n451462517.shtml.

[79] 智能交通飞速发展 解读行业发展走势[EB/OL].(2016-02-23).[2016-06-04]．http://www.afzhan.com/news/detail/43912.html.

[80] "互联网+交通":大数据时代下智能交通[EB/OL].(2015-12-30). [2016-06-02]. http://tech.hexun.com/2015-12-30/181497804.html.

[81] 智能交通系统技术发展趋势[EB/OL].(2016-01-28). [2016-06-04]. http://auto.sohu.com/20160128/n436194269.shtml.

[82] TOD理念下城市交通可持续发展 [EB/OL].(2016-12-11). [2016-06-04]. http://paper.people.com.cn/rmlt/html/2016-02/11/content_1658737.htm.

[83] 北京智能交通发展现状及发展趋势分析[EB/OL]. (2014-05-20). [2016-06-04]. http://www.cngaosu.com/a/2014/0520/502557.html.

[84] 王炜,过秀成. 交通工程学[M]. 2版. 南京:东南大学出版社,2011.

[85] 交通运输部公路局. 公路工程技术标准(JTGB 01—2014)[S].

北大版·物流专业规划教材

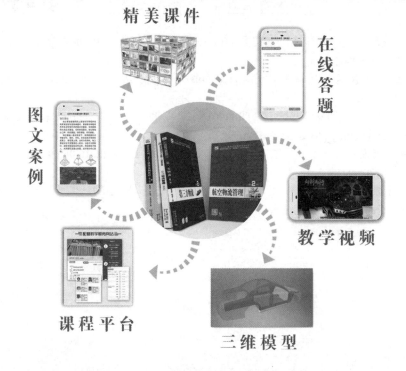

精美课件　在线答题　教学视频　三维模型　课程平台　图文案例

本科物流

高职物流

 扫码进入电子书架查看更多专业教材，如需申请样书、获取配套教学资源或在使用过程中遇到任何问题，请添加客服咨询。